最新判例にみる
インターネット上の
プライバシー・
個人情報保護の
理論と実務

松尾剛行［著］
Takayuki Matsuo

勁草書房

はしがき

　昨年（2016年）2月に出版した筆者による初の単著『最新判例にみるインターネット上の名誉毀損の理論と実務』（以下「名誉毀損本」という）は、筆者自身が想像もしないような大きな反響をいただくことができた。

　その最大の理由は、幸運にも最高のタイミング、即ち、外部環境の下で出版することができたことが挙げられるだろう。名誉毀損本出版後、インターネット上の名誉毀損やプライバシー侵害といったインターネット上の違法な投稿や、いわゆる「ネット炎上」に関する書籍が多数出版された。

　2016年以降に公刊された主な関連分野の書籍として、田中辰雄・山口真一『ネット炎上の研究』（勁草書房、第1版、2016年）、プロバイダ責任制限法実務研究会編『最新 プロバイダ責任制限法判例集』（LABO、第1版、2016年）、電子商取引問題研究会『発信者情報開示請求の手引―インターネット上の名誉毀損・誹謗中傷等対策』（民事法研究会、第1版、2016年）、関原秀行『基本講義プロバイダ責任制限法―インターネット上の違法・有害情報に関する法律実務―』（日本加除出版、第1版、2016年）、岡田理樹＝長崎真美＝森麻衣子＝奥富健＝鹿野晃司『発信者情報開示・削除請求の実務―インターネット上の権利侵害への対応―』（商事法務、第1版、2016年）、中澤佑一『インターネットにおける誹謗中傷法的対策マニュアル』（中央経済社、第2版、2016年）、清水陽平『サイト別 ネット中傷・炎上対応マニュアル』（弘文堂、第2版、2016年）、清水陽平『企業を守るネット炎上対応の実務』（学陽書房、初版、2017年）、清水陽平・神田知宏・中澤佑一『ケース・スタディネット権利侵害対応の実務―発信者情報開示請求と削除請求―』（新日本法規、初版、2017年）が挙げられる[1]。

　いずれも大変優れた本であるが、『ネット炎上の研究』は、大評判となり、いわゆるネット炎上ブームが生まれ、また、その興味深い研究成果は学術的な論争を巻き起こした[2]。

---

[1]　その他、発売時期の関係で内容は未確認だが、上村哲史ほか『インターネット訴訟』（中央経済社、初版、2017年）、渡辺泰史『サイト・サーバ管理者のための削除・開示請求法的対策マニュアル』（中央経済社、初版、2017年）等も参照。

[2]　「炎上の参加者のプロフィール」に関しては、『ネット炎上の研究』99頁以下が意外な研究成果を発表し、『発信者情報開示請求の手引―インターネット上の名誉毀損・誹謗中傷等対策』23頁及び『企業を守るネット炎上対応の実務』25頁等がこの点について興味深い議論をしている。

はしがき

　このような外部環境のおかげもあって、名誉毀損本を多くの実務家の皆様にお読み頂いた。実務家の皆様からは、「日々の実務で疑問に思うことが出る度にめくっていたら、ボロボロになってしまった」等と大変ありがたい声を頂いている。心より感謝の意を表させて頂きたい。

　もっとも、名誉毀損本をご好評頂いた理由としては、もしかすると外部環境以外にも理由があったかもしれない。すなわち、名誉毀損本以外の書籍の大部分が、違法性が明確なインターネット上の投稿について、実務的にどのような手続によって発信者情報の開示や削除等を求めていくのかといった、「実務上の手続」を詳細に解説するものであり、「果たしてある投稿が違法であるかどうか」という問題については、一定程度言及がされているとはいえ、全体の論述に占める比率は小さいと評さざるを得ないものが多かった。

　すなわち、インターネット上の違法投稿やそれによるネット炎上対応という分野の注目が高まった反面、微妙な事案において表現の自由と名誉毀損のバランスの中で、ある投稿が違法と判断されるか適法と判断されるか、比喩的にいえば「セーフかアウトか」の基準について本格的に扱う書籍は名誉毀損本だけといっても過言ではないのである[3]。

　そのような理解が正しいとすれば、やはり、名誉毀損以外の分野についても、あるインターネット上の投稿が違法と判断されるか適法と判断されるか、比喩的にいえば「セーフかアウトか」の基準について本格的に扱う書籍が求められるのではなかろうか。このような観点から、これまでの実務経験と研究成果を活かして、名誉毀損本と同じシリーズの2冊目として、全く同じコンセプトで、インターネット上で問題となることが多いプライバシー侵害及び個人情報の保護について論じる本書を著すこととした。

　周知のとおり、プライバシー侵害については多数の良書が存在する。例えば佃克彦『プライバシー権・肖像権の法律実務』(弘文堂、第2版、2010年)はマスメディアを中心とするオフライン(リアルワールド)におけるプライバシー侵害の法律問題を裁判例をベースに分かりやすく解説する書籍であり[4]、実務で

---

[3]　なお、名誉毀損本でも言及したが、「セーフかアウトか」の基準について本格的に扱う書籍としては、佃克彦『名誉毀損の法律実務』(弘文堂、第2版、2010年)は名著といって差し支えなく、従来型の名誉毀損については同書を参照すべきであるが、本書執筆時点において最新版が2008年のものである。

[4]　以下、これを「従来型」のプライバシー侵害という。

利用する上では極めて優れた一冊である。もっとも、同書の最終改訂が 2010 年であることもあってインターネット上のプライバシー侵害についての裁判例を十分に取り込んでいるとはいえず、例えば、改訂時期の関係で、いわゆる「忘れられる権利」といわれる検索エンジン上に表示される前科・前歴情報等の検索結果の削除請求に関する最高裁決定（#290131）や GPS 捜査に関する最高裁大法廷判決（#290315）等の最新の重要判例を収録していない。

本書は、名誉毀損本と同様に、2008 年 1 月 1 日以降の約 10 年間を中心とした約 1000 件以上にも及ぶプライバシーに関する膨大な裁判例の蓄積を元に、果たして違法なのかそれとも適法なのかという、いわば「セーフかアウトか」のラインについて、個別具体的な論点毎にこれを探ることをコンセプトとしている。

なお、「加害者」・「被害者」とは呼ばず「行為者」・「対象者」という中立的な表現を用いている。さらに、原則として平成（または昭和）XX 年 YY 月 ZZ 日に下された判決は #XXYYZZ と判決年月日の 6 桁（同一年月日のものが複数ある場合には AB 等と末尾に付す）で判決を表している。

本書が名誉毀損本とあわせて弁護士、企業の法務担当者の皆様、その他インターネット上のプライバシー侵害をはじめとする違法情報やネット炎上の対応に従事されている皆様の実務に役に立つのであれば、筆者としてこれ以上の喜びはない。

本書はタイトルに「個人情報」とあるものの、この趣旨は、インターネット上のプライバシー侵害の類型として「個人情報」が漏洩したり、公開されたり（「晒」されたり）といったものが目立つことから、このような不法行為を理由とした損害賠償請求や発信者情報開示についての裁判例で問題となるインターネット上の個人情報の保護に関する問題についても本書の対象としているということである。そこで、本書がいわゆる個人情報取扱事業者における個人情報の管理の実務そのものを扱う本ではないことに留意されたい。個人情報取扱事業者にとっての個人情報の取扱い方法の一般論について興味がある方は、松尾剛行『士業のための Q&A 改正個人情報保護法の法律相談』（学陽書房、初校、

---

5) 本書作成の際の裁判例の最終確認は 2017 年 1 月 1 日であるが、その後の重要裁判例については適宜補充している。
6) 名誉毀損本では「表現者」という表現を用いたが、「表現」が存在しないプライバシー侵害もあり、その場合には、「表現者」は存在しない。

はしがき

2017年）を参照されたい[7]。

2017年4月

松 尾 剛 行

[7) なお、金融機関を念頭に置いているが、加藤伸樹・松尾剛行編著『金融機関における個人情報保護の実務』（経済法令、初版、2016年）もあわせて参照のこと。

目　次

はしがき …………………………………………………………………… i

はじめに …………………………………………………………………… 1
1　インターネットの普及によりプライバシー法理論は変容したか… 1
　(1)　インターネット上の新たな形態のプライバシー侵害 ………… 1
　(2)　3期にわたるプライバシー学説の展開 ………………………… 2
　(3)　本書における試み ………………………………………………… 3
2　インターネットの特徴毎の留意点 …………………………………… 4
　(1)　はじめに …………………………………………………………… 4
　(2)　①一般人による公衆への発信（双方向性）と読者数（層）の激変可能性（拡散可能性） ………………………………………………… 4
　(3)　②リンク・転載の容易性 ………………………………………… 5
　(4)　③匿名性 …………………………………………………………… 5
　(5)　④時間・空間の超越 ……………………………………………… 6
　(6)　⑤インフラ化（多様化） ………………………………………… 6
3　本書の構成 ……………………………………………………………… 7

第1編　総論

序章　はじめに …………………………………………………………… 11

第1章　インターネット上のプライバシー侵害の見取り図 …………………………………………………………… 12

1　相談事例 ………………………………………………………………… 12
2　問題点 …………………………………………………………………… 12

第2章　プライバシー法の概要 …………………………………… 15

1　はじめに ………………………………………………………………… 15

2 プライバシーとは何か……………………………………………………16
(1) 宴のあと事件 ………………………………………………………16
(2) プライバシーに関する学説 ………………………………………16
(a) はじめに ………………………………………………………16
(b) 第1期　私生活秘匿権 ……………………………………16
(c) 第2期　自己情報コントロール権 ………………………17
(d) 第3期 ………………………………………………………18
(3) プライバシーに関する最高裁判例 ………………………………19
(4) 裁判例の動向 ………………………………………………………22
(a) はじめに ………………………………………………………22
(b) 事例の数 ……………………………………………………23
(c) 意に反する公開事例における判断 ………………………23
(d) 意に反する公開事例以外における判断 …………………24
3 プライバシー法の基本構造 ……………………………………………26
(1) はじめに ……………………………………………………………26
(2) 意に反する開示事例 ………………………………………………26
(3) 意に反する開示以外の事例 ………………………………………28
4 刑事法によるプライバシーの保護 ……………………………………28
(1) はじめに ……………………………………………………………28
(2) 個人情報データベース等提供罪（個人情報保護法）……………28
(3) 不正競争防止法 ……………………………………………………30
(4) 刑法 …………………………………………………………………31
(5) 軽犯罪法 ……………………………………………………………32
(6) リベンジポルノ防止法 ……………………………………………33
(7) ストーカー規制法 …………………………………………………33
(8) 不正アクセス禁止法 ………………………………………………35
(9) 国家公務員法・地方公務員法ほか ………………………………35
(10) その他 ………………………………………………………………36

第3章　サービス毎の特徴 ……………………………………………………37

1 はじめに ……………………………………………………………………37
2 ウェブサイト ………………………………………………………………37

(1) 検索エンジン ……………………………………………37
　　　(2) 個人のウェブサイト ……………………………………38
　　　(3) 会社・組織のウェブサイト ……………………………38
　　　(4) 行政機関のウェブサイト ………………………………38
　　　(5) その他 ……………………………………………………38
　3　ブログ ……………………………………………………………39
　4　User Generated Contents（UGC）……………………………39
　　　(1) 総論 ………………………………………………………39
　　　(2) レビュー、口コミ ………………………………………39
　　　(3) 動画共有・配信サイト …………………………………40
　　　(4) wiki ………………………………………………………40
　　　(5) 掲示板 ……………………………………………………41
　　　(6) チャット …………………………………………………41
　　　(7) ファイル交換ソフト ……………………………………41
　5　メール ……………………………………………………………41
　6　SNS ………………………………………………………………42
　　　(1) はじめに …………………………………………………42
　　　(2) 「いいね！」やリツイート ……………………………42
　　　(3) 公開範囲 …………………………………………………42
　　　(4) まとめサイト ……………………………………………42
　7　リンク・転載 ……………………………………………………42
　8　インフラ化 ………………………………………………………43

第4章　インターネット上のプライバシー侵害に関する手続法概観 ……………………………………44

　1　はじめに …………………………………………………………44
　2　プロ責法 …………………………………………………………45
　3　削除請求 …………………………………………………………46
　4　開示請求・ログ保存請求 ………………………………………47
　5　損害賠償請求等 …………………………………………………48
　6　プロバイダの責任 ………………………………………………48
　7　刑事告訴 …………………………………………………………48

第5章　関連する諸権利・諸法令 50

1　はじめに 50
2　名誉毀損・侮辱 50
3　肖像権・パブリシティ権 51
4　氏名権・アイデンティティ権 52
5　平穏生活権 52
6　守秘義務・秘密保持義務 53
7　成長発達権 53
8　相隣関係 54
9　その他 55

第6章　個人情報保護法の概要 56

1　はじめに 56
2　キー概念 57
3　取得に関する規律 60
　(1)　利用目的に関する規制 60
　(2)　適正な取得に関する規制 61
　(3)　要配慮個人情報の取得に関する規制 62
4　管理に関する規律 63
　(1)　安全管理措置 63
　(2)　従業者の監督 64
　(3)　委託先の監督 64
　(4)　本人の関与による個人情報取扱いの適正化 64
5　利活用に関する規律 65
　(1)　第三者提供とトレーサビリティー 65
　(2)　外国第三者提供 66
　(3)　匿名加工情報 67
6　まとめ 67

第7章　国際的プライバシー侵害 68

1　はじめに 68

| 2 | 裁判管轄 | 69 |
| 3 | 準拠法 | 69 |

第8章　本書が扱わないプライバシー … 71

1　はじめに … 71
2　刑事捜査法 … 71
3　防犯カメラ・監視カメラ … 73
4　不法侵入 … 74
5　のぞき … 74
6　その他 … 75

第2編　理論編

序章　はじめに … 79

PART 1　基本的問題

第1章　摘示内容の特定 … 81

1　はじめに … 81
2　一般読者基準 … 81
　(1)　名誉毀損における一般読者基準 … 81
　(2)　プライバシー侵害における一般読者基準 … 82
　　(a)　一般読者基準が用いられていること … 82
　　(b)　名誉毀損とプライバシー侵害の相違 … 82
　　(c)　一般読者基準をプライバシー侵害で用いることの合理性 … 82
　　(d)　センシティブな人の読み方・特殊な読み方等の否定 … 84
　(3)　具体例 … 85
3　複数の文章の関係 … 87
　(1)　はじめに … 87
　(2)　アンカー等で関連性が明示されている場合 … 87
　(3)　全体の総合判断 … 87

(4) 時系列 …………………………………………………………88

第2章　プライバシー侵害の要件論 …………………………90

1　はじめに …………………………………………………………90
2　要件論 ……………………………………………………………90
　(1) 宴のあと事件の4要件 …………………………………………90
　(2) その他の裁判例の展開 …………………………………………91
3　3要件の相互関係 ………………………………………………92
4　違法性判断 ………………………………………………………93

第3章　私事性 ……………………………………………………96

1　はじめに …………………………………………………………96
2　公的な事実と私事性 ……………………………………………96
　(1) はじめに …………………………………………………………96
　(2) 公務に関する事実 ………………………………………………96
　(3) 会社役員等の社会活動に関する事実 …………………………97
　(4) 業務に関する事実 ………………………………………………98
　(5) その他 ……………………………………………………………99
3　私生活上の事柄らしく受け取られる事柄 ……………………99
　(1) はじめに …………………………………………………………99
　(2) 記載内容 ………………………………………………………100
　　(a) はじめに ………………………………………………………100
　　(b) 記載の具体性 …………………………………………………100
　　(c) ある程度抽象的でも私生活上の事柄らしく受け取られる場合 …………100
　　(d) 常識に照らした内容の異常性 ………………………………101
　(3) 記載方法 ………………………………………………………101
　(4) 媒体の性質 ……………………………………………………101
4　推測・論評・モデル小説 ……………………………………102

第4章　秘匿性 …………………………………………………103

1　はじめに ………………………………………………………103
2　秘匿性要件の一般論 …………………………………………103

3　秘匿性要件の具体的判断 …………………………………104
　　(1)　はじめに …………………………………………………104
　　(2)　単純な類型的判断ではないこと …………………………104
　　(3)　マイナスの事実 …………………………………………105
　　(4)　プラスの事実 ……………………………………………105
　　(5)　社会生活上ありふれた事柄 ………………………………106
　　(6)　抽象的な場合 ……………………………………………107
　　(7)　自ら公開し、公開を予定している事項 …………………108
　　(8)　その他 ……………………………………………………109
　　　(a)　肯定例 …………………………………………………109
　　　(b)　否定例 …………………………………………………109

第5章　非公知性 …………………………………………………110

　1　はじめに ……………………………………………………110
　2　公開を理由にプライバシー侵害を否定した事例 ………111
　3　（一定の）公開がされていてもプライバシー侵害を肯定した事例 …………………………………………………………112
　　(1)　はじめに …………………………………………………112
　　(2)　公開済みの内容と今回公開された内容が異なる場合 …112
　　(3)　次々と公開されることで被害が広がっていると評することができる場合 ……………………………………………………113
　　(4)　公開後の時間の経過 ……………………………………114
　　　(a)　はじめに ………………………………………………114
　　　(b)　時間の短さ ……………………………………………114
　　　(c)　時間の長さ ……………………………………………115
　　　(d)　まとめ …………………………………………………116
　4　場面毎の判断 ………………………………………………116
　　(1)　はじめに …………………………………………………116
　　(2)　同じ場面であるからプライバシー侵害とならないとされた例 …117
　　(3)　異なる場面でプライバシー侵害となるとされた例 ……118
　　(4)　まとめ ……………………………………………………120

第 6 章　公開以外の形態 …………………………………121

1　はじめに …………………………………………………121
2　特定人への開示 …………………………………………121
　(1)　はじめに ……………………………………………121
　(2)　特定人への開示がプライバシーの侵害に該当すること …………121
　(3)　開示の有無が争われる事案 ………………………122
　(4)　開示の相手方 ………………………………………123
　　(a)　はじめに …………………………………………123
　　(b)　無関係の第三者 …………………………………123
　　(c)　対象者本人 ………………………………………123
　　(d)　行為者／対象者と関係の深い者への開示 ……124
3　プライバシー情報の閲覧・収集・入手（私生活への侵入）…125
　(1)　はじめに ……………………………………………125
　(2)　撮影・録音 …………………………………………125
　(3)　私物の開披 …………………………………………126
　(4)　その他の取得行為 …………………………………127
4　情報の管理 ………………………………………………127

第 7 章　違法性 ……………………………………………129

1　はじめに …………………………………………………129
2　比較衡量と受忍限度の関係 ……………………………129
3　利益衡量論 ………………………………………………131
　(1)　はじめに ……………………………………………131
　(2)　対象者の属性 ………………………………………133
　　(a)　著名人の法理 ……………………………………133
　　(b)　一般私人 …………………………………………134
　(3)　対象者側の保護に対する期待の程度 ……………134
　(4)　社会の正当な関心事であること …………………135
　(5)　その他の事情 ………………………………………136
　(6)　総合衡量 ……………………………………………137
　(7)　表現の自由との関係 ………………………………138

4	受忍限度論	138
	(1) はじめに	138
	(2) 具体的な事案	138
5	その他の違法性阻却事由	139
	(1) はじめに	139
	(2) 存在しない抗弁	139
	(a) はじめに	139
	(b) 真実性の抗弁	139
	(c) 相当性の抗弁	140
	(d) 公正な論評の法理	140
	(e) 虚偽性の抗弁	140
	(f) 有名人・著名人・芸能人・公人	140
	(3) 同意・承諾・放棄	140
	(a) はじめに	140
	(b) 同意・承諾・放棄の趣旨	140
	(c) 同意・承諾・放棄の撤回・時の経過	141
	(4) 反論・対抗言論	142
	(5) その他	142
	(a) 正当業務行為	142
	(b) 紛争解決・訴訟行為	143
	(c) 労働組合	143

PART 2　個別的問題

第8章　対象者とその同定 …………144

1　はじめに …………144
2　対象者の同定 …………145
　(1) はじめに …………145
　(2) 同定の意義 …………145
　(3) 問題とされる投稿そのものからの同定 …………146
　(4) それ以外の情報を総合しての同定 …………146
3　対象者と関係のある第三者に関する情報とプライバシー …148

(1) 第三者に関する情報は原則として対象者のプライバシー情報ではないこと ………………………………………………………………148
　　(2) 対象者と関係が深い者についての情報が対象者のプライバシー情報となることもあり得ること ……………………………………148
　　(3) 結局は私事性・秘匿性（・非公知性）の判断であること …………149
　　(4) 対象者本人に関係する事項であっても対象者に対するプライバシー侵害が否定され、第三者の問題だとされる場合 ………………150
　4　組織関係 ……………………………………………………………………150
　5　死者のプライバシー ………………………………………………………152
　　(1) 生きている間に侵害された場合 ………………………………………152
　　(2) 対象者のプライバシー侵害が成立する場合 …………………………152
　　(3) 敬愛追慕の情 ……………………………………………………………152
　6　子ども・成年被後見人等 …………………………………………………153

第9章　行為者に関する問題 …………………………………………154

　1　はじめに ……………………………………………………………………154
　2　行為者の特定 ………………………………………………………………154
　3　複数人の行為者がいる場合 ………………………………………………154
　　(1) はじめに …………………………………………………………………154
　　(2) 共同不法行為等 …………………………………………………………155
　　　(a) 共同不法行為 …………………………………………………………155
　　　(b) 幇助 ……………………………………………………………………156
　　(3) 共同不法行為等が認められない場合 …………………………………156
　4　行為者が組織関係者の場合 ………………………………………………157
　　(1) はじめに …………………………………………………………………157
　　(2) 代表者の行為 ……………………………………………………………157
　　(3) 従業員の行為 ……………………………………………………………158
　　(4) 従業員の免責 ……………………………………………………………159
　　(5) その他 ……………………………………………………………………159

第10章　類型別の検討 …………………………………………………160

　1　はじめに ……………………………………………………………………160

- 2 何をプライバシー侵害と主張するか ·················· 160
- 3 家庭に関する問題 ····································· 161
  - (1) 離婚 ··· 161
  - (2) 婚姻 ··· 161
  - (3) 家族構成 ··· 161
  - (4) 家庭関係のトラブル ······························ 162
- 4 性生活・性的業務等に関する事項 ···················· 162
  - (1) 性生活・男女交際 ································ 162
  - (2) 風俗・性的業務 ·································· 162
  - (3) 性的嗜好・性的指向等 ···························· 163
- 5 病気・障害に関する事項 ····························· 163
  - (1) 疾病 ··· 163
  - (2) 障害 ··· 164
- 6 政治・宗教等に関する事項 ··························· 164
- 7 犯罪・前科 ··· 165
- 8 氏名・住所・電話番号 ································ 165
  - (1) プライバシー侵害が認められること ··············· 165
  - (2) 匿名で活動する者の実名公表 ····················· 166
- 9 外貌・身体的特徴等 ·································· 167
- 10 職業 ··· 167
- 11 その他私生活 ·· 168
  - (1) 趣味・趣向 ······································· 168
  - (2) 収入等 ··· 168
  - (3) トラブル ··· 168
  - (4) 婚活 ··· 169
  - (5) 私信・メール ···································· 169
  - (6) その他 ··· 170

第11章 インターネット特有の問題 ················ 171

- 1 はじめに ··· 171
- 2 リンク・転載等に関する問題 ·························· 171
  - (1) はじめに ··· 171

(2) リンク ……………………………………………………………………171
　　　　(a) 名誉毀損に関する裁判例 ……………………………………………171
　　　　(b) プライバシー侵害に関する裁判例 …………………………………172
　　(3) 引用・転載 ………………………………………………………………172
　　(4) リツイート・いいね ……………………………………………………173
　3　第三者によるインターネット上の投稿 ……………………………………174
　　(1) はじめに …………………………………………………………………174
　　(2) 政府による公開 …………………………………………………………174
　　(3) 電話帳データ公開サイト ………………………………………………174
　　(4) 第三者による対象者のブログ・公式サイトへのコメント …………175
　4　対象者自身による公開 ………………………………………………………175
　　(1) はじめに …………………………………………………………………175
　　(2) 非公知性・秘匿性等 ……………………………………………………176
　　(3) 承諾・放棄 ………………………………………………………………177
　　(4) その他 ……………………………………………………………………177
　5　なりすまし ……………………………………………………………………177
　6　その他 …………………………………………………………………………178

第12章　忘れられる権利 ……………………………………………………179

　1　はじめに ………………………………………………………………………179
　2　忘れられる権利概観 …………………………………………………………180
　　(1) はじめに …………………………………………………………………180
　　(2) プライバシー権に基づく削除請求と忘れられる権利の相違 ………181
　　(3) 実務で「忘れられる権利」（検索結果削除請求）が主張される
　　　　背景 ………………………………………………………………………183
　3　犯罪歴・前科とプライバシーに関する裁判所の立場 ……………………184
　　(1) 犯罪歴・前科の特殊な位置付け ………………………………………184
　　(2) 犯罪歴・前科とプライバシーに関する最高裁の判断 ………………185
　　(3) 服役終了後の時の経過と「更生を妨げられない利益」 ……………186
　4　プライバシー侵害に基づく差止め及び削除請求権 ………………………188
　　(1) はじめに …………………………………………………………………188
　　(2) 差止めに関する裁判例 …………………………………………………188

(3) 削除に関する裁判例 ………………………………………………189
　　　(a) はじめに …………………………………………………………189
　　　(b) 行為者に対する削除請求 ………………………………………189
　　　(c) プロバイダ等第三者に対する削除請求 ………………………191
　　　(d) まとめ ……………………………………………………………192
　　(4) 検討 ………………………………………………………………192
5　最高裁決定以前の裁判例の動き ……………………………………193
6　最高裁決定 ……………………………………………………………198
　　(1) はじめに ……………………………………………………………198
　　(2) 事案の概要 …………………………………………………………198
　　(3) 原々々審から原審までの流れ ……………………………………199
　　　(a) 原々々審 …………………………………………………………199
　　　(b) 原々審 ……………………………………………………………200
　　　(c) 原審 ………………………………………………………………201
　　(4) 本決定の内容 ………………………………………………………203
7　試論的評釈 ……………………………………………………………204
　　(1) はじめに ……………………………………………………………204
　　(2) 明白性要件 …………………………………………………………205
　　(3) 比較衡量による判断の相場観 ……………………………………208
　　　(a) はじめに …………………………………………………………208
　　　(b) 行為の性質 ………………………………………………………208
　　　(c) 検索結果表示による不利益の程度 ……………………………208
　　　(d) 時の経過に関する事情 …………………………………………209
　　　(e) その他の事情 ……………………………………………………210
　　(4) どのような事案なら削除が認められるのか ……………………210
　　(5) 「忘れられる権利」の検討の上で参考になる観点 ………………211
　　(6) プライバシーで論じるべきか、「忘れられる権利」を立てるべきか ………………………………………………………………………213

第13章　プライバシーと民事裁判 ……………………………………216

1　はじめに ………………………………………………………………216
2　裁判手続の公開 ………………………………………………………216

目次

　　(1)　公開原則 ··216
　　(2)　閲覧等制限 ··216
　3　裁判文書・陳述とプライバシー ··218
　　(1)　はじめに ··218
　　(2)　非公知性等の問題 ··218
　　(3)　閲覧制限を申し立てなかったことの評価 ·······················219
　4　裁判文書のアップロード ···221
　　(1)　はじめに ··221
　　(2)　裁判文書とプライバシー ··221
　　(3)　住所等を墨塗りしない場合 ···222
　5　民事証拠法 ···222

第14章　救済 ··224

　1　はじめに ··224
　2　損害賠償 ··224
　　(1)　インターネット上のプライバシー侵害の損害賠償認容例 ····224
　　(2)　慰謝料 ···236
　　　(a)　はじめに ··236
　　　(b)　慰謝料決定の要素 ··236
　　　　① 総合衡量 ··236
　　　　② 情報の性質 ··236
　　　　③ 侵害態様 ··237
　　　　④ 対象者自身の行為 ··238
　　　　⑤ その他 ···239
　　(3)　慰謝料以外の損害（実損・調査費用・弁護士費用等）······239
　　　(a)　営業損害等の実損 ··239
　　　(b)　調査費用・弁護士費用等 ······································240
　　(4)　過失相殺 ··241
　3　謝罪等 ··242

第15章　インターネット上の個人情報保護 ································244

　1　個人情報保護法違反とプライバシー侵害の関係 ··················244

(1) はじめに——峻別説 ………………………………………………244
　　(2) 個人情報保護法違反がプライバシー侵害にならない場合 …………245
　　(3) 個人情報保護法違反にならないがプライバシー侵害になる場合
　　　　…………………………………………………………………………245
　　(4) 両方の結論が同一となる場合 ……………………………………246
　　(5) その他 ………………………………………………………………246
　2　個人情報保護法に関する裁判例…………………………………………246
　　(1) はじめに ……………………………………………………………246
　　(2) 定義等 ………………………………………………………………247
　　　(a) はじめに …………………………………………………………247
　　　(b) 個人情報該当性 …………………………………………………247
　　　(c) 個人データ該当性 ………………………………………………248
　　　(d) 保有個人データ該当性 …………………………………………249
　　　(e) 検索・閲覧と個人情報の取得等 ………………………………249
　　(3) 利用目的に関する問題……………………………………………249
　　(4) 安全管理に関する問題……………………………………………251
　　(5) 第三者提供に関する問題…………………………………………251
　　　(a) はじめに …………………………………………………………251
　　　(b) 第三者提供該当性 ………………………………………………252
　　　(c) 例外事由…………………………………………………………252
　　(6) 開示等請求に関する問題…………………………………………253
　　(7) その他の問題 ………………………………………………………255
　3　個人情報の不正取得・流出・漏洩………………………………………256
　　(1) はじめに ……………………………………………………………256
　　(2) 請求が棄却された事案……………………………………………256
　　(3) 本人等から情報管理者への請求 …………………………………257
　　　(a) はじめに …………………………………………………………257
　　　(b) 低額賠償事例（数千円〜万円程度）……………………………257
　　　(c) 中間の事例（数十万円程度）……………………………………258
　　　(d) 高額賠償事例（数百万円）………………………………………259
　　　(e) 裁判例の総括と実務への示唆 …………………………………260
　　(4) 情報管理者等から漏洩事故を引き起こした者への請求 ………261

目　次

　　（a）はじめに ……………………………………………………………261
　　（b）費目毎の「相当因果関係のある損害」…………………………261
　　　①　サービス切り替え費用にかかる損害 …………………………261
　　　②　顧客への賠償にかかる損害 ……………………………………262
　　　③　調査費用にかかる損害 …………………………………………262
　　　④　営業損害 …………………………………………………………262
　　　⑤　その他の損害 ……………………………………………………263
　　（c）過失相殺……………………………………………………………264

第3編　実務編

1　基本的な対応方法 …………………………………………………267
　（1）はじめに …………………………………………………………267
　（2）対象者にとっての基本的な対応方法 …………………………267
　（3）行為者にとっての基本的な対応方法 …………………………269
　（4）プライバシー侵害成否の可能性の重要性 ……………………270
2　本編の構成 …………………………………………………………271

CASE 1　同僚が風邪で休んだことを投稿した事案

1　問題の所在 …………………………………………………………273
2　実務上の判断のポイント …………………………………………273
　（1）摘示内容の特定（第1章）………………………………………273
　（2）対象者（第8章）…………………………………………………274
　（3）私事性・秘匿性・非公知性（第2章～第4章）、類型（第10章）…274
　（4）違法性（第7章）…………………………………………………276
3　行為者（A）に対するアドバイス ………………………………276
4　対象者（B）に対するアドバイス ………………………………277

CASE 2　講師を揶揄・批判する投稿をした事案

1　問題の所在 …………………………………………………………278
2　実務上の判断のポイント …………………………………………278
　（1）摘示内容の特定（第1章）………………………………………278

(2) 対象者（第8章） ……………………………………………279
　　(3) 私事性・秘匿性・非公知性（第2章〜第5章）、類型（第10章）…279
　　(4) 違法性（第7章） ……………………………………………281
　3　行為者（A）に対するアドバイス ……………………………282
　4　対象者（B）に対するアドバイス ……………………………282

CASE 3　メッセージを転送・公開した事案

　1　問題の所在 ………………………………………………………284
　2　実務上の判断のポイント ………………………………………284
　　(1) 私事性・秘匿性・非公知性（第2章〜第5章）、類型（第10章）…284
　　(2) 公開以外の形態（第6章） …………………………………286
　　(3) 違法性（第7章） ……………………………………………286
　3　行為者（A）に対するアドバイス ……………………………287
　4　対象者（B）に対するアドバイス ……………………………287

CASE 4　コンプライアンス違反通報事案

　1　問題の所在 ………………………………………………………289
　2　実務上の判断のポイント ………………………………………289
　　(1) 私事性・秘匿性・非公知性（第2章〜第5章）、類型（第10章）…289
　　(2) 公開以外の形態（第6章） …………………………………290
　　(3) 違法性（第7章） ……………………………………………291
　3　行為者（A）に対するアドバイス ……………………………292
　4　対象者（B）に対するアドバイス ……………………………292

CASE 5　インターネット上の風景画像の提供事案

　1　問題の所在 ………………………………………………………293
　2　実務上の判断のポイント ………………………………………294
　　(1) 私事性・秘匿性・非公知性（第2章〜第5章）、類型（第10章）…294
　　(2) 公開以外の形態（第6章） …………………………………294
　　(3) 違法性（第7章） ……………………………………………295
　3　行為者（A）に対するアドバイス ……………………………296
　4　対象者（B）に対するアドバイス ……………………………297

CASE 6　店長による防犯カメラ画像アップロード命令事案

1　問題の所在 …………………………………………………………298
2　実務上の判断のポイント …………………………………………298
　(1)　対象者（第8章） ……………………………………………298
　(2)　私事性・秘匿性・非公知性（第2章〜第5章）、類型（第10章）…298
　(3)　違法性 ………………………………………………………299
　(4)　行為者 ………………………………………………………300
3　行為者（A）に対するアドバイス ………………………………300
4　対象者（B）に対するアドバイス ………………………………301

CASE 7　LGBTパレード事案

1　問題の所在 …………………………………………………………303
2　実務上の判断のポイント …………………………………………303
　(1)　私事性・秘匿性・非公知性（第2章〜第5章）、類型（第10章）…303
　(2)　違法性（第7章） ……………………………………………304
3　行為者（A）に対するアドバイス ………………………………305
4　対象者（B）に対するアドバイス ………………………………305

CASE 8　裁判文書アップロード事案

1　問題の所在 …………………………………………………………307
2　実務上の判断のポイント …………………………………………307
　(1)　私事性・秘匿性・非公知性（第2章〜第5章）、類型（第10章）…307
　(2)　違法性（第7章） ……………………………………………308
3　行為者（A）に対するアドバイス ………………………………309
4　対象者（B）に対するアドバイス ………………………………309

CASE 9　実名公表事案

1　問題の所在 …………………………………………………………311
2　実務上の判断のポイント …………………………………………311
　(1)　私事性・秘匿性・非公知性（第2章〜第5章）、類型（第10章）…311
　(2)　インターネット特有の問題（第11章） ……………………313

3	行為者（A）に対するアドバイス……………………………………313
4	対象者（B）に対するアドバイス……………………………………313

CASE 10　忘れられる権利事案

1	問題の所在 ………………………………………………………………315
2	最高裁決定 ………………………………………………………………315
3	本件への当てはめ………………………………………………………316
4	行為者（A）に対するアドバイス……………………………………317
5	対象者（B）に対するアドバイス……………………………………317

おわりに ……………………………………………………………………319

判例索引 ……………………………………………………………………321
事項索引 ……………………………………………………………………341

凡　例

(1) 法令等

民訴法	民事訴訟法
刑訴法	刑事訴訟法
国賠法	国家賠償法
通則法	法の適用に関する通則法
個人情報保護法	個人情報の保護に関する法律
個人情報保護法施行令	個人情報の保護に関する法律施行令
行政機関個人情報保護法	行政機関の保有する個人情報の保護に関する法律
独立行政法人個人情報保護法	独立行政法人等の保有する個人情報の保護に関する法律
マイナンバー法	行政手続における特定の個人を識別するための番号の利用等に関する法律
プロ責法	特定電気通信役務提供者の損害賠償責任の制限及び発信者情報の開示に関する法律
ガイドライン通則編	個人情報保護委員会「個人情報の保護に関する法律についてのガイドライン（通則編）」平成28年11月（平成29年3月一部改正）
ガイドライン外国第三者提供編	個人情報保護委員会「個人情報の保護に関する法律についてのガイドライン（外国にある第三者への提供編）」平成28年11月
プロ責法省令	特定電気通信役務提供者の損害賠償責任の制限及び発信者情報の開示に関する法律第四条第一項の発信者情報を定める省令
ガイドライン等Q&A	個人情報保護委員会「『個人情報の保護に関する法律についてのガイドライン』及び『個人データの漏えい等の事案が発生した場合等の対応について』に関するQ&A』（平成29年2月16日）
金融分野ガイドライン	「金融分野における個人情報保護に関するガイドライン」平成29年2月28日個人情報保護委

員会・金融庁告示第 1 号

(2) 判例
#290321 ＝ 東京高判平成 29 年 3 月 21 日判例集未登載
※詳しくは、判例索引を参照。

(3) 判例集・雑誌

民録	大審院民事判決録
民集	大審院民事判例集、最高裁判所民事判例集
刑録	大審院刑事判決録
刑集	大審院刑事判例集、最高裁判所刑事判例集
下民集	下級裁判所民事裁判例集
東高時報（刑事）	東京高等裁判所判決時報（刑事）
訟月	訟務月報
最判解民事	最高裁判所判例解説（民事篇）
判時	判例時報
判タ	判例タイムズ
民商	民商法雑誌
判地自	判例地方自治
労判	労働判例
労経速	労働経済判例速報

(4) 本文中下線
本文中下線はすべて筆者強調。

(5) 文献
※プライバシー・個人情報保護に関するもののみ以下に収録し、それ以外の文献は本文中で引用する。

名誉毀損本	松尾剛行『最新判例にみるインターネット上の名誉毀損の理論と実務』（勁草書房、初版、2016 年）

凡 例

佃	佃克彦『プライバシー権・肖像権の法律実務』（弘文堂、第2版、2010年）
ネット炎上	田中辰雄・山口真一『ネット炎上の研究』（勁草書房、初版、2016年）
大島憲法の地図	大島義則『憲法の地図―条文と判例から学ぶ』（法律文化社、初版、2016年）
芦部	芦部信喜（高橋和之補訂）『憲法』（岩波書店、第6版、2015年）
田島ほか	田島泰彦・山野目章夫・右崎正博『表現の自由とプライバシー―憲法・民法・訴訟実務の総合的研究』（日本評論社、初版、2006年）
榎原	榎原猛『プライバシー権の総合的研究』（法律文化社、初版、1991年）
山本龍彦プライバシーの権利	山本龍彦「プライバシーの権利」ジュリスト1412号80頁以下
山本龍彦インターネット個人情報保護	山本龍彦「インターネット時代の個人情報保護」阪本昌成先生古稀記念論文集『自由の法理』（成文堂、初版、2015）565頁
新版注釈民法15巻	幾代通・広中俊雄編『新版注釈民法15巻』（有斐閣、増補版、1996年）
戒能伊藤	戒能通孝・伊藤正己編『プライヴァシー研究』（日本評論新社、初版、1962）
成原	成原慧『表現の自由とアーキテクチャ』（勁草書房、初版、2016年）
宮下	宮下紘『プライバシー権の復権』（中央大学出版部、初版、2015年）
ソロブ	ダニエル・J・ソロブ（大島義則・松尾剛行・成原慧・赤坂亮太訳）『プライバシーなんていらない！？―情報社会における自由と安全』（勁草書房、初版、2017年）
清水	清水陽平『サイト別ネット中傷・炎上対応マニュアル』（弘文堂、、第2版、2016年）、

中澤	中澤佑一『インターネットにおける誹謗中傷法的対策マニュアル』（中央経済社、第2版、2016年）
宍戸	宍戸常寿『憲法解釈論の応用と展開』（日本評論社、第2版、2014年）
佐藤	佐藤幸治『日本国憲法論』（成文堂、初版、2011年）
木下伊藤	『基本憲法Ⅰ　基本的人権』（日本評論社、初版、2017年）
曽我部林栗田	曽我部真裕・林秀弥・栗田昌裕『情報法概説』（弘文堂、初版、2015年）
佐伯	佐伯仁志「プライヴァシーと名誉の保護（三）」法学協会雑誌101巻9号132頁以下
阪本	阪本昌成『プライヴァシー権論』（日本評論社、初版、1986年）
棟居	棟居快行『人権論の新構成』（信山社、改版新装、2008年）
ソローヴ	ダニエル・J・ソローヴ（大谷卓史訳）『プライバシーの新理論──概念と法の再考』（みすず書房、初版、2013年）
竹田堀部	竹田稔・堀部政男編『名誉・プライバシー保護関係訴訟法（新・裁判実務大系9）』（青林書院、初版、2001年）
宍戸個人情報保護法制	宍戸常寿「個人情報保護法制」論究ジュリスト13号37頁
石井新版	石井夏生利『個人情報保護法の現在と未来』（勁草書房、新版、2017年）
企業情報管理実務研究会	企業情報管理実務研究会編『Q＆A企業の情報管理の実務』（新日本法規出版、加除式）
日置板倉	日置巴美・板倉陽一郎『個人情報保護法のしくみ』（商事法務、初版、2017年）
第二東京弁護士会	第二東京弁護士会情報公開・個人情報保護委員

凡　例

	会編『完全対応　新個人情報保護法―Q＆Aと書式例―』（新日本法規出版、初版、2017年）
瓜生	瓜生和久編著『一問一答　平成27年改正個人情報保護法』（商事法務、初版、2015年）
松尾クラウド	松尾剛行『クラウド情報管理の法律実務』（弘文堂、初版、2016年）
岡村	岡村久道『情報セキュリティの法律実務』（商事法務、改訂版、2011年）
夏井	夏井高人「サイバー犯罪の研究（1）～（8）」法律論叢85巻1号197～232頁、85巻4＝5号179～236頁、85巻6号363～420頁、86巻1号61～110頁、86巻2＝3号85～134頁、86巻6号181～243頁、87巻1号163～206頁、88巻2＝3号1～49頁
清水神田中澤	清水陽平・神田知宏・中澤佑一『ケース・スタディネット権利侵害対応の実務―発信者情報開示請求と削除請求―』（新日本法規、初版、2017年）
五十嵐	五十嵐清『人格権法概説』（有斐閣、初版、2003年）
園部	園部逸男編『個人情報保護法の解説』（ぎょうせい、改訂版、2005年）
加藤松尾	加藤伸樹＝松尾剛行編著『金融機関の個人情報保護の実務』（経済法令研究会、初版、2016年）
宇賀	宇賀克也『個人情報保護法の逐条解説』（有斐閣、第5版、2016）
山本龍彦ビッグデータ	山本龍彦「ビッグデータ社会とプロファイリング」論究ジュリスト18号39頁
宇賀藤原山本鼎談	宇賀克也＝藤原静雄＝山本和徳「鼎談・個人情報保護法改正の意義と課題」行政法研究13号

	1頁以下
宍戸安全・安心プライバシー	宍戸常寿「安全・安心とプライバシー」論究ジュリスト18号54頁
内田	内田義厚「プライバシー侵害をめぐる裁判例と問題点」判例タイムズ1188号46頁以下
岡口	岡口基一『要件事実マニュアル2』(ぎょうせい、第5版、2016年)
竹田	竹田稔『プライバシー侵害と民事責任』(判例時報社、増補改訂版、1998年)
伊藤	伊藤正巳編『現代損害賠償法講座2 名誉・プライバシー』(現代日本評論社、初版、1972年)
我妻他	我妻榮ほか『我妻・有泉コンメンタール民法 総則・物権・債権』(日本評論社、第4版、2016年)
松尾陽	『アーキテクチャと法——法学のアーキテクチュアルな転回?』(弘文堂、初版、2017年)
宮下判例時報	宮下紘「忘れられる権利」判例時報2318号3頁以下
宮下法セミ	宮下紘「『忘れられる権利』について考える」法学セミナー741号1頁
奥田	奥田喜道編『ネット社会と忘れられる権利』(現代人文社、初版、2015年)
宮下事例	宮下紘『事例で学ぶプライバシー』(朝陽会、初版、2016)
宮下比較法雑誌	宮下紘「忘れられる権利と検索エンジンの法的責任」比較法雑誌50巻1号49頁以下
プロ責判例集	プロバイダ責任制限法実務研究会『最新プロバイダ責任制限法判例集』(LABO、初版、2016)
松尾陽	松尾陽編『アーキテクチャと法』(弘文堂、初版、2017年)
曽我部	曽我部真裕「『検索結果削除』で最高裁が初判

凡例

	断 表現の自由を尊重、検索事業者の義務は限定的に」新聞研究789号56頁
宮下ビッグデータ	宮下紘『ビッグデータの支配とプライバシーの危機』（集英社、初版、2017年）
横田	横田明美「民間での利活用が可能に 行政機関等からの個人情報提供制度」ビジネス法務2016年11月号
飯島	飯島滋明編著『憲法から考える実名犯罪報道』（現代人文社、初版、2013年）
升田	升田純『現代社会におけるプライバシーの判例と法理』（民事法研究会、初版、2009年）
大島匿名言論	大島義則「匿名言論の自由と発信者情報開示制度──日米の制度比較」情報ネットワークロー・レビュー14巻22頁
二関	二関辰郎「個人情報の第三者提供と不法行為の成否」法律時報2006年7月号94頁
板倉	板倉陽一郎「個人情報保護法違反を理由とする損害賠償請求に関する考察」情報ネットワークローレビュー11号2頁
加藤	加藤隆之「個人情報保護制度の遵守とプライヴァシー権侵害」亜細亜法学46巻1号84頁
TMI個人情報	TMI総合法律事務所編『個人情報管理ハンドブック』（商事法務、第3版、2016年）
TMI法律相談	TMI総合法律事務所編『IT・インターネットの法律相談』（青林書院、初版、2016年）

はじめに

1 インターネットの普及によりプライバシー法理論は変容したか

(1) インターネット上の新たな形態のプライバシー侵害

「情報通信技術の発展、とりわけインターネットの普及によって、法理論はどのように変容したのだろうか。そしてもし変容したのであれば、その理論の変容に、実務はどのように対応すべきなのだろうか。」。これは、名誉毀損本のはしがき（i頁）で問いかけた問題意識である。名誉毀損本においてはインターネット上の名誉毀損についての裁判例を題材に、不十分ながらもこのような問題について一定程度検討したところである。

ここで、インターネット上には多数のプライバシー侵害情報が掲載されている。特に「晒し」といわれる、インターネット上で「炎上」[1]してしまった対象者の個人情報について、炎上参加者が対象者のSNSアカウント、インターネット上の情報その他の情報を徹底的に調査して、次々とこれを公開する現象は頻繁にみられるインターネット上のプライバシー侵害である[2]（ネット炎上20〜22頁参照）。

さらに、今年（平成29年）1月と3月には現代的なプライバシーに関する重要な最高裁判例が出されている。すなわち、最高裁は本年1月にいわゆる「忘れられる権利」、即ち検索エンジンを利用して表示される前科・前歴情報等の検索結果の削除請求に関する判断基準を示し（#290131）、また、3月には、GPSを利用した捜査手法を令状なくして活用できないとした（#290315）。

このようなプライバシー侵害形態は少なくとも従来型のプライバシー侵害においてはこれまであまり見られなかったものといえ、このような新たなプライバシー侵害形態が、プライバシー法における判例や学説にどのような変化をも

---

[1] ネット炎上5頁では「ある人物や企業が発信した内容や行った行為について、ソーシャルメディアに批判的なコメントが殺到する現象」と定義している。
[2] 場合によっては勤務先に電話をかける（電凸）、実際に自宅や勤務先等に行ってそれを動画サイトで実況中継するといった事態もあり得る。

はじめに

たらすかは興味深いところである。

(2) 3期にわたるプライバシー学説の展開

判例・通説によれば、憲法上、幸福追求権（憲法13条）を主要な根拠としてプライバシーが保護されている（芦部122頁〜、大島憲法の地図2頁〜）。また、民法上、人格権の一内容として、プライバシーが保護されている（例えば田島ほか25頁）。[3]

プライバシー法は約100年以上の歴史の中で発展を遂げてきたが、その変化に応じて3つの段階を指摘する論者がいる（なお、詳細は本書16頁以下）。

山本龍彦は、以下の2つの転回と3つの段階を指摘する。[4]

第1期（私生活秘匿権）は、ウォーレンとブランダイスが提唱した、私室での囁きを公表されない権利としての「独りにしておいてもらう権利」[5]等いわば「私生活秘匿権」としてのプライバシーであり、米国では、①断絶された状態への侵入、②私事の公表、③誤った事実公表、④氏名の盗用等（プロッサーの4類型）というコモンロー上のプライバシーとして発展し、日本でも後述の宴のあと事件以降広く受容されるようになった。第1期の議論は典型的には、私事が公開されることでプライバシーが侵害されると論じる。

第2期（自己情報コントロール権論）は、1960年代に米国にてプライバシーに対する主たる関心が個人に関する情報のコントロールへ移り（情報論的転回）、[6]日本でも佐藤幸治の紹介以降、個人に関する一定の情報が本人の意思に反して取得され、利用され、開示されることによってもプライバシーが侵害されるという自己情報コントロール権説[7]が通説化する。[8]

---

3) 「プライバシー」と「プライバシー権」の関係につき、榎原猛『プライバシー権の総合的研究』1頁参照

4) 山本プライバシーの権利80頁以下。なお、宮下317頁以下も参照。

5) Samuel Warren and Louis Brandeis "The Right to Privacy" (4 Harvard L.R. 193 (Dec. 15, 1890)) 翻訳として、戒能・伊藤20頁以下参照。

6) Alan Furman Westin, Privacy and Freedom (1967)、Charles Fried, Privacy, The Yale Law JournalVol. 77, No. 3 (Jan., 1968), pp. 475-493

7) 佐藤説によれば、プライバシーの権利は「個人が道徳的自律の存在として、自ら善であると判断する目的を追求して、他者とコミュニケートし、自己の存在にかかわる情報を開示する範囲を選択できる権利」と定義される。

8) なお、第2期のプライバシー論と高度情報化社会の関係につき、山本龍彦プライバシーの権利81頁以下が示唆的であり、そのような背景をふまえ、山本はこれを単なる自己情報コントロール権論ではなく「ウェットな」自己情報コントロール権論と呼んでいる。なお、通常の自己決定権との相違は18頁以下参照。

第 3 期は、1990 年代後半に米国で起こった、山本が「構造論的転回」と呼ぶ転回をふまえた動きである。第 3 期には、議論の重点が私事の公開やセンシティブ情報の同意なき開示・利用のような事後的で個別具体的な不法行為ではなく、情報システムやデータベースの構造ないしアーキテクチャに置かれるようになった[9]。その結果、構造ないしアーキテクチャ全体のコントロールという側面が強調され[10]、プライバシーは、システム構築を目的とした（又はシステム構築に供されることが予見される）個人情報の収集・保存によって侵害され得ることとなり、プライバシー侵害の存否の判断においては構造審査と呼ばれる審査が行われる[11]。また、データの匿名化を造形する（shaping data anonymity）権利や忘れられる権利といったインターネット上の世界における新たなプライバシーの権利も問題となっている[12]。

　このような学説がどこまで実務において採用されているか、はもちろん別の問題である。結論からいえば、後述（22 頁以下）のとおりプライバシーの定義や要件を示した平成 20 年代の裁判例の多数は第 1 期の私生活秘匿権の考え方に親和的である。もっとも、それは必ずしも裁判所が第 2 期、第 3 期のような意味でのプライバシーを否定しているというわけではない。むしろ、当該事案の解決において、私生活秘匿権のような意味でのプライバシーの保護を認めれば足りると考えられたというものと理解される。

(3)　本書における試み

　本書においては、裁判例をもとに、インターネット上のプライバシーの問題が裁判所においてどのように判断されているか、そしてその背景にはどのような法理が見て取れるかを考察していきたい。また、そのような考察をとおして、インターネット上のプライバシーに関する法理論と法実務がどのように変化したのか、変化すべきかを論じる。

---

9)　成原参照。
10)　宮下 328 頁も参照。
11)　山本龍彦プライバシーの権利 85 頁で「建築物の耐震構造検査」が比喩として用いられていること参照。
12)　第 2 期と第 3 期の相違を、第 2 期の「G・オーウェル・モデル」と第 3 期の「カフカ・モデル」で説明し、第 3 期は誰が誰を監視している分からない社会構造に人々が不安を感じていると指摘するものとしてジュリスト 1412 号 96 頁の座談会における阪本昌成の発言を参照。類似のオーウェルとカフカの対比はソロブ 29 頁でも見られる。

2　インターネットの特徴毎の留意点

(1)　はじめに

　名誉毀損本では、インターネットの特徴として、①一般人による公衆への発信（双方向性）と読者数（層）の激変可能性、②リンク・転載の容易性、③匿名性、④時間・空間の超越、⑤インフラ化を挙げた（4〜10頁）。

　以下、これらの特徴毎に、インターネット上のプライバシー侵害に関する留意点について見ていきたい。

　なお、インターネットの利用方法の変遷に応じて、問題となるプライバシー侵害の形態も変わっている。例えば、以前は#091222や#110623のようにパソコン通信が問題となっていることが多かったが、インターネットの利用法の変化に伴い、電子掲示板におけるプライバシー侵害の事案が増加し、近時ではTwitter、FacebookそしてLINEといったSNS上のプライバシー侵害の事案が増えている。

(2)　①一般人による公衆への発信（双方向性）と読者数（層）の激変可能性（拡散可能性）

　インターネット以外の世界（オフライン・リアルワールド）においては、いわば「井戸端会議」「居酒屋談義」ないしは「日常のうわさ話」のような形で、知人・友人同士で、家族や共通の友人等の関係者の生活や行動等を話題にすることは頻繁に見られる。

　佃48頁が「日常のうわさ話に留まるものであれば、本人（開示された人）の承諾や推定的承諾が認められたり、受忍限度内であるとか損害賠償を命ずるほどの違法性はないとされたり、あるいは総合衡量の結果違法性がないとされるなどしかるべく判断される筈」とするとおり、どのような法律構成にせよ、このような会話が重大なプライバシー侵害となるという法意識は存在しないように思われる。

　ところが、これと同一の内容の発言をインターネット上で行うと、プライバシー侵害の問題がクローズアップされる。

　例えば、友人だけをフォロワーとするTwitterアカウント（公開アカウント）を持っている人（行為者）が、自分の友人に向けて「（共通の友人の）対象者が今度離婚するんだって」といった形で投稿をしたといった事案を考えてみよう。[13]

その情報が行為者が対象者から直接聞いたものであるという場合には、対象者は共通の友人に対してであればこれを打ち明けることを明示に又は黙示に承諾していたのかもしれない。しかし、インターネット上で投稿すれば、そのような範囲を超えて誰でもその投稿を見ることができるようになってしまう。例えばその投稿が対象者が予想した範囲を超えて拡散してしまい、対象者が行為者に対して「これはプライバシー侵害だ」として抗議したり、最後は訴訟になることもある。
　これは公開アカウントを不用意に利用した投稿をしてしまった場合であるが、限定公開投稿であっても[14]、このメッセージを見た誰かがスクリーンショットにとって画像の形式で拡散する等して同様の結果が生じることもある[15]。
　なお、インターネットにおける発信は双方向的である。そこで、一般人による公衆への発信の問題は上記のような「行為者」が公衆に向けて発信できるという場合のみならず「対象者」自らが公衆に向けて発信できるといった問題も重要である。例えば上記の「晒し」（1頁）の場合においては、多くの場合、対象者の過去のSNSにおける投稿等が詳細に調査され、これが公開されるが、そのような場合、対象者自身が過去に公開した情報であることをどのように評価するか等が問題となる（106頁）。

(3)　②リンク・転載の容易性
　(2)で述べた双方向性と拡散可能性の問題と関連する問題として、リンクや転載の容易性がある。インターネット上では、リンクや転載の形で容易に情報を拡散させることができるが、上記のような事例でプライバシー侵害情報の拡散に関与した人はどのような場合にどのような責任を負うのだろうか。
　また、拡散の方法としても、リンク、引用、リツイート、いいね等様々な方法があることから、その具体的な態様も問題となる（42頁）。

(4)　③匿名性
　インターネット上では特に実名を明らかにすることなく投稿等をすることができるところ、行為者の匿名性という点を捉えれば、対象者が自分のプライバ

---

13)　例えば、共通の友人のidに@マークをつけて、当該友人との「会話」のつもりで、（公開で）このような投稿をすることはあり得るだろう。

14)　LINEのグループチャットへの投稿等、鍵付きのTwitterアカウントからの投稿、友達限定公開のFacebook投稿、Skypeチャット等でも同様の問題がある。

15)　「会話」のようなものであっても、このようにログの保存・転送が容易であることを、後述のとおり「一定の公開性」等と呼ぶ裁判例がある。#261224及び#270518参照。

シーを侵害されたとして権利を行使する場合に、誰が行為者か分からないことから、その権利行使が容易ではないという点が挙げられる。これに対してはプロ責法に基づく開示請求等、行為者を明らかにする方法の検討が必要となる（44 頁以下）ことは名誉毀損と同様である。

また、対象者の匿名性という点では、果たして当該行為（投稿）によって対象者のプライバシーが侵害されたのかという問題が生じる点も名誉毀損と同様であり、この問題も検討が必要である（154 頁以下）。

(5) ④時間・空間の超越

インターネットは時間と空間を超越する。

例えば 5 年前に逮捕されたという記事がまだ残っている場合、削除を請求できるのだろうか、また、その記事が検索エンジンからリンクされ、対象者の名前を打ち込んだ場合に検索エンジン上に当該記事の一部（スニペット）が表示される場合、検索エンジンに対して削除を請求できるのだろうか（忘れられる権利の問題。179 頁以下）。この点については、最高裁決定（#290131）を軸に検討が必要である。

また、空間の超越という面は、国際的プライバシー侵害と関係する（68 頁以下）。

(6) ⑤インフラ化（多様化）

最後に、インターネット上のプライバシーについては、インフラ化の問題が重要である。

「インフラ化」というのは、インターネットが私的にも公的にも、あらゆる場所におけるコミュニケーションの不可欠なインフラとして活用されるということである（清水 1 頁）。

その結果、もはや「インターネット」の一言で各現象を一刀両断的に説明することが困難となった。一部の人だけがインターネットを使っていた時代には、インターネットが利用されるシチュエーションは限定されており、そのような限定された場合に関する「インターネットのプライバシー侵害の特徴」を考えればそれがほぼすべての場合に当てはまるといっても差支えなかった。しかし、現在は、インターネットの利用形態が多様化した。

インターネットに限らずプライバシーは文脈や状況に依存する権利であり、「プライバシーは文脈に依存して意味を変えるカメレオンである」ともいわれる。
[16)]

だからこそ、インターネット上のプライバシー法においても、インターネット上の各サービス（媒体）やそれが用いられるシチュエーション（紛争類型）毎に丁寧に検討を行わなければならない。

例えば、政府機関等のウェブサイトで情報が公開されていることから、既に公開情報であるとして同じ情報を投稿・掲載等する行為についてプライバシー侵害が否定されることがある（#210728）。しかし、電子掲示板においてスレッドの10番の投稿である人が「AはBと浮気をしている」と投稿した後、別の人が20番で再度「AはBと浮気をしている」と投稿したという場合に、20番の投稿は「公開情報」の投稿に過ぎず、Aに対するプライバシー侵害が否定されるのだろうか（中澤45頁参照）。

これはあくまでも1つの例であるが、やはり個別のサービス等の性質をふまえた丁寧な議論が必要だろう（37頁以下）。

3　本書の構成

以上のような特徴に鑑み、インターネット上のプライバシー侵害を理解する上では、
・サービス毎の特徴
・法律上の要件
・シチュエーション（紛争類型）毎の相違

等を理解することが必要である。また、いくら実体法を重点的に検討するといっても、インターネット上のプライバシー侵害を理解する上で最低限触れておくべき手続法の問題も存在する。

以上のような点に鑑み、本書も名誉毀損本と同様に3編構成とすることとした。

第1編では総論として、各サービスの特徴や、手続法の基礎的な内容を含む前提となる事項を説明する。

第2編ではプライバシー侵害の法律要件及び効果に関して問題となる各論点について、従来型のプライバシー侵害に関する議論の蓄積をふまえ、インターネット上のプライバシー侵害に関してその法理論は変容したのか、どのように

16）宮下326頁。なお、平成20年最高裁判例解説民事編158頁も参照。

はじめに

変容したのかを検討する。

　第3編は実務編として、第1編と第2編での検討結果をふまえ、インターネット上でよくみられるプライバシー侵害のシチュエーションを紛争類型毎に分類し、具体的な相談事例において弁護士が行為者・対象者にそれぞれどのようなアドバイスをするべきかを説明することとする。[17]

---

17) ただしこれらの説明は弁護士としての具体的事案に関するアドバイスではなく、あくまでもプライバシーに関する理解を深めてもらうための一般的な説明という趣旨であることにはご留意頂きたい。

第1編

総論

序章　はじめに

　本編は、第2編理論編及び第3編実務編の前提として理解しておくことが望ましい総論的な情報をできるだけコンパクトに整理したものである。

　まず、第1章において、「インターネット上のプライバシー侵害の見取り図」と題してインターネット上のプライバシー侵害に関する仮想事例をもとに、インターネット上のプライバシー侵害でよく問題となる論点や要検討事項を概観する。ここでは、あくまでも問題の所在と該当箇所へのリンクを示すにとどまり、法律論には入らない。

　次に、第2章において、「プライバシー法の概要」として、本書におけるインターネット上のプライバシー侵害の検討の前提となるプライバシーに関する基本的な法構造を概説する。

　その後、第3章において「サービス毎の特徴」として、ブログ、掲示板、SNS、メール等のサービスの特徴のうち、特にプライバシー法に与える影響が大きいものについて、そのプライバシー侵害との関係を簡単に説明する。ただし、法律論については、問題の所在を示すにとどまり、詳論には入らない。

　さらに、第4章では、「インターネット上のプライバシー侵害に関する手続法概観」として、インターネット上のプライバシー侵害に関する手続法を概観し、その際に簡単にプロ責法についても触れる。

　第5章では、「関連する諸権利・諸法令」としてインターネット上のプライバシー侵害事件に関連して問題となり得るプライバシー侵害以外の他の権利侵害、法令違反についても概説する。

　第6章では、「個人情報保護法の概要」として、第2編第15章で解説する個人情報に関する裁判例を理解する上でその前提となる個人情報保護法について概説する。

　第7章において、「国際的プライバシー侵害」として、国境を越えるインターネット上のプライバシー侵害について概観する。

　最後に第8章において、インターネットとの関連性が薄いことから、本書が詳論しない形態のプライバシー侵害について簡単に述べる。この中には、捜査法とプライバシー（例えばGPS捜査事件（#290315）も）含まれる。

第1章　インターネット上のプライバシー侵害の見取り図

1　相談事例

　相談者B野花子（B）はソムリエ資格を持つ若い女性であり、カルチャースクールでワインの嗜み方を教える講師だが、インターネット上の同カルチャースクールに関する掲示板において
　①「不倫をしている」
　②「受講生のハゲた親父から時計をプレゼントしてもらっていた」
　③「電話帳を見ると、Bの出身とされる地域にはBと同じ姓の家は1つしかなく、登録名はB野太郎[1)]、住所は●●県●●市××町〇—〇—〇、電話番号は〇〇〇—〇〇〇—〇〇〇〇とされている」
　④「ソムリエ資格を持っているはずなのに、ワインについての知識が少なく、教え方が下手である」
といった投稿がされるようになった。最初は無視していたが、どんどんエスカレートして、まとめサイトにも転載されるようになり、生徒やカルチャースクール側からも「こういう噂があるが本当か？」等と聞かれて仕事にも支障を来すようになってきた。[2)]

2　問題点

　この相談事例は、インターネット上のプライバシー侵害事件でよく見られる論点を念頭に置いて創作した仮想事例である。このような事案において、対象者であるBから相談を受けた弁護士は、どのようにアドバイスするべきであろうか。特に本件はインターネット上のプライバシー侵害であることから従来型のプライバシー侵害と比較してどのような違いがあるのだろうか。なお、本章では、あくまでも、インターネット上のプライバシー侵害にあまり詳しくな

---

1)　#280325Aを念頭に置いた事例であるが、必ずしも同判決の事案どおりではない。
2)　Bの父親の名前。

い読者のために、問題の所在を示すにとどまり、法律論には入らない（これと一定程度類似した事案の法的分析を示したものとして第3編CASE2（278頁以下）参照）。

　まず、Bとしては、これらの投稿を削除させたいと考えるだろう。また、行為者を特定して損害賠償等をさせたいと考えるかもしれない。もっとも、このようなBの希望を実現する上では、様々な問題を解決しなければならず、そのうちの多くは、インターネット上のプライバシー侵害に特有の問題である。

　インターネット上のプライバシー侵害においては、行為者と対象者だけではなく、プロバイダという第三の当事者が存在する。プロバイダというのは、携帯電話業者や光ファイバー・ADSL業者等のネット接続サービスを提供する業者（経由プロバイダ）と、掲示板、ブログサービスやSNSサービス等を運営する業者（コンテンツプロバイダ）の双方を総称したものである（45頁）。このような三面関係にあることから、誰（行為者及び／又はプロバイダ）に何を求めるのかが問題となる。

　そして、インターネット上のプライバシー侵害において、行為者が匿名であることが少なくない。もちろん、Facebook等の実名の表現も存在するが、SNSや口コミサイトは総じて仮名・匿名の投稿が多く、特に2ちゃんねるのようないわゆる匿名掲示板ではほぼすべての投稿が匿名でなされている。このような状況の下、対象者が真に権利を侵害されている場合には、プロ責法、ガイドライン（44頁以下参照）及びそれを背景としたプロバイダ自身の苦情処理メカニズム等に基づき、プロバイダに対して削除や行為者の情報（発信者情報）の開示等を請求することができ、任意にプロバイダがこれに応じない場合には訴訟を提起して削除や開示を強制することも考えられる。行為者に対する損害賠償・名誉回復のための謝罪広告等を求める場合には、このような手続で発信者情報の開示を受けた後に、行為者と訴訟外で交渉する、又は行為者に対して訴訟を起こすことになる（44頁以下）。

　次に、ある表現が果たしてプライバシーを侵害する内容か、プライバシー侵害の基本的要件が問題となる。後述のとおり、現在の裁判所で頻繁に用いられる基準は、(i) 私生活上の事柄又は私生活上の事柄らしく受け取られる事柄（私事性）のうち、(ii) 一般人の感受性を基準として、他人に知られたくないと考えられる事柄（秘匿性）であって、(iii) いまだ他人に知られていない事柄（非公知性）についてこれを公表することについては、その事実を公表され

第1章　インターネット上のプライバシー侵害の見取り図

ない法的利益とこれを公表する理由とを比較衡量し、前者が後者に優越する場合に不法行為が成立する（比較衡量）というものである（129頁以下）。

そこで、例えば、①については、私事性、秘匿性がある事項であるから、非公知性がある場合（不倫がいまだに公に知られていない場合）には、通常その事実を公表されない法的利益を上回る公表の理由はないとしてプライバシー侵害が肯定されるだろう。

これに対し、②〜④は様々な問題を検討してはじめて権利侵害の有無について判断することができる。例えば②については、単に抽象的に時計の贈与を受けたというだけでは、不倫等を示唆するとはいえず、それが直ちに秘匿性があるとはいえないのではないかという問題がある[3]。また、③については、BではなくBの父親のプライバシーが侵害されただけではないか[4]、また、電話帳で公開された情報であって、非公知性も秘匿性もないのではないかという問題がある[5]。さらに、④については、そもそもソムリエ資格を持っているという部分には秘匿性や非公知性がないのではないか、そして、教え方や講師の資質に関する批判の部分は比較衡量をしてみると、カルチャースクールやその講師の選択に資する情報を提供するという公表する理由が公表されない法的利益に優越するのではないかといった問題がある。

このような問題に加え、インターネット上にはその意味が明らかでない投稿も少なくない。掲示板等では、例えば「B」のことを漢字等を若干変えて「８」と表記していたり、「あだ名」で呼んだりするかもしれない。そこで、そのような投稿が対象者Bのプライバシーを侵害しているかの判断のためには、摘示内容を特定し、対象者を同定できるかを検討する必要がある。その際はプライバシー侵害的な表現のみを捉えるべきか、掲示板における一連の投稿全体を考慮するかも問題となることがある。

加えてこれらの投稿は、「まとめサイト」へ転載されていることから、リンク・転載等に関する問題が生じる（171頁）。

---

3) 107頁以下参照。なお、#280325A では結論としてプライバシー侵害が否定された。
4) 107頁以下参照。なお、実家住所についてもプライバシー侵害を肯定した #250719 参照。
5) 118頁以下参照。なお、電話帳等に掲載された情報を投稿することがプライバシー侵害であると認めたものとして #110623、#230829 等参照。

第2章　プライバシー法の概要

1　はじめに

　名誉毀損においては、その要件が特に刑事罰の側面（名誉毀損罪、刑法230条）において構成要件という形できっちりと決まっており、その結果、名誉毀損本においては、その各要件を順番に検討しながら関連する問題を論じることができた。

　これに対し、プライバシーについては、後述（28頁以下）のとおりプライバシーを保護する刑法上及び特別法上の犯罪が複数存在するものの、「プライバシー侵害罪」は存在しない。そこで、プライバシーの概念やプライバシー侵害の要件については学説や判例・裁判例上様々なことがいわれてきており「決定版」は存在しないといっても過言ではない。そこで、プライバシー法の法構造をまとめることは困難である。そのような困難な作業を行うため、以下のとおりの割り切りを行うこととした。

　まず、プライバシーの概念について、憲法ではなく民事法、そして学説ではなく裁判例を中心にまとめることとした。プライバシーは憲法上も重要な概念であり、憲法学上様々なプライバシーに関する議論がなされているが、本書では「セーフかアウトか」、つまりあるインターネット上の投稿等の行為が民事法上プライバシーを違法に侵害したといえるかという問題を扱うことから、民事法の問題にフォーカスすることとした[7]。また、プライバシーについては、各期において様々な学説が主張されており、その重要性そのものは否定できないものの、本書の主目的は、裁判例から裁判所の立場とその背景にある法理を考察するところにあることから、学説については大幅に議論を省略し、裁判例を中心にまとめることとする。

　以下、プライバシーの概念について裁判例を簡単にまとめた上で、民事プラ

---

[6]　その変遷については2頁及び16頁以下参照。
[7]　ただし学説は私法上の人格権から発展したプライバシーを憲法上の権利として認め、制約の合憲性をより厳格に考えようとしている（宍戸22頁）。なお、宮下330頁も参照。

イバシー侵害の法構造を概説し、その後刑事罰について概観する。

2　プライバシーとは何か

(1)　宴のあと事件

プライバシーという言葉が民事事件で最初に用いられた判決は宴のあと事件（#390928）とされる。[8]

この事案は、行為者である小説家（三島由紀夫）が小説「宴のあと」の中で、対象者である元外務大臣の私生活を描写したことが不法行為になるかが問題となった。東京地裁は、「いわゆるプライバシー権は私生活をみだりに公開されないという法的保障ないし権利として理解される」とした上で、具体的な事案においてプライバシー侵害を認めた（宴のあと事件判決の示した要件については89頁以下で詳述する）。

この事件を嚆矢として、プライバシーに関する議論が深まり、下級審及び最高裁において様々な判決が下されるようになった。

(2)　プライバシーに関する学説

(a)　はじめに

前記（2頁）のとおり、プライバシーに関する学説は第1期から第3期までに分けられるところ、それぞれの概要を簡単に敷衍しよう。

(b)　第1期　私生活秘匿権

プライバシーの意義についての第1期の学説は、ウォーレンとブランダイスの見解の影響を受けている。ウォーレンとブランダイスは、マスメディアによるゴシップ記事の氾濫を背景に「独りにしておいてもらう権利（the right to be let alone）」を提唱した。

そして、その後、プロッサーがいわゆるプロッサーの4類型を提唱し、①断絶された状態への侵入[9]、②私事の公表[10]、③誤った事実公表[11]、④氏名の盗用[12]が行われた場合にプライバシー侵害の不法行為となるとした。[13]

宴のあと事件のいう「私生活をみだりに公開されないという法的保障ないし

---

8)　なお、刑事では #390530 が既にプライバシーという言葉を用いている。
9)　他人の干渉を受けずに隔離された私生活を送っている状況に対して侵入すること。
10)　他人に知られたくない事実を公開すること。
11)　誤った事実を公表することで、他人に真の自己と異なる印象を与える行為類型。
12)　氏名や肖像などの私的な事項を利得のために利用（盗用）する類型。

権利」は、このような第 1 期の学説と親和的である。

　なお、この時期において、これ以外の内容をプライバシーに含むとする見解も見られた。[14]

　(c)　第 2 期　自己情報コントロール権

　第 2 期の学説は、自己情報コントロール権説であり、例えば、憲法学説であるが、佐藤幸治は、プライバシーの権利を「個人が道徳的自律の存在として、自ら善であると判断する目的を追求して、他者とコミュニケートし、自己の存在にかかわる情報を開示する範囲を選択できる権利」である（佐藤 182 頁～）と定義している。

　人が自律した存在となるためには他者から区別された私的空間を維持することが不可欠であるが、社会状況の変化に応じ、その私的空間の内容・範囲や侵害形態も大きく変容する。第 2 期においては、第 1 期のような物理的な私生活空間への侵入や私生活の報道を禁止するだけでは、私的空間の維持として十分ではないと認識され、個人に関する情報の収集・蓄積や利用をも統制するべきと考えられるようになった。これが、第 2 期の自己情報コントロール権説である（木下伊藤 63 頁参照）。

　ただし、第 2 期においても学説の対立があり、プライバシーを評価からの自由と理解する見解や[15]、プライバシーを自己が多様な社会関係に応じて、多様な自己イメージを使い分ける自由（自己イメージのコントロール権）とする見解もある。[16]

　なお、第 1 期の見解からも、特にプロッサーの 4 類型を採用すれば、意に反する（本人の同意なき）情報の取得が違法となるし、第 2 期の自己情報コントロール権説も、古典的な私生活の公開等についてプライバシー侵害を否定するものではない。[17] そこで、実際に問題となる具体的事案においてはプライバシー

---

13)　なお、このうち第 3 類型は名誉毀損や名誉感情の侵害、第 4 類型はパブリシティの権利として独立に論じられているとするものに曽我部林栗田 282 頁。ただし、後述のとおり、日本の裁判例においては、「私生活上の事柄らしく受け取られる事柄」もプライバシーとして保護されることには留意が必要である。

14)　例えば #631220 の伊藤正巳補足意見は「聞きたくない音によって心の静穏を害されないことは、プライバシーの利益と考えられる」とした（静謐のプライバシーに関する佃 38 頁～39 頁も参照）。なお、特殊な事例であるが、内心の静穏な感情を害されない利益に言及した #030426 も参照。

15)　例えば佐伯 132 頁以下や阪本 4 頁以下。

16)　棟居 185 頁以下及び 212 頁以下参照。

に関する第1期と第2期のいずれの立場を取っても同様の結論となる場合が多い。

ただし、第1期はプライバシーを消極的自由と理解するのに対し、第2期は積極的権利を含む自己決定権的側面を強調するところ（大島憲法の地図5頁参照）に考え方の相違が見られる[18]。

(d) 第3期

その後の展開としての第3期においては、ダニエル・ソローヴ[19]は、プライバシーを①情報収集、②情報処理、③情報拡散、④侵襲、の段階毎に分けて考察をした上で、①情報収集の段階における監視排除、尋問の問題、②情報処理の段階における守秘義務関係破壊、開示、暴露、アクセス可能性の増大、脅迫、盗用、歪曲の問題、④侵襲の段階における侵入、意思決定への介入の問題をそれぞれ考察すべきだとする（ソローヴ144頁、図表1参照）。このような文脈を重視した多元的なプライバシー理解によって、ソローヴは様々な文脈でプライバシー問題の様々な性質が現れることを示した[20]。

また、ジットレインは1970年代の政府のデータベースを念頭に置いたプライバシー状況をプライバシー1.0と位置付けた上で、現代社会においては政府、企業その他の中間団体による監視は本質的ではなくなっており、ピアツーピア技術が発達することによりコントロールポイントやゲートキーパーが消失しつつある状況をプライバシー2.0と名付けた[21]。

第3期といわれる議論は現時点でも続いており、引き続き注目に値する[22]。

---

17) なお、曽我部林栗田177頁も参照。
18) ただし、この「自己決定権的側面」というのはいわゆる自己決定権、すなわち「個人の人格的生存にかかわる重要な私的事項を公権力の介入・干渉なしに各自が自律的に決定できる自由」とは異なっており、このようないわゆる自己決定権を「プライバシー」とは別のものとして考えるところも第2期の特徴であろう（芦部126頁参照）。
19) 最近日本で出版された同教授の著書に大島義則ほか訳『プライバシーなんていらない！？』がある。
20) そのうち、例えば、脆弱性の危害（ソローヴ251頁以下）というのは、システムの構造や設計が脆弱であること（脆弱性のアーキテクチャー）によって、データ流出等につながった場合、人々は将来生じるかもしれない潜在的危害に晒され、人々のプライバシー保護がますます脆弱になる。このような指摘は、まさに第3期に特徴的な「構造」やアーキテクチャーを問題とするプライバシー理解といえるだろう。なお、ソロブ51頁では、プライバシー侵害の違憲審査手法もこの点を示唆している。
21) Jonathan L. Zittrain, The Future of the Internet -- And How to Stop It 210（2008）邦訳に井口耕二訳『インターネットが死ぬ日』（早川書房、初版、2009年）、368頁以下に相当。

図1　ソローヴによるプライバシーの類型化

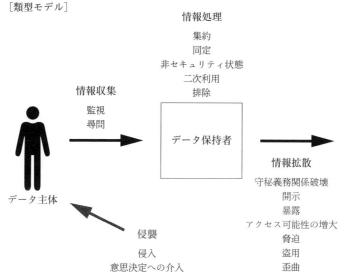

出典：『プライバシーの新理論』145 頁

(3)　プライバシーに関する最高裁判例

　では、最高裁はプライバシーについてどのような判断を下してきたのだろうか。

　私人間における不法行為の成否が問題となった事案において、判例は人格権としての氏名権（#630216、#180120）を認めており、前科をみだりに公開されない利益（#060208。なお #560414 も参照）も法的保護に値する人格的利益と認められている。他方、公権力との関係において、憲法 13 条により保障された権利・自由として判例により明確に認められたものは「みだりにその容貌・姿態を撮影されない自由」（#441224）、「みだりに指紋の押捺を強制されない自由」（#071215）である（平成 20 年最高裁判例解説民事編 158 頁）。

　では、「プライバシー」はどうであろうか。例えば、「個人のプライバシーに属する事実をみだりに公表されない利益は、法的保護の対象となるというべきである」とした #290131（忘れられる権利事件）のように、判例はプライバシーについても、法的保護に値する人格的利益として一定の場合にその侵害が違法

---

22)　日本における憲法論を中心とした議論につき、宍戸個人情報保護法制 46〜47 頁参照。プライバシーの世界的潮流につき、石井新版参照。

とされることを明らかにしているが、憲法13条等により保障された人権としてプライバシーが認められるか否か、その内容はどのようなものであるか等について明示した最高裁判例はない。これは、プライバシーという概念自体が極めて多義的であって、その外延及び内容が不明確であることを考慮したものとされる（平成20年最高裁判例解説民事編158頁）。

ここで、興味深いのは、大学（行為者）における外国の国家主席の講演への参加を申し込んだ学生（対象者）の学籍番号、氏名、住所及び電話番号を、行為者が警備のために警察に提供した行為の違法性が争われた事案において、最高裁が、「個人情報についても、本人が、自己が欲しない他者にはみだりにこれを開示されたくないと考えることは自然なことであり、そのことへの期待は保護されるべきものであるから、本件個人情報は、上告人ら〔筆者注：対象者〕のプライバシーに係る情報として法的保護の対象となるというべきである。」としたことである（#150912（江沢民事件））。

この趣旨について、同事件の調査官解説は「プライバシーの権利とは、『私的領域への介入を拒絶し、自己に関する情報を自ら管理する権利』」とした上で、「本判決が情報の開示について本人の『同意』を重要な要件としているのも、このような自己に関する情報を管理する権利の考え方と親和的なものとみることができよう」とし、また、同判決は「自己に関する情報の管理権をプライバシーの権利の重要な内容と理解する前記の見解を視野に入れて判断がされたものと考えられる」と指摘した。同判決からここまで読み取れるかはともかく、このような判示は自己情報コントロール権説と親和性が高い（芦部124頁）。[23][24]

その後下された住基ネット事件判決（#200306）は、「個人の私生活上の自由の一つとして、何人も、個人に関する情報をみだりに第三者に開示又は公表されない自由を有するものと解される」とした上でいわゆる住基ネットにより行政機関が「個人情報を収集、管理又は利用」することのプライバシー侵害の有無について判断した（結論は消極）が、この判示に対しては評価が分かれており、第1期、第2期、第3期それぞれとの親和性が指摘される。

---

23) 平成15年最高裁判例解説民事編488頁。なお、同解説493頁も参照。
24) 特に後述の住基ネット事件（#200306）調査官解説は、同判決が保護法益としたのは氏名、住所等の「みだりに第三者に開示されないという利益」ひいてはそれによって守られるべき私生活の平穏であって、前科等をみだりに公開されないという利益等を不法行為法上の保護法益として認めたそれ以前の判例と基本的に異なるものではないと考えられるとする（平成20年最高裁判例解説民事編161頁注12）。

確かに、個人情報の収集、管理又は利用を問題としている点で、第2期との親和性があるとも思われる。[25]

　しかし、同判決の調査官解説は「個人に関する情報をみだりに第三者に開示又は公表されないという自由という限度では、これが憲法13条により保障されることを肯定したが、『プライバシー権』ないしその一内容としての『自己情報コントロール権』が憲法上保障された人権と認められるか否かについては正面から判断していない」(平成20年最高裁判例解説民事編162頁〜163頁)とした上で、「本判決は、自己のプライバシーに関わる秘匿性の高い情報の取扱いについて、一定の場合に何らかの方法でこれを『コントロール』する余地を完全に否定したものではないが、少なくとも、個人識別情報等の個人情報一般について、その管理、利用等に同意するか否かを自ら決定する権利(同意権)を広く肯定する見解は採用しなかったものと解される」(平成20年最高裁判例解説民事編164頁注17)と述べる他、「個人に関する情報をみだりに第三者に開示又は公表されないという自由が憲法13条により保障されているとの本判決の上記判断は、従前の判例の延長にあるものと理解することができる」とも述べており、本判決と第1期の学説との親和性を示唆している(平成20年最高裁判例解説民事編163頁)。加えて、#200306の原審である#181130が明示的に自己情報コントロール権を認めていたところ、最高裁はこの事情の下において自己情報コントロール権を否定している(大島憲法の地図5頁参照)ことも、第1期との親和性の1つの表れといえる。

　さらに、山本龍彦は同判決が住基ネットの構造、すなわち様々なセキュリティ確保のための措置が講じられていることをチェックした点に着目し、構造審査を違憲審査に取入れた、第3期に親和的判決としている[26](山本龍彦プライバシーの権利86頁、なお木下伊藤68頁も参照)。

　要するに、これまでの最高裁はプライバシーの多様性を反映して、その定義、外延、憲法13条が人権としてプライバシーを保護するのか等といった問題に

---

[25] 芦部124頁〜125頁は#200306も自己情報コントロール権説ないし情報プライバシー権説と親和性が高いと指摘する。

[26] 「住基ネットのシステム上の欠陥等により外部から不当にアクセスされるなどして本人確認情報が容易に漏えいする具体的な危険はないこと、受領者による本人確認情報の目的外利用又は本人確認情報に関する秘密の漏えい等は、懲戒処分又は刑罰をもって禁止されていること、住基法は、都道府県に本人確認情報の保護に関する審議会を、指定情報処理機関に本人確認情報保護委員会を設置することとして、本人確認情報の適切な取扱いを担保するための制度的措置を講じていること」

ついて明確な判示をしていないものの、プライバシー侵害が不法行為や違法な権利侵害となり得ることを前提とした様々な判断をしており、これらの中には第 1 期に親和的と評されるもの、第 2 期に親和的と評されるもの、そして第 3 期に親和的と評されるものがあると総括できよう。

ここで注意すべきは、自己情報コントロール権的な見解を採用したのかプロッサーの 4 類型的な見解を採用したのかはともかく、最高裁は結論において、意に反する公開以外の事例についてもプライバシー侵害の余地を認めていることである。

例えば、民事に関して #070905 は、労働事件に関し、会社が組合員である対象者を尾行したり、ロッカーを開けてその内容物を撮影する行為が「プライバシーを侵害する」としている。また、前記の #441224 は容貌の撮影の場合であるが、いわば、情報収集の側面である。

そこで、最高裁の立場からも、単なる意に反する開示にとどまらず、私生活への侵入類型の類型についてもプライバシーとして保護されていることには留意が必要である。

なお、刑事手続に関し、#290315（GPS 捜査事件）は直接的には憲法 35 条に関する判断であるが、GPS を使った捜査を令状なくして行うことはできないとした（72 頁）。

(4) 裁判例の動向

(a) はじめに

では、裁判例、特にプライバシーに関する不法行為の成否（ないしは差止め等）が問題となった民事の裁判例において、プライバシーはどのようなものとして理解されているのだろうか。

「これまでのところ裁判例は、プライバシーの権利に統一的に定義を与えることに成功していない」と評されている（竹田堀部 139 頁）。

筆者が本書執筆過程において平成 20 年代のインターネット上のプライバシーに関する裁判例を分析した結果、①圧倒的多数が意に反する公開の事案であり、②これらの事案については、基本的には少なくとも一定の私事に関する情報の意に反する公開がプライバシー侵害の不法行為に含まれるという立場を取っているものの、③意に反する公開を唯一のプライバシー侵害の形態とまでは考えておらず、それ以外の事案、例えば撮影等の事案についてもプライバシー侵害の余地を認めており、一部には自己情報コントロール権に親和的な裁判例

も見られるという風に要約することができるように思われる。

以下、詳論する。

（b）　事例の数

まず、①事例の数としては、圧倒的多数が意に反する公開、すなわち、対象者にとってのプライバシー情報を行為者が対象者の意に反して開示した事例であった。

（c）　意に反する公開事例における判断

次に、②このような意に反する公開事例においては、一定数プライバシーの意義について論じるものがあるが、プライバシーの意義や要件を論じることなく不法行為になるかを判断するものや、プライバシー侵害の要件についてのみ説明し、プライバシーの意義について説明しないものも多い。そして、意義・要件・あてはめ等から推察されるこれらの裁判例の大多数の考え方は少なくとも一定の私事に関する情報の意に反する公開がプライバシー侵害の不法行為に含まれるというものである。

例えば、#230525 は、人は、他人に知られたくない私的な事柄をみだりに公表されない法的利益をプライバシー権として有すると示した。

#230630 は、私人が、その意に反して、自らの私生活上の精神的平穏を害するような事実を公表されることのない利益（プライバシー）は、人格権としての法的保護の対象となるとした。

#230328 は、プライバシーは一般に「私生活をみだりに公開されないという法的権利または利益」として定義されるとした。[27]

このように、意に反する公開をプライバシー侵害とするような、宴のあと事件における私生活の秘匿や「独りにしておいてもらう権利」といった第1期の学説に親和的なニュアンスを読み取ることができる裁判例が数としては多い。

これに対し、自己情報コントロール権に明示的に言及する裁判例もあるが、少数派である。[28]

---

27)　その他、平成20年代のインターネット上のプライバシー侵害に関する裁判例で、プライバシーを定義するものに、#200624（人は、自己の情報をみだりに公表されないことについて法律上保護されるべき人格的利益（プライバシーの利益）を有する）、#201015（「憲法13条は、個人の私生活上の自由の一つとして、何人も、個人に関する情報をみだりに第三者に開示又は公表されないという内容のプライバシー権を保障する」とした上で、「個人情報の公開により、プライバシー権を侵害する行為は、不法行為を構成する」とした）等がある。なお、平成10年代までを中心とした裁判例におけるプライバシーの定義を丁寧に総括したものとして佃30〜41頁参照。

もっとも、これらの裁判例から、裁判所がプライバシーを私生活の秘匿ないし「独りにしておいてもらう権利」に限定する趣旨だとまで読み取ることは、誤った読み方であろう。すなわち、インターネット上におけるプライバシー侵害には、メールやSNSのメッセージ等による少人数への開示事例もあるものの、実際に問題となることの多い事例の大多数は、SNSや掲示板等にプライバシー侵害情報が投稿されるという、意に反する公開の事案である。このような事案では、私生活の秘匿ないし「独りにしておいてもらう権利」の侵害が問題となることが明らかといえ、事案を解決する上では、少なくとも私生活の秘匿の利益ないし私生活上の情報が意に反して公開されない利益がプライバシーとして保護されるといえば十分であって、それ以外の私生活への侵入からの排除等を含むかや、自己情報をコントロールする権利までを含むかといった問題を検討する必要がなかったといえる。

　(d)　意に反する公開事例以外における判断

　そして、③私的情報の公開以外の事案、すなわち、情報の収集や蓄積、開示請求等が問題となる事案において、裁判所はそれが法律の条文（例えば2015（平成27）年改正後の個人情報保護法28条に基づく開示請求権）に規定がある場合だけではなく、プライバシー侵害を理由とした不法行為の成立や人格権に基づく差止め等を認める（ないしは、プライバシー侵害による不法行為の成立や人格権に基づく差止め等の余地を認めた上で、具体的な事案としてその要件を満たさないとする）ものがみられる。

　例えば、#240713（ストリートビュー事件控訴審）では、ストリートビューと呼ばれる道路の外観画像をインターネット上で提供するため、行為者が、対象者がベランダに洗濯物を干していた対象者の居宅の画像を撮影車から撮影した

---

28)　例えば、#221001A は、行為者の主張する極めてプライバシーを狭く解する見解を排斥する際に「プライバシーの権利は、「一人にしておいてもらう権利」という消極的なものから「自己に関する情報をコントロールする権利」という積極的なものを認める方向に変化してきていると理解されて」いると判示している。#260115 は、「遅くとも行政機関保有個人情報保護法が制定された平成15年5月30日までには、自己の個人情報を正当な目的や必要性によらず収集あるいは保有されないという意味での自己の個人情報をコントロールする権利は、法的に保護に値する利益として確立し、これが行政機関によって違法に侵害された場合には、国（被告）は、そのことにより個人に生じた損害を賠償すべきに至ったと解される。」とした。その他、#250717A、#280617 や #280202 を参照。なお、反対に、プライバシー侵害に該当しない情報開示について情報コントロール権という名目で不法行為や差止めを認めることはできないという文脈において情報コントロール権を否定したものとして #270223A がある。

行為（本件画像の撮影行為）が不法行為となるかが問題となったところ、裁判所は、「一般に、他人に知られたくない私的事項をみだりに公表されない権利・利益や私生活の平穏を享受する権利・利益については、プライバシーとして法的保護が与えられ、その違法な侵害に対しては損害賠償等を請求し得るところ、社会に生起するプライバシー侵害の態様は多様であって、出版物等の公表行為のみならず、私生活の平穏に対する侵入行為として、のぞき見、盗聴、写真撮影、私生活への干渉行為なども問題となり得る。」と判示して、意に反する写真撮影もプライバシー侵害になり得ることを明示した。その上で、具体的な事情の下で、プライバシー侵害の要件を満たさないとした（その他、同画像の公開行為も別途問題となっている）。

　この事案は、第1期のいわばプロッサーの4類型に近い立場をとっているとも考えられるが、[29] インターネット上のプライバシー侵害が問題となった事案において、裁判所が意に反する開示以外についてもプライバシー侵害になり得るという立場をとっていることを明らかにしたという意義がある。

　また、厳密にはインターネット上のプライバシー侵害の事案ではないものの、#221028 では、ある組合（行為者）が、対立する組合の組合員（対象者）の情報を収集し、データベース化して組合役員のパソコン等で管理していたという事案において、その収集・保管・使用がプライバシー侵害かが争われた。裁判所は、#200306（住基ネット事件）を引いて「何人も、人格的利益としての個人の私生活上の自由の一つとして、個人に関する情報をみだりに第三者に開示又は公表されない自由を有し、第三者に知られたくない個人に関する情報がみだりに開示又は公表されないことは、人格的自律ないし私生活上の平穏を維持するという利益にかかわるものとして、法的保護の対象となる」とした上で、その一環として「<u>当該個人に関する情報をみだりに収集されないという利益、収集された当該個人に関する情報をみだりに保管されないという利益、及び、当該個人に関する情報をみだりに開示又は公表されないだけでなくみだりにその他の使用もされないという利益も法的保護の対象となる</u>」として、開示以外の使用に対してもプライバシーが及ぶことを明らかにした。その上で、「上記の第三者に知られたくない個人に関する情報（以下「プライバシー情報」という）が法的保護に値するのは、その収集、保管又は使用（開示、公表を含む。以下同

---

29)　上机美穂「判批」判時 2259 号（判評 678 号）138〜144 頁参照。

じ）が人格的自律ないし私生活上の平穏の維持という利益の侵害にかかわるためであることからすると、プライバシー情報が一般人の感受性を基準にして人格的自律ないし私生活上の平穏を害する態様で収集、保管又は使用された場合には、そのプライバシー情報の収集、保管又は使用はプライバシーを侵害する違法なものというべきある」と判示し、具体的な事案につき、一部の収集・保管・使用をプライバシー侵害として、損害賠償を命じた。

このように、裁判例は、意に反する公開を唯一のプライバシー侵害の形態とまでは考えておらず、それ以外の例えば撮影等の事案についてもプライバシー侵害の余地を認めており、一部には自己情報コントロール権に親和的な裁判例もみられる。

3 プライバシー法の基本構造

(1) はじめに

上記のような裁判例のプライバシー理解を前提とし、かつプライバシー侵害の不法行為を念頭に置くと、プライバシー法の基本構造は意に反する開示事例とそれ以外の事例それぞれにおいて、以下のようになるだろう。

(2) 意に反する開示事例

表1　意に反する開示事例におけるプライバシー法の基本構造

①加害行為すなわち私生活上の事実の「公開」があること	
②公開された事実が「私生活上の事実」等のプライバシーに関する事実であること	①私生活上の事柄又は私生活上の事柄らしく受け取られる事柄（私事性） ②一般人の感受性を基準として、他人に知られたくないと考えられる事柄（秘匿性） ③いまだ他人に知られていない事柄（非公知性）
③公開行為が違法であること	比較衡量等により違法性が判断される
④行為者に故意又は過失があること	

民法709条は「故意又は過失によって他人の権利又は法律上保護される利益を侵害した者は、これによって生じた損害を賠償する責任を負う。」とする。

民法710条は「他人の身体、自由若しくは名誉を侵害した場合又は他人の財

産権を侵害した場合のいずれであるかを問わず、前条の規定により損害賠償の責任を負う者は、財産以外の損害に対しても、その賠償をしなければならない。」と規定しており、プライバシー侵害の不法行為により損害を被った対象者は、行為者に対して慰謝料を請求することができる。

意に反する開示といった典型的なプライバシー侵害については、それが不法行為になるかは、民法709条の要件をそれぞれ満たすかに帰着する。

そして、意に反する開示事例においては、

① 加害行為すなわち私生活上の事実の「公開」があること
② 公開された事実が「私生活上の事実」等のプライバシーに関する事実であること
③ 公開行為が違法であること
④ 行為者に故意又は過失があること

が要件とされている（竹田堀部154～155頁）。[30]

そして、後述（90頁以下）のとおり、意に反する公開の事案では、どのような事実がプライバシーに関する事実かについては、概ね、

① 私生活上の事柄又は私生活上の事柄らしく受け取られる事柄（私事性）
② 一般人の感受性を基準として、他人に知られたくないと考えられる事柄（秘匿性）
③ いまだ他人に知られていない事柄（非公知性）

を満たす場合に権利侵害があったと認められる。

違法性については、多くの裁判例において、その事実を公表されない法的利益とこれを公表する理由とを比較衡量し、前者が後者に優越する場合にはこれが違法となると考えられている（129頁以下）。なお、受忍限度論等の他の枠組を用いる裁判例もみられる。

故意・過失については、プライバシーを侵害する開示行為を行った場合には、それが故意をもってなされたといえるケース（例えば自ら投稿する場合）が多いことから、この点が独立に問題となることはあまり多くない。[31]

---

30) ただし、この整理は要件事実的な整理ではないところ、より詳細な要件につき、第2編第2章参照。
31) なお、故意がなく過失しかない場合でも、プライバシー侵害の不法行為は成立する。例えば、住所を黒塗りをしていない判決をアップロードした #260214 では「住所は黒塗りすべきであるとの認識を持っていたところ、その作業を失念したにすぎない」との主張に対し、そうであっても過失による不法行為は否定されないとした。

損害及び因果関係については、プライバシー侵害が認められれば、通常は慰謝料（精神的損害）が（236頁以下参照）因果関係のある損害として認められている（民法710条）。もっとも、それ以外の損害の賠償が認められる場合もある。

(3) 意に反する開示以外の事例

意に反する開示以外の事例でもプライバシー侵害の不法行為を理由に損害賠償を求める以上、民法709条の要件を満たす必要があるが、意に反する開示事例とは、以下2点の相違がみられる。

そもそも何をもってプライバシー侵害があったかという要件論について、意に反する開示とは異なり、十分に議論が詰められていないということである。本書では、関連する裁判例を収集することでできるだけこれを明らかにすることを試みているが、それでも裁判例の少なさから限界は存在する[32]。

4　刑事法によるプライバシーの保護

(1) はじめに

プライバシー侵害そのものを構成要件として処罰する犯罪は存在しないものの、プライバシーを保護するための様々な刑法上及び特別法上の犯罪が存在する。

(2) 個人情報データベース等提供罪（個人情報保護法）[33]

改正前の個人情報保護法の刑罰は極めて限られており、例えば顧客データを持ち出した場合でも、その犯人に対して個人情報保護法による刑罰を科すことはできなかった。このような事案に対して刑事罰等を科すことにより抑止効果を高めるため改正法には個人情報データベース等提供罪（改正法83条）が規定された。

個人情報保護法83条は「個人情報取扱事業者（その者が法人（法人でない団体で代表者又は管理人の定めのあるものを含む。第八十七条第一項において同じ）である場合にあっては、その役員、代表者又は管理人）若しくはその従業者又はこれらであった者が、その業務に関して取り扱った個人情報データベース等（その全部又は一部を複製し、又は加工したものを含む）を自己若しくは第三者の

---

32) なお、意に反する取得・保管・利用等をされないことはあくまでも「法律上保護される利益に過ぎない」とされる可能性もある。

33) 以下の記載につき企業情報管理実務研究会1巻590の5頁以下参照。

不正な利益を図る目的で提供し、又は盗用したときは、一年以下の懲役又は五十万円以下の罰金に処する。」と定める。

同罪の構成要件は概ね①主体要件、②客体要件、③目的要件、④行為要件の4つである。

①主体要件は、個人である個人情報取扱事業者本人、個人情報取扱事業者が法人（法人でない団体で代表者又は管理人の定めのあるものを含む）である場合には役員、代表者若しくは管理人、（法人・個人を問わず）個人情報取扱事業者の従業者、又は以上のいずれかであった者である。個人情報取扱事業者（60頁等参照）には個人と法人があるところ、個人の場合には本人、法人の場合には、その役員、代表者若しくは管理人が対象となる。また、個人にせよ法人にせよ、個人情報取扱事業者の「従業者」が対象になる。この「従業者」概念は比較的広く、個人情報取扱事業者の組織内にあって直接間接に事業者の指揮監督を受けて事業者の業務に従事している者等が含まれ、雇用関係にある必要はない。[34] さらに、例えば個人情報取扱事業者の元従業員等、過去において以上のいずれかであった者も対象になる。

②客体要件は、行為者がその業務に関して取り扱った個人情報データベース等（60頁）である。このような個人情報データベース等は容易に検索可能で、盗用された場合の利用価値及び被害者への影響が大きいことから、対象を個人情報データベース等に限定した。このような個人情報データベース等は、個人情報取扱事業者の業務上取り扱ったものが対象となり、業務と無関係のものは入らないが、例えば、ある従業者の本来の業務が同社における個人情報データベース等の取扱いではなくとも、その従業者が不正アクセス等をして同社の個人情報データベース等を入手し、第三者に提供した場合には、個人情報データベース等提供罪が成立する。

③目的要件は、自己若しくは第三者の不正な利益を図る目的である。このような図利目的は、例えば名簿業者へ売却する目的が典型例といえる（パブコメ522参照）。これに対し純粋な嫌がらせ目的や興味本意で行った場合には目的要件が満たされない（日置板倉91～92頁）。

④行為要件は、提供し、又は盗用したときである（第二東京弁護士会252頁）。

---

34) 雇用関係にある従業員（正社員、契約社員、嘱託社員、パート社員、アルバイト社員等）のみならず、取締役、執行役、理事、監査役、監事、派遣社員等も含まれる（ガイドライン通則編3-3-3）。

提供とは他人が自由に利用できる状態に置くことをいい、個人情報データベース等の入った記録媒体の交付のほか、パスワードを教えてアクセスできるようにすることやインターネット上にアップロードすること等を含む。盗用とは盗み利用することであり、例えば、個人情報データベース等を利用して架空請求を行うこと、本人を装って物品の購入を行うこと等が含まれる。

両罰規定があり、会社の代表者、代理人、使用人等が、その会社等の業務に関して違反行為をした場合、当該会社に対しても罰金等が科せられる（個人情報保護法87条1項）。

さらに、報道機関、学術研究機関、宗教団体等の適用除外事業者についても個人情報データベース等提供罪は適用される（ガイドライン通則編6-2＊6）。なお、国外犯処罰規定が設けられている（個人情報保護法86条）。

例えば、A社が顧客名簿という個人情報データベース等をシステム上に保管しており、B社に当該システムの管理を委託していたとする。ここで、B社の従業員Cが顧客名簿という委託された個人情報データベース等を利益を得るために不正提供した場合においてCの行為に個人情報データベース等提供罪が成立するのだろうか。

この点、②客体要件（顧客名簿という個人情報データベース等）も、③目的要件（利益を得るため）も、④行為要件（不正提供）も満たされると思われる。問題は、①主体要件である。CがA社の「従業者」かという点につき、CがB社の従業員として働いている場合、通常CはAの直接の指揮命令系統には属していないといえる。もっとも、B社もまた委託内容に従い顧客名簿という個人情報データベース等を事業活動に利用しているので、個人情報取扱事業者であるから、CはB社という「個人情報取扱事業者」の従業者として、①主体要件を満たすことになり、Cの行為に個人情報データベース等提供罪が成立すると考えられる。[35]

(3) 不正競争防止法

不正競争防止法には、事業者間の公正な競争等を図るための様々な規定が置かれているが、特に営業秘密（2条6項[36]）の不正取得・利用等については様々な罰則を定めている。[37]

---

35) 企業情報管理実務研究会1巻590の8参照。
36) この法律において「営業秘密」とは、秘密として管理されている生産方法、販売方法その他の事業活動に有用な技術上又は営業上の情報であって、公然と知られていないものをいう。

不正競争防止法で保護される営業秘密には、技術情報（製造ノウハウ等）のような、プライバシーとは無関係のものもあるが、顧客名簿のようなプライバシーと関係が深いものも存在する。

　通信教育事業者で発生した大規模な個人情報漏洩事件については、その当時データベース等提供罪が存在しなかったため、不正競争防止法違反で起訴され、有罪とされている[38]。

　その他の不正競争防止法事案として #270120、#241226A 等。

(4)　刑法

　刑法に規定される各種の犯罪はプライバシー情報の保護について一定程度の領域をカバーしている[39]。

　窃盗罪（刑法 235 条）[40]は有体物の窃取を罰しており、紙等の有体物にプライバシー情報が化体されていて、それが窃取という形態で侵奪された場合にはプライバシー保護の役割を果たし得る。

　#210114 は、病院の院長が家庭裁判所から少年の精神鑑定に用いる資料として送付を受けて保管していた保護事件記録の写し等を、院長室から無断で持ち出して同病院内のコピー機を使用してコピーを取った行為が、不法領得の意思に基づくもので、窃盗罪に当たるとした。

　横領罪（同 252 条）[41]、業務上横領罪（同 253 条）[42]もプライバシー情報が化体された紙等の有体物を犯人自らが（業務上）占有している場合においてこれを横領するという形態のプライバシー侵害に対して働き得る。背任罪（同 247 条）[43]

---

37)　例えば21条1項1号は「不正の利益を得る目的で、又はその保有者に損害を加える目的で、詐欺等行為（人を欺き、人に暴行を加え、又は人を脅迫する行為をいう。以下この条において同じ）又は管理侵害行為（財物の窃取、施設への侵入、不正アクセス行為（不正アクセス行為の禁止等に関する法律（平成十一年法律第百二十八号）第二条第四項に規定する不正アクセス行為をいう）その他の保有者の管理を害する行為をいう。以下この条において同じ）により、営業秘密を取得した者」について罰則を定めている。

38)　#280329A で有罪判決の後 #290321 で刑期は短くなったものの、有罪という結論は維持。

39)　以下につき、松尾クラウド 27 頁以下、岡村 86 頁以下、171 頁以下、237 頁以下および夏井参照。

40)　「他人の財物を窃取した者は、窃盗の罪とし、十年以下の懲役又は五十万円以下の罰金に処する。」

41)　「自己の占有する他人の物を横領した者は、五年以下の懲役に処する。」

42)　「業務上自己の占有する他人の物を横領した者は、十年以下の懲役に処する。」

43)　「他人のためにその事務を処理する者が、自己若しくは第三者の利益を図り又は本人に損害を加える目的で、その任務に背く行為をし、本人に財産上の損害を加えたときは、五年以下の懲役又は五十万円以下の罰金に処する。」

の場合、信認関係に違反してプライバシー情報が含まれている財産を侵害すれば、対象が有体物ではなくとも成立し得る。

秘密漏示罪（刑法134条）[44]は、医師、薬剤師、医薬品販売業者、助産師、弁護士、弁護人、公証人又はこれらの職にあった者と、主体が限定されているものの、一定の秘密保持が期待される職業の従事者について秘密漏洩を罰する。[45]

#240213は、精神科の医師が裁判所から鑑定を命じられて貸し出しを受けた少年らの供述調書等や鑑定結果を記載した書面を第三者に閲覧させ、少年及びその実父の秘密を漏らした行為に秘密漏示罪が成立するとした。

住居侵入罪（刑法130条）[46]及び信書開封罪（刑法133条）[47]等もプライバシー保護という観点が入っている刑法犯である。

その他、#240704は、東京司法書士会が発行し、同会の名称が表示されている「戸籍謄本・住民票の写し等職務上請求書」の用紙を模してみだりに作成された偽造有印私文書を行使したとして偽造有印私文書行使罪（刑法161条）に処した。

(5) 軽犯罪法

窃視罪（軽犯罪法1条23号）は、「正当な理由がなくて人の住居、浴場、更衣場、便所その他人が通常衣服をつけないでいるような場所をひそかにのぞき見た者」を処罰する。これは人の個人的秘密を侵害する抽象的危険性のある行為を禁止するという意味で、プライバシーと関係が深い犯罪である。[48]

#270415は、同号の趣旨は、プライバシーないし私生活の平穏を視覚的な侵害から保護することにあるととした上で、ひそかに設置したカメラ等で撮影録画したものを後日再生して見ることが同号の「のぞき見た」に含まれるとした。[49]

---

44) 1項「医師、薬剤師、医薬品販売業者、助産師、弁護士、弁護人、公証人又はこれらの職にあった者が、正当な理由がないのに、その業務上取り扱ったことについて知り得た人の秘密を漏らしたときは、六月以下の懲役又は十万円以下の罰金に処する。」2項「宗教、祈禱若しくは祭祀の職にある者又はこれらの職にあった者が、正当な理由がないのに、その業務上取り扱ったことについて知り得た人の秘密を漏らしたときも、前項と同様とする。」

45) なお、特別法で類似の規定があることがある。

46) 「正当な理由がないのに、人の住居若しくは人の看守する邸宅、建造物若しくは艦船に侵入し、又は要求を受けたにもかかわらずこれらの場所から退去しなかった者は、三年以下の懲役又は十万円以下の罰金に処する。」

47) 「正当な理由がないのに、封をしてある信書を開けた者は、一年以下の懲役又は二十万円以下の罰金に処する。」

48) 詳しくは伊藤榮樹（勝丸充啓改訂）『軽犯罪法』（立花書房、新装第2版、2013年）167～171頁。

#271118 は、民事の判決であるが、行為者宅の窓際に対象者宅のリビングのサッシに向けてビデオカメラを設置した行為は、「人が通常衣服をつけないでいるような場所」の撮影ではなく、同罪を構成しないとした。[50]

(6) リベンジポルノ防止法

リベンジポルノ防止法（私事性的画像記録の提供等による被害の防止に関する法律）は、個人の名誉及び私生活の平穏の侵害による被害の発生又はその拡大を防止するために、いわゆるリベンジポルノの禁止等を定めた法律である（1条参照）。

同法3条1項[51]は、撮影対象者の特定が可能な方法で公衆に提供することについて同意がなく撮影された性行為等の画像・動画等を不特定多数に提供することを禁止している。

同法に関して有罪とされた事例として、#270612、#270715、#270525 等があり、プライバシー侵害の著しいリベンジポルノの提供行為等を処罰している。

(7) ストーカー規制法

ストーカー規制法（ストーカー行為等の規制等に関する法律）の規制の中核は「つきまとい等」という概念であるが、そのかなりの部分は、見張り、住居への押し掛け等プライバシー侵害と深く関係する。[52]

---

49) 類似のものとして#031105、#150108。
50) なお、カメラマンが盗撮したことで同罪で処罰された事案において、盗撮写真を掲載した雑誌社の対象者に対する民事責任を肯定した、#280727 も参照。
51) 「第三者が撮影対象者を特定することができる方法で、電気通信回線を通じて私事性的画像記録を不特定又は多数の者に提供した者は、三年以下の懲役又は五十万円以下の罰金に処する。」
52) 法2条1項「この法律において「つきまとい等」とは、特定の者に対する恋愛感情その他の好意の感情又はそれが満たされなかったことに対する怨恨の感情を充足する目的で、当該特定の者又はその配偶者、直系若しくは同居の親族その他当該特定の者と社会生活において密接な関係を有する者に対し、次の各号のいずれかに掲げる行為をすることをいう。
一 つきまとい、待ち伏せし、進路に立ちふさがり、住居、勤務先、学校その他その通常所在する場所（以下「住居等」という。）の付近において見張りをし、住居等に押し掛け、又は住居等の付近をみだりにうろつくこと。
二 その行動を監視していると思わせるような事項を告げ、又はその知り得る状態に置くこと。
三 面会、交際その他の義務のないことを行うことを要求すること。
四 著しく粗野又は乱暴な言動をすること。
五 電話をかけて何も告げず、又は拒まれたにもかかわらず、連続して、電話をかけ、ファクシミリ装置を用いて送信し、若しくは電子メールの送信等をすること。
六 汚物、動物の死体その他の著しく不快又は嫌悪の情を催させるような物を送付し、又はその知り得る状態に置くこと。
七 その名誉を害する事項を告げ、又はその知り得る状態に置くこと。

第 2 章　プライバシー法の概要

　2016（平成28）年改正で、SNS等を用いた行為が広くストーカー規制法の対象となった（1項5号[53)]、2項[54)]）。

　そして、ストーカー行為自体に対する罰則[55)]や、禁止命令[56)]及び禁止命令違反時の刑罰等[57)58)]が定められている。[59)]

　#280707では、行為者をストーカー行為（自家用車等でのつきまとい）で処罰しているが、量刑の理由の中で個人情報をインターネットの掲示板に書き込まれるなどされた被害者が被った不安感や恐怖感など精神的苦痛も大きい等と判示しており、ストーカーとプライバシーの関係の深さを示唆している。

　八　その性的羞恥心を害する事項を告げ若しくはその知り得る状態に置き、その性的羞恥心を害する文書、図画、電磁的記録（電子的方式、磁気的方式その他人の知覚によっては認識することができない方式で作られる記録であって、電子計算機による情報処理の用に供されるものをいう。以下この号において同じ。）に係る記録媒体その他の物を送付し若しくはその知り得る状態に置き、又はその性的羞恥心を害する電磁的記録その他の記録を送信し若しくはその知り得る状態に置くこと。

53)　「電話をかけて何も告げず、又は拒まれたにもかかわらず、連続して、電話をかけ、ファクシミリ装置を用いて送信し、若しくは電子メールの送信等をすること。」

54)　「前項第五号の「電子メールの送信等」とは、次の各号のいずれかに掲げる行為（電話をかけること及びファクシミリ装置を用いて送信することを除く。）をいう。

　一　電子メールその他のその受信をする者を特定して情報を伝達するために用いられる電気通信（電気通信事業法（昭和五十九年法律第八十六号）第二条第一号に規定する電気通信をいう。次号において同じ。）の送信を行うこと。

　二　前号に掲げるもののほか、特定の個人がその入力する情報を電気通信を利用して第三者に閲覧させることに付随して、その第三者が当該個人に対し情報を伝達することができる機能が提供されるものの当該機能を利用する行為をすること。」

55)　2条3項「この法律において「ストーカー行為」とは、同一の者に対し、つきまとい等（第一項第一号から第四号まで及び第五号（電子メールの送信等に係る部分に限る。）に掲げる行為については、身体の安全、住居等の平穏若しくは名誉が害され、又は行動の自由が著しく害される不安を覚えさせるような方法により行われる場合に限る。）を反復してすることをいう。」

56)　18条「ストーカー行為をした者は、一年以下の懲役又は百万円以下の罰金に処する。」

57)　法3条「何人も、つきまとい等をして、その相手方に身体の安全、住居等の平穏若しくは名誉が害され、又は行動の自由が著しく害される不安を覚えさせてはならない。」

58)　5条1項「公安委員会は、警告を受けた者が当該警告に従わずに当該警告に係る第三条の規定に違反する行為をした場合において、当該行為をした者がさらに反復して当該行為をするおそれがあると認めるときは、当該警告に係る前条第一項の申出をした者の申出により、又は職権で、当該行為をした者に対し、国家公安委員会規則で定めるところにより、次に掲げる事項を命ずることができる。

　一　さらに反復して当該行為をしてはならないこと。

　二　さらに反復して当該行為が行われることを防止するために必要な事項」

59)　19条1項「禁止命令等（第五条第一項第一号に係るものに限る。以下同じ。）に違反してストーカー行為をした者は、二年以下の懲役又は二百万円以下の罰金に処する。」等。

(8) 不正アクセス禁止法

不正アクセス⁶⁰⁾については、不正アクセス行為の禁止等に関する法律（不正アクセス禁止法）が、これを罰則をもって禁止している⁶¹⁾。

#211112 は、顧客情報を不正に取得し売却しようと企て、不正アクセス行為等を行ったとして不正アクセス禁止法違反の罪の成立を認めた。

(9) 国家公務員法・地方公務員法ほか

国家公務員法（100条及び109条12号）及び地方公務員法（34条60条2号）は、秘密保持義務及び秘密漏洩罪を定める⁶²⁾。

当該秘密には様々なものがあるが、その中には、国が保管する個人に関する情報も含まれることから、その漏洩が秘密漏洩罪に問われることもある⁶³⁾。

なお、行政機関個人情報保護法54条は行政機関の職員若しくは職員であった者等がその業務に関して知り得た保有個人情報を自己若しくは第三者の不正な利益を図る目的で提供し、又は盗用したときに一年以下の懲役又は五十万円以下の罰金に処すると規定する（独立行政法人個人情報保護法51条もほぼ同様の規定を置く）。この規定は保有個人情報を広く保護の対象としている点で個人

---

60) 不正アクセス禁止法2条4項「この法律において「不正アクセス行為」とは、次の各号のいずれかに該当する行為をいう。
　一 アクセス制御機能を有する特定電子計算機に電気通信回線を通じて当該アクセス制御機能に係る他人の識別符号を入力して当該特定電子計算機を作動させ、当該アクセス制御機能により制限されている特定利用をし得る状態にさせる行為（当該アクセス制御機能を付加したアクセス管理者がするもの及び当該アクセス管理者又は当該識別符号に係る利用権者の承諾を得てするものを除く。）
　二 アクセス制御機能を有する特定電子計算機に電気通信回線を通じて当該アクセス制御機能による特定利用の制限を免れることができる情報（識別符号であるものを除く。）又は指令を入力して当該特定電子計算機を作動させ、その制限されている特定利用をし得る状態にさせる行為（当該アクセス制御機能を付加したアクセス管理者がするもの及び当該アクセス管理者の承諾を得てするものを除く。次号において同じ。）
　三 電気通信回線を介して接続された他の特定電子計算機が有するアクセス制御機能によりその特定利用を制限されている特定電子計算機に電気通信回線を通じてその制限を免れることができる情報又は指令を入力して当該特定電子計算機を作動させ、その制限されている特定利用をし得る状態にさせる行為」

61) 3条「何人も、不正アクセス行為をしてはならない。」、11条「第三条の規定に違反した者は、三年以下の懲役又は百万円以下の罰金に処する。」等。

62) なお、特定秘密の保護に関する法律、特に同法23条以下（23条1項「特定秘密の取扱いの業務に従事する者がその業務により知得した特定秘密を漏らしたときは、十年以下の懲役に処し、又は情状により十年以下の懲役及び千万円以下の罰金に処する。特定秘密の取扱いの業務に従事しなくなった後においても、同様とする。」）も参照。

63) #260919、#260530、#270423 参照。

情報データベース等提供罪（28頁）と異なっている[64]。

#211211A・Bは、14万人余の陸上自衛隊員及びその家族の秘匿性の高い個人情報を含むデータの複製CD-Rを、投資用マンション販売会社の従業員に提供したとして、行政機関の保有する個人情報の保護に関する法律違反の罪の成立を認めた

#210521は、刑務官であった被告人が、受刑者から他の刑務所職員の住所等を教えるようにそそのかされ保有個人情報を漏洩したとして行政機関の保有する個人情報の保護に関する法律違反の罪の成立を認めた

さらに、マイナンバー法にも同様の規定はあるものの（67～77条）、同一人であることを識別し、同一人の情報を一元管理する名寄せ等が容易で不正利用のリスクが大きいマイナンバー法については、個人情報保護法よりも厳しい罰則規定が適用される[65]。

(10) その他

その他、例えば、電気通信分野における通信の秘密に関する規定（電気通信事業法4条、有線電気通信法9条、電波法59条等）や、刑事訴訟法の開示証拠漏えい罪（刑訴法281条の5等参照）等（#260312、#261212）様々な法令があるが、詳述しない。

---

64) なお、個人の秘密に属する事項が記録された個人情報ファイルについては、行政機関個人情報保護法53条及び独立行政法人個人情報保護法50条においてより重い刑を課する規定が置かれている。

65) その他、住民台帳法、戸籍法も参照（#240823）。

第3章　サービス毎の特徴

1　はじめに

　インターネットは今や日常的に用いられるインフラであり（43頁）、多種多様なサービス（メディア媒体）を包含する。また、時代の流れによって、日夜新しいサービスが登場するとともに、古いサービスが駆逐される。例えば、伝統的にはパソコン通信等でのプライバシー侵害が存在したが、既に歴史的なものとなっているといえる。ウェブサイト、ブログ、掲示板、メールは、SNS等の他のメディアの勃興によって相対的な影響力が減少傾向にあるものの、いまだに広く使われ、これらに関連するインターネット上のプライバシー侵害事案はいまだに多く発生している。近年では、SNS（無料電話アプリも含む）、wiki、動画共有・配信サイト等に関連するインターネット上のプライバシー侵害事案も増えている。なお、インターネットのインフラ化により、グループウェア等の組織内で用いられるアプリケーションを通じたプライバシー侵害（#210113A）の問題も生じている。

2　ウェブサイト

（1）　検索エンジン

　Google、Yahoo! 等の検索サイトにおいて、自分の名前を検索すると逮捕や有罪判決等のプライバシー情報が検索結果として表示されたり、プライバシーに関する単語が検索語として提案される（サジェスト機能）といった場合には、検索サイトによるプライバシー侵害が問題となる。
　この問題は、いわゆる「忘れられる権利」として議論されることが多いことから、第2編第12章で詳論する。

---

[66]　例えばパソコン通信の掲示板に眼科医である対象者の職業、診療所の住所・電話番号等を公開する行為がプライバシー侵害とされた #110623 がある。他に #091222 も参照。

(2) 個人のウェブサイト

　個人が作成するウェブサイトは多種多様であって、それぞれに特徴があるが、個人のウェブサイトのプライバシー侵害に関して比較的特徴的なものに、裁判報告等を行うウェブサイト上に判決文等をアップロードする行為がプライバシー侵害かどうかが争われる例が挙げられる（108頁）。

(3) 会社・組織のウェブサイト

　会社・組織のウェブサイトといっても、中小企業においては、実質的には代表者ないしはその幹部個人が運営するものであり、個人のウェブサイトと類似する問題が存在することも少なくない。もっとも、会社・組織が行為者である場合には、責任を負うのが組織なのか個人なのか（その両方なのか）という問題が生じることが多い。例えば、上司に命じられてプライバシーを侵害するメールを送った従業員が免責された事案（#260717A等参照）等があり、会社員にとって関心が高いところと思われる（159頁）。

　また、組織の場合には、内部的に退職者について通知したり、外部に対して役員等の交代をプレスリリースしたり、不祥事について説明することがあるところ、これがプライバシー侵害だと主張することがあり、これらの正当業務行為が違法性を阻却するかも問題となる（142頁）。

(4) 行政機関のウェブサイト

　最近では、行政機関がウェブサイト上に様々な情報を提供するようになった。その中には有益な内容も少なくない。しかし、場合によっては、対象者のプライバシーを侵害することもある。

　なお、行政機関のウェブサイトに掲載された事項について、既に公開されていて非公知性が欠けるのではないかという問題もある（#210728参照）（38頁）。

(5) その他

　行政書士（対象者）の事務所の公式サイトの掲示板にみだらな内容の広告を投稿する行為について、対象者の名誉やプライバシーを侵害するものとは考え難いが、対象者の信用や社会評価を毀損するとしたものがある（#220726）。

　会員登録制のサイトだからといって、プライバシー侵害が否定されるものではないが、慰謝料算定では考慮される（#221001A）。

3　ブログ

　ブログは、個人のウェブサイトと共通する問題が多いものの、専門知識がなくとも日記感覚で記事を公開できることから、比較的敷居が低いところが特徴といえる。

　特に、対象者が自らブログ等で自己のプライバシー情報を公開し、当該情報を行為者が、例えば掲示板等に投稿したという場合には、対象者の行為を理由とした非公知性・秘匿性の欠缺、同意・放棄等が主張されることになる（176頁）。

4　User Generated Contents（UGC）

（1）総論
　ユーザーが作成するコンテンツ（User Generated Contents: UGC）を活用したウェブサイトもまた、広義のウェブサイトではあるものの、通常とは異なる問題が存在する。

　UGCとは一般には掲示板やブログ、プロフィールサイト、wiki、SNS、ソーシャルブックマーク、動画投稿サイト、写真共有サイト、イラスト投稿サイト、まとめサイトなどに投稿されたコンテンツの総称であるが、ここでは、掲示板、ブログ、SNS等他の項目で取り上げているものは除外する。いずれの場合でも、原則として個別の投稿者（ユーザー）が行為者として当該投稿について一次的責任を負うが、コンテンツプロバイダが責任を負うこともある（45頁）。その他、レビュー、口コミ、ランキング、動画共有等サイトの種類に応じて個別の問題が存在する。

（2）レビュー、口コミ
　食べログ等、レビューや口コミを集約するサイトは人気が高く、ユーザーにとっても利便性が高い。その反面、そこにおける人気の有無が売上に直結するとあって、対象者である飲食店経営者等にとっては、どのような口コミが投稿されるかに高い関心をもたざるを得ない面もある。

　レビューによるプライバシー侵害については、例えば教育機関の講師の資質等に関する情報は、講師自身のプライバシーに関連するが、内容によってはユ

ーザーにとって選択の上で重要性をもつことがあり、このような場合には、利益衡量が行われることになる。

なお、口コミサイトからの削除について対象者は「法人であり、会社であって、広く一般人を対象にして飲食店営業を行っているのであるから、個人と同様の自己に関する情報をコントロールする権利を有するものではない」としてこれを否定した #260904 がある。

また、プライバシー侵害に当たらない口コミについて自己情報コントロール権を主張して削除を求めることができないとしたものに #270223A がある。

現実にプライバシー侵害に該当する個別の投稿がされていれば別論、そうではない場合には、一般公衆を対象として飲食店を経営しているならば、口コミの対象となるのはやむを得ず、甘受すべき部分があることは名誉毀損と同様である（#270623 等も参照）。これに対し、一般向けの営業をせず、完全に会員限定等の運営がされている場合には、別個の考察が必要である。

(3) 動画共有・配信サイト

YouTube やニコニコ動画といった動画共有サイトでは、気軽に動画を投稿し共有することができるが、この中で、映像や音声といった非文字によるプライバシー侵害の問題が生じることがある。

例えば、#271110 は対象者が器物損壊行為等の犯罪を行った人物であるとの説明を付した動画を公開した行為を、#250719 は家賃を滞納した元賃借人である対象者の氏名、住所、勤務先を明らかにし、対象者の顔写真が入った動画を公開した行為を、プライバシー侵害とした。

また、録音につき、#270722 は弁護士と依頼者との会話を事務員が録音してweb公開したことが依頼者へのプライバシー侵害とされたものである。

なお、リベンジポルノ防止法につき33頁参照。

(4) wiki

また、wikiという複数のユーザーが簡単に共同で編集することができるウェブサイトの形式もあり、この技術を活用した百科事典として wikipedia がある。

このような wiki でも、その内容がプライバシー侵害であるかが問題となる事例がみられる（#250717A）。

(5) 掲示板

ユーザーの投稿とプライバシー侵害としては、伝統的には2ちゃんねるのよ

うな掲示板におけるプライバシー侵害が大きな問題となっていた。近年では、インターネット上のプライバシー侵害が全体に占める割合は減少傾向にあるが、掲示板に関する議論には、それ以外においても適用可能なものが少なくない。

まず、掲示板に掲載される情報の信用性が低いことから、そもそも私事性がない（私生活上の事実らしくみえない）のではないか（101頁）という問題があり、実際に否定例もある（例えば#280304）。

また、掲示板については、その掲示板の個別の投稿を見るのか、そのスレッド全体を見るのか、そのカテゴリー全体を見るのかという問題がある（47頁）。

さらに、掲示板に特殊なリンクとして「アンカー」といわれる、従前の投稿を参照する記載（例えば、「>>639」のようなもの）の解釈も問題となる（87頁）。

(6) チャット

チャットには、公開で行うものと非公開で行うものがある。このうち公開で行うチャットであればチャットにより私事を公開したと認められることが多いと解される。問題は非公開のものであるが、このような場合でも、通常の少人数間の会話と異なり、ログが残ってそれを簡単に転送できること等から同様に解されるのではないかが問題となる（#260320等参照）。

(7) ファイル交換ソフト

Winnyのようなファイル交換ソフトによって資料が流出し、個人情報漏洩事件が起こることがある。

5 メール

メールの場合、公開にならないのではないかという問題に加え、送信者の特定の問題や改ざんの容易性（222頁）等のデジタル特有が生じる。SNSのメッセージ等も機能が同じなので、同様の問題が生じる。

なお、プライバシー侵害は名誉毀損と違って公開を要件としないので、1人に対するメール送付がプライバシー侵害となる場合もある（例えば#211106A）。

なお、#210930は、相手方の意に反して性的な関心や欲求に基づく記載内容を含むメールを送信する行為は、メールの目的、内容、態様等、相手方の拒絶の程度、態様等に照らし、社会通念上許容される範囲を超える場合には、相手方の性的自由、名誉感情、プライバシー等の人格権を侵害する不法行為を構成するとした。[67]

6　SNS

(1)　はじめに

日本においても LINE、Facebook、Twitter、mixi、google+ 等のソーシャルネットワーキングサービス（SNS）の人気が高まり、人々のコミュニケーションのインフラとしての地位を築きつつある。そこでは、特殊なプライバシー侵害の問題も生じている。なお、本書においては、Skype 等の無料電話アプリも同時に考察の対象とする。

(2)　「いいね！」やリツイート

SNS においては、「いいね！」や「リツイート」をすることで、簡単に第三者の投稿を転載することができるが、このような行為によるプライバシー侵害の有無が問題となる（173 頁）。

(3)　公開範囲

SNS においては、自分の発言の公開範囲を設定できる。mixi だとマイミク限定、Facebook では公開範囲の限定、Twitter では鍵アカウント等である。このような場合においては、特定少数の人に対してしか情報を発信していないことから、プライバシー情報を公開したとはいえないのではないか等の問題がある。

(4)　まとめサイト

なお、掲示板や SNS での発言をまとめる「まとめサイト」によって、プライバシー侵害情報が拡散すること等もある（名誉毀損事案におけるものだが #281130、#260912 参照）。[68]

7　リンク・転載

サービスの種類を問わず発生するインターネット上のプライバシー侵害に特徴的な問題として、リンク・転載の問題がある。すなわち、インターネット上では、リンクを貼ることで、容易に他の場所にある情報を参照することができ

---

[67]　ただし、結論として「援交はだめよ」等というメールにつきプライバシー侵害等を否定。
[68]　「阪神タイガースが優勝すれば無条件で単位を与える」と対象者（大学教授）が発言したという虚偽の Twitter 投稿が、インターネット上のまとめサイト等で広くとりあげられた事案。

るし、コピー＆ペーストが簡単なので、転載も容易である。プライバシー法との関係では、そもそもリンクを貼った者が、元サイトの表現を自己のものとして表現したといえるかという問題や、リンクを含む表現を解釈する際においてリンク先の内容をどこまで考慮するべきか、元サイトの情報によって非公知性が否定されないか等の問題が生じる。これらについては第2編第11章で検討する。

8　インフラ化

　インターネットがインフラ化したので、オンラインとオフラインの垣根がなくなりつつある。例えば、これまでオフラインで公開されていた新聞や雑誌の記事やテレビで放映していた動画が、インターネット上で公開されたりするようになった（#270330等参照）。

　これに伴い、10年前に犯罪を犯した人が、その当時の記事が10年後も残っている場合に削除を求められるか等の新しい問題が生じている。このうちのいわゆる「忘れられる権利」については、第2編第12章を参照のこと。

第4章　インターネット上のプライバシー侵害に関する手続法概観

1　はじめに

　インターネットには匿名性という特徴があるため、インターネット上のプライバシー侵害においては、誰が行為者であるかを立証することが困難である。そこで、行為者の情報を有するプロバイダに対して情報の開示請求（及びその前提としてのログ保存請求）をすることが必要となる。

　また、新聞や雑誌等でプライバシーを侵害する記事を掲載した場合、一度プライバシーが侵害されれば、そのプライバシー侵害行為自体は継続しないことが多いが、インターネット上のプライバシー侵害では、インターネット上に掲載されている限りプライバシー状態が継続する。そこで、インターネット上の表現の削除を請求する必要がある。

　ここで、前記のとおり（13頁）、インターネット上のプライバシー侵害においては、行為者と対象者の他に、プロバイダという第三の当事者が生じ、そのプロバイダへの請求が、インターネット上のプライバシー侵害の特徴ともいえるところ、プロバイダにとって「削除や情報開示に応じると、行為者との関係で契約違反や不法行為にならないか」という問題と「削除や情報開示に応じないと、対象者との関係で不法行為等にならないか」という問題が生じ、プロバイダが「進退両難」の状態に陥りかねないという懸念があった。

　プロ責法は、プロバイダの責任を一定の範囲に限定し、プロバイダがどのような条件下でどのような行為をなすべきかを相当程度明確にしている。また、一般社団法人テレコムサービス協会がプロ責法関係のガイドラインを作成しており、これに基づき、ないしはこれを参考にして、一定の場合にはプロバイダが自主的に削除等に応じている。

　そこで、本章では、プロ責法について概観した上で、各種の請求毎にインターネット上のプライバシー侵害に関連する手続問題を概観する。なお、繰り返しになるが本書の趣旨は、今まであまり正面から論じられてこなかったインターネット上のプライバシー侵害の実体法（「セーフかアウトか」）を検討すると

いうものであり、手続法の検討はあくまでも副次的なテーマに過ぎない。また、手続法については、はしがきで紹介したとおり、多数の良書が既に出版されている。[69]

2 プロ責法

　プロ責法は、プロバイダの負う損害賠償責任の制限及び発信者情報開示請求等について定めた法律である（1条参照）。プロ責法の用語は分かりにくいので、簡単に概観すると、「特定電気通信」とは「不特定の者によって受信されることを目的とする電気通信」のうち「公衆によって直接受信されることを目的とする電気通信の送信」を除いたものである（2条1号）。要するに、ウェブサイトやブログ、SNSや掲示板等、不特定の人が読むことができるインターネット上の表現を行うための通信は原則としてこれに該当するものの、例えばメールマガジン等の「公衆によって直接受信されることを目的とする電気通信の送信」は除かれる。そして、このような通信のための設備（ウェブサーバー等）を特定電気通信設備（プロ責法2条2号）、そのような設備を提供する者を特定電気通信役務提供者（プロ責法2条3号）という。特定電気通信役務提供者は通常「プロバイダ」と呼ばれる。このプロバイダには、コンテンツプロバイダといわれる直接コンテンツを公衆に提供するサービスを提供するプロバイダと、経由プロバイダといわれる表現者に対してインターネット接続サービスを提供するプロバイダに分かれる。コンテンツプロバイダは行為者の住所氏名等の情報を有していないことが多いが、経由プロバイダはこれを有していることが多い。ここで、以前は経由プロバイダについて果たして開示請求が認められるべきかとの論争があったが、最高裁判決（#220408）により、開示が認められることで決着がついた。なお、本書における「行為者」は、プロ責法では「発信者」と呼ばれる（2条4号）。

　前記の「進退両難」問題は、プロ責法によって一定範囲で整理された。まず、プロバイダは、対象者との関係では、プロ責法3条1項により、プライバシー侵害発言が投稿された場合のプロバイダの責任について、他人の権利が侵害されていることを知っていたときか、又は投稿の存在を認識し、かつ、「他人の

---

69) その中でも、一般の読者であれば清水、弁護士であれば清水神田中澤が特に有益と思われる。

権利が侵害されていることを知ることができたと認めるに足りる相当の理由があるとき」でなければ損害賠償責任を負わないとされた。

また、プロバイダは、行為者との関係では、プロ責法3条2項1号により、「他人の権利が不当に侵害されていると信じるに足りる相当の理由があったとき」又は以下で説明する削除請求に関する照会手続において行為者から不同意の意思が一定期間内に表明されなかった場合には情報を削除しても行為者から責任を問われないとされた。

プロバイダは、対象者から開示請求を受けた場合、「権利が侵害されたことが明らか」でかつ「開示を受けるべき正当な理由」があるときには開示をしなければならない（プロ責法4条1項）。その際には、原則として行為者の意見を聴かなければならない（プロ責法4条2項）。さらに、プロ責法に関するガイドライン[70]により、一定の場合には自主的に削除がなされているし、一部のプロバイダは、ウェブ上のメールフォーム等で削除請求を受け付ける等独自の苦情処理対応をしている。ただし、こうした対応は各社で異なり、かつ短期間に変容し得ることに留意が必要である。

3 削除請求

削除請求（送信防止措置）については、大きく分けて、メールフォーム等による任意の削除請求、ガイドラインに基づく請求、裁判上の請求（仮処分・通常訴訟）がある。その選択は、基本的には、①削除の可能性が高いか否か、②削除までの時間・手間の程度、③削除依頼に伴う炎上リスクを含むリスク等を考慮して行う。

一部のウェブサイトにおいては、メールフォーム等から任意に削除を請求すると、（権利侵害が明白な場合において）削除に応じるところがあり、そのようなサイトについては、任意の削除依頼が有効な場合があり、特に、他の方法よりも相対的にスピードが速いことが多いといえる。ただし、権利侵害が明白ではない場合には断られることもあるし、削除依頼が公開されて新たな被害が生じるといった状況もあり得ることから、慎重な対応が必要である。

ガイドラインに基づく請求は、原則として書面によって行われ、また、受領

---

70) プロバイダ責任制限法関連情報 Web サイト（http://www.isplaw.jp/）参照。

後プロバイダは行為者に対して、投稿の削除の可否を尋ねる連絡をし、その後7日間以内に異議がない（又は不合理な反論しかできない）場合には削除されるという対応になる。

　裁判上の請求では、仮処分が用いられることが多く（通常訴訟は時間がかかるため）、被保全権利として、名誉が毀損されていること、保全の必要性としてすぐに削除されなければ回復不能な損害が出ることを疎明すると、裁判例は削除を仮に命じる。この命令が出れば、プロバイダは削除に応じなければならない。なお、その裁判では、原告側（対象者側）が、プライバシー侵害の抗弁事由がないことも疎明しなければならないとされている。なお、あくまでも、個別の投稿を基準としてプライバシー侵害を判断し、削除するものであって、スレッド全体の削除が認められることは稀である。

表2　削除請求

	メリット	デメリット
任意の削除請求	うまくいけば対応が速い	意図と異なる対応がされる可能性がある
ガイドラインに基づく請求	訴訟よりも速い	表現者から拒否されれば削除されない可能性がある
裁判上の請求	強制力がある	時間と費用がかかる

4　開示請求・ログ保存請求

　開示請求においても、ガイドライン等に基づく裁判外の開示請求と、裁判上の開示の双方が存在する（清水神田中澤 61〜72 頁）。

　具体的に請求できる情報としては、コンテンツプロバイダに対してIPアドレスとタイムスタンプの情報（プロ責法省令4号、5号）の開示を求めたり、経由プロバイダに対して、コンテンツプロバイダから獲得したIPアドレスとタイムスタンプの情報を使用して、当該発信の時点で当該IPアドレスの割当を受けていた者の氏名と住所の情報の開示を求めたり（プロ責法省令1号、2号）するような場合が典型である。[71]

　仮処分については、コンテンツプロバイダと経由プロバイダで異なっており、コンテンツプロバイダは仮処分でも開示を求めることができるが、経由プロバ

イダに対しては通常訴訟が必要である。

開示を受けた情報は権利行使のために用いるべきであり、不当に行為者の名誉又は生活の平穏を害する行為をしてはならない。

なお、発信者開示請求については原告（対象者）が同一の投稿について名誉毀損やプライバシー侵害といった複数種類の権利侵害を主張した場合において、少なくとも1種類の権利侵害が成立することが明らかな場合、裁判所は、その1つのみを認め、他の請求について判断しないことも多い（#251129A）。

図2　開示請求

```
┌─コンテンツプロバイダ─┐        ┌──経由プロバイダ──┐
│・裁判外の請求         │        │・裁判外の請求       │
│・裁判上の請求         │   →    │・裁判上の請求       │
│（多くの場合仮処分）   │        │（多くの場合通常訴訟）│
└───────────────────┘        └─────────────────┘
```

5　損害賠償請求等

このような手続を経て、行為者の情報の開示を受けた後は、特定された行為者に対して損害賠償等を裁判上又は裁判外で請求することになる。

6　プロバイダの責任

プロバイダに対する直接の賠償請求も考えられる。プロ責法の下では、プロバイダの責任が認められる範囲は限られているものの、一定範囲でプロバイダの責任が認められることから、プロバイダの責任を問うことも検討に値する（肯定例として#201017等）。

7　刑事告訴

あるプライバシー侵害行為が、同時に犯罪（28頁以下参照）に該当する場合

---

71) ログの保存がされていないと、開示命令が確定しても、開示を現実に受けられない。そこで、開示請求の前提としてログ保存請求（発信者情報消去禁止請求）を行うことが必要な場合もある。名誉毀損の文脈であるが、発信者情報消去禁止仮処分から派生したトラブルにつき（#270728Aも等参照）。

には、被害届の提出や刑事告訴という対応も考えられる。

第5章　関連する諸権利・諸法令

1　はじめに

　インターネット上のプライバシー侵害においては、同一事案の中でプライバシー侵害以外の権利侵害・他の法令が問題となることが多い（刑罰については28頁以下参照）。なお、最も典型的な関連法令である個人情報保護法については第6章で概説した上で、インターネット上の個人情報保護につき第2編第16章で説明する。

2　名誉毀損・侮辱

　名誉毀損や侮辱とプライバシー侵害の関係は非常に興味深い問題である。なお、名誉毀損・侮辱（名誉感情侵害）の成立要件や抗弁等については名誉感情本を参照されたい。
　例えば、ある人が不倫をしたという内容をインターネット上に投稿した場合、当該行為は、その人の社会的評価を低下させる名誉毀損であると同時に、私事の公開としてプライバシー侵害にもなり得る。
　しかし、名誉毀損とプライバシー侵害では成立要件も抗弁も異なっている。例えば、法人についての投稿は名誉毀損になってもプライバシー侵害にはならないと解される（150頁以下）。また、例えば、ある人の住所や電話番号をインターネット上に晒す行為は、それだけでは名誉毀損にはならないがプライバシー侵害になり得る（165頁以下）。[72]
　しかし、損害賠償請求の事案の場合、ある投稿が名誉毀損だけないしはプライバシー侵害だけの場合よりも、プライバシー侵害と名誉毀損があわさった方

---

[72] 前記（48頁）のとおり、発信者開示請求事件であれば、名誉感情よりもプライバシー侵害の方が明白ならば、プライバシー侵害だけを捉えて判断すれば足りる。しかし、損害賠償請求訴訟であれば、損害賠償額が代わり得るので、なお名誉毀損とプライバシー侵害の双方を検討すべきである。

が損害（慰謝料等）も多くなることから、やはり双方の判断をすべきと思われる。[73]

3 肖像権・パブリシティ権

　肖像権とは、人がみだりに他人から写真をとられたり、とられた写真がみだりに世間に公表、利用されることがないよう対世的に主張し得る権利である（佃199頁）。パブリシティ権とは、氏名、肖像のもつ経済価値をコントロールするために考えられた権利である（五十嵐179頁）。肖像等を無断で使用する行為は、①肖像等それ自体を独立して鑑賞の対象となる商品等として使用し、②商品等の差別化を図る目的で肖像等を商品等に付し、③肖像等を商品等の広告として使用するなど、もっぱら肖像等の有する顧客吸引力の利用を目的とするといえる場合にパブリシティ権を侵害するものとして、不法行為法上違法となる（#240202）。

　プライバシーと肖像権の関係は深く、肖像権の問題をプライバシーの一部分とする論者もいるが、肖像権はプライバシーとは一定程度異なることから、本書ではこの2つを区別する立場を採用したい。

　同一の写真アップロードが同時にプライバシーと肖像権の双方を侵害することはあり得るものの（#230630）、例えば、写真の事例であっても容貌や姿態以外のもの、例えば、臀部の写真の転送行為はプライバシー侵害にはなるが肖像権侵害になるかは微妙であろう（#270518参照）。

　逆に、有名人・芸能人の肖像等の利用の場合、肖像権・パブリシティ権の問題となっても、必ずしもプライバシー侵害にはならない場合もある。[74]

---

[73] その意味では、損害賠償請求の事案において、プライバシー侵害の要件を満たすかどうかを明示せずに「名誉毀損として捉えることが相当」とだけ述べてプライバシー侵害について検討しない#261031には疑問が残る。

[74] なお、肖像権侵害が否定された事案において、対象者が肖像権侵害では評価し尽くされないプライバシー侵害があったと主張したところ、問題とされた一連の行為による対象者の私生活領域に対して侵入があったことは否定できないが、肖像に関する人格的利益に対する侵害として評価し尽くされないようなプライバシーに関する人格的利益の侵害があったとまでは認め難いとして不法行為を否定した#270114も参照。

4 氏名権・アイデンティティ権

インターネット上のなりすまし等の行為によって、プライバシーが侵害されることがある。例えば対象者になりすまして不倫を告白するメールを送信する等である（#270730A 参照）。

しかし、例えば対象者の名前を利用した SNS アカウントを開設し、「今日は快晴ですね。」等とあたりさわりのないことを呟く場合、対象者としては不快でも、これをプライバシー侵害というのは難しいだろう。

このような場合に、対象者の氏名が利用されていれば、氏名権が問題となる。氏名は、人格権の一内容を構成するものであって、人は、その氏名を他人に冒用されない権利を有する（#180120）。そこで、このような場合には氏名権侵害を主張できるだろう[75]。

では、氏名を用いない場合、例えばハンドル名や SNS の ID はどうであろうか。この場合、氏名権の拡張によって対応することもあり得るが、新たな権利として「アイデンティティ権」を認めることで対応することもまたあり得る。傍論ながら、「他者との関係において人格的同一性を保持する利益」という意味でのアイデンティティ権を肯定した #280208 があり、今後同様の裁判例が出るか注目に値する。

5 平穏生活権

平穏生活権という表現は、概ね 2 種類の意味で用いられている。

1 つ目は、第 1 期のプライバシー理解である「みだりに私生活（私的生活領域）へ侵入されたり、他人に知られたくない私生活上の事実、情報を公開されたりしない権利」を「私生活の平穏の利益を保障する権利」と呼ぶ文脈であり[76]、裁判例でも、そのような趣旨で平穏生活権を用いたものがある[77]。

2 つ目は、プライバシーとは異なる文脈、特に平穏な生活が妨害されたこと

---

75) なお、別の類型の氏名権侵害として、正しい名称ないし自分の呼ばれたい名称で呼ばれる権利（#630216）があり、この意味の氏名権とプライバシーの双方の侵害に関する事例として #280614 参照。
76) 例えば、曽我部林栗田 282 頁参照。
77) #281116、#201208、#250328、#270518、#270722 等。

を理由に差止めを求める文脈において平穏生活権を用いるものである（例えば五十嵐244頁）。

#271218Aは、対象者への業務妨害を扇動するコメントを付した文書をアップロードした行為が対象者の平穏な生活を送る権利や平穏に業務を行う権利を害するとした。

このようにこの語は多義的で、使用される文脈に留意が必要である。

6　守秘義務・秘密保持義務

契約上の秘密保持義務や専門職としての守秘義務が問題となることもある。

この場合、保持すべき秘密は契約の内容や守秘義務の内容によって変わり得るが、個人情報やプライバシー情報が保持すべき秘密となることがあり得る（例えば、#231014や、#270904A、そして#211204等参照）。

なお、秘密保持義務以外の契約上の義務がプライバシー保護につながることもある。

#210910では、お見合いサークルの除名をされた場合に契約上異性会員の情報を記載した紹介書を返還する義務が規定されているところ、返還命令と執行不能の場合に備えた代償請求を認めた[78]。

7　成長発達権

少年法61条が「家庭裁判所の審判に付された少年又は少年のとき犯した罪により公訴を提起された者については、氏名、年齢、職業、住居、容ぼう等によりその者が当該事件の本人であることを推知することができるような記事又は写真を新聞紙その他の出版物に掲載してはならない」と定めていることから、民事的な権利（成長発達権）を導き出し、損害賠償等を請求できないかが問題となっている。この点については、基本的には少年法61条は公益目的と刑事政策的配慮に基づくものであって、少年自身の権利利益とは無関係という立場が存在する（これに近いと思われるものとして#120229）。

---

[78]　業務委託契約上個人情報が記載されている媒体の所有権は業務契約終了時に受託者から委託者に移るという条項が存在する場合、当該条項の解釈が問題になった事案として#200220を参照。

これに対し、少年自身の権利と関係するという立場もあるが、その中にも2つの見解がある。

#150314（長良川事件）の原審（#120629）は、「少年法61条は、憲法で保障される少年の成長発達過程において健全に成長するための権利の保護とともに、少年の名誉権、プライバシーの権利を保護することを目的とするものであるから、同条に違反して実名等の推知報道をする者は、……本人に対し不法行為責任を負う」とした。この立場は少年の実名報道について成人の場合と質の異なる権利侵害を基礎付けようとするものである。これに対し、#110619は、実名報道で侵害される権利利益の質は同じとしながらも、その要保護性に差異を設ける考えをとっている。[79]

このように見解が割れる中で、前記長良川事件の最高裁判決は、少年法61条の違反はなく、プライバシーの問題とした上で、比較衡量の基準を立て、当該比較衡量を行っていない原判決を破棄・差し戻した。なお、同判決の調査官解説（民事編15年度上155頁）は「少年法61条は、その目的が少年の名誉とプライバシーを保護し、少年の健全な成長を促すことにあるとしても、名誉又はプライバシーとは異なる被侵害利益を予定するものではないであろう」とする。

このような状況下少年法61条に違反したことが不法行為の成否にいかなる影響を及ぼすかは、なお明らかではないといわれている。[80]

同様に少年法61条は名誉又はプライバシーとは異なる被侵害利益（成長発達権）を予定するものではないとした近年の裁判例に#250530がある。

8　相隣関係

インターネット上のプライバシー侵害とは直接関係ないものの、民法235条1項は「境界線から一メートル未満の距離において他人の宅地を見通すことのできる窓又は縁側（ベランダを含む。次項において同じ）を設ける者は、目隠しを付けなければならない。」とする。同条について、#240621や#200130Aはプライバシー保護の観点を持った互譲の精神による規定としている。関係する一連の相隣関係・建築紛争の裁判例があるものの、インターネット上のプライ

---

79)　以上、川出敏裕『少年法』（有斐閣、初版、2015年）356〜357頁。
80)　川出敏裕『少年法』（有斐閣、初版、2015年）359頁。

バシーとの関係が浅いため、本書では割愛する。

9　その他

　その他、刑事確定判決と閲覧請求に関する#240628等様々な問題があるが、ここでは詳述しない。

第6章　個人情報保護法の概要

1　はじめに

　個人情報保護法は個人情報保護に関する一般法を定めるとともに、民間分野における個人情報取扱事業者の義務を定める法律である。同法は2015（平成27）年に改正され、改正法はその一部が先行施行されたほか、2017（平成29）年5月30日から本格施行された。[81]

　このような個人情報保護法はプライバシーとどのような関係にあるのだろうか。

　個人情報保護法は「個人情報の有用性に配慮」しつつ、「個人の権利利益を保護」することを目的としている（1条）。ここで保護対象となる「個人の権利利益」とは、個人情報の取扱いの態様いかんによって侵害されるおそれのある個人の人格的、財産的な権利利益全般を指し、プライバシーに限られるものではない。[82] 個人情報保護法制定の際においては、プライバシーを目的規定に入れることが検討されたが、プライバシーとして主張される内容や概念が極めて多義的なものとなっており、観念の相対性や主観性が払拭できないとの批判も根強くあるところで、法律にそのまま用いることができるような明確な内容と限定性を備えているとはいい難いことから、これらの表現は法律上用いられていない（園部44〜45頁）。とはいえ、上記の「個人の権利利益」においてプライバシーが重要な位置を占めていることは否定できない。また、前記（17頁）のとおり学説上は自己情報コントロール権的な見解が第2期において有力化したが、本人が必要な範囲で自己の情報に適切に関与するという意味では一定程度そのための仕組みが個人情報保護法に組み込まれている（園部44頁）。

　個人情報取扱事業者の義務に関する個人情報保護法第4章の規定も、プライ

---

[81]　平成28年4月にも行政機関の保有する個人情報の保護に関する法律改正に伴う細かな改正がされているが、これは本書との関係で重要性が低いので省略する。

[82]　平成12年10月11日付け情報通信技術（IT）戦略本部個人情報保護法制化専門委員会「個人情報保護基本法制に関する大綱」参照。

バシーに関する議論を一定程度反映したものであり、個人情報取扱事業者が本人のプライバシー情報について負う私法上（典型的には不法行為法上）の義務の内容を解明する上で個人情報保護法の規定は直接利用できないといえども、間接的には参考になる（244 頁以下参照）。

また、上記の改正によって、例えば開示請求権（個人情報保護法 28 条）が民事上の権利として明示されたところ、改正法施行前から、既に個人情報の開示が命じられた事例も存在する。

その意味で、個人情報保護法の内容は、インターネット上のプライバシー情報の取扱いによる本人と相手方の間の紛争の解決基準を解明するという本書の目的上、無視できない存在といえる。

紙幅もあるので、あまり細部に入ることはできないものの、本稿では、インターネット上の個人情報・プライバシー侵害の理論と実務に関係するものを中心に平成 27 年改正をふまえた個人情報保護法の概要をまとめたい（同改正は、2017（平成 29）年 5 月 30 日に本格施行された）。

2　キー概念

表 3　個人情報、個人データ、保有個人データの義務規定の差異

		個人情報	個人データ	保有個人データ
第 15 条	利用目的の特定	○	○	○
第 16 条	利用目的による制限	○	○	○
第 17 条	適正な取得	○	○	○
第 18 条	取得に際しての利用目的の通知等	○	○	○
第 19 条	データ内容の正確性の確保等		○	○
第 20 条	安全管理措置		○	○
第 21 条	従業者の監督		○	○
第 22 条	委託先の監督		○	○
第 23 条	第三者提供の制限		○	○
第 24 条	外国にある第三者への提供の制限		○	○
第 25 条	第三者提供に係る記録の作成等		○	○

第 26 条	第三者提供を受ける際の確認等		○	○
第 27 条	保有個人データに関する事項の公表等			○
第 28 条	開示			○
第 29 条	訂正等			○
第 30 条	利用停止等			○
第 31 条	理由の説明			○
第 32 条	開示等の請求等に応じる手続			○

出典：個人情報保護委員会事務局・金融庁『金融機関における個人情報保護に関するQ&A』(平成29年3月)

　個人情報保護法が難しい理由は、「似て異なる」複数の概念が使われることにある。例えば「個人情報」「個人データ」「保有個人データ」はすべて、日常語としてはなんとなく「個人に関する情報のようなもの」として同様の印象を受け得る語であるものの、それぞれが異なる意味を持っており、例えば、ある情報が「個人情報」でしかなければ、これを第三者に提供することを直接制限する個人情報保護法上の規定はない。[83] 個人情報保護法上、「個人データ」であってはじめて第三者提供（23条）が規制される。

　このようなハードルを越えるためには、最低でも3つのキー概念を理解する必要がある。「個人情報」「個人データ」「保有個人データ」である。個人情報保護法が段階的規制を設けており、[84] 各種類のデータの保護の必要性の高低等に応じて、異なる保護ないし規制をしているのである。

　キー概念の1つ目が「個人情報」（個人情報保護法2条1項）であり、2条1項は個人情報には従来型個人情報（同条1号）[85] と個人識別符号型個人情報（同条2号及び2条2項）があるとしている。従来型個人情報と個人識別型個人情報[86]

---

83) ただし、そのような第三者提供が利用目的（15条）とされていない場合には、利用目的違反となる（法16条）。また、仮に個人データではない個人情報であっても、その提供の形態によれば、プライバシー侵害等が成立することがあり得る。
84) 加藤松尾41頁参照。
85) 「当該情報に含まれる氏名、生年月日その他の記述等（文書、図画若しくは電磁的記録（電磁的方式（電子的方式、磁気的方式その他人の知覚によっては認識することができない方式をいう。次項第二号において同じ。）で作られる記録をいう。第十八条第二項において同じ。）に記載され、若しくは記録され、又は音声、動作その他の方法を用いて表された一切の事項（個人識別符号を除く。）をいう。以下同じ。）により特定の個人を識別することができるもの（他の情報と容易に照合することができ、それにより特定の個人を識別することができることとなるものを含む。）」

の双方で共通するのは生存する個人に関する情報であって（個人情報保護法）、「特定」の個人を「識別することができる」という要件である（個人情報保護法2条1項1号、同条2項1号・2号）。つまり、社会通念上、一般人の判断力や理解力をもって、生存する具体的な人物と情報との間に同一性を認めるに至ることができるものである。[87][88]

個人情報は、データベース化されていない情報（いわゆる「散在情報」）を含む概念である。[89]例えば、企業の営業マンが名刺交換をして相手の名刺を1枚もらうとしよう。そこには「●×商事株式会社　営業部長　甲野一郎」という記載等がある。これはまさに個人情報である。[90]ただ、個人情報がデータベース化されているかどうかで、その保護の必要性は大きく異なる。[91]

そこで2つ目のキー概念「個人データ」が出てくる。これは、個人情報データベース等を構成する個人情報（法2条6項）である。要するにデータベース化され、容易に検索等ができるように体系的に構成された個人情報については、

---

86) 2条2項「この法律において「個人識別符号」とは、次の各号のいずれかに該当する文字、番号、記号その他の符号のうち、政令で定めるものをいう。
　一　特定の個人の身体の一部の特徴を電子計算機の用に供するために変換した文字、番号、記号その他の符号であって、当該特定の個人を識別することができるもの
　二　個人に提供される役務の利用若しくは個人に販売される商品の購入に関し割り当てられ、又は個人に発行されるカードその他の書類に記載され、若しくは電磁的方式により記録された文字、番号、記号その他の符号であって、その利用者若しくは購入者又は発行を受ける者ごとに異なるものとなるように割り当てられ、又は記載され、若しくは記録されることにより、特定の利用者若しくは購入者又は発行を受ける者を識別することができるもの」

87) ガイドライン等Q&A1-1。なお瓜生12頁も参照。

88) ただし、「他の情報と容易に照合することができ、それにより特定の個人を識別することができることとなるもの」も含まれる（個人情報保護法2条1項1号）ことから、例えば、顧客ID（0000351等）が付された購買履歴については、当該購買履歴情報だけからは、特定個人への識別性がなくとも、当該事業者において、顧客管理データベースにおいて顧客IDと顧客氏名が対応していて、0000351番の人が山田太郎と分かるという場合には、購買履歴そのものに顧客氏名が付されていなくとも、顧客管理データベースの情報と「容易に照合」できるとして、個人情報とされる可能性がある。

89) デジタルデータベース（「特定の個人情報を電子計算機を用いて検索することができるように体系的に構成したもの」（個人情報保護法2条4項1号））だけではなく、アナログデータベース等（「これに含まれる個人情報を一定の規則に従って整理することにより特定の個人情報を容易に検索することができるように体系的に構成した情報の集合物であって、目次、索引その他検索を容易にするためのものを有するもの。」（個人情報保護法施行令3条2項））も含まれる。なお、主に市販の電話帳、住宅地図、ナビゲーション等に関する個人情報保護法施行令3条1項の例外も参照のこと。

90) なお、氏名等の個人を識別する情報そのものだけではなく、購買履歴等、当該識別情報に紐づいた情報が広く個人情報とされる。

その権利侵害の可能性が高いことから、これを「個人データ」として、個人情報一般に比して、強い保護を与えているのである。

　個人データのうちの一部について特別な規律がなされているのが、3つ目のキー概念「保有個人データ」である。これは、個人情報取扱事業者が、開示、内容の訂正、追加又は削除、利用の停止、消去及び第三者への提供の停止を行うことのできる権限を有する個人データであり（個人情報保護法2条7項）[92]、保有個人データについては、本人のプライバシー（自己コントロール権）を背景とした[93]、本人が自己の情報に適切に関与できるようにという要請をふまえた開示、訂正、利用停止等の請求が認められている（個人情報保護法28条以下参照）。

　なお、このような義務を負うのは、個人情報取扱事業者[94]であり、2015（平成27）年改正前は中小規模事業者等個人情報取扱事業者ではない企業も少なくなかったものの、改正後はほぼすべての企業が個人情報取扱事業者となったといっても過言ではないだろう[95]。

3　取得に関する規律

(1)　利用目的に関する規制

　個人情報がみだりに利用されないような適正な取扱に関するルールとして最も基本となるのが、個人情報をいかなる目的で利用するかを明確に特定した上

---

[91] 「個人情報を本人の同意なく第三者に提供することは、それが直ちに本人の権利利益を侵害するとは必ずしもいえないが、近年の情報通信技術の発達によって個人情報の流通範囲、利用可能性が飛躍的に拡大する中、特に電子的に処理することが容易な個人データが本人の意思にかかわりなく第三者に提供されれば、本人の全く予期しないところで当該個人データが利用されたり、他のデータと結合・加工されるなどして、本人に不測の権利利益侵害を及ぼすおそれが高まることとなる。」（園部144〜145頁）。

[92] なお、その存否が明らかになることにより公益その他の利益が害されるもの（個人情報保護法施行令4条1〜4号）や6か月（個人情報保護法施行令5条）以内に消去することとなるものは除かれる。

[93] 園部44頁。

[94] 2条5項本文「この法律において「個人情報取扱事業者」とは、個人情報データベース等を事業の用に供している者をいう。」

[95] 2015（平成27）年改正で、2条5項（当時の3項）5号が削除され、5000件を超えない数の個人についてのデータベースを事業の用に供している事業者も個人情報取扱事業者となった。例えば数十件の顧客の個人情報をデータベース化して取引に用いている業者も、「個人情報取扱事業者」である。現代社会において、個人情報データベース等を使わずに事業を行うことは極めて困難であり、その意味では、ほぼすべての企業が個人情報取扱事業者となったといっても過言ではない。

で、その取扱いを当該目的の達成に必要な範囲内に限定することである。[96]

　そこで、個人情報取扱事業者は個人情報を取得するにあたって、利用目的をできる限り特定しなければならず（個人情報保護法15条1項）、利用目的の達成に必要な範囲を超えて個人情報を取り扱ってはならず（個人情報保護法16条1項）、個人情報の取得に関し、利用目的を通知又は公表しなければならない（個人情報保護法18条）。

　ここで、個人情報取扱事業者が個人情報の利用目的を変更したくなることがあり得るところ、個人情報保護法15条2項は「個人情報取扱事業者は、利用目的を変更する場合には、変更前の利用目的と関連性を有すると合理的に認められる範囲を超えて行ってはならない。」としている。この意義につき、個人情報保護委員会のガイドラインでは「変更後の利用目的が変更前の利用目的からみて、社会通念上、本人が通常予期し得る限度と客観的に認められる範囲内」[97]ないし「一般人の判断において、当初の利用目的と変更後の利用目的を比較して予期できる範囲」[98]とされている。[99]本人がそのような取扱いがなされると想定可能な範囲内であれば、事後的に利用目的の変更が可能であるが、いずれにせよ、個人情報は本人がいかなる目的で利用されるかを予期できる範囲で取り扱わなければならない。[100]

(2)　適正な取得に関する規制

　適正な取得については、「偽りその他不正の手段」による個人情報取得の禁止が重要である。「偽り」は「不正の手段」の一例であって、不適法または適正性を欠く方法または手続が広く禁止される。[101]

　ここで、個人情報を収集している事実や収集する目的を偽って取得する場合、正当な権限なく他人が管理する個人情報を取得したり隠し撮りする場合、十分な判断能力を有していない子どもから親の個人情報を取得する場合等が挙げられるのに加え、不正の手段により取得されたことを知りながら二次的に取得する場合や後記の第三者提供制限違反がされようとしていることを知り、又は容[102][103]

---

96)　園部121頁。
97)　ガイドライン通則編3-1-2。
98)　ガイドライン通則編3-1-2＊1。
99)　「当初特定した利用目的とどの程度の関連性を有するかを総合的に勘案して判断される」（個人情報の保護に関する法律についてのガイドライン通則編3-1-2＊1）。
100)　ただし法16条3項各号の掲げる場合の例外があることに留意されたい。
101)　園部127頁。
102)　園部127頁。

易に知ることができるにもかかわらず、個人情報を取得する場合も含まれる。[104)]

　なお、インターネットとの関係で重要なのは、取得の意義についてガイドラインが「個人情報を含む情報がインターネット等により公にされている場合であって、単にこれを閲覧するにすぎず、転記等を行わない場合は、個人情報を取得しているとは解されない。」としていることである。[105)]そこで、企業の担当者が業務上ある個人について調べるために当該個人の氏名を検索エンジンに打ち込んで閲覧したところ、当該個人についての情報が出てきたが、そのサイトが不正の手段により取得された情報を掲載し、又は第三者提供制限に違反している可能性が高いといった事案においては、企業の担当者は転記等をしてはならないものの、転記等をしなければ、「取得」に該当しないことから、直ちに個人情報保護法17条違反にはならないと解される。

(3)　要配慮個人情報の取得に関する規制

　2015（平成27）年改正で、いわゆるセンシティブ情報である要配慮個人情報（個人情報保護法2条3項）について、通常の個人情報よりも重い、原則本人の同意なき取得を禁止する規制が入った[106)]（個人情報保護法17条2項）。[107)]

　要配慮個人情報とは、人種、信条、社会的身分、病歴、犯罪の経歴、犯罪により被害を被った事実（個人情報保護法2条3項）及び障害（個人情報保護法施行令2条1号）[108)]、健康診断等の結果（個人情報保護法施行令2条2号）[109)]、医師等による指導・診療・調剤等（個人情報保護法施行令2条3号）[110)]刑事手続が行われたこと（個人情報保護法施行令2条4号）[111)]、少年保護事件に関する手続が行われたこと（個人情報保護法施行令2条5号）[112)]が含まれる個人情報をいう。

---

103)　園部128頁。
104)　ガイドライン通則編3-2-1。
105)　ガイドライン通則編3-2-1＊1。
106)　「この法律において「要配慮個人情報」とは、本人の人種、信条、社会的身分、病歴、犯罪の経歴、犯罪により害を被った事実その他本人に対する不当な差別、偏見その他の不利益が生じないようにその取扱いに特に配慮を要するものとして政令で定める記述等が含まれる個人情報をいう。」
107)　瓜生23頁。
108)　「身体障害、知的障害、精神障害（発達障害を含む。）その他の個人情報保護委員会規則で定める心身の機能の障害があること。」
109)　「本人に対して医師その他医療に関連する職務に従事する者（次号において「医師等」という。）により行われた疾病の予防及び早期発見のための健康診断その他の検査（同号において「健康診断等」という。）の結果」
110)　「健康診断等の結果に基づき、又は疾病、負傷その他の心身の変化を理由として、本人に対して医師等により心身の状態の改善のための指導又は診療若しくは調剤が行われたこと。」

個人情報保護法 17 条 2 項が定める一定の例外事由がなければ、そもそも要配慮個人情報を本人の同意なく「取得」することすらできないという厳しい規制が課されているのは、要配慮個人情報が取得の必要があるとはあまり考えられない場合にも取得され、取り扱われることによって差別や偏見を生む恐れがある情報だからである。[113]

実務的には、この要配慮個人情報に該当する情報であればプライバシー侵害の不法行為の成否の判断においても、また、違法と認めた場合の損害賠償額の判断においても法が「慎重な取扱を要する」ものと認めたことを背景に判断されると想定されること[114]、そして、上記のとおり、個人情報保護法 17 条 1 項の[115]「取得」概念が限定されており、単なるウェブサイト上の情報の閲覧は取得にならないと解されていること等に留意が必要であろう。[116]

4 管理に関する規律

(1) 安全管理措置

個人情報が杜撰に取り扱われて漏洩したり、改ざんされたりという事態に対しては、多くの人が不安に感じているところであろう。特にデータベース化された個人データについては、顧客情報の大量流出等、社会問題を招き得る事態も生じかねない。[117]そこで、個人情報取扱事業者は、滅失又は毀損の防止その他の個人データの安全管理のために必要かつ適切な措置（安全管理措置）を講じ

---

111) 「本人を被疑者又は被告人として、逮捕、捜索、差押え、勾留、公訴の提起その他の刑事事件に関する手続が行われたこと。」
112) 「本人を少年法（昭和二十三年法律第百六十八号）第三条第一項に規定する少年又はその疑いのある者として、調査、観護の措置、審判、保護処分その他の少年の保護事件に関する手続が行われたこと。」
113) 瓜生 19 頁参照。なお、後記のオプトアウトによる提供も禁止される（個人情報保護法 23 条 2 項）。
114) 瓜生 19 頁参照。
115) ただし、単なる風邪の「病歴」も要配慮個人情報であるところすべての要配慮個人情報を同程度に扱うべきかは疑問である。
116) なお、応用的テーマである、プロファイリングにより要配慮個人情報を抽出する行為が要配慮個人情報の「取得」かという問題につき、これを肯定する山本龍彦インターネット個人情報保護、山本龍彦ビッグデータと、否定する宇賀藤原山本鼎談 11 頁〔藤原発言〕を参照。なお、このような行為とプライバシー侵害の関係については新版注釈民法 15 巻 542〜543 頁参照。
117) 園部 137 頁参照。

る義務を負っている（個人情報保護法20条）。

　実際に、個人情報が（インターネット上又はそれ以外で）漏洩・流出した事案では、多くの場合安全管理義務違反が認められており、中小規模事業者についてもその特性をふまえた安全管理措置の内容がガイドライン上に明記されていることから[118]、これらのガイドラインに準拠した対応をとることは、個人情報保護法20条を遵守するというだけではなく、インターネット上を含む漏洩事案によるプライバシー侵害を理由とした不法行為責任を問われる事態をできる限り回避するという意味でも重要と思われる[119]。

(2)　従業者の監督

　制度やシステムをいかに十分に整備しても、その適正な運用は結局は人に任さざるを得ない。そこで、個人情報取扱事業者は、個人データの安全管理が図られるよう、従業者（29頁参照）に対する必要かつ適切な監督を行う必要がある（個人情報保護法21条）[120]。

　なお、従業者による顧客データの売却・持ち出し等は、それを行った従業者自身が本人に対し不法行為責任（民法709条）を負うだけではなく、個人情報取扱事業者自身も使用者責任を負う可能性がある（民法715条）[121]。

(3)　委託先の監督

　例えば、ITサービス業者等の第三者に個人情報の取扱いを委託することは、現代社会において頻繁にみられる。

　委託先が不適切な取扱いをしたり、階層的委託の繰り返しにより責任の所在が不明確になる等の事態を防ぐため、個人情報取扱事業者は、個人データの取扱いの全部又は一部を委託する場合は、その取扱いを委託された個人データの安全管理が図られるよう、委託を受けた者に対する必要かつ適切な監督を行わなければならない（個人情報保護法22条）[122]。

(4)　本人の関与による個人情報取扱いの適正化

　さらに、法は、本人の関与による個人情報取扱いの適正化のため、一定の要件で本人が個人情報取扱事業者に対し自己に関する保有個人データについて開

---

[118]　ガイドライン通則編8。
[119]　なお、実際に漏洩してしまった場合の処理は「個人データの漏えい等の事案が発生した場合等の対応について（平成29年個人情報保護委員会告示第1号）」参照
[120]　園部139頁参照。
[121]　園部141頁参照。
[122]　園部141頁参照。

示、訂正、利用停止等を請求することを認めた（個人情報保護法28条以下）。2015（平成27）年改正は、これらの本人関与制度が私法上の請求権であることを明確にしており[123]、請求を行ったにもかかわらず個人情報取扱事業者がこれに応じなければ[124]、裁判を通じて権利を実現することができる。

　特にウェブ上のプライバシー情報の利用については、「インターネット上での消費者の同意しやすい環境と、サービスの継続性による同意の撤回の困難な環境が形成されてきた」と指摘される[125]等、自己情報コントロール権がうまく機能しない状況にあると批判されている。その中で、個人情報保護法に基づく本人の関与は、十分に機能しない部分もあるものの、本人にとって活用可能な部分もあるだろう。

5　利活用に関する規律

(1)　第三者提供とトレーサビリティー

　電子的に処理することが容易な個人データが本人の意思にかかわりなく第三者に提供されれば、本人の全く予期しないところで当該個人データが利用されたり、他のデータと結合・加工されるなどして、本人に不測の権利利益侵害が及ぶおそれが高まる[126]。

　そこで、個人情報保護法23条は、個人データの第三者提供が認められる場合として、

① 　本人の同意（23条1項）
② 　法令による場合等（23条1項各号）
③ 　オプトアウト（23条2項）
④ 　委託先への提供（23条5項1号）
⑤ 　事業承継（23条5項2号）
⑥ 　共同利用（23条5項3号）

の各場合を定めている[127]。

---

[123]　瓜生98頁。
[124]　個人情報保護法34条により事前の請求が要求されている。その趣旨等につき瓜生101頁参照。
[125]　宮下320～321頁。
[126]　園部145頁参照。
[127]　その詳細は、加藤松尾159頁以下参照。

個人データをインターネットで公開するなど、個人データを不特定多数の者が利用し得る状態に置くことは第三者提供に該当する[128]。そこで、第三者提供が認められる場合のいずれかに該当しなければ、かかる個人データの第三者提供は個人情報保護法23条違反である。また、その情報の内容や公開の形態にもよるが、23条に違反するインターネット上への個人データの公開はプライバシー侵害として不法行為責任を負う可能性が高い。

なお、平成27年改正法は、2014（平成26）年に発生した大規模個人情報漏洩事件を契機として、名簿屋対策を目的とするトレーサビリティ規定を新設する等の方策により違法な名簿屋による個人データの流通を阻止しようとしている。具体的には、原則として第三者提供の際に提供元が記録を作成・保存し（個人情報保護法25条）、提供先は取得の経緯等の確認を行い（個人情報保護法26条1項）、記録を作成・保存しなければならない（個人情報保護法26条3、4項）[129]。

(2) 外国第三者提供

インターネット等の発達により、個人情報を外国にある第三者に提供することが容易になった。もっとも、外国にある第三者において我が国と同等の水準で個人情報が保護されないおそれがあることから、2015（平成27）年改正により、個人データを外国にある第三者に提供する場合については、

① （外国にある第三者に個人データを提供することの）本人の同意
② 法令に定める場合等個人情報保護法23条1項各号に該当する場合
③ 「個人の権利利益を保護する上で我が国と同等の水準にあると認められる個人情報の保護に関する制度を有している外国として個人情報保護委員会規則で定める」外国にある第三者に提供する
④ 「個人データの取扱いについてこの節の規定により個人情報取扱事業者が講ずべきこととされている措置に相当する措置を継続的に講ずるために必要なものとして個人情報保護委員会規則で定める基準に適合する体制を整備している者」に提供する

のいずれかを満たさなければならない（個人情報保護法24条）[130]。

---

[128] 「個人情報の保護に関する法律施行令の一部を改正する政令（案）」及び「個人情報の保護に関する法律施行規則（案）」に関する意見募集結果600番ほか。
[129] 瓜生91頁。

(3) 匿名加工情報

　個人情報の利活用に関する問題として、ビッグデータの利活用の問題がある。利用価値の高いパーソナルデータを積極的に利活用したいというニーズがある反面、内容によっては生活パターンや行動が把握できる履歴や思想信条のような内心に関するもののように秘匿性の高いものも含まれることから、その取扱いによっては個人の権利利益を侵害することにつながりかねないとの懸念がある。そこで、消費者はその取扱いに不安を感じる一方、事業者はそれをどこまで保護すればいいか分からず、利活用に躊躇する状況が生じていた。[131]

　法は、匿名加工情報制度を導入し、個人情報に含まれる記述等の一部を削除する等の措置を講じて「特定の個人を識別することができないように個人情報を加工して得られる個人に関する情報であって、当該個人情報を復元することができないようにしたもの」を匿名加工情報と定義し（法2条9項）、匿名加工情報に対して個人情報と別個の規律を設ける（法36条以下）ことで、利活用を促進し、本人の不安を減少させることを意図している。

6　まとめ

　以上はあくまでも、個人情報保護法の「概説」であり、個人情報取扱事業者における個人情報の取扱方法等については、『士業のためのQ&A個人情報保護法の法律相談』を参照されたい。

---

[130]　ただし③についての規則がいまだに定められていないこと、および④については規則11条が個人情報保護法上の個人情報取扱事業者の義務規定の趣旨に沿った措置の実施が確保されている場合（1号）かAPECのCBPR認証を取得している場合（2号）が挙げられていることに留意が必要である。詳細は、ガイドライン外国第三者提供編参照。

[131]　瓜生39頁。

第 7 章　国際的プライバシー侵害

1　はじめに

　国際的なプライバシーの侵害についてはどのように考えればよいのだろうか。以下の事例を考えてみよう。

> 【事例】
> 　A はアメリカに住んでいるアメリカ人である。
> 　A は SNS で日本に住んでいる日本人である B と知り合いになり、当初は環境保護を訴える政治団体ソイ・ビーンズでともに環境保護活動を行っていた。ところが、ソイ・ビーンズが温室効果ガス排出量の削減のためには原発が必要だという姿勢を明確にすると、B は反原発の立場からこれに強く反発し、ソイ・ビーンズを批判するようになった。A はソイ・ビーンズの立場を擁護したことから双方の関係が悪化し、A は、SNS 上で設定を公開とした上で、「B はソイ・ビーンズを批判しているが、実はソイ・ビーンズの会員だ」として、B のソイ・ビーンズ会員証の写真を投稿した。
> 　B は、A を訴えたい。

　この事例は日本の B からみれば、A という外国居住者が B のプライバシー情報を不適切に扱い、B のプライバシーを侵害した事案といえる[132]。このような場合には、B は A を訴えたいと考えるだろうが、どの国の裁判所でどの法を適用して判断さされるのだろうか。

---

132)　なお、政治団体への所属情報がプライバシーとして保護されていることについては 164 頁参照。

2　裁判管轄

　日本の裁判所に管轄があるかは、日本法、具体的には民訴法3条の2以下によって決定される。ここで、プライバシー侵害について日本に管轄が認められる場合としては、被告の住所地が日本国内にある（民訴法3条の2第1項[133]）又は不法行為地が日本にあるとき（民訴法3条の3第8号[134]）のいずれかの場合が多いといえるだろう。不法行為地には、加害行為地と結果発生地の双方が含まれる[135]。そこで、相談事例においては日本のBのプライバシーが害され、被害結果発生地が日本であるとして、日本の裁判所に管轄が認められる可能性がある[136]。

　ここまでは、国際的名誉毀損の場合とほぼ同様である（名誉毀損本50頁以下[137]）。

3　準拠法

　プライバシー侵害の成否を判断する際の法は日本法だろうか、アメリカ法[138]だろうか。上記のとおり日本の裁判所が裁判をすることを前提とすれば、日本の国際私法すなわち通則法の問題である。

　まず、通則法17条は「不法行為によって生ずる債権の成立及び効力は、加害行為の結果が発生した地の法による。ただし、その地における結果の発生が

---

133)　「裁判所は、人に対する訴えについて、その住所が日本国内にあるとき、住所がない場合又は住所が知れない場合にはその居所が日本国内にあるとき、居所がない場合又は住所が知れない場合には訴えの提起前に日本国内に住所を有していたとき（日本国内に最後に住所を有していた後に外国に住所を有していたときを除く。）は、管轄権を有する。」

134)　「不法行為　不法行為があった地が日本国内にあるとき（外国で行われた加害行為の結果が日本国内で発生した場合において、日本国内におけるその結果の発生が通常予見することのできないものであったときを除く。）。」

135)　秋山幹男ほか『コンメンタール民事訴訟法I』（日本評論社、第2版追補版、2014）609頁。

136)　民訴法3条の3第8号括弧書きの「外国で行われた加害行為の結果が日本国内で発生した場合において、日本国内におけるその結果の発生が通常予見することのできないものであったときを除く。」の適用は一応問題となるが、日本に居住する日本人のプライバシーを侵害する投稿をしたのであれば、日本における結果発生が予見できる場合が多いと思われる。

137)　この事案と異なり外国在住者の原告が日本で訴訟を起こした場合の対応については民訴法75条も参照。

138)　正確には各州の法だが、ここでは簡略化する。

通常予見することのできないものであったときは、加害行為が行われた地の法による。」として不法行為についての原則を定める。

ここで、国際名誉毀損・信用毀損については、通則法19条は、「第十七条の規定にかかわらず、他人の名誉又は信用を毀損する不法行為によって生ずる債権の成立及び効力は、被害者の常居所地法（被害者が法人その他の社団又は財団である場合にあっては、その主たる事業所の所在地の法）による。」として、被害者の常居所地法とする。

問題は、名誉毀損と類似したプライバシーについても同様に原則形態の通則法17条ではなく通則法19条を適用すべきかである。

この点、立法担当者は、プライバシーは通則法19条の範囲に入らないという見解のようである[139]。ところが、学説上はプライバシーも通則法19条の範囲に入ると解すべきとする見解が有力である[140]。現時点では関係する裁判例はないようであるが、名誉権とプライバシーが重なり合う場合も多いことから、仮に通則法19条の範囲に入らなくとも17条や、20条[141]等他の条文によって結局被害者の常居所地法を適用すべき場合が多いように思われる。

このようにして適用する法律が決まれば、その法律のプライバシー侵害の要件を満たすかが問題となる。例えば日本法であれば89頁以下を参照されたい。

---

139) 小出邦夫『逐条解説法の適用に関する通則法』（商事法務、増補版、2014年）224頁。
140) 櫻田嘉章・道垣内正人『注釈国際私法第1巻』（有斐閣、初版、2011年）486頁。
141) 「前三条の規定にかかわらず、不法行為によって生ずる債権の成立及び効力は、不法行為の当時において当事者が法を同じくする地に常居所を有していたこと、当事者間の契約に基づく義務に違反して不法行為が行われたことその他の事情に照らして、明らかに前三条の規定により適用すべき法の属する地よりも密接な関係がある他の地があるときは、当該他の地の法による。」

第8章　本書が扱わないプライバシー

1　はじめに

　本書は「インターネット上のプライバシー侵害」を取扱う本である。そこで、インターネットと関係のないオフラインのプライバシー侵害については本書では基本的には扱っていない（ただし、例えば「ある事項について私事性があるか」等、インターネット上のプライバシー侵害においても問題となり得る点を論じた裁判例については、オフラインのものであっても扱っている）。

　もっとも、本書が扱わない類型であっても裁判例上比較的頻繁にみられるプライバシー侵害が存在する。例えば、刑事捜査上のプライバシー、防犯カメラ・監視カメラの設置、不法侵入、のぞき等である。そこで、以下、簡単にこれらを概観したい。

2　刑事捜査法

　憲法35条は、「何人も、その住居、書類及び所持品について、侵入、捜索及び押収を受けることのない権利は、第三十三条の場合を除いては、正当な理由に基いて発せられ、且つ捜索する場所及び押収する物を明示する令状がなければ、侵されない。」としているところ、これはプライバシーの保護と関係する。[142]

　刑事捜査を行う過程では、被疑者宅の捜索を行う等一定のプライバシー侵害を伴う処分が行われる。その一部については、強制処分（刑訴法197条1項）[143]として、強制処分法定主義、令状主義の規律が適用されるが、任意処分（刑訴法197条）とされるものもある。ただし、任意処分についても相当性が必要である。そこで、①ある捜査が強制処分か任意処分か（本来強制処分として令状等が必要なものについて令状を取得していないことは違法ではないか）、②任意処分

---

142) 芦部248頁、酒巻匡『刑事訴訟法』105頁等を参照。
143) 「捜査については、その目的を達するため必要な取調をすることができる。但し、強制の処分は、この法律に特別の定のある場合でなければ、これをすることができない。」

第 8 章　本書が扱わないプライバシー

としてもそれが相当性を逸脱し違法ではないか等が争われることがあり、この際には被疑者等の権利利益との関係が重要な問題となるところ、当該権利利益の中でもプライバシーは重要なものの 1 つである。

　問題となる捜査手法は多数存在するが、この中でも、特に注目されるのは、GPS 捜査、すなわち、車両に使用者らの承諾なくひそかに GPS 端末を取り付けて位置情報を検索し把握する刑事手続上の捜査である[144]。

　#290315（GPS 捜査事件）は、「GPS 捜査は、対象車両の時々刻々の位置情報を検索し、把握すべく行われるものであるが、その性質上、公道上のもののみならず、個人のプライバシーが強く保護されるべき場所や空間に関わるものも含めて、対象車両及びその使用者の所在と移動状況を逐一把握することを可能にする。このような捜査手法は、個人の行動を継続的、網羅的に把握することを必然的に伴うから、個人のプライバシーを侵害し得るものであり、また、そのような侵害を可能とする機器を個人の所持品に秘かに装着することによって行う点において、公道上の所在を肉眼で把握したりカメラで撮影したりするような手法とは異なり、公権力による私的領域への侵入を伴うもの」とした上で、憲法 35 条「の保障対象には、「住居、書類及び所持品」に限らずこれらに準ずる私的領域に「侵入」されることのない権利が含まれるものと解するのが相当である」とした上で、「個人のプライバシーの侵害を可能とする機器をその所持品に秘かに装着することによって、合理的に推認される個人の意思に反してその私的領域に侵入する捜査手法である GPS 捜査は、個人の意思を制圧して憲法の保障する重要な法的利益を侵害するものとして、刑訴法上、特別の根拠規定がなければ許容されない強制の処分に当たる」「とともに、一般的には、現行犯人逮捕等の令状を要しないものとされている処分と同視すべき事情があると認めるのも困難であるから、令状がなければ行うことのできない処分と解すべきである。」として、令状を不要とする原判決（#280302）の判断を誤りとした[145]。

　技術の発展に応じ、捜査機関はますます多くの捜査手法を手に入れるように

144）　刑事法ジャーナル 48 号 30 頁以下の特集、季刊刑事弁護 89 号 92 頁以下の特集等も参照。
145）　ただし、結論として「本件 GPS 捜査によって直接得られた証拠及びこれと密接な関連性を有する証拠の証拠能力を否定する一方で、その余の証拠につき、同捜査に密接に関連するとまでは認められないとして証拠能力を肯定し、これに基づき被告人を有罪と認定した第 1 審判決は正当であり、第 1 審判決を維持した原判決の結論に誤りはないから、原判決の前記法令の解釈適用の誤りは判決に影響を及ぼすものではないことが明らか」とした。

なり、また、テロリズム等の不安が高まる中、安全（security）のためにそのような新技術の採用が必要であるという議論も一定程度理解できる反面、そのような捜査手法はプライバシーとの関係で懸念を招くものが少なくない。このような場合には、憲法13条のみならず憲法35条、刑事訴訟法等の解釈により適切にプライバシーと安全の間の衡量がなされなければならない（ソロブ191〜195頁）[146]。その観点からは、上記の最高裁大法廷判決は、最高裁大法廷がGPS捜査という1つの新技術について、憲法35条の解釈により、その限界を明示したものとして意義が大きいだろう[147]。

（本書三校時に、井上正仁「判批」『刑事訴訟法判例百選』（有斐閣、第10版、2017年）64頁以下及び伊藤雅人・石田寿一「判批（最高裁大法廷時の判例）」ジュリスト1507号106頁以下に接した。）

3 防犯カメラ・監視カメラ

近時、防犯カメラ・監視カメラを設置することが増加しているが、防犯カメラ・監視カメラのうち、インターネット上で公開するつもりで撮影され、または現実に公開されたものについては、125頁以下で論じる。

防犯カメラ・監視カメラは、インターネットと無関係に従来型プライバシー侵害の問題も生じさせる。裁判例では受忍限度を問題する裁判例がままみられ、例えば、対象者の外出の際に必ず通る私道（対象者の敷地ではない）に向けられたカメラが、防犯目的ではなく、トラブルが生じたことを受けての監視目的だとした上で、プライバシー侵害として撤去請求等を認めた事例（#210511）のように、狭義の対象者の居宅以外に向けられたカメラであってもプライバシー侵害だとする事例もあれば、対象者の建物の2階及び3階の窓を撮影することができる防犯カメラについて、現在では、建物の窓はその隅が映る程度にカメラの角度が設定されていること、他方、行為者において、防犯のために本件防犯カメラを設置しておく必要性がないとはいえないことの各事情を総合考慮すれば、防犯カメラが、対象者の相隣関係における受忍限度を超えるものであ

---

146) なお、プライバシーと安全に関する議論としては、他に宍戸安全・安心プライバシーも参照。
147) その他、近年最高裁で判断された例として、被疑者の容ぼう、体型等のビデオ撮影、ゴミの領置を任意処分として適法とした#200415、荷送人の依頼に基づき宅配便業者の運送過程下にある荷物のエックス線検査強制処分であり、令状を得ずに行ったことは違法とした#210928等を参照のこと。

るとまではいえず、行為者にこれを撤去する義務があるとはいえないというべきとした事例（#241220A）のように、対象者の居宅に向けられたカメラでもそれを受忍限度内としたものもある（その他、肯定例として、#280428（原審#271105）等。否定例として、#221018、#210925、#200924等参照）。

4　不法侵入

　正当な理由のない他人の居宅への侵入は住居の平穏等の侵害になるばかりではなく、プライバシー侵害も成立する。
　例えば、#220302では、家賃不払いを理由とした居室への無断入室がプライバシー侵害とされた。
　また、#261020でも、賃料不払いを理由に対象者の留守中に家財を廃棄したことがプライバシー侵害とされた。
　この類型で違法性の程度が強いものとして、#270703があり、ストーカー的な行為者が、好意を抱いていた対象者の自宅に侵入し、自慰行為をしたり、対象者の下着を盗んだり、使用済みの下着を撮影するなどしたとして、プライバシー侵害等を認め、慰謝料170万円、弁護士費用17万円の賠償を命じた。

5　のぞき

　のぞきについては、現実にのぞきが行われた場合には損害賠償が認められやすい。
　#220902では、心電図検査のため診察室で女性の患者が上半身裸となったところ、病院がプライバシー保護のための注意義務を怠り、衝立て等を設置しなかったことから、男児が診察室のドアを開け顔をのぞかせた際に裸を見られたとして損害賠償請求が認められた。
　これに対し、「のぞかれる可能性」に対しては不法行為が認められにくいようである。
　#270313Aでは、旅館の風呂の窓に簾がかけられていなかったことから入浴中に渡廊下又は宴会場廊下の窓から裸を見られるかもしれない状況に晒されたという対象者の主張に対し、裸を実際に見られた可能性は極めて低いとして不法行為等を否定した。

6　その他

　その他、興味深いものとして復縁工作ないし「別れさせ屋」の問題がある。
　復縁工作等はそもそも探偵業法6条違反[148]の懸念があるところ、労働事件ながら、#270909 は、男性を女性に近づけ、別れを演出する等の復縁工作を行う探偵社であることを知りながら、当該探偵社に対し元交際相手であった男性の身辺調査及び復縁工作を依頼したものである。本件依頼行為は、男性及び被害女性のプライバシーを正当な理由なく侵害し、かつ、社会通念上相当とはいえない行為を引き起こす危険性のある行為であると判示した。
　復縁工作に従事する事業者そのものにとどまらず、その依頼者についてもプライバシー侵害の危険があるとの判示は興味深い。

---

148)　「探偵業者及び探偵業者の業務に従事する者（以下「探偵業者等」という。）は、探偵業務を行うに当たっては、この法律により他の法令において禁止又は制限されている行為を行うことができることとなるものではないことに留意するとともに、人の生活の平穏を害する等個人の権利利益を侵害することがないようにしなければならない。」。なお、同条の解説として葉梨康弘『探偵業法』（立花書房、初版、2006年）113頁以下参照。

第 2 編

理論編

序章　はじめに

　本編は、インターネットのプライバシー侵害対応に必要な知識を15章にわたって解説するものである。

　「PART 1　基本的問題」では、7章にわたって、インターネット上のプライバシー侵害における基本的な問題を解説する。

　「第1章　摘示内容の特定」では、インターネット上のプライバシー侵害で頻繁に生じる、ある投稿において何が摘示されているのかという問題を扱う。

　「第2章　プライバシー侵害の要件論」では、総論として、裁判例においてプライバシー侵害の要件としてどのようなものが必要とされているかを論じる。

　「第3章　私事性」では、私事性、すなわち私生活上の事柄又は私生活上の事柄らしく受け取られる事柄という要件について論じる。

　「第4章　秘匿性」では、秘匿性、すなわち一般人の感受性を基準として、他人に知られたくないと考えられる事柄という要件について論じる。

　「第5章　非公知性」では、非公知性、すなわちいまだ他人に知られていない事柄という要件について論じる。

　「第6章　公開以外の形態」では、公開以外の形態のプライバシー侵害のうち、インターネットに関連するものを論じる。

　「第7章　違法性」では、利益衡量や受忍義務といった違法性に関する問題を論じる。

　「PART 2　個別的問題」では、8章にわたって、インターネット上のプライバシー侵害における個別的な問題を解説する。

　「第8章　対象者とその同定」では、例えば対象者がハンドルネームで呼ばれた場合等にそれが対象者のプライバシーを侵害するものであるか等、対象者とその同定に関する問題を論じる。

　「第9章　行為者に関する問題」では、例えば組織による行為について誰が責任を負うのか等、行為者に関する問題を論じる（なお、発信者開示請求等の手続を通じた行為者の特定については第1編第4章参照）。

　「第10章　類型別の検討」では、どのような類型の情報がプライバシー侵害として問題となっているかを類型別に検討する。

「第11章　インターネット特有の問題」では、リンク等のインターネット特有の問題について論じる。

「第12章　忘れられる権利」では、#290131（忘れられる権利事件）の評釈も含め、忘れられる権利に関する動向と実務の指針について論じる。

「第13章　プライバシーと民事裁判」では、閲覧制限等の裁判手続に関する問題を論じる。

「第14章　救済」では、損害賠償、差止め・削除等の救済に関する問題を論じる。

「第15章　インターネット上の個人情報保護」では、インターネット上で問題となる個人情報保護について裁判例を中心に解説する。

PART 1　基本的問題

第 1 章　摘示内容の特定

1　はじめに

　インターネット上の投稿は、その内容の理解に苦しむものが少なくない。そこで、ある投稿がプライバシー侵害かどうかを判断するためには、当該投稿がいかなる内容を摘示しているのかを特定しなければならない。¹⁾インターネット上の投稿の内容をどのように特定すればよいのだろうか。

2　一般読者基準

(1)　名誉毀損における一般読者基準
　実は、インターネット上の投稿の解釈という全く同一の問題が名誉毀損でも存在する（名誉毀損本59～65頁）。
　言葉の意味は、文脈によって確定される。例えば、「絶対ブラックだ」という言葉は、ある文脈の下では、自分がブラックコーヒーが好きであることを（やや誇張的に）表現したものであるかもしれないし、別の文脈の下では、特定の企業を「ブラック企業」だと指弾するものかもしれない。ここで、表現者と読者の間では、必ずしも同一の文脈を共有しているとは限らない。よって裁判所は何らかの判断基準に基づき、ある表現が「どのような事実を摘示したのか」を判断しなければならない。そこで、その判断基準が問題となる。このような背景の下、裁判所は、少なくとも名誉毀損の分脈において、「一般読者基準」を用いることとした。すなわち、一般読者の普通の注意と読み方で判断す

---

1)　表現行為の一部が特定できていないとされたものに #270518 参照。

(2) プライバシー侵害における一般読者基準

(a) 一般読者基準が用いられていること

そして、プライバシーにおいても多くの裁判例はこの「一般読者基準」を用いている。[2]

例えば、#240806 は、掲示板への投稿のプライバシー侵害について、「インターネット上の掲示板に投稿された情報が、他人のプライバシー権を侵害するものであるか否かは、一般の閲覧者の普通の注意と読み方を基準として判断するのが相当である」とした。

#260131 も、同様の事案において「本件各記事が名誉権、名誉感情ないしプライバシーを侵害するものであるかどうかは、当該記事それ自体の記載内容及び表現のみならず、その前後の記事を中心とする本件スレッドの他の記事の記載内容等も勘案して、当該記事についての一般の閲覧者の普通の注意と読み方を基準として判断すべきものである。」としている。[3]

(b) 名誉毀損とプライバシー侵害の相違

ここで、興味深いのは、名誉毀損とプライバシー侵害の相違であろう。

名誉毀損は「社会的」評価の問題であって、「社会的」評価を変動させるのは一般的な大多数の読者の受け止め方である。一部の読者が、例外的な読み方・解釈をしても「社会的」評価への影響は少ない。だからこそ一般読者基準が用いられている（名誉毀損本59～65頁）。

もし、このような「社会的」評価が問題なのであれば、社会的評価の低下が問題となる名誉毀損において一般読者基準を用いることが合理的であっても、プライバシー侵害の場面で一般読者基準用いることは不合理なのではないか、という問題もあり得る。

(c) 一般読者基準をプライバシー侵害で用いることの合理性

この点については、「『一般読者の普通の注意と読み方』とはありていにいえば、表現物の解釈にあたっては社会通念に従った『注意と読み方』で判断すべ

---

[2] なお、インターネット上のプライバシー侵害の事案では一般の「閲覧者」という表現が用いられる例が多いが、ここで「閲覧者」と「読者」の意味は同じである。

[3] その他、一般読者基準を用いたものに、#210513A、#240327、#270727、#280617、#280520、#280517 等がある。なお、少なくとも、行為者が主たる閲覧者として想定する者にとっては、記事が対象者について記載されたものであると特定することが可能とした #270318 も参照（なお、控訴の対象の関係で控訴審の #270910 では判断が削除されている）。

きということを表しているのであって、『判断の基礎』を一般人にしろと言っているのではない。」という指摘（佃146頁）が参考になる。

　ここで、「判断の基礎」を一般人にするということはどういうことだろうか。

　例えば、「石に泳ぐ魚」という小説キャラクター「朴里花」が対象者（#140924（石に泳ぐ魚事件）の事案の原告）をモデルにしていると理解できるかを考える時、対象者を知らない「日本における平均的な人（平均人）」は、多分そうとは理解できないだろう（おそらく「自分の知らない在日韓国人女性」程度と理解するのではないか）。

　このような一般的な読者が有している知識をベースに判断するということが「判断の基礎」を一般人にするということである。しかし佃が「『判断の基礎』を一般人にしろと言っているのではない。」とするように、一般読者基準は、そのような判断を要求するものではない。

　すなわち、一般読者基準とは、「表現物の解釈にあたっては社会通念に従った『注意と読み方』で判断すべき」、つまり、普通の人が考えつかないような特殊な読み方をするのではなく、常識的な（社会通念に従った）読み方をして、そのように読んだ場合に当該摘示がどのような意味と理解できるかを考えよう、ということに過ぎない。

　そして、<u>そのような常識的な読み方に基づき、当該表現がどのような事実を摘示しているかを確定し、当該摘示内容をベースにプライバシー侵害の存否を判断するというのがプライバシー侵害における一般読者基準である</u>。

　上記の「石に泳ぐ魚」事件であれば、「朴里花」に関して小説中でなされている描写等を社会通念に従って読むことで、摘示している事実を確定しようということである。

　逆にいえば、どの範囲の人であれば、対象者と「朴里花」を同定できるのか、その範囲の人が同定できるというだけでプライバシー侵害の成立を認めてよいかという点は「一般読者の普通の注意と読み方」で得られた事実をベースに、別途検討が必要である。

　実際、#140924の原審である#130215は「T大の多くの学生や被控訴人〔筆者注：対象者〕が日常的に接する人々のみならず、被控訴人の幼いころからの知人らにとっても、本件小説中の「朴里花」を被控訴人と同定することは容易なことである。したがって、本件小説中の「朴里花」と被控訴人との同定可能性が肯定される。」としている。

83

これは、常識的な読み方で小説中の「朴里花」に関する描写を解釈すると、（対象者を知る人等）読者の中の一部の人ならば「朴里花」が対象者をモデルにしていると読めるところ、それがたとえ一部の読者に過ぎなくてもプライバシー情報を公開したことに他ならないから、プライバシー侵害が成立すると解したということと理解される[4]。

このような意味で一般読者基準を考えるのであれば、プライバシー侵害において一般読者基準を用いることに問題はないだろう。

そこで、意に反する公開によるプライバシー侵害の文脈において一般読者基準で判断するというのは、①当該投稿を一般の閲覧者の常識的な読み方で読んだ場合（社会通念に従った注意と読み方）において、②閲覧者の少なくとも一部（例えば特定の情報を知っている人）に対してプライバシーに関する事実を公開したと言えるかを判断するということになるだろう[5]。

(d) センシティブな人の読み方・特殊な読み方等の否定

一般読者基準の帰結として、プライバシー侵害を判断する際に、その前提となる摘示事実の検討において、原則として社会通念ないし常識とは異なる読み方はされないということが導かれる。

その例としては、センシティブな人、ないしは特殊な読み方をする人だけがある表現を特定の意味内容を有すると読み取れるところ、そのような特定の意味内容を有する場合にはじめて当該表現がプライバシー侵害となるといった事案がある。

例えば、誰かの行為に関する一連の投稿の中に、対象者の名前の一部をブツ切りにして織り交ぜたとしよう。対象者の名前について非常にセンシティブな人であれば、それが対象者のことを摘示していると考え、不快感を感じるだろうが、普通の人の常識的な読み方ではここで摘示された行為が対象者のものだとは理解できない。

そして、（上記の意味での）一般読者基準というのは、このような場合にセンシティブな人の基準を排除し、そうではなく、一般読者の基準により摘示事項を解釈するべきとしているのである。

上記事例においては、一般読者基準を採用して社会通念による読み方をすれば、プライバシー侵害の不法行為の成立は難しいように思われる。

---

[4] なお、佃146〜147頁も参照。
[5] どのような事実がプライバシーに関する事実かについては、第2〜5章参照。

実際#241220Bでは、原告の名字及び名前の一部が分割して掲示板への投稿に記載された事案について「インターネット上の掲示板に投稿された情報が、他人のプライバシー権を侵害するものであるか否かは、一般の閲覧者の普通の注意と読み方を基準として判断するのが相当」とした上で、これらの投稿が「分割されて投稿されており、各投稿が近接しているわけでもない」こと、実際に投稿されている内容からは、「それが名前の一部であるかどうかも明らかではない」こと等を理由に「一般の閲覧者の普通の注意と読み方を基準とすれば、本件投稿を目にする者において、「X」という原告〔筆者注：対象者〕の氏名を認識することは困難であるといわざるを得ない」としてプライバシー侵害を否定した。

(3) 具体例

上記のとおり、一般読者基準においては、表現物の常識的な読み方をするものの、その常識的な読み方をした結果、読者全員が例えば「朴里花」は対象者のことだと分かる必要がなく、一部の読者がそのように理解できればよい。その意味では、一般読者基準を適用した結果、比較的広くかつ柔軟にある表現の意味が解釈されることが多く、前提を知らない平均人には読み取れないのではないかと思われる意味についても、それを読み取ることができるとする趣旨の判断がままみられる。

例えば、#280119は、電子掲示板の「○○○市の公衆便女」等のスレッドに、「＊9＊」に続いて8桁の数字等が投稿され、またその中には「ヤリ友探してます」などといったコメントが併記されているものがあるという事案について、電子掲示板の性質およびスレッド名等に照らして、この「＊9＊」に続く8桁の数字が、「090」で始まる携帯電話の電話番号を示していることは、一般の閲覧者において容易に理解できるものといえるとして、プライバシー侵害を認めた。

090＋8桁であれば、それが携帯電話番号であることは明らかであるが、本件では「＊9＊」という記載になっていることから、その解釈が問題となった。裁判所は、要するに、この掲示板のスレッド名や併記されたコメントを総合すれば、対象者が性交渉の相手を探していて、この携帯電話に連絡することを希望している（ないしは、誰かが、この携帯電話を使っている対象者が性交渉の相手を探していると指摘している）という趣旨であると理解することができ、「＊9＊」が「090」の意味だと理解できるとしたのであろう。[6]

第 1 章　摘示内容の特定

　類似の事案であるが少し応用的なものに、#250625 がある。掲示板において「アポイント用△△：○○○○○○○○」として、文字列が記載され、これが対象者の携帯電話番号を示すものかが問題となった。裁判所は、この文字列は、「携帯電話の数字入力モードでその表記のとおりに当該かなキーの操作をすることにより、原告〔筆者注：対象者〕が当時使用していた携帯電話番号（070-○○○○-○○○○）を入力する結果となるものであるから」対象者の携帯電話番号に係る情報を公表するものにほかならないとしてプライバシー侵害を認めた。要するに携帯電話（特にいわゆるガラパゴス携帯）では、数字キーを複数回押すことで、特定のひらがなを表示することができるところ、掲示板に記載された文字列と数字の対応関係を認めることができるとしたのである。

　その前提として、投稿の内容が、ある人物との連絡方法であることを示唆していた等という認定がされていることには留意する必要があるが、かなり柔軟な意味の解釈が認められていることは興味深い[7]。

　また、揶揄的表現等のインターネット特有の表現についても、一般読者基準を適用した結果、その意味を理解できるとされていることが多い。

　#271218B は、「X の住所キタコレ？プラレールのぞみ号 b マンション○○系」との記載は、鉄道車両の名称のような表現を使って原告の居住するマンション名及び部屋番号を示すものとした[8]。

　なお、#220319 は、私信の写真を週刊誌等に掲載した際に「特別に集中して読もうとすれば判読が可能な部分があるものの、全体に字が小さく、鮮明に写っているわけではないため、本件週刊誌の一般購読者が通常の読み方をした場合には、その具体的内容を理解することは難しいと認められるから、控訴人〔筆者注：対象者〕のプライバシーを侵害したとはいえない。」とした。これは

---

6)　なお、#250412 は、対象者の ID を平仮名で表記した投稿につき、書き込みは当該 ID を有する者（対象者）に対するものであるということができるとした。

7)　なお、上記の文字列の直前に記載された「△△」の文字は判例データベース上は黒塗りされていたが、「弁論の全趣旨により、「△△」の文字列が「c 社」を表すいわゆるネットスラングとして使用されていることが窺われる」と判示されており、判決文から想像するに、例えば「やわらか銀行（ソフトバンクモバイルの場合）」等という記載が付記されていたことにも留意が必要がある。

8)　#271105B は、対象者の「旦那」という表現が、対象者が既婚者であるかのような印象を与え、原告のプライバシーを侵害するものであるとの主張について、同人が対象者を保護する関係にあることを摘示するにとどまり、対象者の配偶者である旨を摘示するものとまではいえないから、対象者が既婚者であることを摘示するものであるとまでは認め難いとしている。

直接には従来型のプライバシー侵害に関する判断であるが、インターネット上のプライバシー侵害においても、写真のアップロード事案（明確に読める事案だが#261128）等でこの趣旨が応用可能かもしれない。

3 複数の文章の関係

(1) はじめに
関連する問題として、複数の文章の関係についても簡単に触れたい（名誉毀損本75頁以下も参照）。

(2) アンカー等で関連性が明示されている場合
例えば、掲示板におけるアンカー（「>>639」のような従前の投稿を参照する記載）等、関連性が明示されていれば、後の投稿のプライバシー侵害は、前の投稿と総合して行うべきである。

#280304は、投稿には、「>>639」との記載があり、639の投稿を受けたものであることは明らかであるところ、639の投稿が対象者を対象することは上記のとおりであるから、本件投稿も対象者を対象とするものと認めることができるとした[9]。

また、#271204Aは、本件記事2は、本件記事1に続く記事として、「↑」との記載を付して投稿されたものであるから、一般閲覧者の普通の注意と読み方からすれば、本件記事1を受けた記事であると解することができ、本件記事1と同様に対象者を話題の対象とするものと認められるとした。

(3) 全体の総合判断
掲示板等では、1つの投稿のみを見ても意味が十分に理解できないが、その1つ前の投稿等を見て総合判断すると、意味が分かることがある。その場合に、どこまでの範囲で総合判断すべきだろうか。

#271008は、掲示板における対象者の特定について、スレッドにて話題の対象となっているのは「E」なる人物であるが、各投稿は、愛知県内の店舗について投稿する場所に掲載されており、しかも本件スレッド名には店名である「D」も記載されている。そして、本件投稿は「E」なる人物が入れ墨を入れていることを示唆する内容となっており、これらはいずれも対象者に関する情報

---

9) なお、結論として当該記事の内容からプライバシー侵害を否定。

又は対象者が有する属性ということができる。そして、上記の各情報又は属性は、その一つひとつだけでは対象者を特定するには至らないものであるが、これらを組み合わせた場合には、対象者を特定することは十分に可能ということができる。そうすると、対象者の上記情報又は属性のいくつかを知る閲覧者が各投稿を読んだ場合、かかる閲覧者が「E」を対象者と同定することは十分可能であるといわねばならないとして、スレッドに散らばるEに関する情報を総合して対象者との同定を認めた[10]。

より広い範囲の情報を総合するものとして、#261111 は、本件スレッドの一般的な閲覧者が本件各カテゴリ内の他のスレッドを併せて閲覧していることは十分に考えられるとして、(カテゴリーが同じ)他のスレッドの内容も参照した。

これに対し、#250412 は、「原告〔筆者注：対象者〕は、本件各書き込みを総合してプライバシー権侵害の成否を判断すべきであると主張するが、本件各書き込みは、それぞれ、別個の質問あるいは別個のスレッドに対する回答である上、本件各書き込みが同一人物によって行われた事実を認定するに足りる証拠はないのであるから、本件各書き込みを総合してプライバシー権侵害の成否を判断することはできない。」として、別のスレッドはもちろん、同じスレッドであっても、別個の質問への回答については、総合考慮しないとしている[11]。

これらの裁判例が示す方向性はやや一貫性を欠いているようにも思われる。

この点に関連して、名誉毀損本 80 頁では「例えば、999 番の投稿の意味を確定するために、わざわざ時間と労力をかけて 15 番の投稿まで遡ることが一般的か等は議論があり得るところである。ただ、少なくとも少し前（少し上）に掲載されている投稿であれば、一緒にあわせて読むことが多いとはいえるだろう」としたところであるが、近ければ近いほど一緒に読まれる可能性は高く、遠くなれば一緒に読まれない可能性は高まるものの、具体的な事情によっては、ある程度近くても一緒に読まれないと判断される可能性もあるし、ある程度遠くても一緒に読まれると判断される可能性もあるだろう。

各裁判例は、具体的な事案をふまえて当該投稿に関する常識的な判断としてどこまでの範囲を考慮するのかを検討したものと理解される。

(4) 時系列

なお、複数の文章の関係において注意すべきはその前後関係（ないしは時系

---

10) #280419 で是認。
11) 非公知性の判断の文脈であるが #260717B も参照。

列）である。

　例えば、Aがある時点で「誰かが不倫した」と投稿したとしよう。その後Bは「Aの投稿で対象者とされているのは、Xのことだ」と投稿したとしよう。この場合、Bの行為がXに対するプライバシー侵害になるのは理解できるが、Aについては、A自身の投稿だけでは誰のことか分からず、Xに対するプライバシー侵害は成立しないのが原則であろう。

　例えば、#220426 は、最初に行われた投稿について、それだけでは「対象者に関するものであるとか、対象者に向けられたものであると理解することはできない」とした上で、一定の範囲の者が対象者に対する書き込みだと認識できるのは、その次の書き込みやその後の書き込みによってであるとして、最初の投稿によるプライバシーが侵害を否定した。

　これと同様の裁判例は名誉毀損の文脈でも存在し、名誉毀損本80頁等で紹介したところである[12]。

　もっとも、一部の裁判例は、あまり時系列を気にしないで投稿を総合する（例えば #280617 参照）。その理由について、#230131 は「厳密には、本件投稿後の投稿の記載内容と併せて、原告〔筆者注：対象者〕を識別することができるようになったとしても、発信者（注：行為者）においては、同じスレッド内において本件投稿後に一連の投稿が展開されて原告を識別するに足りる投稿に至ることを容易に予見することができたというべきであるから、本件投稿が原告を特定する性質のものであることを否定することはできない」としている。

　要するに、上記事案において、Aの投稿の後にBの投稿がなされたことによって結果的にXのプライバシーを侵害する内容と理解されるようになった場合においては、Aに故意によるプライバシー侵害があったとはいえないが、少なくともAがBのような投稿がされることを「容易に予見することができた」といえる事情があるのであれば、過失によるプライバシー侵害があった等という論理なのではなかろうか。

　ただし、このような事情が本当に存在するかは個別具体的な事情によるところが大きいだろう[13]。

12）　#230111 等参照。
13）　例えば、ある人物が話題になっていて（例えば「炎上」していて）、その人物について投稿が繰り返されているという場合、その人物について後で名前等が明かされる可能性も十分にあるという状況はあり得るが、状況が異なれば、異なる結論も十分にあり得るだろう。

第2章　プライバシー侵害の要件論

1　はじめに

いかなる要件の下で、行為者の行為が対象者のプライバシーを侵害したとみなされるのだろうか。

前記（27頁）のとおり、一般には、意に反する開示の事案を念頭に、
① 加害行為すなわち私生活上の事実の「公開」があること
② 公開された事実が「私生活上の事実等のプライバシーに関する事実」であること
③ 公開行為が違法であること
④ 行為者に故意又は過失があること

が要件とされている（竹田堀部154～155頁）。

しかし、これはかなり抽象的であり、特に要件②について、何がプライバシーに関する事実なのか、さらに具体的な要件論を検討する必要があるだろう。そこで、本章では、意に反する公開事案を念頭に置いてプライバシー侵害の要件論を総論的に検討していきたい。

なお、前記（21頁）のとおり、最高裁はプライバシーの定義や要件をはっきり示していない。そこで、要件論については基本的には、下級審裁判例を元に判断することになる。[14]

2　要件論

(1)　宴のあと事件の4要件

プライバシー侵害の要件論を考える上でも宴のあと事件（#390928）は重要な意味を持っている。

---

[14]　なお、佃41頁以下は裁判例を7類型に分類しているものの、その分類においては、プライバシーの本質論を重視しているように思われる。これと異なり、本書では、「結局裁判所が考えている<u>要件は何か</u>」という点にフォーカスをして検討していきたい。

宴のあと事件においては、私生活を描写するモデル小説によるプライバシー侵害が問題となったところ、東京地裁は、プライバシー侵害の成立要件として、

① 私生活上の事実または私生活上の事実らしく受け取られるおそれのある事柄であること
② 一般人の感受性を基準にして当該私人の立場に立った場合公開を欲しないであろうと認められる事柄であること、換言すれば一般人の感覚を基準として公開されることによって心理的な負担、不安を覚えるであろうと認められる事柄であること
③ 一般の人々にいまだ知られていない事柄であること
④ このような公開によって当該私人が実際に不快、不安の念を覚えたこと

という4要件を提示した。このうち、①は私事性、②は秘匿性、③は非公知性と呼ばれることがある。

その上で、違法性阻却事由について、他人の私生活を公開することに法律上正当と認められる理由があるかを検討している。

(2) その他の裁判例の展開

既に50年以上が経過しているものの、宴のあと事件の提示した要件は依然として重要な意義を持っており、「『宴のあと』ルール」「が現在においても広く採用されている」等と評されている。

ただし、注意すべきは多くの裁判例は①私事性、②秘匿性、③非公知性の3要件を採用したものの、「このような公開によって当該私人が実際に不快、不安の念を覚えたこと」という4番目の要件はあまり用いられていないということである。

上記で『宴のあと』ルールが広く採用されていると指摘されているが、ここでいう「宴のあと」ルールの内容は「一般人の感受性を基準にして当該私人の立場に立ったときに公開を欲しない事柄であるか否か」(内田52頁)であり、そこには、4番目の要件が入ってこない。

また、調査官解説でも「具体的な情報がプライバシーとして保護されるべき

---

15) 内田52頁。
16) なお、①私事性につき、最高裁は、#150314（長良川事件）で「本件記事に記載された犯人情報及び履歴情報は（略）他人にみだりに知られたくない被上告人〔筆者注：対象者〕のプライバシーに属する情報であるというべきである」としているところ、これをもって私事性を不要とする見解（佃28頁）もあるが、その後も下級審において私事性を要求する裁判例が存在することをふまえると、そこまでは言い難いと思われる。

ものであるとされるためには、①個人の私生活上の事実又は情報で、周知のものでないこと、②一般人を基準として、他人に知られることで私生活上の（私生活における心の）平穏を害するような情報であること、が必要であると考えられ」る（平成15年最高裁判例解説489頁）とされている。

インターネット上のプライバシー侵害の事案においても同様に私事性、非公知性、秘匿性の3要件を用いる裁判例が多い。

例えば、#271030A は、インターネット上の掲示板への投稿がプライバシーを侵害するかが問題となった事例において、「プライバシーとは、私生活上の事実又は私生活上の事実らしく受け取られるおそれのある事実であり、一般人の感受性を基準にして当該私人の立場に立った場合公開を欲しないであろうと認められ、かつ、一般の人に知られていない事柄であると解されている。」と判示している。[17]

稀に4番目の「公開によって当該私人が実際に不快、不安の念を覚えたこと」を要件とするものも存在するが、少数派である。[18][19]

第3章以下で論じるとおり、裁判例の中には、各要件を緩めに適用し、あまり厳格には考えない者が存在する。その意味で、50年以上を経て、各要件には「宴のあと」判決の想定していたであろうものから若干の変化はあるといえるが、やはり3要件を必要とするというのが裁判例の大勢といえよう。[20]

3　3要件の相互関係

上記のように、宴のあと事件の①私事性、②秘匿性、③非公知性の3要件（＋違法性判断）が多くの裁判例の採用する見解であることから、第3章で私事性、第4章で秘匿性、第5章で非公知性についてそれぞれ検討していきたい。

もっとも、この3要件の間に一定の相互関係があることは指摘が必要である。

例えば、対象者自身がある事項をウェブサイト上で公表していたという場合、

---

[17] その他同様の判示をするものとして #270904A、#270324A、#260717B、#260613、#231014、#230525 等参照。

[18] #250813、類型の #241130 等参照。

[19] これ以外の裁判例は佃41頁以下が詳しい。

[20] なお、内田53頁は「非公知性の要件（略）をそれほど厳格には適用せず、むしろ、一般人の感受性を基準としつつ、当該私人の立場から公開を欲しない情報であるか否かを検討するという傾向が一応窺われる」とする。

これは「公表」されているのだから非公知性（いまだ他人に知られていない事柄ではないとして）で考えることもできる。しかし、そのような事項を自らが公表していたならば、秘匿性が欠ける（公開を欲しないものとはいえない）という考え方もできる。

#240315 は問題となった事項について、対象者が主宰する会のホームページ上で公表しているとした上で一般の人々に知られていた事柄であるから、非公知性の要件を欠く他一般人の感受性を基準とすれば公開を欲しないであろうとは認められないから、秘匿性の要件を欠くともした。

また、後記のとおり、記述が抽象的であることは、私事性の否定要素でもあるが、秘匿性の否定要素でもある（100 頁、107 頁）。

以下では便宜上各要件を分けて検討するものの、3 要件相互にこのような一定の関係が存在することに留意が必要である。

4　違法性判断

上記のとおり、3 要件を満たすような情報が公開された場合、常に不法行為が成立するのだろうか。

プライバシーに関する情報の公開が正当とされる場合も少なくない。例えば、一般に前科等についてプライバシーとされているとしても（#290131 参照）、政治家が犯罪を犯したという情報については「これはプライバシー情報なので公開は一切許されない」と考えるべきではなく、（選挙による公務員の選択等）公表する正当な理由がある場合も存在するように思われる。

やはり、一定の場合には、上記 3 要件を満たしていても、それは違法ではないとして、プライバシー侵害の不法行為等が成立しなくなると考えられる。

宴のあと事件（#390928）をはじめとする多くの裁判例でも、違法性について検討しており、そのような場合には、比較衡量の結果違法性が認められないとか、受忍限度の範囲内である等と指摘する裁判例も多い。[21]

このような違法性の判断を、いわゆる要件事実論における請求原因と抗弁のいずれに位置付けるべきであろうか。この点については、争いがある。

---

21)　「プライバシーと表現の自由を比較衡量して、当該表現内容が社会生活上の受忍限度を超えるか否かによって判断している」という内田 54 頁のように、同一の要件とする議論もあるが、受忍限度を独立の要件かのように扱う裁判例もある。

例えば、請求原因として、[22]

要件1　公表されていない私生活上の事実又はそれらしく受け止められる事実で、一般人の感受性を基準にすると公開を欲しない事柄を流布させたこと

要件2　1についての故意又は過失

要件3　損害の発生及び額

要件4　1と3の因果関係

という4つの請求原因事実があるとした上で、抗弁として「プライバシーの権利と表現の自由を比較衡量し、当該表現内容が社会生活上の受忍限度を超えなければ、違法性が阻却される」とするものがある。[23]

これに対し、請求原因は、

①　YがXの公表されていない私生活上の事実（または、それらしく受け止められる事実）で一般人の感受性を基準とすればXとしては公開を欲しない事柄を流布させたこと

②　Yに①について故意があること、または、Yに①について過失があることを基礎付ける事実

③　公表されない利益の方が公表される理由（利益）より優越することを基礎付ける事実（違法性の評価根拠事実）

④　Xに損害が発生したこと

⑤　①と④の間に因果関係があること

とし、抗弁は公表されない利益よりも公表する利益（理由）の方が優越することを基礎付ける事実（違法性の評価障害事実）だとするものもある。[24]

違法性について一部（評価根拠事実）が請求原因段階で既に必要と主張されている理由は、長良川事件（#150314）の判旨の解釈によると思われる。[25]

このような議論の対立をふまえ、本書では便宜上、第7章「違法性」という項目を立てて上記のような問題を検討することとするものの、第7章で検討す

---

[22]　岡口586〜588頁。

[23]　なお、私生活上の事実の公表は、それ自体被害者にとって不利益を及ぼすものであるから、違法性阻却事由がない限り原則として違法となると解されているとするものに竹田堀部162頁。

[24]　大塚直・後藤巻則・山野目章夫編著『要件事実論と民法学との対話』（商事法務、初版、2005年）422〜423頁。

[25]　前田陽一「判批」判タ1144号95頁のプライバシー侵害の違法性に関する相関関係説的理解を要件事実上に反映したものと言えるのではないか。

る問題は、学説によって、要件事実的には（その一部が）請求原因として位置付けられることもあれば、（その一部が）抗弁として位置付けられることもあり得ることには留意が必要である。

第3章 私事性

1 はじめに

　宴のあと事件（#390928）はプライバシー侵害成立のために「私生活上の事実または私生活上の事実らしく受け取られるおそれのあることがらであること」を要求している。これが、私事性である。
　私事性に対しては理論的な批判もある（佃12頁、46～48頁）ものの、上記のとおり、現時点でも、多くの裁判例は私事性を要求している。
　ここで、対象者に関する事実であれば、その事実に私事性が認められることも多いものの、裁判例上、私事性が認められるかどうかが争われる事実の類型に「公的」な事実があることから、まずは公的事実と私事性について裁判例を元に説明する(2)。また、虚偽の事実でも「私生活上の事実らしく受け取られるおそれ」のある事柄であれば、私事性が認められることについて具体的な裁判例を挙げて説明する(3)。さらに、これに関してモデル小説等について説明する(4)。

2 公的な事実と私事性

(1) はじめに
　公的な事実に私事性がないというのは、例えば、総理大臣が総理大臣の職務上行ったことに「私事性」がないので、このような事実はプライバシーで保護されないということである。これは「公」的事実のうちの核心的な事例であり、ここまでくると、プライバシーとして保護されないことは理解しやすい。
　もっとも、公「的」というものには幅があることから、以下、類型別に検討する。
(2) 公務に関する事実
　#230414は、雑誌記事において、公務員で、区議会議員選挙に立候補した対象者について、対象者の公務員としての勤務実態や、政治活動に関する事実を

記載した事案について、これらは私生活上の事実ではないことからすればプライバシーを侵害するものであるとはいえないとした。

公務については、私事性がないと解されるものも少なくないが、後記のとおり、業務上ないし職務上の事実でも一定の事項はプライバシーとされる（私事性が肯定される）ところ、公務員の職務には多様なものがあることから、そのすべてを一律にプライバシーから外すべきかは疑問がある。例えば、#210414Aは、（民間人である）対象者が廃棄物収集業に従事していることをテレビで放映したことをプライバシー侵害とした。この事案の結論の当否はさておき、民間の廃棄物収集業者にプライバシー侵害が成立するような事案であれば、同様の業務を行っている現業公務員について類似の結論となってもおかしくないのではないか。これに対し、少なくとも区議会議員選挙立候補者の政治活動については、公的な度合いが高く、プライバシーということは難しいと思われるだろう[26][27]。

(3) 会社役員等の社会活動に関する事実

例えば、対象者がある会社の社長である場合、会社に関する事実や、社長として当該会社の特定の事業を推進しているという事実は対象者のプライバシーであろうか。

#210929では、会社の売上と経営者個人のプライバシーの関係について「会社という形態で事業を営む以上、その売上自体をもって直ちに経営者である原告（注：対象者）自身の私生活上の事実又は私生活上の事実と受け取られるおそれがある事柄に当たるものとはいい難い」とされた。

対象者自身の収入であれば対象者のプライバシー情報であるが、対象者が代表をしている会社の売上であれば直ちに対象者のプライバシー情報とはいえないだろう。

#280613では、「マンション建設反対！住民の声を無視する『○○○○〔筆者注：会社名〕代表Ｘ〔筆者注：対象者〕』を断固糾弾する！」や「住民激怒地帯！！マンション工事反対！建築主Ｘは住民の声を聞け！」等という幟旗等が立てられた事案において、「原告〔筆者注：対象者〕の個人名には、本件会社の代表又は建築主であることの記載が付記されており、同記載からは、原告が

---

26) ただし、政治活動には様々なものがあり、プライバシーとして保護されるべき場合も当然ある。164頁参照。
27) その他、#210709も参照。

本件会社の代表者や本件建築の建築主であることがうかがわれるだけで、原告個人の私生活上の事実に関する記載がないのみならず、私生活上の事実と受け取られる事柄が記載されているわけでもない」と判示され、プライバシー侵害が否定された。

対象者個人として行っている事柄が問題なのではなく、会社がマンション建築事業を推進していることが問題とされていて、対象者はその代表者等として名前が挙げられているだけという場合には、公的事実であって私事性が欠けると判断される場合があるだろう。

もっとも、会社役員に関する事実がすべてプライバシー侵害にならないわけではない。

#211224では、組合が対象者である会社代表者についてその住所、職業、会社代表者として組合との間で労働紛争を抱えていること等を記載したビラを対象者の自宅マンションの近隣住民に配布したことが問題となった。行為者である組合は、組合と労働紛争を抱えていることは、会社代表者としての行為に関する事項であるから、対象者の私生活上の事実に当たらず、プライバシーの侵害にならないと主張したが、裁判所は、住所及び職業は、個人情報として私生活上の事実に当たるし、専ら対象者個人の言動を挙げてこれを非難する内容で、無関係の近隣住民にまで広く公表されたくないとの期待は法的保護に値するとしてプライバシー侵害を肯定した。

確かに会社代表者の職務に関連するものであっても、個人としての言動を具体的に挙げた場合には、プライバシーは問題となり得るし、その態様として、私生活の拠点である住所地で近隣住民にこれを公開するといった態様であれば、少なくともそれに対する一定の保護が与えられてしかるべきであろう。

このように、会社役員等の社会活動に関する事実は、その具体的な内容や公表の態様等によって私事性が肯定されたり否定されたりすることに留意が必要である[28]。

(4) 業務に関する事実

業務に関する事実については、類型別に、風俗・性的業務（162頁）、職業（167頁）等について別途検討しているので、該当部分を参照されたい。

---

[28] その他、#220428、#241217Aも参照。

(5) その他

その他、#200130Bは、業務上使用する携帯電話の番号はプライバシーに属する事実とは直ちに認められないとしたが、業務に関する事実でも一定程度プライバシーの保護を受ける（167頁）ことから、その射程は限定的に解すべきであろう。

また、#250717Bは、勤務先に裁判になった旨を告げた事案において、対象者が行為者に損害賠償請求をしていること自体は、対象者と行為者の間の事柄であって対象者固有の私生活上の事実ではないとした。[29]

3　私生活上の事柄らしく受け取られるおそれのある事柄

(1)　はじめに

前記のとおり、宴のあと事件は「私生活上の事実」のみが保護されるのではなく「私生活上の事実らしく受け取られるおそれ」のある事柄もまた保護されるとした。この事案では、モデル小説が問題となっていた。

「事実らしく受け取られるおそれ」があれば事実そのものを摘示する必要はないので、例えば、対象者について摘示されたある事実が虚偽である場合において、「（本当の）私生活上の事柄ではない」という理由で免責を受けることはできず、仮に虚偽であっても、私生活上の事実らしく受け取られるおそれがあるかをさらに検討しなければならない（「虚偽性の抗弁」は成立しない。140頁参照）。

この考え方は、それ以降の裁判例でも受け継がれており、例えば、#230630は、インターネット上にモデルが特定可能な小説形式で私生活上の事実らしい事実が記述された事案において、記述された私生活上の事実は、それらがすべて真実でなければならないというものではなく、その読者らにおいて、対象者らの私生活上の事実であると認識しても不合理ではない程度に真実らしく受け取られるものであれば足りるとした。

では、どのような事実が「私生活上の事実らしく受け取られるおそれ」のある事柄なのだろうか。

---

29) #210113Bも参照。

(2) 記載内容

(a) はじめに

私生活上の事柄らしく受け取られる事柄かどうかの判断において裁判所は、その記載内容を重視して判断しているように思われる。

(b) 記載の具体性

例えば、上記 #230630 では、難病に罹患した娘の治療経過においてあたかも対象者が娘に対する責任を果たすことなく、「安楽死」又は「人為死」させることを選択し、そのように娘を説得したような事実と異なる記載があったところ、その読者らにおいて、対象者の私生活上の事実であると認識しても不合理ではない程度に具体性があり、真実らしく受け取られるとした。

確かに、「娘を人為死させた」とだけ抽象的に記載した場合には、（名誉毀損が成立するかは兎も角）これが私生活上の事実だと読者が理解するかまでは疑問が残るところである。しかし、それが具体的な治療経過と共に書かれていれば、一般の閲覧者は「本当かもしれない」と思ってしまうだろう。そこで、私生活上の事柄らしく受け取られる事柄とされたのである。

(c) ある程度抽象的でも私生活上の事柄らしく受け取られる場合

もっとも、その内容（事柄）によっては、ある程度抽象的でも私生活上の事柄らしく受け取られる場合がある。

#261111 では、掲示板における（対象者が）『不特定多数 sex 募集のババア』であるという旨の摘示について、これは抽象的でふざけたような記載であって、一般の閲覧者が本件記事の内容を真実であると理解することはないのではないか問題となったところ、裁判所は閲覧者は、本件スレッドを含む本件カテゴリ内に開設された複数のスレッド内の記事を閲覧し、対象者の氏名、容姿（顔写真）及び居住地域に係る事実を把握していると推測され、このような事実ないし事情を前提とすれば、記載事実が、その閲覧者によって相応に私生活上の事実らしく受け止められるおそれのあることは否定できないとして私生活上の事柄らしく受け取られるとした。

#280607A は、対象者の親も三回めか 4 回目の結婚だとか、対象者の親も離婚 3 度らしいといった投稿について、いかに匿名の掲示板で具体的な根拠がなくとも、一般閲覧者において、対象者の私生活上の事実であると受け止めるものといえるとした。

(d) 常識に照らした内容の異常性

ここで、あくまでも私事性があるのは「私生活上の事実らしく受け取られるおそれ」のある事柄であるから、対象者に関する事柄だとして摘示された事実であっても、一般読者がこれが明らかに異常で荒唐無稽だと感じる場合には、私生活上の事柄らしく受け取られる事柄には該当しないことがあり得ることには留意が必要である。

#280304 は、当時満 53 歳の対象者が「童貞らしい」との掲示板への書き込みについて、対象者の年齢も考慮すれば、一般読者が、直ちに、それを真実であると受け取るかどうかは疑問として、プライバシー侵害を否定した[30]。

(3) 記載方法

疑問符が付されている等、その記載方法から、対象者に関して事実を明らかにしたとは認められないと解される場合もある。

#271216 は、「甲と乙は男女の仲なんだ？Ｗ」という記載についてその記載は、疑問符が付けられていることや、前後の投稿の内容と合わせ読んでも唐突な内容になっていること等から、対象者の男女関係を明らかにしたものということはできないとした。

(4) 媒体の性質

なお、匿名掲示板への投稿であること等、媒体の性質は一定程度考慮される。

上記 #280607A はいかに匿名の掲示板で具体的な根拠がなくとも一般閲覧者において、対象者の私生活上の事実であると受け止めるものといえるとしている。

また、#260717B は、電子掲示板に掲載されているので真実らしく受け取られるおそれがない旨の主張に対し、掲示板を閲覧した者はそこに投稿された記事の内容についておしなべて根も葉もないものと認識しているものではなく、当該記事に幾分かの真実も含まれているものと考えるのが通常であろうから、直ちにプライバシーの侵害が認められないということはできないとした。

要するに、匿名掲示板への投稿であること等の媒体の性質を一切考慮しないのではなく、このような媒体の性質は一定程度考慮されるものの、例えば匿名

---

30) ただし、第 13 回出生動向調査・独身者調査（http://www.ipss.go.jp/ps-doukou/j/s_db_13/s_db_13.html）の「表 3-9 男女年齢 7 区分別、性交渉の有無別、未婚者数」によれば、44 歳～49 歳までの 181 人の回答者のうち性交渉未経験者は 49 人、約 27％ のようであることに留意が必要であろう。

掲示板の投稿でも幾分かの真実も含まれているものと考えるので、その記載内容の具体性等から私生活上の事実らしく受け取られるおそれが肯定される可能性は十分あり得るということだろう。

4 推測・論評・モデル小説

　推測・論評・モデル小説等によるプライバシー侵害については様々な問題があるが、比較的重要なのは、「私生活上の事実らしく受け取られるおそれ」のある事柄であるかである。例えば、モデル小説等においては、それがフィクション等という形をとっているため、それが私事性があるかという点は、後記（144頁以下）の同定の問題に加えて、重要な問題となるのである[31]。

　#280517 は、性風俗店に勤務する対象者について、対象者からサービスを受けたと思われる行為者により、対象者の性的、肉体的特徴に関する一種の意見・感想が投稿された事案において、プライバシー侵害を肯定した。

　#241015 は、対象者の行う企業への恐喝行為に関する読者の意見、対象者の推測などがブログに掲載されることにより（名誉のみならず）プライバシー等が侵害されたとした。

　前記の #230630 は、インターネット上のモデル小説の記載が、その読者らにおいて、モデルである対象者の私生活上の事実であると認識しても不合理ではない程度に具体性があり、真実らしく受け取られるものであるといえるとしてプライバシー侵害を認めた。

　これはあくまでも具体的事案に基づく判断であることには留意が必要である[32]。

31）　なお、芸術性とプライバシーに検討したものとして五十嵐230～231頁参照。
32）　なお、意見・推測について、私事性を否定した #231017 や #201208 も参照。

第4章　秘匿性

1　はじめに

　宴のあと事件（#390928）はプライバシー侵害成立のために「一般人の感受性を基準にして当該私人の立場に立った場合公開を欲しないであろうと認められることがらであること、換言すれば一般人の感覚を基準として公開されることによって心理的な負担、不安を覚えるであろうと認められることがらであること」を要求している。これが、秘匿性である。
　私生活に関する情報がすべて一律にプライバシーなのではなく、一般人の感受性を基準として、他人に知られたくないと考えられる事柄である必要がある。
　以下では最初に秘匿性要件の一般的な内容を概説し、その後、裁判例における秘匿性要件の具体的判断をみていきたい。

2　秘匿性要件の一般論

　私事性のある情報だからといって、それをすべてプライバシーとして保護すべきかは疑問がある。
　例えば、#201015のように、対象者甲について「甲の年収は0円から1億円である」と摘示した投稿を行ったとしよう。確かに、年収については私生活上の事柄又は私生活上の事柄らしく受け取られる事柄という意味の私事性はある。しかし、具体的な年収ではなく、「0円から1億円」という極めて幅の広い情報である場合、このような情報を公開されたくないという甲の利益が法的保護に値するかは疑問であろう。
　ここで、調査官解説の「法的保護の対象は主観的な秘密主義や引きこもり願望ではない」（平成15年最高裁判例解説489頁）という指摘は重要であろう。もしかすると本人はある情報の公開について傷つくかもしれないが（もしかすると甲は極めて年収についてセンシティブかもしれない）、それでも年収が0円から1億円であるという事実は、一般人の感受性を基準とすれば、他人に知られた

くないと考えられる事柄ではないだろう。

そのような観点から、秘匿性要件における、他人に知られたくないかどうかは一般人の感受性を基準に判断すべきとされているのである（平成15年最高裁判例解説489頁参照）。[33]

ここで「被控訴人（注：対象者）がみだりに公開されることを欲せず、それが公開されると被控訴人に精神的苦痛を与える性質の私生活上の事実が記述されている場合には、本件小説の発表は被控訴人のプライバシーを侵害するものと解すべきである」とした #130215 等、一部秘匿性要件の判断基準を対象者本人とするような記載をする裁判例もある。[34]

しかし、その後はそのような裁判例は増加しておらず、[35]やはり感受性は一般人を基準とすべきという裁判所の立場に変化はないと解される。[36]

3　秘匿性要件の具体的判断

(1)　はじめに

以下では裁判例上秘匿性要件が問題となった事案の具体的判断を取り上げたい。

(2)　単純な類型的判断ではないこと

まず、裁判所が、単純にある類型の事柄（カテゴリー）が私事性を有するか否かといった類型的な（カテゴリカルな）問いの立て方をしているわけではないことには十分な留意が必要である。

前記の #201015 は、対象者の年収に関する情報の公開について、幅のある表現が問題となったところ、同じ1億円の幅であっても、例えば、「3億円～4億円」は一般人が公開を欲しない程度に特定されているものの、「0円から1億円」では一般人が公開を欲しない程度には特定されていないとした。

このように、裁判所は、「収入」等の類型（カテゴリー）について一律に私事

---

33)　#201015 は傍論だが「0円から1億円」では一般人が公開を欲しない程度に特定されていないとした。103頁参照。

34)　この裁判例につき内田53頁～54頁は、最高裁判決は「控訴審の判断を是認したしたともみうるし、また、その点についてはあえて判断しなかったともみうるところである」とした上で「今後の裁判例の展開に待つべき」とした。

35)　なお、対象者本人基準を取ったと思われる最近の裁判例として #230630 参照。

36)　なお、田島ほか23頁と佃52～53頁の判断基準に関する議論も参照。

(3) マイナスの事実

 比較的秘匿性が認められやすいのは、対象者にとって不名誉であったり、好ましくない行動を示すといった、マイナスの事実を含むものである。

 #240904 は、度重なる嫌がらせをしている、インターネット上の掲示板などで悪口を書いている等という発言が、対象者の必ずしも好ましくない行動を示すものとなっているから、他人に知られたくないものということができるとした。[38]

 #270624A は、家庭内トラブルが起こり、兄妹が絶縁状態となったこと、父子が断絶したこと、そのために対象者は本件居宅に近づき難い状況にあること等の記載について、対象者を含む家族内でどのような対立関係が生じているかということに係る私生活上の事実であり、一般人の感受性を基準にした場合、当該私人の立場から公開を欲しない事実であると考えられるとした。

 このようにマイナスの事実を含む事項については、(その程度にもよるが) 特段の事情がなければ一般人の感受性を基準に、本人の立場に立って考えれば公開を欲しないと解される傾向にある。

(4) プラスの事実

 では、プラスの事実はどうだろうか。この場合、社会的評価が問題となる名誉毀損とは異なり、ケースバイケースでプライバシー侵害になったりならなかったりする。[39]

 #200130B は、対象者が親しげな様子で家族でともに飲食・遊興している様子を撮影した写真を第三者に送付する行為についてこれをプライバシー侵害とした。[40]

 家族が親しげに団欒しているということ自体はマイナスではなくむしろプラスの情報ともいえるが、それを公開することはプライバシー侵害に該当し得る。

---

37) なお、収入金額についてプライバシー該当性を認めたものとして #060905 がある。佃 77 頁も参照。

38) なお、発言の内容自体はインターネット上の行為に関係するものの、実際には電話で行われた発言についての判断であることに留意が必要である。

39) 少し古いものとして、対象者の知的能力が高いことを示す記載であっても、プライバシーを侵害するものといえるとした #120126 参照。

40) なお、対象者は本件各写真が第三者に対してみだりに開示されることを望んでいなかったものと推認されるとしている。

第4章　秘匿性

　これに対し、#231014 は、行為者である建築会社が、ウェブサイト上に、依頼を受けた対象者が、行為者に建築の案件を依頼したこと、自宅を折あるごとに改装していること、名プロデューサーであること、地鎮祭に芸能人等が参加すること、自宅のリビングにたくさんの芸能人の写真が貼られていること等を記載した事案において、これらの事実はいずれも一般人の感受性を基準にした場合に公開を欲しないであろう事柄であるとはいえないとした。

　このようにプライバシー侵害の有無の判断が分かれたのは、公開の方法（写真の第三者への送付）か、インターネット上の投稿か等にもよるし、発言・投稿等の文脈にもよると思われるが、いずれにせよ、プラス（社会評価を高める方向）の事実だからといって、プライバシー侵害が否定されるわけではないという点は名誉毀損の対比におけるプライバシーの特徴といえるだろう。

　なお、対象者を褒めていても、プライバシー侵害が成立する。

　#270904A は、ヘルパー（行為者）がブログ上に、歯磨きや服の着替え等日常生活の動作を1人でこなすことができないこと、服薬の理由が分からなくなっていること、部屋を歩き回っていること等認知症を患っている映画監督である対象者の日常の様子を公開したことは、同時に「こんな素敵な家で、養女やヘルパーのケアを受けて、何不自由なく余生を送るX氏〔筆者注：対象者〕は、幸せですね。」等の文言があってもプライバシー侵害であるとした。[41]

(5) 社会生活上ありふれた事柄

　社会生活においてよくみられる、ありふれていて、ささいな事柄の場合には、秘匿性が否定されることがある。[42]

　#230729 は、書籍において対象者が猫を飼っていたと記載したところ、当該記述は殊更に対象者が仕事場で猫を飼育しているとか、ペット飼育不可の賃借物件で猫を飼育しているなどと記載しているのではなく、単に訪問先に飼い猫がいたことを述べているに過ぎないし、飼い猫がいること自体は社会生活上ごくありふれたことであって、一般人にとって公開を欲しない事柄であるとは認められないとした。

　確かに、ありふれた事柄の場合には、その文脈等も含めた総合判断ではあるが、秘匿性が否定されることはあるだろう。上記事案では、訪問先に飼い猫が

---

[41] なお、#280517 も参照。
[42] 上記のプラスかマイナスかという観点からは、「プラスマイナスゼロの事実」という分類になるのかもしれない。

いたというだけの抽象的な記載だけであったことも考慮して秘匿性が否定されたものと理解される。

(6) 抽象的な場合

対象事項がセンシティブなものであれば、具体性がない抽象的な記載でも十分に秘匿性が認められる。

#271030Aは、掲示板における「X〔筆者注：対象者〕　a歯科　ハメ撮り」という記載について、一般読者をして、あたかも対象者が、私生活において女性との性行為の様子を撮影していると理解させるものであって、一般人の感受性を基準にして当該私人の立場に立った場合公開を欲しないであろうと認められるとして秘匿性を肯定した。

性生活に関する事実はセンシティブ性が高く[43]、いつ誰とどのように等の具体的な情報がなくとも、容易に秘匿性が認められる。

これに対し、対象事項によっては、抽象性が高いことを理由に秘匿性が否定される事例もみられる。

#271113は、掲示板の投稿について、対象者の所在について「割り出すなら実家の住所のほうが良いと思いますが」との投稿を受けて「熊本県」と投稿をしたことから、これは対象者の実家の所在地を指すものと解されるものの、「熊本県」と指摘するにとどまり、より詳細な住所は記載されておらず、対象者の実家の特定としては不十分とした。これは、抽象性の高さを理由に秘匿性を否定したものと理解される。

例えば「Xが日本国東京都千代田区隼町4番2に住んでいる」という具体的な住所の指摘がなされれば、これがXのプライバシーを侵害するとはいいやすいが、「Xが日本に住んでいる」とか「Xが東京に住んでいる」というだけであれば、かなり抽象的で、そこまでの情報を公開されない利益が保護されないと解されてもやむを得ない場合が多いと解される[44]。このように、抽象性・具体性は秘匿性と一定程度関係があるといえるだろう。

なお、#280325Aは、掲示板でカルチャースクールの講師である対象者について対象者が、「ハゲ」と称される人物からフランクミュラーの時計を贈与さ

---

[43] 例えば、金融分野ガイドライン5条1項柱書が機微（センシティブ）情報の1つに「性生活」を指定していること参照。

[44] 調査官解説「法的保護の対象は主観的な秘密主義や引きこもり願望ではない」（平成15年最高裁判例解説489頁）という指摘も参照。

れたとの事実を摘示する投稿につき、贈与は様々な場面で行われるものであることからすれば、ある私人が誰からどのような物を贈与されたかという情報は、そのような情報であることから直ちに、一般人の感受性を基準にして当該私人の立場に立った場合に、他者に開示されることを欲しないであろうとまでは認め難いとした。その上で、「ハゲ」と称される人物がスクールの生徒であることはうかがわれるが、対象者との関係や、贈与された時計がどのようなものであったか、また、どのような状況で、どのような理由から本件贈与を受けたのかといった具体的な事情が明らかでないこと等を理由に秘匿性を否定した[45]。

この事例はかなり限界的な事例のようにも思われ、反対の考えもあり得ると思われるが、抽象性と秘匿性に関する判断の1事例として参考になる。

(7) 自ら公開し、公開を予定している事項

前記（92頁）のとおり、自ら公開し、公開を予定している事項については、非公知性だけではなく秘匿性が問題となり得る。特にまだ現実に公開していないものの公開を予定しているという段階では、非公知性自体は認められるので、秘匿性が重要である。

#270630 は、対象者の日記を第三者に送付した事案について、対象者が当該日記の公開を予定していたことから、一般人の感受性を基準として、対象者の立場に立ったとしても、本件日記の内容について、公開を欲しないであろうと認められる事柄に当たるということはできないとした。

また、#270928 は、ある特定の裁判の判決文をインターネット上にアップロードした際に、氏名や職業を削除しなかったところ、このことがプライバシー侵害かが争われた事案である。この事案では、関連スレッドに対象者が自らの氏名及び勤務先を明らかにした上で訴訟を提起したという記事を投稿していることから、裁判所は別件訴訟についての記事との関係で、対象者の「氏名」及び「職業」が開示されないことへの期待が法的保護に値しなくなったとした[46]。

ただし、対象者自身による公開の目的が反論・反駁のためのものである場合には、別の考察が必要である。

#250121 は、週刊誌の離婚に至る経緯記事について、対象者が、自ら、多数

---

[45] 同事案では、他にも、生徒とフランス旅行に行った事実について秘匿性が否定された。同様に、具体性・詳細性に欠けることから掲示板上の投稿のプライバシー侵害を否定したものに #271208A がある。

[46] ただし、#270928 は結論として「住所」についてはプライバシー侵害を認めている。なお、#210128 も参照。

の週刊誌の取材に応じて、配偶者とのトラブルについて語っており、殊に、帝国ホテルのラウンジにおけるトラブルは、対象者自身が明らかにした情報であって、「公開を欲しない事実」には当たらないとの行為者の主張につき、対象者が週刊誌の取材に応じてトラブルについて語ったのは、新聞記事に反論をするためのものと認められるのであり、上記記事が掲載されなければ、対象者が自発的又は積極的に離婚に至る紛争を明らかにしたものとは認められないとして行為者の主張を排斥し、プライバシー侵害を認めた。

先に事実と異なる記事等が公表された場合、それに対してやむを得ず反論・反駁を余儀なくされる場合がある。そのような形での公開の場合には本人の自発的公開とは別個の考察が必要であって、必ずしも秘匿性が否定されるとは限らないだろう。

(8) その他

(a) 肯定例

興味深い肯定例として、結婚願望がある。

一定の年齢の人が結婚願望を抱くこと自体は一見、「社会生活上ありふれた事柄」とも思われるが、#241130 は、お見合いパーティー等に参加しているとの事実は、一般的にみれば同人に強い結婚願望があることを想像させる事実であるといえるから、一般人の感受性を基準としても、対象者がお見合いパーティー等に参加しているとの事実は、その公開を欲しないであろうと認められるとした。

裁判所のこのような判断の背景を推測すると、お見合いパーティーにまで参加するほど「必死だ」（裁判所の文言によれば「強い」結婚願望）という点に秘匿性が認められたというものと思われる。

(b) 否定例

#250326 は、対象者が無職であるとか、一人暮らしであるといった事実は、一般人の感受性を基準にして公開を欲しない事柄であるとは認め難いとしたが、疑問である。[47]

---

47) 同判決はその後に当該情報の開示対象者にとって公知だとしているが、非公知性だけで判断する方が筋がよかったように思われる。

第5章　非公知性

1　はじめに

　宴のあと事件（#390928）は、私事性及び秘匿性の他に、プライバシー侵害成立要件として、「一般の人々にいまだ知られていないことがらであること」を要求している。これが、非公知性である。その意味は、（一定の）公開情報については、それを別途公開してもプライバシー侵害にならないことがあるということである。

　例えば、対象者である声優による傷害致死事件の報道に関連して、対象者の芸名や、対象者がテレビコマーシャルなどのナレーションを務めていたこと等は公開されている事実であるから、プライバシー侵害にはならないとされた事例がある[48]。

　誰もが知っている公知の事実を繰り返したところで、それはプライバシー侵害にはならないだろう、という非公知性要件の基本的な考え方は理解できるが、もし非公知性の要件を厳格に適用すると、プライバシー保護に欠けることになりかねない。

　インターネット上においては同様の内容の投稿が繰り返される傾向があるが、例えば、甲がスレッドの10番の投稿で「AはBと浮気をしている」と書いた後、乙が20番で再度「AはBと浮気をしている」と書いたという場合に、甲の行為はプライバシー侵害になっても、既に甲の投稿により公知となった情報を繰り返しただけとして、乙は免責されるのだろうか。特にネット炎上のような事案では、プライバシーに関する情報が繰り返し投稿され、それによって被害が拡大する現象がみられるが、仮に100人が同様のプライバシー情報を投稿した場合に、「最初に投稿した人だけが責任を負い、残りの99人は責任を負わない」という結論は必ずしも妥当ではないように思われる。

　このような観点から、非公知性に対しては理論的な批判があり、学説では非

---

[48]　#270914A・B。

公知性を要件とすべきではないとの説もある（佃50～51頁）。

　もっとも、近年の裁判例でも、情報が公開されていること（公知であること）理由にプライバシーを否定するものが存在しており、いまだに裁判所は非公知性の要件をプライバシー侵害の要件と見ている（下記2参照）。

　とはいえ、非公知性の要件については、裁判実務上も厳格には適用されておらず[49]（下記3参照）、むしろ後記（116頁以下）のとおり、「場面」毎に公知、非公知を判断する裁判例もみられる。

　そこで以下、公知を理由にプライバシー侵害を否定した裁判例を概観した後、一定の範囲での公開等、公知という余地もある場合において非公知性の要件が欠けるとはいえないとした裁判例を整理し、現在の裁判例上、非公知性要件がどのような機能を持つものとされているかを検討する。

2　公開を理由にプライバシー侵害を否定した事例

　まず、最近でも一部公開を理由にプライバシー侵害を否定した事例がみられる。

　#210526では、青少年健全育成条例違反と児童ポルノ法違反で逮捕された対象者についての新聞記事が電子掲示板等に転載された事案について、既に公開された新聞記事の転載に過ぎないから、新聞記事の掲載以上に対象者の社会的評価を低下させるものであるとはいうことができないし、また、そのプライバシーを侵害するものであるということも困難とされた。

　また、#261224では、スカイプを利用したチャットログについて、そもそもスカイプチャットはログが保存でき、容易に転送等できることから、一定の公開性があるとして、それを公開してもプライバシー侵害に当たらないとした[50]。

　このように、裁判所は最近でも、そしてインターネット上のプライバシー侵害の事案においても非公知性の要件が欠けるとしてプライバシー侵害を否定しているのであり、少なくとも現在の裁判所の立場の客観的な描写としては、非公知性はプライバシー侵害の要件といわざるを得ない[51]。

---

49)　「非公知性の要件（略）をそれほど厳格には適用せず」内田53頁参照。
50)　なお、本件では訴訟で公開したという特殊性があるとすることに留意が必要である。同旨#270518。

3 （一定の）公開がされていてもプライバシー侵害を肯定した事例

(1) はじめに

　上記のとおり非公知性はいまだにプライバシー侵害の要件とされているものの、何らかの形で「公開」されている情報についてもプライバシー侵害を肯定した一連の裁判例がある。

　典型例は、石に泳ぐ魚事件であり、対象者の顔に大きな腫瘍があることを描写したモデル小説について、行為者は、顔に大きな腫瘍があることは本来秘匿できない外貌にかかる事柄であるから、プライバシーの侵害など起きようがないと主張した（#130215）。しかし、結論として裁判所はプライバシー侵害を肯定し、最高裁（#140924）はこの判断を支持している[52]。

　インターネット上のプライバシー侵害でも、#241122 は、学生時代に強姦事件を起こした集団の一員であったという事実を掲示板に投稿した事案で、括弧書きで「インターネット上に本件各記事に先行する同一内容の記事が存在するからといって、公知の事実になっているとまでは認められない。」と判示した。

　#210615 は、対象者に発音障害があるという事実を書き込んだところ、発音障害の事実は対象者が通常の社会生活を営んでいく上で会話をする者との関係においては、秘匿することができないものではあるが、対象者と会話をしたことはなく、発音に障害があるか否かを知らない不特定かつ多数の者との関係では、発音に障害がある事実は、通常、公表を欲しない事実であり、かかる事実の公表は対象者に精神的苦痛を与えるものと認めるべきとした[53]。

　以下、一定の公開がされても非公知性を肯定した裁判例を類型別に分類して検討したい。

(2) 公開済みの内容と今回公開された内容が異なる場合

　従前公開された内容と、今回行為者によって公開された内容の間において、一部共通するところがあっても重要な点で相違があれば、非公知性はなお認められる。

---

51) なお、対象者自身が公開している案件についてプライバシー侵害を否定する一連の裁判例があるが（#240828、#280325A 等参照）、これについてはインターネット上の公開の文脈で 218 頁以下で論じる。
52) 内田 52 頁参照。なお、#130215 はそもそも公知性を要件としないような趣旨に読める。
53) #270122 や、#280304 も同旨。

例えば、#240717A は、掲示板に対象者の子どもの名前等を投稿した事例で、対象者が既に公表しているのは子どものイニシャルにとどまり、名前を具体的に公表していなかったとして、公開がプライバシー侵害否定の理由にならないとした。

また、#270904A は、ヘルパーである行為者がブログに認知症に罹患した対象者の詳細な生活ぶりを投稿した事案で、対象者の養女の出版した書籍には、対象者が「多少ボケた」旨の記載があるが、これによっても非公知性は否定されないとした。

これらの事例は従前の公開内容（イニシャル／多少ボケたこと）と、今回の公開内容（具体的な名前／詳細な生活ぶり）が重要な点で異なっていることから、非公知性を肯定したと理解される。

これに近い問題として、これまで公開された情報を総合することで（一部の人が）突止めることが可能な情報の公開について公知性があるかどうかが問題となる。

#260613 は、匿名のブロガーである対象者の実名を掲示板に投稿した事案であるところ、行為者はインターネット上にある情報を総合すれば対象者が誰かは特定可能であると主張した。裁判所は、仮に特定できたとしてもプライバシー侵害は否定されないとした。

この事案は非公知性という言葉は用いていないものの、複数の情報を総合してはじめて判明するような事項について非公知性を否定することはできないという趣旨であろう。

(3) 次々と公開されることで被害が広がっていると評することができる場合

典型的なネット炎上事例では、次々と同様のプライバシー情報が投稿され、それによって被害が広がって行く。このような場合、2回目以降の投稿は非公知性が欠けるのではないか。

従来型のプライバシー侵害に関する裁判例では、同種報道が先行しているという一事をもってプライバシー侵害を否定するわけではないという傾向がみられる。[54]

そして、インターネット上のプライバシー侵害でも同様であり、2回目の投

---

54) 後記 #271005 及び記事掲載当時、既に他の雑誌等において同種の内容の事実が報道されていたとの事情を考慮しても、これを公表されない利益が公表する理由に優越していたというべきであるから不法行為が成立することになるとした #270624A 参照。

稿も非公知性が欠けるとはいえないとする裁判例が積み重なっている。

#240717A は、既に別のスレッドで対象者の子どもの名前が明らかにされているところ、対象者の病院の名称と関連付けた上で重ねて投稿することでより強調され、さらなる侵害がされたといえるとして、既に電子掲示板で明らかにされていてもプライバシー侵害を否定できないとした。

#260717B は、同一スレッドの前の投稿に同様の内容（対象者が整形したこと）が書かれているとしても、掲示板や本件スレッドの性質上、閲覧者はある程度限定されていることが推認でき、本件スレッドには多数の記事が投稿されているところ、通常、特定のスレッドを閲覧した者が当該スレッドのすべての記事を閲覧するとも考え難い点に照らすと、本件記事は、一般人にいまだ知られていない事柄であり、非公知性の要件を満たしているというべきであるとした。

#200626 も、チャットルームにおいて複数回対象者の住所氏名が投稿された可能性のある事案において過去に本件ルームで公表された対象者の住所・氏名に接することのなかった者が、本件記載を見て、対象者の住所・氏名を初めて知ることも十分にあり得るとして、プライバシー侵害を肯定した[55]。

同じ情報が繰り返し投稿された場合でも、2回目以降の情報について非公知性を否定すべきではない理由としては、#260717B や #200626 の議論を参照すると、従前の投稿を読んでいない新たな閲覧者に読まれてさらにプライバシーが侵害されるという方向性を見て取ることができる。このような説明は、ネット炎上の、同様の投稿が増える中で「燃え上がり」ますます多くの人が閲覧するようになるという特徴に適合した説明といえるだろう[56]。

(4) 公開後の時間の経過

(a) はじめに

興味深いのは公開後の時間の経過と非公知性である。一部の裁判例は時間の短さを、一部の裁判例は時間の長さを理由に非公知性を否定する。

(b) 時間の短さ

#271005 は、雑誌記事のプライバシー侵害事案であるところ発売9日前に同様の記事があったことから非公知性が否定されるのではないか問題となった。

---

55) その他 #210121A も参照。
56) なお、ここで、ネット炎上における一連の投稿を一体とみることができる事案であれば、共同不法行為等を主張できるところ、この点は155頁を参照のこと。

裁判所は、発売が9日前に過ぎないことと読者層の相違から、一般の人々にいまだ知られていない事実だとした。

この趣旨は、公開直後なので、まだ十分な人に情報が行きわたっていないため非公知性は否定できないというものと理解される。つまり、時間の短さは非公知性を肯定する方向に働く。

（c）　時間の長さ

ところが、時間の長さもまた非公知性肯定の方向で働く。人の噂も75日といわれるように、いったん皆に知られた事実であっても、時の経過により人々の関心が薄れていくことから、再度プライバシーとして保護に値するようになる場合があると解されている（佃122頁以下）。

上記逆転事件（#060208）では、前科を題材とする小説に実名で登場人物として挙げられた事案につきその者が有罪判決を受けた後あるいは服役を終えた後においては、一市民として社会に復帰することが期待されるのであるから、その者は、前科等にかかわる事実の公表によって、新しく形成している社会生活の平穏を害されその更生を妨げられない利益を有するというべきであるとして違法性を肯定しており、前科の側面における時の経過の意義を明らかにしている（なお、いわゆる忘れられる権利については179頁以下を参照）。

そして、前科以外でも同様である。例えば、#250121は、対象者の離婚に関する平成24年頃の週刊誌の報道が対象者のプライバシーを侵害するかが問題となったところ、離婚に至る過程で発生した紛争に係る情報は、平成2、3年頃、マスコミに報道された事実はあるものの、その後平成24年まで別途報道された事実はうかがわれないとした上で、上記報道がされてから相当長期間が経過していることからすれば、当該情報は、一般人にいまだ知られていない事実であるということができるとした。

インターネット上のプライバシー侵害の事案においても、#220830は、対象者が先天的進行性吃音症に罹患しているという事実をインターネット上に公開した事案について、この情報は書籍の記載を引用したものであるが、当該書籍が発刊された15年以上前の段階で対象者の吃音症に関する事実が一定の範囲で知られていたとしても、時の経過とともにその周知性は失われたものということができるから、15年以上が経過した後に再びこれを公表すれば、新たにプライバシーの侵害が生じることは当然であるとした。

(d) まとめ

以上をまとめると、例えば先行公開行為 X と後行公開行為 Y がある場合の Y によるプライバシー侵害の成否（Y と非公知性要件の関係）の問題は、概ね以下のように整理できるだろう。

まず、X 以前には非公知性が認められるのは当然である。そして、X の直後に非公知性が否定される訳ではなく、X の情報が行きわたるまでの一定の時間が必要であり、この期間に Y が行われればプライバシー侵害になり得る。そして X の情報が行きわたった後は一定期間非公知性が欠けるので、この期間の Y についてプライバシー侵害が否定される余地がある。しかし、X の後かなり期間が経過すれば、再度非公知性が肯定され、その後 Y が行われればまたプライバシー侵害になり得る。そして、このような状況は、従来型プライバシー侵害においても、インターネット上のプライバシー侵害においても同様に当てはまる。

4　場面毎の判断

(1)　はじめに

非公知性についてさらに検討を要するのは、ある（一定範囲で公開されている）情報が「どの範囲」ないしは「どの場面」において公開されているかである。

佃91頁は、「個人の周辺の人に知られている事項だからといって、それを対社会的に公表してよいことにはならないであろう。例えば、ある人が離婚をしたという事実は、パートナーと別居し、あるいは姓を旧姓に戻したという外形から周りの人には自ずと明らかになることだが、周りの人がそれに気付いたからといって、それを対社会的に公表してよいかどうかは別問題である。周りに知られているとしても、それ以上の伝播を欲しないのが通常人の感覚だと思うからである」とする。

要するに、プライバシー情報が一定範囲ないし特定の場面（例えば離婚した対象者の周囲）で非公知性を失っている（＝その範囲の公開はプライバシー侵害にならない）としても、当該情報を当該範囲を超えて公開する場合、ないしは当初と異なる場面で公開する場合には、非公知性が認められることがあり得るのである。

以下、このような場面毎の判断について裁判所の考え方を検討するため、同じ場面であることからプライバシー侵害にならないとされた例と、異なる場面であることからプライバシー侵害になるとされた例を見ていきたい。

(2) 同じ場面であるからプライバシー侵害とならないとされた例

もともと対象者が公開を認め、ないしはやむなく公開された「場面」ないしは「範囲」に再度同じ情報を公開する行為がプライバシー侵害にならないという趣旨の裁判例は比較的頻繁にみられる。

#241217B は、マンション管理組合のトラブルについて、トラブルを記載した訴状を組合員に送付した行為について、管理組合の活動の場において起こった出来事は、管理組合員との関係では秘匿されるべきプライバシーとはいえないとしてプライバシー侵害を否定した。

インターネット上のプライバシー侵害の事案においても、#280304 は、そもそも一定の範囲の読者にしか特定できない形で対象者の配偶者の有無（配偶者がいないこと）を投稿したところ、特定が可能な読者にとって、対象者の配偶者の有無は、非公知の事実とは限らないとして、プライバシー侵害を否定した。要するに、<u>対象者の婚姻歴を知らない／知らせたくない範囲の読者は、当該投稿の内容が対象者のことだと分からないのでプライバシー侵害が発生せず、また、当該投稿の内容が対象者のことだと分かるのは対象者の婚姻歴を知っている／知られてもやむを得ない範囲の読者なので、プライバシー侵害が発生しない</u>ということと理解される。

なお、この「範囲」については個別具体的な認定が行われるものの、限界事例ではその判断は微妙である。

例えば、#240727 は、乳がんをブログ上で告白した匿名の女性ブロガーである対象者について、掲示板でその実名等が投稿された事案において、一定の時期までの投稿はプライバシー侵害であるが、対象者のブログのコメント欄にコメントが投稿され、対象者の名前等が容易に分かるような状態になっていたというのであるから、同ブログの閲覧者にとっては対象者が誰であるかは周知性がないとはいい難いとしてブログへの当該コメントの投稿以降の掲示板の投稿について発信者情報開示請求を否定した。

この趣旨は、当該スレッドが対象者ブログについて語るスレッドであることから、掲示板の読者とブログの読者層が重なっており、ブログに書かれたことは掲示板の読者に必然的に伝わらざるを得ないと解されたものと理解される。

これに対し、ほぼ同様の事実関係が問題となった #260613 では、対象者がコメントに抗議すると共に、一定期間しか閲覧可能となっていないことから、非公知性は喪失しないとした。

この2つの事案を比較すると、非公知性が必ずしも純粋な「事実」の判断ではなく「規範的」判断であることがうかがわれる。

(3) 異なる場面でプライバシー侵害となるとされた例

これに対し、ある「場面」ないし「範囲」で公開されている情報でも、それと異なる場面で公開し、又は、当該公開範囲を超えて公開する場合には、それがプライバシー侵害となるとする裁判例が多くみられる。

例えば、「インターネット」と「書籍」のように、メディアが変われば、場面が異なるといえるところ、一方のメディアで公開されていても、その後の他方のメディアでの公開がプライバシー侵害になるとする裁判例がある。

古典的には #110623 が、パソコン通信の掲示板に眼科医である対象者の職業、診療所の住所・電話番号等が投稿されたが、これらは電話帳に記載されていたという事案において、人の正当な業務の目的のために、その目的に係るものであることが明白な媒体ないし方法によって当該個人の情報が公開されている場合には、その個人情報は、業務と関係付けて限定的に利用され、業務とは関係のない目的のために利用される危険性は少ないものと考えられ、公開者においては、そのように期待して、公開に係る個人情報の伝搬を目的に関わる範囲に制限しているものといえるとした。そして、個人の情報を一定の目的のために公開した者において、それが目的外に悪用されないために、個人情報を公開目的と関係のない範囲まで知られたくないと欲することは決して不合理なことではなく、それもやはり保護されるべき利益であるというべきであり、このように自己に関する情報をコントロールすることは、プライバシーの権利の基本的属性として、これに含まれるものと解されると判示している。[57]

#241026 は、やや特殊な事案であるが、警察庁から流出したとされる外国人である対象者の情報をまとめた書籍について、インターネット上では自由にダウンロードできるので公開情報だという主張に対し本件情報が書籍としてまとめられて出版されることになれば、より広範な読者等の目に触れることになるとして、プライバシー侵害を認めた。

---

57) 電話帳掲載情報のプライバシー侵害肯定例として #230829、#290425 等も参照。

同様に、登記簿の記載とインターネットというメディアが変わることで、場面が違ったといい得る。[58]

#270928 は、対象者の氏名、住所、職業が書かれた判決が掲示板に投稿された事案で、これらの情報は商業登記簿に記録されているが掲示板への投稿記事を閲覧する方がはるかに容易であることからすれば、自らの個人情報が商業登記簿に記録されているという理由により、同じ情報をインターネット上で公開されたくないという期待が保護されなくなるものではないとした。[59]

このような判断をする際には、問題となるプライバシー情報の内容ないし性質も一定程度関係してくる。

石に泳ぐ魚事件（#140924）のように、対象者本人が公開を望むと望まないとにかかわらず、一定の者に対して知られてしまう容貌や（一部の）疾病については、それ以外の範囲で広くプライバシー侵害を認めるべきという価値判断は理解しやすい。[60][61]

これに対し、一定程度対象者本人が関与しているものについては、そこまでの保護を与える必要がないという考え方もあり得るだろう。[62]

とはいえ、#241130 は、対象者がお見合いパーティー等に参加している事実が問題となったところ、私人である対象者がお見合いパーティー等に参加しているとの事実が、一般にいまだ知られていない事実であることは明らかとして非公知性を肯定した。

お見合いパーティーにおいては不特定多数の人と会う可能性があり、当該パーティーの出席者に対してはその事実を公開することを了承する、ないしはやむなく公開されるといえるだろう。しかし、その範囲を超えて、例えばインターネット上でその事実を告げればプライバシー侵害になり得るということであ

---

58) 2000（平成12）年からインターネットで登記情報を取得できる（http://www1.touki.or.jp）が、有料サービスである。なお、無料化が検討されているという報道があり、仮に無料化されると別途検討が必要かもしれない。

59) 登記に限らず、このような場面毎の判断をしたものとして、#211224 や、#260122、#250426 も参照。なお、登記を理由の1つとして非公知性を否定としたものに #260516、#280613 がある。

60) 佃91頁は、石に泳ぐ魚事件のような事案をプライバシー侵害ではないとすれば、「プライバシーとして保護されたければ毎日覆面を被って生活せよ」ということになってしまうのではないかと指摘する。

61) #220830 参照。

62) なお、その関与の度合いが高く、例えば承諾・プライバシー放棄といえる場合は別の問題がある。140頁以下参照。

119

る。そもそもお見合いパーティーに出るかは対象者の自由な判断によるという点で、容貌等とは異なっている。しかし、このような場合であっても、なおそれ以外の場面（インターネット上）で公開されないという利益は保護に値するとしたのである。

(4) まとめ

これらの裁判例から分かるように、裁判所は、どの場面ないしどの範囲で情報を公開するかという点についての対象者の選択を一定程度保護している。よって、非公知性の判断においては、このような「場面」ないし「範囲」を考えて判断すべきである[63]。

---

[63] なお、これを本人による情報の公開範囲のコントロールの利益を尊重していると読めば、「自己に関する情報をコントロールすることは、プライバシーの権利の基本的属性として、これに含まれる」と言及している前記 #110623 はもちろん（なお内田 53 頁注 11 も参照）、それ以外の裁判例であっても、単純な「独りにしておいてもらう権利」を超え、自己情報コントロール権としてのプライバシーの領域に踏込んでいると評することができるだろう。ただし、そこまで読み込むべきかはいまだ議論があるところと思われる。

第6章　公開以外の形態

1　はじめに

　第2章から第5章まで、4章を割いて、いわゆる意に反する公開形態を念頭に置いたプライバシー侵害に関する要件論を検討してきた。そして、その際には、①私事性・②秘匿性・③非公知性が要求されることを前提に、その具体的な内容を裁判例に沿って明らかにしてきた。

　しかし、プライバシー侵害には様々な類型があり、「公開」以外のプライバシー侵害も十分にあり得るところ、実際に少なからぬ裁判例が「公開」以外のプライバシー侵害を認めてきた。

　そこで、以下、プライバシー侵害の類型論を簡単に説明した上で、開示以外の形態によるプライバシー侵害についての裁判例の傾向を探りたい。

　ただし、インターネット上のプライバシー侵害とは遠い類型である、刑事事件の捜査、防犯カメラ・監視カメラ、不法侵入、のぞき等については、既に第1編第8章で最近の裁判例を概観しているので、ここでは触れない。

2　特定人への開示

（1）　はじめに

　不特定多数の第三者に開示される事例については、第2章から第5章までで意に反する公開について論じてきた。問題は、特定人への開示である。

（2）　特定人への開示がプライバシーの侵害に該当すること

　学説上、特定人への開示もプライバシー侵害に該当するという見解が強いところ、裁判所もそのような見解をとっている。[64]

　例えば、#150912（江沢民事件）は、行為者である大学が警備のために講演会出席者である対象者の学籍番号、氏名、住所及び電話番号を警察に提供した

64）　公開をプライバシー侵害の唯一の形態とすべきではないとするものとして佃48頁以下も参照。

という事案において、最高裁は、当該情報がプライバシーに係る情報として法的保護の対象となるとした上で、行為者は、対象者の意思に基づかずにみだりにこれを他者に開示することは許されず、無断での提供は任意に提供したプライバシーに係る情報の適切な管理についての合理的な期待を裏切るものとして不法行為の成立を認めた。(65)

この事案では、警察にのみ提供しており、広く対象者の学籍番号、氏名、住所及び電話番号等が一般に公開されたわけではないものの、これがプライバシーを侵害するものとした点に特徴がある。

江沢民事件はインターネット上のプライバシー侵害の例ではないものの、インターネット上のプライバシー侵害の事例においても、裁判所は特定人の開示がプライバシーの侵害に該当すると解している。

例えば、#240111 は、同僚のBが新年会で対象者の頰を両手で挟みわいせつ行為を行おうとしたというセクハラ事件（本件事件）を起こし、対象者が上司である行為者に斡旋を求めるメールを送付したところ、行為者が、Bに対しそのメールを提供したという事案である。裁判所は対象者が本件事件をセクシャルハラスメントであるとして問題としており、かつBは泥酔して記憶がないというのであるから、対象者とBとの間で、本件事件についての認識ないし態度に違いがある可能性が高かったことが容易に推測されるのであり、両人は利害が対立する状態であったから、行為者がその一方から受信した私信のメールを、その承諾なく相手方に、メールアドレス等を隠さないまま提供することは、不相当であってプライバシー侵害といえ、不法行為を構成するものといえるとしてプライバシー侵害を認めた。

この事案ではBという特定人への開示についてプライバシー侵害が認められており、裁判所がインターネット上のプライバシー侵害の文脈でも特定人の開示がプライバシーの侵害に該当すると考えていることが分かる。(66)

このように、特定人の開示がプライバシーの侵害に該当するとしても、不特定第三者への公開とは一定の相違が存在する。

(3) 開示の有無が争われる事案

まず、そもそも特定第三者への開示があったかが争われることがある。例え

---

65) プライバシーの侵害を理由とする損害賠償請求を否定した原判決を破棄。
66) なお、#230328 等、特定人への開示はプライバシー侵害にならないとするものがあるが少数派である（#260711A も参照）。

ば、行為者が、特定のメールアドレスに対し、対象者のプライバシー情報を含むメールを送付した場合において、行為者は「これは自分のメールアカウントであるから第三者への開示ではない」と主張することがある。

#240810 では、行為者が、対象者の税務会計に関する情報を含むメールを特定のメールアドレスに送付した事案において、「事実上、被告 Y1〔筆者注：行為者〕のみが使用するメールアドレスであって、原則として、第三者が閲覧することはできない」等として第三者への開示を否定した。

類似の問題として、対象者が行為者に対してメールを送付したところ、その内容を第三者が知っていたという形態において、行為者が当該メールを第三者に転送したかが争われることもある。

#270904B は、やや複雑な事案であるが、事実認定の結果、転送行為を肯定した。

ただし、これらはいずれも事例毎の個別具体的な判断であり、#240810 と類似した事案であっても「複数人が共有するメールアカウントだった」等として開示が認められることもあるし、第三者がメールに記載された事項を知っていたとしても #270904B と異なり、別のルートで当該事実を知った可能性があるとして転送が認められないこともあるだろう。

(4) 開示の相手方
 (a) はじめに
不特定第三者への公開と異なり、特定人への開示の場合には、開示の相手方の属性が問題となる。
 (b) 無関係の第三者
無関係の第三者への開示がプライバシー侵害に該当することは多い。

#240717B は、刑務所の職員が、自ら職務上作成し、受刑者の個人情報が記載された報告書の控えを施設外に持ち出し、自宅においてこれを私人である第三者に手渡し、個人情報を漏洩した行為につき国家賠償が認められた。

たとえ特定少数であっても、関係のない第三者への開示については、対象者本人に対する侵害の度合いは相対的に高いといえ、プライバシー侵害が比較的認められやすい。

 (c) 対象者本人
これに対し、対象者本人への開示は原則としてプライバシー侵害にならない。[67]

#250717B は、勤務先に送付された通知書について、対象者宛のものであり、

誰でも開封できるようなものとは認められないから、通知書の送付自体はプライバシー侵害に当たらないとした。[68]

(d) 行為者／対象者と関係の深い者への開示

否定例が比較的多いのは、関係者、特に行為者又は対象者と関係の深い者への開示である。

#260711A は、対象者の元妻でありメールの記載内容と利害関係を有する者一名に転送した行為について、私事が公開ないし公表されたとは直ちには評価し難いとした上で、比較衡量の結果、社会通念上許容される限度を逸脱した違法な行為であると評価することはできず、不法行為に該当するということはできないとした。

#210608 は、農協職員の内部告発的な行為に対する懲戒処分の可否の文脈であるが、個人情報を含む契約書を農協の理事・監事候補者に送付した行為について理事・監事候補者の程度にまで組織体としての被告と密接な接触を持つに至った者に対し文書を配布した行為について、これを「組合外」に情報を漏らしたものと評価することは相当でないとした。

#260929 は、会社の研修旅行のアルバムに、対象者の就寝中の写真が貼られた事案について、対象者の寝顔を接写したものではなくピントもずれており、一見して誰の寝ているところの写真であるのかが判別し難いものであることからすれば、これをもって損害賠償責任を負うべき程度まで、その人格的利益を違法に侵害したとまでは認められないとした。

#260121 は、非公開手続である懲戒手続の代理人弁護士にプライバシー情報が含まれる記録を閲覧させた上で、同手続においてこれらを提出したとしても、対象者プライバシーなどを侵害したとは直ちには認め難いとした。[69]

このように、関係者への開示については、私事の開示と評価できない、外部への開示がない、比較衡量の結果違法ではない、不法行為の程度に達しない等様々な理由付けがあるが、社会生活上相当と思われる範囲の関係者への開示は、結論として不法行為性が否定されることが多い。

もっとも、当然のことながら、その具体的「関係」が何かや開示の態様が問われるのであり、例えば上記の #240111 は、セクハラ事件の「関係者」への

---

67) なお、当該情報の入手等、開示以外の過程におけるプライバシー侵害はなお問題となり得る。
68) なお、やや特殊な事案であるが、#240904 もこのことを前提としていると読める。
69) その他、#250717B 等も参照。

メール送信ではあったが、いわばセクハラ行為の「犯人」ともいえる者に対して不用意にメールそのものを転送したことから、プライバシー侵害とされている。その意味で、「関係者」への開示だからといって常にプライバシー侵害にならないということではなく、あくまでも個別具体な事情に基づく判断であることには十分な留意が必要である。

3 プライバシー情報の閲覧・収集・入手（私生活への侵入）

(1) はじめに

プライバシー情報の閲覧・収集・入手もまたプライバシー侵害になり得る。

特にその手法として、対象者の私生活に侵入する場合については、上記のプロッサーの第2類型に当たり、学説も一般にこれをプライバシー侵害の一類型と捉える考えを是認しているとされる（竹田堀部 140 頁）。

もっとも、その態様は様々であるところ、例えば防犯カメラ等インターネット上のプライバシー侵害と関係が浅いものは第1編で既に論じている（73 頁以下）ことから、以下、インターネット上のプライバシー侵害との関係があるものを類型毎に論じる。[70]

(2) 撮影・録音

みだりに他人の私生活や私物を撮影ないし録音することをプライバシー侵害で違法とした裁判例は多数存在する。

例えば #210327A は、女性浴場で入浴する対象者の姿を盗撮する DVD につき、盗撮に基づく映像を使用し本件各 DVD を制作して販売する行為は、対象者の有する、他人に知られたくない私生活上の事実や情報をみだりに公表されない利益（プライバシー）を侵害するものとして不法行為責任を認めた。[71]

インターネットとの関係では、無断で撮影・録音した内容をインターネット上で公開する場合に、当該公開のプライバシー侵害とは別個にその前提たる撮影・録音自体のプライバシー侵害性が争われる事案がある。

その典型例がいわゆるストリートビュー事件であり、#240713 は、ストリートビューといわれる道路の両側面の外観画像を公開するサイトに供するため、

---

70) なお、佃 94 頁以下は、取材について詳説する。
71) その他、#220329 は撮影を明確に拒絶したにもかかわらず撮影をしたとしてプライバシー侵害を認めた。私物の撮影についての #271126 等も参照。

撮影車で撮影を行ったところ、対象者の家の洗濯物が干されていたベランダが撮影されたという事案において、原審（#230316）の結論を是認し、本件画像においてはベランダに掛けられた物が何であるのか判然としないのであるから、たとえこれが下着であったとしても、本件撮影に関しては被撮影者の受忍限度の範囲内である等とされた。

　当該ベランダの様子は、撮影車が当該画像を撮影した公道上のある地点からは誰でも見ることができたものであることからはそれがすべてプライバシーではないという見解もあり得るが、受忍限度内かを考察していることに鑑みると、裁判所はプライバシーに対して一定程度の侵害性があり得ることを示唆しているように読める。[72] その上で、画像が粗く、ベランダに何が掛けられたか分からないことを理由にプライバシー侵害を否定した。今後技術が発展し、極めて鮮明な画像が見られるようになれば、異なる判断がされる可能性があるだろう（295頁以下も参照）。

　その他、#270722 では、電話をひそかに録音し、それを公開した事案において電話における会話は、通常、通話相手のみが聴取していることを前提になされるものであるから、通話相手以外の第三者が秘密裏にその会話を録音することは、特段の事情がない限り、私生活の平穏を害するものとして、プライバシーを侵害するものといえるとの一般論を示した。[73]

　なお、防犯カメラ・監視カメラにつき73頁参照。

(3)　私物の開披

　例えば、友達の家に遊びに行った場合に、友達の日記帳の中身を読むといった私物の開披行為はプライバシー侵害として違法となり得る。

　裁判例においても、#200130B は、会社に対象者宛の郵便物が転送されてきたところ、これを開披した行為がプライバシーを侵害するとした。

　また、インターネット上のプライバシーではないものの、現代的な問題として、携帯電話やスマートフォンを人々が日常的に利用し、場所によっては依存ともいえる状況にある者もいることに鑑み、携帯電話のプライバシー性が高ま

---

72)　確かに、場面毎の判断（116頁）の考え方からすれば、その地点までやってきてみることができることと、インターネット上で公開されること（正確には、公開のため撮影されること）は異なることから、やはりプライバシー侵害を問題とすべきといえるだろう。

73)　なお、2種類の録音が公開されたところ特殊な事情から1種類については録音・公開いずれもプライバシー侵害は認められず、もう1つについての公開のプライバシー侵害のみが認められた（153頁参照）。

っているといえる。#280328A は、対象者の携帯電話内のデータを閲覧した行為をプライバシー侵害とした。

(4) その他の取得行為

その他、保険会社が対象者に無断で診療報酬明細書を取得した行為が違法とされた #241127 や、取材の為に住民票を取得した行為が違法とされた #251225 があるが、インターネット上のプライバシー侵害との関係が薄いので詳述しない。

4 情報の管理

プライバシー侵害の態様としてプライバシー情報の管理について争われる事案も多いが、例えば、個人情報取扱事業者が管理する本人の情報を開示するよう求める事案等個人情報保護法違反や同法に基づく請求が争われる事案が多いので、基本的には第 15 章を参照されたい（244 頁以下）。

プライバシーの関係で問題となった事例としては、労働組合による対立労組組合員のプライバシーに係る個人情報を収集してこれをデータ化した電子ファイルを作成、保管、使用したことの一部がプライバシー侵害とされた上記 #221028 が比較的重要である[74]。

それ以外には、署名者の情報を整理した一覧表を作成し、それを利用したことについて、違法ではないとした第一審 #221110 と違法とした控訴審 #240427 の判断が分かれた事案がある。

この事案では、約 5000 人が町立小学校の統廃合に関する署名をしてこれが町長に提出されたところ、町は民意把握のためにこれを整理した一覧表を作成し、当該一覧表が小学校の統廃合問題と無関係の職員にも交付され、また、署名者に対して戸別訪問をして署名内容が真意に基づいているか確認が行われた。第一審は、戸別訪問過程の質問の一部が請願権及び表現の自由を侵害したと認めたが、一覧表の作成・利用については、署名簿を手作業によってチェックすることは極めて非効率であったから一覧表作成は必要性があり、また、必要最小限の範囲内でしか利用されていないと判断した。これに対し控訴審は、署名の整理自体は必要かつ合理的としたが、一覧表交付者の範囲等に鑑み最小限の

---

74) その他、270730C も参照。

範囲の利用がなされたとはいえず、目的外利用があった等としてプライバシー侵害を認めた。

　当該情報が政治活動に関する情報であるといった特殊性をふまえた判断であるが、目的外利用によるプライバシー侵害の限界的事案についての判断として実務上参考になるだろう。

第7章　違法性

1　はじめに

　プライバシーに関する情報を公開し、またはその他の不適切な取扱いをした場合においては、単に（意に反する公開事案の場合を念頭に置くと）私事性・秘匿性・非公知性が認められるだけで直ちに違法なプライバシー侵害となるわけではない。あるプライバシー侵害が「違法」かどうかという問題を検討する必要がある。

　ここで、前記（93頁以下）のとおり、違法性については、比較衡量・受忍限度等が主に問題となり、学説上これを請求原因にするか抗弁にするか等争いがある。前記のとおり、本書では、どちらに位置付けられるかについて厳格には考えず、本章において「違法性」として、比較衡量・受忍限度等について「どのようなポイント」を裁判例が重視して比較衡量等をしているのかを中心に検討したい。

　なお、同意・放棄等のその他の違法性に関する問題も付随的に論じる。

2　比較衡量と受忍限度の関係

　ここでまず、比較衡量と受忍限度の関係が問題となる。

　裁判例をまとめた上で、「プライバシー権と表現の自由を比較衡量して、当該表現内容が社会生活上の受忍限度を超えるか否かによって判断している」として、この2つを関連付ける論文がある[75]。

　そして、学説のみならず、裁判例においても、類似の判断が示されている。

　肖像権に関するものだが、最高裁（#171110）は、「人の容ぼう等の撮影が正当な取材行為等として許されるべき場合もあるのであって、ある者の容ぼう等をその承諾なく撮影することが不法行為法上違法となるかどうかは、被撮影者

---

75)　内田54頁。

の社会的地位、撮影された被撮影者の活動内容、撮影の場所、撮影の目的、撮影の態様、撮影の必要性等を総合考慮して、被撮影者の上記人格的利益の侵害が社会生活上受忍の限度を超えるものといえるかどうかを判断して決すべきとする。

下級審でも #211028 は、私信を週刊誌に掲載したことにつき当該私信の内容や目的、私信の発信者及び受信者の社会的地位、私信入手の経緯、取材の態様、当該報道の目的、報道の内容、報道の方法などを併せ考慮して、プライバシー保護の必要性と表現の自由保護の必要性を比較衡量して、その侵害が社会生活上受忍の限度を超える場合には不法行為が成立するというべきであると判示した。

インターネット上のプライバシー侵害でも #270324A は、当該情報の内容や開示の態様を総合考慮すれば、その開示について原告の推定的同意があったとか、その開示が社会生活上受忍限度内にあるものということはできないとした。

もっとも、これらをもって、プライバシー分野の「比較衡量の基準」と「受忍限度論」が全く同じだということは躊躇があるところである。裁判例では、受忍限度論と比較衡量のいずれかのみに言及するものが多い。

例えば、#240713（ストリートビュー事件）は、撮影行為の違法性について本件画像においてはベランダに掛けられた物が何であるのか判然としないのであるから、たとえこれが下着であったとしても、本件撮影に関しては被撮影者の受忍限度の範囲内である等として、利益衡量論に入っていない。[76]

#270518 は、メールの公開事案について、その内容は、いずれも一見して秘匿要請が強いものとは考え難く、当時親しい関係にあった者同士のとりとめもない日常の会話に過ぎない上、他の機会における日常の会話等を通じて伝聞し、拡散していくことが予想し得る等とし、社会生活上の受忍限度の範囲内にあると解すべきであり、プライバシーを違法に侵害するものとは認められないとしており、比較衡量の基準を立てていない。

これらをふまえると、裁判所がプライバシー侵害について判断する場合において、行為者側の当該行為（表現等）を行うべき事情を考慮するまでもなく、

---

76) なお、公表行為については、利益衡量の基準を出した上で、前記のとおり、本件画像においてはベランダに掛けられた物が何であるのか判然としないのであり、本件画像に不当に注意を向けさせるような方法で公表されたものではなく、公表された本件画像からは、対象者のプライバシーとしての権利又は法的に保護すべき利益の侵害があったとは認められない。したがって、その他の事情を検討するまでもなく、本件公表行為についても不法行為は成立しないとしている。

日常生活であり得る軽微な行為に過ぎないという趣旨で受忍限度を用いるものも決して稀ではなく、そのような意味での受忍限度論は、比較衡量論とは別の問題として立てる価値があるだろう。

そこで、まずは、一般的な利益衡量論（当該事案において、利益衡量の判断の結果「社会生活上受忍限度内にある」等と判断されたものを含む）を検討した上で、そもそも反対利益について考察しなくてよい軽微な侵害という意味での受忍限度論を別途検討したい。

3　利益衡量論

(1)　はじめに

最高裁は、例えば #150314（長良川事件）において「プライバシーの侵害については、その事実を公表されない法的利益とこれを公表する理由とを比較衡量し、前者が後者に優越する場合に不法行為が成立する」と判示し、プライバシー侵害についてその事実を公表されない法的利益、すなわちプライバシー保護の必要性と、これを公表する理由、例えば表現の自由の間で比較衡量を行うべきことを示唆している。この事案では、少年犯罪についての週刊誌報道が問題となったが、具体的には、「本件記事が週刊誌に掲載された当時の被上告人〔筆者注：対象者〕の年齢や社会的地位、当該犯罪行為の内容、これらが公表されることによって被上告人のプライバシーに属する情報が伝達される範囲と被上告人が被る具体的被害の程度、本件記事の目的や意義、公表時の社会的状況、本件記事において当該情報を公表する必要性」等を考慮するとした。

#060208（逆転事件）は、前科の文脈で「その者のその後の生活状況のみならず、事件それ自体の歴史的又は社会的な意義、その当事者の重要性、その者の社会的活動及びその影響力について、その著作物の目的、性格等に照らした実名使用の意義及び必要性をも併せて判断すべきもので、その結果、前科等にかかわる事実を公表されない法的利益が優越するとされる場合には、その公表によって被った精神的苦痛の賠償を求めることができる」との利益衡量を示しており、#150314 は、この基準が前科のみならず一般に適用されることを示したものといえる。[77]

そして、下級審は、これらの判例をプライバシー一般の違法性の判断に用いている。例えば、#271030A は、インターネット上の掲示板への投稿がプライ

バシーを侵害するかが問題となった事例において、#060208及び#150314を引いて、「プライバシー権の侵害については、その事実を公表されない法的利益とこれを公表する理由とを比較衡量し、前者が後者に優越する場合に不法行為が成立すると解されている」としており、同様の裁判例も多い。

このような個別的比較衡量の手法には批判もあるが、下級審判例における当該基準の具体化の状況をふまえることで、ある程度予測可能性を確保することができるだろう。[78]

そこで、特にインターネット上のプライバシー侵害の文脈で、個別比較衡量基準がどのように適用されているのだろうかを考えてみたい。

ただし、インターネット、特に掲示板等における投稿は、単なる興味本位等のものも多く、「本件投稿について違法性阻却事由等はうかがえない」(#271208B)等として直截にプライバシー侵害を認めるものが大多数であって、あまり比較衡量が正面から問題とされた事案はみられない。そこで、週刊誌記事等の事案の判断も参考のため検討することとする。[79]

前記のとおり、長良川事件(#150314)では、開示の相手方の範囲、開示方法、開示状況のみならず、開示されるプライバシーの性格(秘匿要請の強弱、私事性の強弱)等の多くの事情が考慮されている。#221001Bは、報道事案において、当該報道の意図・目的、情報入手手段の適法性・相当性、記事内容の正確性、当該私人の特定方法、表現方法の相当性、公表される私生活上の事実や個人的情報の種類・内容、当該私人の社会的地位・影響力、その公表によって実際に受けた不利益の態様・程度等があるとしたように、比較衡量において極めて雑多な要素が問題となっている。[80]

これらの多種多様な要素について、実際の事案における検討の指針を得るために、対象者の属性、対象者側の期待、表現内容が社会の正当な関心事である

---

77) 調査官解説は「開示の違法性について、推定的同意、受忍限度、公益の優越といった点を定型的に判断する場合においても、開示の相手方の範囲、開示方法、開示状況のみならず、開示されるプライバシーの性格(秘匿要請の強弱、私事性の強弱)が考慮され」(平成15年最高裁判例解説490頁)、「通常は、プライバシー情報の内容、開示の態様を総合考慮して、定型的に推定的同意、受忍限度、公益の優越が認められない場合には、違法性を肯定することができよう。」(平成15年最高裁判例解説490〜491頁)としている。

78) 佃196頁は「不確定要素が強く」「表現の自由に対する萎縮効果が懸念される」として、定義的衡量(定義付け衡量)が妥当としている(佃203頁も参照)。

79) なお、元借家人の家賃滞納や性癖等についてニコニコ動画等に投稿した事案につき「何らの公共性、公益性を見いだすことはできな」とした#250719や、#231014、#230829も参照。

ことという3つのカテゴリーに分けて検討したい。

忘れられる権利については179頁以下を参照。

(2) 対象者の属性

(a) 著名人の法理

対象者の属性については、著名人の法理ないし著名人の抗弁として、著名人についてはプライバシーが制約されると主張される。

もっとも、これまでの裁判例は、著名人であることから直ちに何かの結論を導いているのではなく、当該事項について公表を承諾しているか、ないしは社会の正当な関心事や公共の利害に関する事実にあたるかの判断の参考にしているに過ぎない（佃223〜227頁参照）。

著名人であってもその私生活については社会一般の正当な関心事とは限らない。

#240904 は、会社の代表取締役であることを根拠に、当然にその私生活における行動が社会一般の正当な関心事であるとすることはできないとした。

これに対し、公職者については、「国民において、原告〔筆者注：対象者〕が当該公職にふさわしい人物であるかどうかを判断するのに資する情報については、たとえ、それが原告のプライバシーに属する情報であったとしても、社会の正当な関心事として、これを公表する理由が、これを公表されない法的利益に優越する場合が少なくない」（#250121）[81] と一応いえるだろう。

---

[80] 裁判例の中にはこれらの要素をある程度まとめ、〈1〉当該事実が伝達される範囲と具体的被害の程度、〈2〉記事の目的や意義、〈3〉公表時の社会的状況、〈4〉当該事実を公表する必要性などを総合考慮し、「その事実を公表されない法的利益」と「これを公表する理由」の優劣を比較衡量し、後者が優越する場合には、プライバシー侵害行為の違法性が阻却される（#281116）といった基準を立てるものもあるが、「この比較衡量において重要な考慮要素となり得るのは、報道については、当該報道の意図・目的（公益を図る目的か、興味本位の私事暴露が目的かなど）、これとの関係で私生活上の事実や個人的情報を公表することの意義ないし必要性（これをしなければ公益目的を達成することができないかなど）、情報入手手段の適法性・相当性（例えば盗聴などの違法な手段によって入手したものかなど）、記事内容の正確性（真実に反する記述を含んでいるかなど）、当該私人の特定方法（実名・仮名・匿名の別など）、表現方法の相当性（暴露的・侮蔑的表現か、謙抑的表現かなど）等であり、プライバシー侵害については、公表される私生活上の事実や個人的情報の種類・内容（どの程度に知られたくない事実・情報なのか、既にある程度知られている事実・情報なのかなど）、当該私人の社会的地位・影響力（いわゆる公人・私人の別、有名か無名かなど）、その公表によって実際に受けた不利益の態様・程度（どの範囲の者に知られたか、どの程度の精神的苦痛を被ったかなど）等である。」とする #130718 のように、極めて多くの基準を立てるものもあり、いずれにせよ「関係する全ての事情を総合考慮するのだ」ということは伝わってくるが、インターネット上のプライバシー侵害に特化した下位規範はなかなか明らかにすることは容易ではない。

元大阪市長で元大阪府知事である対象者について、叔父が暴力団組員という摘示がされたことについて、政治家としての対象者の一定の関係を有する人物であり、そのような人物が暴力団組員であったという事実は、対象者の政治家としての適性等を判断することに資する事実とした上で、対象者が国民の高い関心を集める政治家であったことを考慮すれば、上記事実を公表する理由は、上記事実を公表されない原告の利益に優越するものというべきであるとしたものがある（#280330A 及び控訴審の #281027）。[82]

なお、芸能人の私生活については、主に名誉毀損の文脈ではあるものの #200617 が、対象者が著名な芸能人であるところから、その私的な家庭生活に関する事柄について個人的な興味を抱く読者がいることはそのとおりであるとしても、そのような興味や関心を寄せることにつき社会的に正当と認められるような事情が認められるわけではなく、かつ、そのような事実を公開することによって何か社会公共の利益に貢献するものがあるわけでもないから、本件記事等によって被告両名が公表した事実は、「公共の利害に関する事実」には該当しないことが明らかであるとしていることが参考になる。[83]

(b) 一般私人

一般私人については、違法性阻却をうかがわせる事由がないと判断される例が多い。

#270618A は、対象者についての投稿につき、対象者は一般企業に勤務する私人であり、違法性阻却または故意・過失の阻却をうかがわせるような事情も認められないとした。

#230131 は、対象者の交際についての投稿につき、対象者が公共性の高い企業の管理職であることを考慮しても、上記事実を公表されない法的利益はこれを公表する理由に優越するというべきであるとした。

(3) 対象者側の当該情報の保護に対する期待の程度

まず、対象者側の当該情報の保護に対する期待の程度は問題となる。これがプライバシー情報の中でもセンシティブなものか、それとも辺縁的なものかによって利益衡量による保護が変わり得る。

---

81) 雑誌記事による参議院議員・法務大臣の離婚等に関する事案でプライバシー侵害を肯定した。
82) 元裁判官の前科・犯罪について対象者は元裁判官で、訴訟結果と判決内容の報道は、国民の知る権利に資する意義があり、必要な限度を逸脱してもいないとした #230930 も参照。
83) なお、#250426 も参照。

例えば、簡潔で抽象的であるかどうかは問題となる。

#200123 は、週刊誌記事の、対象者が公立小・中学校を卒業後地元でも有数の進学校に進んだ後、途中で私立高校に転校した等と記載するといった抽象的な記載につき「抽象的に学歴を紹介」するものは人物像の紹介の上で有用とした上で、総合考慮の結果違法性がないとした。

また、特異ではない普通の事項については、極めてありふれた（106 頁）という領域まで至れば秘匿性がなくプライバシーとしての保護の対象とならないし、仮にプライバシーとして保護されてもその程度は低い。

#221013 は、週刊誌記事における、対象者が、「合コンやキャバクラ遊びが大好き」といった趣味、嗜好は、およそ公表されることが憚られるような特異的なものとはいえず、これらの事項を公表されることに伴う対象者の不利益は必ずしも大きいとはいえないとした上で、結果として違法性を否定した。

(4) 社会の正当な関心事であること

とりわけ従来型プライバシー侵害において、社会の正当な関心事であることが、それを公表する側の利益として主張されることが多かった。

#201209 は、氏名及び経歴ないし肩書きが掲載した記事について、著名な企業である a 社の粉飾決算が発覚し、関係した旧経営陣が証券取引法違反で逮捕されたこと、a 社内部で 1960 年代から組織的な裏金作りが行われ、この裏金が原資となって政治家への献金等がされていたこと、1960 年代から a 社の要職を歴任した対象者が、その当時、領収書を受け取らずに政治家に献金していたことを認めたことを報じるものであり、これらはいずれも社会の正当な関心事であるとした上で、比較衡量の結果としてプライバシー侵害を否定した。

#220319 も同様に、私信を記事にして公表した事案について、控訴審で死刑判決が宣告された重大かつ凶悪な犯罪に係る被告人に関し、第一審と控訴審とで無期懲役と死刑の選択が分かれた状況下で、被告人である対象者が本件刑事事件について考えている事柄等を前提に、量刑を左右する事情ともなり得る反省の状況等についての論評を記載しており、社会一般の関心事であること等を考慮した上で、プライバシー侵害を否定した。

（差止めの文脈で）公表されようとした情報が正当な社会的関心の対象事であれば、差止めは認められるべきでないとの見解がある。[84]

---

84) 竹田堀部 260 頁。

インターネット上のプライバシー侵害においても、例えば #271106A は、芸能人である対象者がファンに性行為をしようと誘うLINEメッセージを送信したことをインターネット上に晒した事案において、社会一般の正当な関心事とはいえず、これらを公表する理由が公表されない法的利益に優越するとはいえないとした。「強姦をした」という犯罪行為の程度まで至れば、社会の正当な関心事だと主張もできそうであるが、この事案ではそこまで至らなかったということであろう。

また、#270721 では、医師である対象者について、交際相手がストリッパーであると投稿しているところ、対象者の医師としての資質とは無関係であるから、社会の正当な関心事ともいえないとした。

もっとも、「社会」の範囲は公開範囲とも関係する。例えば、#201216 は、マンション管理組合の理事長である対象者の資質を問うため、対象者が金融機関からの借金を返済することができないためにマンションの区分所有権を競売されたとの事実をマンション管理組合の組員に公表したところ、「マンション管理組合の理事長は、その管理組合の資産を管理する権限及び責任を有するのであるから、そのような権限及び責任を有する理事長の地位にある原告（注：対象者）が、借金の返済不能により自己の区分所有権を競売されたとの事実は、原告の理事長としての資質を判断する上で重要な意味を持つ。したがって、上記事実は、本件マンションの区分所有者らにとって、正当な関心事と認めるのが相当である」として、違法性を阻却した。

要するに、対象者が競売を受けたことは通常は一般人の関心事ではないものの、マンション管理組合という部分社会の中では正当な関心事であり、開示が当該範囲にとどまれば、開示に正当な理由があるとみなされるのである。

また、公開類型ではなく特定人への開示が問題となっている場合をみると、必要性が問題となることが多い。例えば、#251129B は、対象者が空手道場における指導者なのに受講生と不貞の関係に至ったところ、指導是正をしてもらうため塾長に伝えることに「正当な理由」があるとした。[85]

(5) その他の事情

マスメディアについては取材方法の相当性等が問題となるが、インターネット上のプライバシー侵害ではあまり取材方法の相当性が問題となった裁判例は

---

85) その他、公開できるかについて必要性が肯定できるかを問題とするものとして #270716 等参照。

みられない。むしろ、摘示方法が問題となった裁判例がある。

#280520 は、インターネット上の投稿について対象者が脱税者であるとしてこれを告発するかのような部分もあるものの、対象者を侮蔑するような表現も多用されており、その全体を通常の注意と読み方でみれば、その目的は対象者の情報を不特定多数の者にさらして個人攻撃を加える趣旨であるという可能性が相当程度存在することをプライバシー侵害を肯定する方向の事情と認めている。

(6) 総合衡量

最後に社会的に関心事に応える等の必要性の程度、プライバシー保護についての本人の利害の高さの程度、そして実際のプライバシー侵害行為態様が当該必要性の限りで相当ないし適切な方法だったのか等の事情を総合考慮することになる。

#270903 では、判決のアップロードの事案において、行為者は当該判決の争点、内容が公共性、公益性を有することから対象者の住所を公開することが違法と評価できない旨主張したが、公共性、公益性は、当該判決で問題となった会社に関するものであって、上記の公共性、公益性の確保ために、やむを得ずに対象者の住所を公開せざるを得ないといった特段の事情がない限り、それが対象者のプライバシー権の侵害を許容する理由にならないとしており、要するに当該公共性・公益性に応える上で、対象者の住所まで開示し、対象者のプライバシーを侵害することは相当ないし適切な方法ではないとしたと読める。

#241213 は、対象者が再婚や離婚をして学園を乗っ取った等と掲示板に投稿した事案において、投稿は、再婚及び離婚について、学園の「乗っ取り」と一見関連があるかのように言及しているものの、その記事内容自体からしても、学園の事業や経営等のあり方と対象者の離婚等との間にどのような関連性があるというのか明らかでないとしており、当該公共の利害ないし社会の正当の関心のある事実（学園の事業や経営のあり方）と、対象者のプライバシー（再婚や離婚）との関連性が不明であれば、プライバシー侵害は違法とされる。

#260122 は、取引先に対し元職員である対象者の報酬金詐取事件及びキックバック事件等を伝える際に、対象者の薬物使用の前科及び逮捕歴を公表したところ、前科等の内容は、報酬金詐取事件及びキックバック事件とは無関係であるから、各取引先に対象者に対する偏見を生じさせる効果はあるとしても、報酬金詐取事件に関する連絡内容が真実であると直ちに信頼してもらうための資

料にはなり得ないとして、報酬金詐取事件の被害拡大防止のために各取引先に個別に電子メールを送信したことを考慮しても、対象者の前科及び逮捕歴の公表は、その法的利益が公表されないことによる対象者の法的利益に比べ優越するということはできない等とした。これも同様に当該公共の利害ないし（部分）社会の正当の関心のある事実（報酬金詐取事件及びキックバック事件）と、対象者のプライバシー（薬物使用の前科及び逮捕歴）との関連性が不明であった事例といえるだろう。

#240904 は、代表者が年齢や離婚歴を詐称しており、20代女性をインターネット上のサイトで漁っているという事実を会社にメールで伝えたことにつきメール送信の意図が今後の被害者発生を防止するというようなものであるというのなら、会社に送信することが適切であるかは疑義があり、意図と情報発信の方法とが整合しているともいい難い等ともしており、これは手段の相当性等を問題としているといえるように思われる。[86]

(7) 表現の自由との関係

なお、上記の議論は主に表現の自由とプライバシーの衡量と言う文脈で論じられてきたものである。そこで、表現活動そのものとはいいにくい、例えば「撮影」等、公開以外の形態の場合には、異なる判断となる可能性がある。

ただし、（例えばインターネット上の報道サイト上の）公開を予定した取材としての撮影等、表現の自由を及ぼすべき場合もあることから、公開事案以外は一律に上記の議論が及ばないというわけではないことに留意が必要だろう。

4　受忍限度論

(1) はじめに

前記（130頁）のように、単なる比較衡量の結果としての受忍限度ではない意味の受忍限度論は、社会通念上、この程度であれば行為者側の考慮要素をふまえなくとも、プライバシー侵害を否定してよいという、いわば可罰的違法性のような問題として捉えられる。

(2) 具体的な事案

前記（73頁）のとおり、防犯カメラ、建築紛争等の事例では頻繁にみられる

---

86) なお、前科については179頁以下の議論を参照。限界事例のプライバシー侵害否定例として #230524 があるが微妙である。

この種類の受忍限度論であるが、インターネット上のプライバシー侵害ではあまり多くない。

#270904Bでは、ブログに公開されている内容と概ね一致するメールを転送したことにつき2つは概ね重複しており論争の中でやり取りされた私事性に乏しいものであること、D以外に転送したとは認められず、またDが自分のブログに転載したり第三者に転送することを知った上で行為者が転送行為に及んだと認めるに足る証拠はないこと等に照らせば、転送行為が、社会生活上の受忍限度を超えるようなプライバシーの侵害に当たるとまでは認められないとした。

なお、特殊な事例でインターネット上の記載を受忍限度内としたものに#250308がある。

5　その他の違法性阻却事由

(1)　はじめに

比較衡量及び受忍限度以外にも様々な抗弁があるが、例えば労働関係等を詳述してもインターネット上のプライバシーとは関係が薄いので、メリハリをつけて論じる。

(2)　存在しない抗弁

(a)　はじめに

まず、名誉毀損の抗弁の類推等から、もしかすると抗弁になるのではないかと思われるが、実際には抗弁にならないものが多く存在する。主要なものとして以下が挙げられる。

(b)　真実性の抗弁

プライバシー侵害は、虚偽（「私生活の事実らしく受け取られるおそれのあることがら」）を公表等する場合はもちろん、真実（私生活上の事実）を公開する場合にも成立する（宴のあと事件#390928参照）。このことは真実性の抗弁がプライバシーについて認められないことを意味する。これに対し学説上反対がある（佃209頁）が、裁判例は真実性の抗弁を否定している。

#260122は、薬物使用の前科及び逮捕歴に関する事実の公表が含まれているところ、この行為は、これを公表されない利益を侵害するものであるから、真実性の証明の法理による違法性又は責任阻却は成立しないとしている。

#210513A は、行為者は、公開した事実はいずれも真実であると主張するが、対象者は、プライバシー侵害をも主張しているから、掲載した事実が真実であるか否かは不法行為の成否に影響を及ぼさないとしている。

(c) 相当性の抗弁

相当性の法理ないし抗弁も認められない（最高裁判例解説民事篇平成6年度133頁）。これに対し学説上反対がある（佃211頁）。

(d) 公正な論評の法理

公正な論評の法理も認められない（最高裁判例解説民事篇平成6年度133頁）。これに対し学説上反対がある（佃128頁および219頁）。

(e) 虚偽性の抗弁

前記のとおり、虚偽性の抗弁は存在しない。虚偽であっても、「私生活上の事柄らしく受け取られる事柄」であれば私事性が認められる（99頁）。

(f) 有名人・著名人・芸能人・公人

アメリカ法では公的存在（public figure）の抗弁がある（竹田197頁以下参照）が、日本では公的存在というだけでプライバシー侵害ないしその違法性が否定されることにはならない。利益衡量の中で著名人であることが衡量されることにつき133頁以下参照。

(3) 同意・承諾・放棄

(a) はじめに

対象者自身が当該情報が当該用いられ方をすることに同意・承諾し、またはプライバシーとしての保護を放棄していればプライバシー侵害にはならないのは当然である。もっとも、どの範囲で同意・承諾・放棄しているかはなお問題となるだろう。[87]

なお、取材に応じたことと承諾の問題については様々な裁判例がある（例えば#220428）ものの、インターネット上のプライバシーとの関係が必ずしも深くないので詳述しない（佃220頁以下参照）。

(b) 同意・承諾・放棄の趣旨

ある事項についてどの程度、ないしはどの範囲で同意・承諾・放棄しているかという、同意等の趣旨がある。

#250412 は、対象者が掲示板に「私自身の実名が流れ出ようと、私は恥ずべ

---

[87] なお、承諾と放棄を同時に論じるものとして竹田堀部163頁参照。

き事はありません」等と投稿したが、その趣旨は、被害届の提出や被告に対する発信者情報開示請求の過程において自身の個人情報が明らかになることを容認しているに過ぎず、電子掲示板における書き込みによって個人情報が明らかになることを容認していたとはいえないとした。

要するに、実名が発信者情報開示請求の手続を通じて知られることは容認しても、掲示板に投稿されることは容認していると解されなかったということであろう。

#221001B は、会社や団体のホームページにおいて対象者が代表取締役として自身の氏名を公表し、住所地を公表していたものの、同社や同会の活動と無関係に自己の氏名や住所を公表することを認容していたとまではいえないから、一般的にこれらの個人情報についてみだりに他人に知られたくないとの法益を放棄したとまでは認められないとした。

あくまでも会社や団体の活動に関連して一定の情報が公表されていることを容認しただけで、それ以外については容認していないと判断された。

このような裁判所の傾向は、一カ所で放棄したからといって他の場面で放棄したとはいえないという意味で、場面毎の判断している（116頁）ことと軌を一にしているといえるだろう（なお、#270317 も参照）。

　(c)　同意・承諾・放棄の撤回・時の経過

過去に一度同意・承諾・放棄したことについて、その後時が経過したことを理由に承諾の範囲外といえる、ないしは撤回できるかという問題がある。

#180724 は、AV女優である対象者がある作品を撮影した後13年が経過し、芸能活動を停止した後になって当該作品の「裏ビデオ」が存在するとしてその内容の詳細を記載した雑誌記事につき、公表の目的、態様及び時期のいずれにおいても、対象者が当該作品に出演する際にした承諾とは前提となる条件が全く異なっているにもかかわらず、これらの異なる条件の下で、対象者が記事の記載内容を公表することを承諾したと認めることはできないとしてプライバシー侵害を認めた。

#150620 は、過去にいわゆるブルセラに従事して写真や下着を売っていた芸能人についての雑誌記事において、撮影当時の対象者の年齢が13歳から15歳であったことやブルセラショップで撮影されたものであることを考慮すれば、写真を撮影し、ブルセラショップ内で下着等とともに展示し、その写真が、ブルセラ愛好者の手に渡ることについては承諾していたものの、雑誌などに掲載

され不特定多数の第三者に公開されることまでも予見し、承諾していたとは認められないから、この点についての被告の主張は理由がないとしてプライバシー侵害を認めた。

これらは、その当時予見した目的、態様及び時期と異なる目的、態様及び時期における公開等について承諾していないとして、異なる時期の公開等をプライバシー侵害としている。

とはいえ、これは個別具体的な判断によるものであり、例えば、昔自著に記載した情報について、その後第三者が言及してもプライバシー侵害にならないとしたものがある（#210929）。

同意について参考となる裁判例としては、#270924（#280218、#270313B）や黙示の承諾を認めた #230720 等がある。[88]

(4) 反論・対抗言論

インターネット上では主張の応酬や場合によっては相互に罵詈雑言を浴びせ合う状況が発生し得るが、これが正当防衛や対抗言論等として違法性が阻却されるかという問題は特にインターネット上の名誉毀損の問題でよく争われている（名誉毀損本 245 頁参照）。

これに対し、インターネット上のプライバシー侵害ではあまり議論が深まっていないものの、#270518 は、対象者が行為者が強姦をしていないのに録音データを根拠に強姦したと触れ回ったところ、これを反論する必要があると考えたのはやむを得ないといえること等からプライバシー侵害の違法性が否定された。違法性阻却の判断基準等について今後議論が深まることを期待したい[89]（なお、#260228、#270518 も参照）。

(5) その他

(a) 正当業務行為

会社等の正当な業務の過程で行われた行為については、正当業務行為として違法性阻却が認められることがある。

例えば、会社側が行う会社貸与のパソコンに対する操作等について、そのプライバシー侵害が問題となることがある。これは労働法の問題であり、本書では詳述しないが、ウィンドウズのセキュリティー更新プログラムのインストー

---

88) その他、#220311、#220115、#200122 等も参照。
89) ただし、反論の必要性を比較衡量の要素の 1 つに入れて判断すれば足りるという考えもあるだろう。

ルやその確認のために行ったものであり、正当な業務行為として行われたものとした（#270327A）等がある。

最近では、セキュリティ向上のための監視カメラ等（#240531 参照）やメールのモニタリング（#210831）等の事案がある。

とはいえ具体的な措置がそのような正当な業務のために必要な範囲かはまた別の問題であり、#241226B は、解雇の旨を通知したメールについて担当者の変更等による業務の支障を回避するため、取引先に対し対象者の退職の事実を告げることは社会通念上許容されるとしても、本件メールの記載はこれを超えたものとされた。

#271216（#270121 の控訴審）及び #280325B（#270330 の控訴審）は、公務員へのアンケートのうち Q7 及び 9 は、公務員のプライバシーを侵害するものとした。[90)][91)]

(b) 紛争解決・訴訟行為

例えば、裁判において立証のために相手のプライバシーに渡る事実を主張する必要がある。そこで、一定範囲でプライバシー侵害が免責される。

この点については、多くの裁判例があるものの、インターネット上のプライバシー侵害との関係が薄いこと、及びその要件基準がまちまちであるから、ここでは詳述はしない（佃 232 頁以下）。

なお、訴訟との関係が薄ければマスキングをするという方法もあるし、後記の閲覧制限等によって少なくとも第三者の閲覧を避けることもできる。これらの点は、第 13 章（216 頁以下）を参照されたい。

(c) 労働組合

例えば、労働組合が労働運動の過程で社長のプライバシーを侵害するビラを配る等することがある。これらについては争議権等との関係が問題となるが、詳述しない（プライバシー侵害肯定例として、#220916、#221217、#231108）。

---

90) その他、#240914、#271204B、#281114、#271030B 等参照。
91) 特定の政治家を応援する活動に参加したことがありますか（Q7）、いわゆる「照会カード」を配布されたことがあるか、返却したか（Q9）

PART 2　個別的問題

第 8 章　対象者とその同定

1　はじめに

　プライバシーは個人的法益であり、ある行為が対象者以外の第三者のプライバシーを侵害する場合には、原則として対象者はそれに対して差止請求権や損害賠償請求権を持たないし[92]、ある行為が対象者自身は自らのことだと分かっても[93]対象者以外の者にとってそれが対象者のことだと分からなければプライバシー侵害は認められない[94]。そして、インターネット上の投稿においては、対象者についての言及なのか不明である場合も少なくないことから、この点が争われることが多い[95]。

　以下、対象者関係の問題として重要な同定の問題、対象者の関係者に関する事実、組織関係、死者、及び子ども・成年被後見人等について論じる[96]。

---

[92]　第三者のプライバシー侵害について被告に損害賠償を請求する権利はないとした #280223A 参照。

[93]　訴訟の場面では対象者自身がそれが対象者自身のことだと主張しても、他の人にとって同定性がない限り、プライバシー侵害の主張は認められない。

[94]　#110622（石に泳ぐ魚事件第一審判決）のモデル小説と同定の文脈であるが、佃146頁参照。なお、対象者自身への開示がプライバシー侵害にならないことにつき123頁。

[95]　同定が（一部）否定されプライバシー侵害が否定されたものに、#210312、#210406、#280328B や #260117、#231014、#250625 等がある。

[96]　なお、これらの同定の前提となるある投稿が何を摘示しているかという問題は第 2 編第 1 章で論じた。

2 対象者の同定

(1) はじめに

上記のとおり、プライバシー侵害の有無が問題となるインターネット上の投稿については、これが対象者を同定できるものかが問題となるところ、対象者の同定については比較的緩く解されており、ありとあらゆる人が同定できる必要まではないとされている点に留意が必要である。

少年事件の匿名報道に関する最高裁判決である#150314（長良川事件）は、<u>対象者と面識があり、又は犯人情報あるいは対象者の履歴情報を知る者は、その知識を手がかりに本件記事が対象者に関する記事であると推知することが可能</u>であり、本件記事の読者の中にこれらの者が存在した可能性を否定することはできず、これらの読者の中に、本件記事を読んで初めて、対象者についてのそれまで知っていた以上の犯人情報や履歴情報を知った者がいた可能性も否定することはできないとした上で、本件記事の掲載行為は、対象者の名誉を毀損し、プライバシーを侵害するものであるとした原審の判断は、その限りにおいて是認することができると判示した。

つまり、閲覧者全員がこれを対象者だと同定できる必要はなく、閲覧者のうちの一定の者が同定できればよいのである。[97]

(2) 同定の意義

ここで、「同定」というのは、別にその人の本名を知ることができるという意味ではなく、芸名や源氏名等でも十分同定ができるとされる。

例えば、風俗店Cの従業員がDという源氏名で勤務しており、それ以外にCにはDという源氏名の者はいなかったところ、当該風俗店のスレッドに「D」が整形している等と投稿された事案について、#271208AはCの顧客や対象者の顧客であれば、Cで勤務しているDという源氏名の女性が対象者であることは認識できるのであり、Dが対象者であることは不特定の者が知るところであるから、不特定の者に対象者のプライバシーを公表していることになるとした。Dは本名を顧客に明らかにしていなかったと思われるが、それ

---

[97] なお、これと異なる局面における対象者の同定の問題に、既に行われた投稿等が対象者を指していると同定することができるため、当該事実は公知の事実となっているのではないかという局面の問題もあることに留意が必要である（#240727等を参照）。

で同定を認めている。

　この他、源氏名（#280517、#280322）、芸名（特殊事案だが #270721）等につき肯定例がある。

(3)　問題とされる投稿そのものからの同定

　このような意味での同定は、どのような情報を元になされるのだろうか。まず、行為者の投稿等それ自体から、一定範囲の者が同定できるとされるものがある。

　本文で年齢や所属部署を記載した上で、氏名を隠した給与明細画像を投稿した事案について、#221001A は、年齢や所属部署の記載等から社内あるいは同業者等で対象者を知る者の相当数はこれが対象者の給与明細であると同定が可能とした。

　なお、#280317 は、珍しくない名前でも氏名は個人を識別特定する極めて有力な情報であり、他に同姓同名の者がいる可能性をもってその氏名の開示によるプライバシー侵害が直ちに否定されるものではないとした。

(4)　それ以外の情報を総合しての同定

　問題となる投稿そのものから同定ができないとしても、それ以外の情報を総合しての同定が認められることがある。以下、肯定例をいくつか挙げよう。

　#270605A では、他の投稿と総合して掲示板上で「フィリピーナ」や「ピーナ」と呼ばれている者が対象者のこととされた。

　#220507B では、「X という投資ブローカー詐欺師！！」というスレッドタイトルにつき、それまでも一貫して「X」の話題で書き込みがなされていたことを考慮すると対象者が「エックス」として行った投稿は「X」の当て字であり、対象者を指していることは容易に推測できるとした。

　#270727 では、「関東版」「前橋市雑談」「甲社の蒟蒻御殿」といったスレッド名や、「今日も浮気」「御殿は前橋だね」「今夜もお仕事と言って外泊ですよ」といった前後の投稿を総合すると、対象者の属性について一定の知識を有する読者が問題となる投稿及びその前後の投稿を読めば、問題となった投稿にある「△△くん」が前橋市に居住する甲社代表者で名前が「△△」である対象者を指すものであると認識することが容易に可能であるとした。

　#270730B は、近所付き合いのトラブルで、近所の者の悪口等をウェブサイトに記載した事案で、話題の対象となっている「B」なる人物の氏名は「甲山 X」であること、同人は栃木県日光市内に居住していること、同人は離婚歴が

あり娘がいること、同人の自宅入り口付近（対象者が使用する自動車を含む）の様子は写真のとおりであることが公開されているとした上で、上記の各属性又は情報は、その一つ一つだけでは対象者を特定するに至らないものであるが、これらを組み合わせた場合には、特に自宅入り口付近の写真も公開されていることからすると、対象者を特定することは十分に可能ということができるとした。

しかし、様々な情報を総合しても対象者を同定できないという否定例もある。

例えば、#250412 は、掲示板において、「実家の神社」、「神社の娘」及び「神主家族」等と記載され、対象者の実家が神社であるという事実が明らかになったといえるが、神社の名称や住所等が明らかにされていないことからは、同人が対象者であることを知り得る情報が明らかにされたとはいえないとした。

#240806 は、あるスレッドにおいて「原告の名字である「甲山」（レス番号 141）と原告の名前の一部である「X〜」（レス番号 146、193、226）あるいは「X○〜」（レス番号 272）が分割されて投稿されており、各投稿が近接しているわけでもない上、「X〜」あるいは「X○〜」という記載のみでは、それが名前の一部であるかどうかも明らかではないから、一般の閲覧者の普通の注意と読み方を基準とすれば、本件投稿を目にする者において、「甲山 X 雄」という原告の氏名を認識することは困難であるといわざるを得ない。」とした（#241220B で是認）。

#270318 は、「甲山」という名字のみを表示するに過ぎず、ある会社の「甲山」姓を持つ関係者と理解されるところ、同社には「甲山」を名乗る者が 3 人いたことから、対象者を知る者であっても対象者について記載されたものであると読み取れるとは認め難く、その他の情報を総合しても肯定できないとした。[98]

このように、個別の事案毎に様々な事情を総合して同定の肯否を判断しており、何がこれらの事案における判断を分けたのかという判断は困難である。もっとも、これらの裁判例から概ねの傾向を抽出すると、当該投稿について、「一般の閲覧者」（82頁）の観点から参照するであろう情報等を総合してどのような内容と理解されるか（例えば、言及されている者がどういう属性の者と理解されるか）をふまえ、例えば対象者の知り合い等一定の知識があれば、この内容から対象者を特定できるかという判断手法を具体的事案に適用した結果、肯定

---

98) なお、#270910 においては控訴の関係で判断がされず、引用対象から外されている。

例では特定できる、否定例では特定できないという判断になったものと理解される。

例えば、#270730Bは、行為者本人がウェブサイト上に（何回かに分けて）アップロードした情報であるところ、第三者がアップした場合と比べれば、「一般の閲覧者」の観点から参照するであろう情報とされやすく、それが同定肯定につながったと思われる。

また、例えば、#270318は、そのような判断の結果、対象者を知る者であっても、対象者なのかその他の2人の「甲山」姓を有する関係者なのか分からず、同定不能と解されたのだろう（その他肯定例として#260320、#270618A、#271105B、#271113、#271204A等参照、否定例として#250625、#230729等参照）。

3　対象者と関係のある第三者に関する情報とプライバシー

（1）　第三者に関する情報は原則として対象者のプライバシー情報ではないこと

まず、プライバシーは個人別に判断されるのであって、第三者のプライバシー情報が開示されても、原則としてその第三者が損害賠償請求権等を有するにとどまる。

例えば、#200130Bは、連鎖販売取引における対象者より下位の会員の個人情報を含む文書を頒布した行為について下位会員の個人情報が第三者に開示されることによってプライバシーを侵害されるのは当該下位会員であって、対象者ではないとした。

インターネット上のプライバシー侵害の例では、#240514は、対象者の交際相手と理解されるAについて「Aさん削除依頼に必死w」と投稿したものについて、対象者については何ら触れておらず、これ自体から対象者のプライバシーに関わる内容を読み取ることはできないとした。

同様に交際相手（#271105参照）、弟や両親（#241206）、妻（#210513A）のプライバシーが問題となるに過ぎないとして否定したものがある。

（2）　対象者と関係が深い者についての情報が対象者のプライバシー情報となることもあり得ること

しかし、裁判例上対象者と関係が深い者についての情報が対象者のプライバシー情報となることもあり得るとされていることに留意が必要である。

例えば、#210121Aは、掲示板で対象者の妻として甲の氏名が記載された上、甲の住所が記載されており、さらに、<u>対象者らの親族の氏名、親族の経営する会社の名称・本支店の所在地・電話番号が記載されているところ</u>、自己の氏名・住所はもとより、配偶者の氏名・住所、親族の経営する会社の名称・本支店の所在地・電話番号は、いずれも、対象者らにとって、私的な情報であるといえ、かつ、一般的に広く知れわたっている情報ではない。したがって、対象者らが、これらの情報について、対象者らが欲しない他者にはみだりにこれを開示されたくないと考えることは自然なことであり、そのことへの期待は保護されるべきものであるから、<u>これらの情報は、対象者らのプライバシーに係る情報として法的保護の対象となる</u>というべきであるとした。

また、#280607Aは、対象者の親も3回目か4回目の結婚だとか親も離婚3度らしいといった投稿につき自分の親の離婚歴・婚姻歴などは通常公開を欲しない事柄であるといえるから、かかる書き込みは、対象者のプライバシー権を侵害するものというべきであるとした。

その他配偶者（#260314、#260131）、子ども（#270618A）、親　（#280330A控訴審#281027）、叔父（#280330A控訴審#281027）等の肯定例がある。

(3) 結局は私事性・秘匿性（・非公知性）の判断であること

これらの裁判例は一見矛盾しているように思われる。

ただ、対象者と関係の深い第三者の情報は、その第三者のプライバシー情報という側面以外に、対象者のプライバシー情報という側面もまた存在することは否定できないだろう。

そこで、当該情報に対象者にとっての私事性・秘匿性（・非公知性）が認められる限り、プライバシー侵害に対する保護を（当該第三者に対してのみならず）対象者に対しても認めることは十分合理的である。

もちろん、第三者の情報であることが私事性・秘匿性等を否定する方向に働くことは間違いないだろう。例えば、対象者の友人が逮捕されたという記事について、その記事において全く対象者との関係が示唆されていない場合に、「友人だから」というだけで、それが「対象者」の私生活上の事柄に関する情報とは判断されないのが通常だろう。

そして、上記の裁判例は、当該事案について対象者にとっての私事性・秘匿性等を判断し、それが事案によって肯定され、又は否定されたと理解することが可能である。

#210121A では、対象者とその妻の双方のプライバシー侵害が問題となったところ、妻の住所は単に妻の情報として提示されるにとどまらず、「対象者の妻」の情報として提示されていた（それは #280607A 等も同様である）。このような対象者との関連性を示す表現は決定的とはいえないものの、上記の判断の上で重要な考慮要素の１つとなり得るだろう。

(4) 対象者本人に関係する事項であっても対象者に対するプライバシー侵害が否定され、第三者の問題だとされる場合

なお、特殊な事案であるが対象者本人に一定程度関係する事項であっても、対象者に対するプライバシー侵害が否定され、第三者の問題だとされる場合がある。

#270722 では、対象者と弁護士が電話で会話する様子を行為者である弁護士の秘書が法律事務所内で録音した。この事案において、録音されているのは弁護士の発言のみで原告の発言は言語としては聞き取れないことや等弁護士の怒声を端緒に同弁護士の言動を記録することを目的としていたこと等を理由に、当該録音や公開は弁護士に対するプライバシー侵害となっても、対象者へのプライバシー侵害にはあたらないとした。

#211126 は、フランチャイズの加盟店である対象者の売上情報について本部である行為者がこれを開示することについて、売上実績は本部に属する情報とも評価しうるとしてもっぱら対象者に属する個人情報とは言い難いとした。

これは、ケースバイケースの判断であるが、本人に関係しても、第三者（#270727 の場合は弁護士、#211126 の場合は行為者）との関係が深い情報であって対象者にとっての私事性・秘匿性（・非公知性）が欠けたと理解される。

4　組織関係

名誉毀損と異なり、プライバシーは法人その他の団体には観念されず、法人その他の団体にはプライバシー侵害の問題は生じないというのが通説である。[99]

直接この点について判示したものではないが、#241108 は会社の従業員のプライバシーが侵害されたことにつき、従業員の個人の名誉やプライバシー権が毀損ないし侵害されたことについては、本来、従業員個人の問題であるし、従

---

99) 佃 109。なお、伊藤も参照。

業員の個人の名誉やプライバシー権が毀損ないし侵害されたことが原告の業務にどのような支障を現実的に生じさせたかについては、必ずしも明らかとはいえないとした（その他、#260904及びインターネット上のプライバシー侵害ではないが#220830や#210121Bも参照）。

これに対し、#171025（ダスキン事件）は、取締役会議事録等の文書がインターネット上にアップロードされた事案において、当該文書をみだりに公表されることがないという上記提出者等の期待ないし利益は法的保護に値するというべきところ法人も自然人と同じく法律上一個の人格者であってみれば、上記のような利益をみだりに侵害されてよいはずはなく、これを侵害された場合は、民法709条、710条に基づき、財産的損害のみならず、社会観念上、金銭の支払によって補填されるのが相当と考えられる無形的損害につき損害賠償を求めることができると解されるとした上で法人の名誉毀損を認めた最高裁判例である#390128を引用した。

例えば、取締役会議事録の公開により業務に支障を来した等の理由で何らかの不法行為を認めることはあり得るところであろう。しかしそこに法人も自然人と同じく法律上一個の人格者であるという理屈を持ってきて、法人のプライバシー侵害のような構成をしたことには違和感を禁じ得ない（佃112頁も参照）。

自社の従業員のプライバシーが侵害されていることに対し会社が困っているという場合には、従業員を支援し、従業員自身を権利者として対応するべきであろう。[100] そうでなければ、会社業務への支障等、プライバシー以外の請求原因を主張するべきであろう。

なお、#280330Bは、会社が原告となった事案において、行為者は、従業員の実名を明らかにした上で、同従業員の人格自体を否定する表現を用いたり、同従業員その他の原告従業員を指し示すとみられる者の生命身体の安全に対する害悪を告知したりして挑発する内容のものであるから原告の権利を侵害するものであることは明白であると判示したが、ここでいう「権利」は、プライバシー侵害というより、会社関係者への害悪の告知による業務妨害、営業権侵害等を問題とすると理解するのが適切なように思われる。

---

100) ただし、そのような支援をすべきか、従業員の独自の判断に任せるべきかというのは炎上の可能性等も含め、慎重に判断すべきであろう。

5 死者のプライバシー

(1) 生きている間に侵害された場合

まず、時系列の問題として、甲が乙に対してそのプライバシーを侵害する行為をし、その後乙が死亡した事案がある。この場合、慰謝料は当然遺族に相続されるという確定判例が名誉毀損について存在し（#421101 参照）、この理はプライバシー侵害についても当てはまる（#220927。名誉毀損本135頁も参照）。

(2) 対象者のプライバシー侵害が成立する場合

そして、前記2「対象者と関係のある第三者に関する情報とプライバシー」のとおり、例えば対象者の父母に関する事項が、対象者のプライバシー侵害となり得る以上、当該父母が既に死んでいても、対象者にとっての私事性・秘匿性（・非公知性）が認められる限り、プライバシー侵害が認められるのは当然である。

ただ、同人が既に死亡していることをふまえると、実際にはその要件を満たすことはそう容易ではないように思われる（佃114頁）。

(3) 敬愛追慕の情

そこで、遺族の敬愛追慕の情が侵害されたと主張されることがまま見られる（愛慕崇敬の感情等と呼ばれることもある）。

例えば、#230425 は、死者の前科の摘示について「生存していれば、名誉感情の侵害及びプライバシー権の侵害として不法行為を構成する」ものであり、妻の敬愛追慕の情を侵害されたとした。[101][102]

とはいえ、敬愛追慕の情侵害が成立する場合は限られており、否定例も多い（#221129、#271028A 等）。一般論としては、通常のプライバシー侵害よりもハードルが高めと理解すべきであろう。

---

101) その他、#011227 や佃113～115頁も参照。
102) なお #270406 は閲覧制限の事案であるが、一般に母親に対する愛慕崇敬は、家族の基本をなす親子関係について誰もが当然に有する感情で、人格の中核にかかわるものということができ、当該証拠が公開された場合には、母に対する愛慕崇敬の感情が著しく害され、心情の静謐が大きく乱されるものと認められるとした。

6 子ども・成年被後見人等

　前記のとおり、現在の裁判例は、私事性・秘匿性・非公知性を要件としており、対象者に現実の不快・不安があったことを要求しない。例えば幼児や成年被後見人等は現実の不快・不安を感じない場合もあるが、それでもプライバシー侵害は成立する。

　#270904A は、認知症の老人について、プライバシー侵害を肯定した上でこのことは、対象者が成年被後見人であっても否定されないとした。

　#271218B は、10歳の小学生へのプライバシー侵害を認めた。[103]

　なお、個人情報開示請求との関係で、個人情報保護条例についてのものだが、中学生の申請を拒絶することについて、#210129 は本件条例においては、本件請求を行うにつき何ら年齢制限は設けられておらず、また、本件請求が、管理個人情報に関する情報開示等の可否というプライバシーに関わる重要な権利の行使に関するものであることに鑑みると、当該請求者に、本件請求の内容及びその効果を弁識できる能力があると認められる場合には、その意思に従って、自ら請求手続を取ることができなければならないと解されるから、義務教育終了前の未成年者につき、本件請求の内容及びその効果を弁識できる能力の有無に関わりなく、一律に単独では同請求が認められないとすべき合理的な理由があるということはできないとしている。

　その他、個人情報保護法上の同意につき、ガイドライン等 Q&A1-58 は「一般的には12歳から15歳までの年齢以下の子どもについて、法定代理人等から同意を得る必要がある」としていることも参考になる。

---

[103] なお、主に肖像権が問題とされたが、0歳児について人格権侵害が認められた #280930 も参照。

第9章　行為者に関する問題

1　はじめに

　行為者については、様々な問題があり、実務上匿名の行為者の特定も問題となるが、プロ責法に基づく発信者情報開示等については第1編第4章で簡単に述べたので、以下では、主に共同不法行為や組織の問題等について検討する。

2　行為者の特定

　行為者の特定については、プロ責法による発信者情報開示だけでは特定できない部分があることを指摘したい（名誉毀損本148頁参照）。
　例えば、発信者情報として開示された利用者登録名義人がパソコンやスマートフォン等を利用しておらず、その子や家族が利用しているということもある。そして、裁判所は、単に利用者登録名義人であるというだけで当該表現について全責任を負わせるわけではない（#270204）。
　そこで、名義人がパソコンやスマートフォン等を利用していない等と主張した場合、証拠によって誰が真の行為者か認定が必要となる。例えば、名義人の来訪者が無線LAN機能を用いてルータに接続していた等という主張を否定して、本人が投稿をしたとしたものもあれば（#271208B）、名義人ではない第三者が投稿したと認定したものもある（#270204）。

3　複数人の行為者がいる場合

（1）　はじめに
　複数の行為者がいる場合には、まず、行為者間に共同不法行為（民法719条）等が成立するかが問題となる。共同不法行為が成立しない場合には、各行為者の行為そのものがプライバシーを侵害するかが問題となる。

(2) 共同不法行為等

(a) 共同不法行為

民法719条1項は「数人が共同の不法行為によって他人に損害を加えたときは、各自が連帯してその損害を賠償する責任を負う。共同行為者のうちいずれの者がその損害を加えたかを知ることができないときも、同様とする。」と規定する。

複数の不法行為者が連帯して賠償責任を負う共同不法行為とは、共謀がある場合等相互に共通の意思・了解・認識がある場合（主観的関連共同性）及び行為が客観的に関連し、共同して損害を生じさせる場合（客観的関連共同性）である。[104]

ここで、例えば複数人で一緒に記事を作成してこれを投稿した場合等に共同不法行為が成立することは争いがない。[105]

インターネット特有のものとして、掲示板等における特定の対象者のプライバシーを「晒す」投稿が複数人によって行われた場合の共同不法行為の成否の問題がある。

#271105Bは、発信者情報開示請求の文脈ながら、掲示板の一連の投稿につき共同不法行為を認めた。裁判所は、スレッドは主題を掲げて投稿を募る投稿枠であり、募集に応じて投稿された書き込みが特定の人物を誹謗中傷する場合に、個々の書き込みについて投稿者の不法行為が成立し、さらに書き込みの間に客観的関連共同性がある場合は、一連の書き込みについて共同不法行為を構成するものとして権利侵害の有無を判断するのが相当とした上で、引き金となる各投稿者において、対象者に対する誹謗中傷であることを認識しながら、書き込みに引き続いて投稿されたものと推認することができ、上記各書き込みについて客観的関連共同性を認めることができるから、各書き込みの投稿者による共同不法行為が成立すると認めるのが相当とした。このような論理は、被害者救済にとって有益と思われるが、一律に掲示板のスレッド全体が共同不法行為といった大ざっぱな議論はすべきではないし、当該裁判例もそのような議論を志向している訳ではないだろう。具体的な投稿の態様・内容等を元に、どの範囲で関連共同性があるかを個別的に検討・判断すべきだろう。

例えば、掲示板の同一スレッド上の投稿であることやSNSのハッシュタグ

---

104) 我妻他1450頁。
105) 名誉毀損であるが#270217。一部の当事者の共同不法行為責任を否定したものに#270518。

を共有するだけで常に関連共同性があるとすれば疑問があり、それに加えて当該スレッド・ハッシュタグの内容、具体的な投稿の内容等をふまえた個別具体的な吟味が必要なように思われる。

実際、掲示板のスレッドを立てる行為（スレ立て）について、その後当該スレッド上に違法な書き込みがされていても、スレッドを立てた者の責任を否定する裁判例がある（#240831A、#240327）。このことに鑑みると、実際の投稿の内容に応じて、その後の同様の投稿を誘引する度合い等を考慮して責任を判断することが相当であるように思われる。

なお、削除義務を怠ったプロバイダ間の共同不法行為につき #201017 参照。[106]

(b) 幇助

なお、民事における幇助責任については、「行為者を教唆した者及び幇助した者は、共同行為者とみなして、前項の規定を適用する。」（民法719条2項）とされており、例えば、ギャラリーのウェブサイトにおいて、当該絵画を描いた対象者が囚人であるといった内容の案内文が公開された事案において #250930 は、問題となった絵画の保管者は、少なくとも過失により幇助行為を行ったとした。

これに対し、情報提供後ブログ上にその情報が掲載されたことについて、#260320 は、「たとえ同ブログの開設、管理者が原告から得た被告らに係る情報を基に同ブログの記載をしたことがあったとしても、同記載がされるであろうことを原告が認識してそのような情報提供をしたなどとの原告による幇助行為等があったものとも、いまだ認めることができない」とした。[107]

これらもまた具体的事案に基づく個別的判断、特に当該行為の内容やその際の本人の内心によって幇助とまで言えるか判断されるということだろう（なお #佃 116 頁以下も参照）。

(3) 共同不法行為等が認められない場合

共同不法行為等が否定された場合には、行為者本人自身の具体的行為内容が不法行為となるかが問題となるといえる。

例えば、報道機関の取材に回答したことの責任が問題となった #250410 は、取材を行った報道機関が、取材に基づいて報道をするか、行うとしてもどのよ

---

106) また、組織関係につき #270204、#280208B 参照。
107) なお、情報提供と幇助については、#270914A・B がインターネット上の名誉毀損の事案ながらこれを肯定していることに留意が必要である。

うな報道をするかは、報道機関の独自の判断に基づくものというべきであるから、当該報道の結果、対象者の社会的評価が低下し、あるいはプライバシーが侵害されることがあったとしても、被取材者の情報提供と、対象者の社会的評価の低下あるいはプライバシー侵害との間に相当因果関係を認めることはできないとした（なお佃116頁以下も参照）。

　#220927は、防犯カメラ画像を報道機関に提供したコンビニ運営会社と当該画像を公開し、DVD等として販売した者の責任が問題となったところ、録画・提供者の責任が否定され、公開・販売者の責任が肯定された。

　これはまさに、個別の行為者毎に、私事性・秘匿性・非公知性・比較衡量等の要件にそれぞれあてはめた結果と言える（#260925も参照）。

　なお、#231227は、依頼者が代理人弁護士に申立書作成を依頼したところ、弁護士が過失で住所の誤記をしたため申立書が紛失し、情報が漏洩した可能性があるという事案において、弁護士の業務の独立性に鑑みると、依頼者である行為者と受任者である代理人弁護士との間に使用従属関係を認めることはできないから、代理人弁護士の過失に基づく損害について、依頼者である行為者が不法行為責任を負うと解する余地はないとした（名誉毀損本150頁も参照）。

4　行為者が組織関係者の場合

(1)　はじめに

　行為者が組織関係者の場合には、当該行為者の組織における地位が問題となる。

(2)　代表者の行為

　代表者の行為の場合、会社代表者が「その職務を行うについて」プライバシー侵害等によって第三者に被害を与えた場合には会社はその損害を賠償する責任を負う（会社法350条[108]）。同様の規定は一般社団法人及び一般財団法人に関する法律78条[109]等多数存在する。

　会社の業務として送信されたメール（#260117、#270204）や、報道サイトが

---

[108]　「株式会社は、代表取締役その他の代表者がその職務を行うについて第三者に加えた損害を賠償する責任を負う。」

[109]　「一般社団法人は、代表理事その他の代表者がその職務を行うについて第三者に加えた損害を賠償する責任を負う。」

報道の一環としてアップロードした記事等（#221001A）であれば、その職務を行うについてプライバシー侵害をしたことに問題はないだろう。

問題は、個人的行為であり、例えば、#240717A は、美容整形外科の施術等を業務とする福岡の医療法人の代表者が掲示板で大阪の医者のプライバシーを侵害したことについて、大阪と福岡の美容整形外科間で現実的な競合関係はなく職務執行との牽連関係はないとして、医療法人の責任を否定した。

(3) 従業員の行為

これに対し、従業員の場合には、使用者責任が問題となる。従業員が「その事業の執行について」プライバシー侵害を行った場合には使用者（会社等）はその責任を負う（民法715条1項）。[110]

この「その事業の執行について」の意義について最高裁（#320716、#360609）は、いわゆる外形標準説をとっており、そこで、外形を標準として、従業員の行為が職務範囲に属するとみられる場合には、当該法人が責任を負うと解されている。

インターネット上のプライバシー侵害では #270904A がこの点を具体的に論じている。この事案では、会社の従業員であるヘルパー（行為者）が派遣先の被介護者の情報をブログで6月と9月の二度にわたって公開したところ、6月記事の掲載→解雇→9月記事の掲載という経緯があった。まず6月記事は、行為者が対象者担当の訪問介護員として対象者宅に3回目の訪問をした翌々日に、かつ行為者が会社の従業員であった間に掲載したもので、その内容も会社の事業である訪問介護中に知ったとする事実であり、行為者の行為は、会社の事業の執行行為を契機としてなされたこれと密接関連性を有する行為であるから、事業の執行についてなされたと認めた。しかし、解雇後の9月記事については既に会社を解雇されていて会社の被用者ではなく、もはや対象者を担当する訪問介護員としての実態もなかったのであり、被用者でなくなってから2ヶ月以上経過した後の行為者の行為を会社の事業の執行についてなされたということは困難であるとした。[111]

なお、特異な事案だが、#240117 は、病院の職員による情報漏洩について、

---

110) 「ある事業のために他人を使用する者は、被用者がその事業の執行について第三者に加えた損害を賠償する責任を負う。ただし、使用者が被用者の選任及びその事業の監督について相当の注意をしたとき、又は相当の注意をしても損害が生ずべきであったときは、この限りでない。」
111) その他メール送付につき「事業の執行について」プライバシー侵害を行ったとはいえないとした #270129B も参照。

事業の執行についてではないとした上で、病院は、個人情報管理規程を制定してそれを職員に知らせ、各部署に個人情報管理規程を備え置いていたこと、行為者に守秘義務の履行の誓約を含む誓約書を作成させ、提出させていたことに鑑みれば、病院は、行為者に対する監督義務を履行していたものと認められ、行為者が守秘義務に違反して原告に損害を与えたことについて、病院に過失があるとは認められないとした。

(4) 従業員の免責

ここで、組織では、上司がプライバシー侵害行為をすると意思決定し、それに部下が従うことがあるが、あくまでも、「上司の指示に従った」人について、どこまで責任を負わせるべきかは難しい問題である（名誉毀損本 153 頁も参照）。

この点、従業員について免責を認めた #260717A が重要である。この事案では、上司に命じられて他人のプライバシーを侵害するメール送信行為を行った部下につき、会社の従業員は上司の指示や命令に従わざるを得ないものであるから上司の行為の一部とみるべきとして免責した[112]（名誉毀損についてであるが、同旨 #270422）。

どのような場合に従業員、特に従属的行為者について免責されるべきかはまだ十分には議論が尽くされていないものの、一定範囲で免責が認められるべきであり、今後その具体的な範囲ないし免責要件について議論が進むことが期待される。

(5) その他

会社役員の責任につき名誉毀損本 154 頁以下を参照のこと。

なお、例えば親会社が子会社の責任を当然には負わないように、グループ関係が存在しても、当然には他社の責任を負うものではない（#220226）。

---

112)「会社の従業員が代表取締役等の上司の指示や命令に基づき、代表取締役等の上司が作成したメールの内容を、電子メール等で取引先等へ送信する場合には、その電子メールの内容に他人の名誉やプライバシーを侵害する事実が含まれていたとしても、その内容となっている事実の真否や表現の適否について調査、検討し、その内容や文章や文言等を訂正する権限が与えられておらず、しかも、電子メール送信の必要性についての上司の指示や説明に相当の理由がある場合には、その内容が明らかに虚偽であったり、他人の名誉やプライバシーを不当に侵害するものであることが一見して明らかであるなど、電子メールを送信するようにとの上司の指示や命令を拒否する正当な理由があることが明らかな場合でなければ、会社の従業員は、上司の指示や命令に従わざるを得ないものであるから、そのような上司の指示や命令に従ってなされた電子メールの送信行為は、その上司の行為の一部とみるべきであって、指示や命令に従って電子メールを送信した従業員個人の独立の行為と評価すべきものではないから、そのような独立性のない従業員が不法行為責任を問われることはないというべきである。」

第 10 章　類型別の検討

1　はじめに

　PART 1 では、総論として、いわば要件論という観点から、どのような事案がプライバシー侵害となるのかの問題を扱ったが、やはり具体的な事案の解決のためには、過去の裁判例がどのような事案においてプライバシー侵害を肯定してきたのか／否定してきたのかが重要である。そこで一部は既に述べたことの繰り返しになるものの、以下、類型別に検討する。

2　何をプライバシー侵害と主張するか

　ここで、留意すべきは、何をプライバシー侵害と主張するかは原告（対象者）が決めることができるということである。例えば、「Xが逮捕された」とインターネット上に投稿した場合には、「逮捕された事実」の公開を問題とすることもできるし、自己の氏名の公開を問題とすることもできる。
　もっとも、実際になされた投稿は1つであり、特に比較衡量の判断は総合考慮であるため、そのどちらを捉えてプライバシー侵害と主張したところで、実質的な判断内容に大きな違いはない。
　例えば、#201028 は、青少年保護条例違反による逮捕事実のテレビ報道について対象者がみだりに実名を公表されない利益を害されたと主張したところ、一方において、実名で報道されることにより対象者が被る不利益は大きく、実名を公表されない法的利益も十分に考慮する必要があるけれども、他方において、特に、青少年を教育指導すべき立場にある中学校教員が女子中学生とみだらな行為をしたという被疑事実の内容からすれば、被疑者の特定は被疑事実の内容と並んで公共の重大な関心事であると考えられるから、実名報道をする必要性は高いといわなければならず、実名を公表されない法的利益がこれを公表する理由に優越していると認めることはできないと判断している。
　この事案では、実名の公表を問題としたが、実際になされた判断過程は、逮

捕事実の公開をプライバシー侵害と主張した場合とあまり異ならないように思われる。[113]

3　家庭に関する問題

(1)　離婚

　離婚は私事性・秘匿性があり、インターネット上に投稿等すれば、プライバシー侵害になることが多い。[114]

　#261031 は、原告の交際歴（交際者の属性、離婚歴、離婚原因）や実家との関係性を摘示した箇所は、私生活上の事実らしく受け止められ、通常他者に知られたくない事柄であるから、掲示板への投稿はプライバシーを侵害するとした。

　#241213 は、原告の離婚、別居あるいは再婚は私生活上の事実であり一般人の感受性を基準として公開を欲しないであろうと認められる事実として、掲示板への投稿はプライバシーを侵害するとした。

(2)　婚姻

　これに対し、婚姻については、事案によってプライバシー侵害とされているが（#220428、#220630）、プライバシー侵害とされない事案もある（#280304、#270317）。

　例えば、著名人の配偶者であることが明かされマスコミからの報道の対象とされ、世間の注目が集められる（#220428）とか、高校生であって卒業直後に結婚する予定であることを隠していたかった（#220630A）等の事情があれば、プライバシー侵害とされやすいが、そうでない場合には諸般の事情の考慮の結果プライバシー侵害が否定されることもあるだろう。

(3)　家族構成

　子ども等家族構成に関する情報もプライバシー侵害になり得る（#240717A 参照）が、対象者と関係のある第三者に関する情報とプライバシー（148 頁）を参照のこと。

---

113)　発信者開示請求と損害賠償請求訴訟で主張が変わった #240727 と #260613 を対比すると参考になる。

114)　「ある人が離婚をしたという事実は、パートナーと別居し、あるいは姓を旧姓に戻したという外形から周りの人には自ずと明らかになることだが、周りの人がそれに気付いたからといって、それを対社会的に公表してよいかどうかは別問題である。周りに知られているとしても、それ以上の伝播を欲しないのが通常人の感覚だと思うからである」とする佃 91 頁も参照。

(4) 家庭関係のトラブル

離婚に至る経緯等、家庭関係のトラブルについては、私事に関するマイナスの情報ということもあり私事性・秘匿性・非公知性が認められやすいだろう（#250121、#220428、#270324B、#270220 等参照）。

4　性生活・性的業務等に関する事項

(1)　性生活・男女交際

性生活・男女交際は秘匿性が高いプライバシー事項である。機微情報（金融分野ガイドライン5条1項柱書）にも「性生活」が含まれている。

#230131 は、対象者が出会い系サイトに登録し、同サイトで知り合った数名の女性と交際したといった事項を掲示板等に投稿したことがプライバシー侵害とした。

#280304 は、「素人童貞」という言葉が、性風俗店で働いている風俗嬢以外の女性との性行為の経験がない男性を意味するものとして、ある程度一般的に通用し、それが否定的評価を伴うとした上で、このような性経験に関する記載はプライバシーを侵害するとした。

#260131 は、不倫行為をしていること及びその相手方の氏名は、一般に他人に知られたくない私生活上の事実としてプライバシー侵害とした。

#271216A は、男女関係にあるとの事実の摘示を含む投稿についてプライバシー侵害とした。[115]

(2)　風俗・性的業務

職業一般とプライバシー侵害については、後記（167頁）で別途検討するが、例えば風俗店勤務等性的業務に従事していることは、通常秘匿したい事実であり、センシティブな事柄と言える。

#270618A は、風俗店勤務者の実名を明らかにした事案につき性風俗業は、社会通念上も、社会的偏見の強い職業であると認められるから、一般人の感受性を基準としても、当該私人の立場に立った場合、公開を欲しないものであるというべきであり、対象者のプライバシー権を侵害するものと認められるとした。

---

[115]　その他、#261111、#271030A、#270518、#260320、#210513B、#280324 等参照。

#271208B は、対象者が風俗店で性的サービスを行っていたとする虚偽の事実を摘示する投稿がプライバシーを侵害するものと認めた。

#270605A は、対象者がかつて風俗店において勤務していたことを掲示板に書き込んだことが、プライバシー侵害とされた。

#270730 では、対象者がいわゆるライブチャット嬢であることを公開することがプライバシー侵害とされた。

（その他、#271204A、#280607B、#220910 等も参照）

(3) 性的嗜好・性的指向等

これらに関係して、性的嗜好、性的指向等に関する事実はセンシティブ性が高いプライバシー情報である。

#250719 では、元借家人である対象者の勤務先にメール送信したり、動画サイトで、派遣型性風俗の女性を部屋に呼んでろうそくプレイなどをして部屋の壁の肩の高さまでおしっこをとばした、ハードポルノ、ロリ（ロリータ）部門の愛好家である等の事実を摘示した行為がプライバシー侵害とされた。

#240806 では、対象者がオカマバーで勤務していたという事実を掲示板に投稿したことをプライバシー侵害とした。

なお、#250813 は、女性として生きている対象者について、子どものころは普通の格好をした男の子だった旨発言したことについて、一般人の感受性を基準とした場合、その公表によって心理的負担、不安を感ずるのが通常であるものとは考え難いから、当然にはプライバシー権として保護されるものとはいえないとし、結論としてプライバシー侵害を否定している。本件の特殊な事情（特に対象者本人が過去に行った公表等）を考慮したものとは思われるが、やや疑問が残る。

5　病気・障害に関する事項

(1) 疾病

自らの疾病に関する事実は一般にセンシティブな事実であり、要配慮個人情報（個人情報保護法2条3項）にも「病歴」が含まれている。

#260613 は、乳がんであるとの事実はプライバシーに関する事実であり、匿名で乳がん闘病ブログを書くブロガーの実名を投稿したことをプライバシー侵害とした（#240727 も参照）。

#270904A は、認知症を患っている原告の自宅における日常の様子を公開するブログをプライバシー侵害とした。

ただし、風邪等の誰もがかかり得るありふれた疾病の場合には、秘匿性が否定されないとしても、センシティブ性は高くないと言え、違法性等の判断に影響し得ると思われる（佃 65 頁も参照）。

(2)　障害

自らの身体障害に関する事実はセンシティブな事実であり、要配慮個人情報（個人情報保護法 2 条 3 項）にも障害に関する事実が含まれている。

#270825 は、弱視である等という対象者の身体的特徴を指摘する投稿はプライバシー侵害とした。

#220830 は、対象者が先天的進行性吃音症であることをウェブサイト上で公開したことがプライバシー侵害とした。

#211106A は、対象者が精神障害者 3 級の認定を受けていること等をメールで第三者に伝えたこと等がプライバシー侵害とした。

6　政治・宗教等に関する事項

政治・宗教等に関する事項（佃 81 頁参照）は重要であり、要配慮個人情報にも「信条」が含まれている（個人情報保護法 2 条 3 項）。

#221001B は、ウェブサイト上で、対象者が犯罪行為によって逮捕され、有罪判決を受けた事実及び a 教の元信者であった事実を公表するものであるところ、逮捕歴や有罪判決を受けた事実はもとより、a 教が重大犯罪を犯し、解散命令を受けたことや、社会一般の a 教に対する認識等に鑑みると、かつて a 教の信者であったという事実も、他人にみだりに知られたくない対象者のプライバシーに属する情報というべきであるとした。

なお、#280426 は、国家公務員である対象者が政治塾に参加したことが政治塾名簿の漏洩により明らかになったことについて、対象者が本件政治塾に参加しているという事実が一定の思想ないし信条を示すものであること等をふまえて損害賠償を算定した。

7 犯罪・前科

犯罪・前科については第12章（179頁以下）で論じる。

8 氏名・住所・電話番号

(1) プライバシー侵害が認められること

　氏名等は社会生活において一定範囲で公開を余儀なくされる情報である。しかし、前記のとおり裁判例は非公知性を一定程度緩く解しており、氏名、住所、電話番号等でもプライバシー侵害を認めている（佃74頁以下）。

　#201017は、プロバイダの削除義務が問題となった事案であるが、掲示板の投稿には対象者やその親族の住所、氏名、電話番号等が記載され、対象者のプライバシー権等を侵害する書き込みであるとの判断は容易にできるとした。

　#270709は、掲示板の投稿の対象者の生年月日、住所、電話番号等を記載した部分は、プライバシー権を侵害するものと認められるとした。

　#251016は、対象者の自宅電話番号や携帯電話の電話番号及びメールアドレスを具体的に示しており、対象者のプライバシーにかかわる個人情報をインターネットを通じて公にするものということができるとした。

　#280617は、旧住所は、現住所と比較して、開示されることによって被る不利益の程度は小さいといえるものの、旧住所は、現住所を調査するための手がかりになることがあることなどから、公開するか否かについて自己決定権がないとはいえないとした。[116)]

　このような事案は多数存在し、いわゆる炎上事案等で対象者の個人情報が次々と晒される場合等において、それが家庭生活、性生活、政治・宗教・前科のような事項ではない、単なる生年月日、住所、氏名、電話番号、メールアドレス等であってもプライバシー侵害になり得ることを示している。

　情報の一部が伏せられていても、その組み合わせ等から氏名、住所等を特定できれば、十分にプライバシー侵害が成立する（#250625）。

　なお、自宅の写真や建築年月日、建物の床面積及び敷地の面積等の情報をイ

---

116) #260730も同旨。

ンターネット上に公開することがプライバシー侵害とされた事案も参照[117]（#230525）。

(2) 匿名で活動する者の実名公表

　ここで、対象者本人がハンドルネーム等匿名で活動している場合に、対象者の実名を公表する行為は、単に実名を公開するに過ぎない場合と比べて悪質性が強いといえる。

　例えば、#280317 は、匿名で活動するプロ野球ファンの個人情報を公開する行為について、<u>一般的に趣味としての活動をするに際してハンドル名等を使用する場合に、氏名その他の情報を不特定多数の閲覧者には知られたくないと考えることは自然</u>である上、行為者には対象者の個人情報を公表することにつき何ら正当な理由はないのであるから、対象者の実際の氏名等の情報とともに対象者に関する個人情報と受け取られるおそれのある情報をインターネット上に開示した行為者の行為は、対象者のプライバシーを侵害するものと認められるとした。

　裁判所はかかる判示により、対象者が匿名で活動し、正当な理由なく自己の実名が他人によって公表されない利益を保護する旨を明らかにしたといえよう。

　#270122 も、一般的に、掲示板への投稿やブログの管理にあたって、ハンドルネームを使用し、実名を明かさないことが多いところ、これは、当該投稿者あるいはブログの管理者が、私生活上の平穏を害されることを考慮して、自己の実名を明かしたくないという自己のプライバシーに対する意向の表れと見ることができ、法的な保護に値するとしている。

　なお、#260613 は、対象者がわざわざ匿名で運営していた本件ブログについて、インターネット上の情報を集め、対象者が「A」であると特定できたとしても、対象者の意に反し、対象者が本件ブログを運営する「A」であること、対象者の氏名及び勤務先を、インターネット上の掲示板に投稿することは、やはり対象者のプライバシーを侵害するというべきであるとした（#240727 も参照）。

---

117) その他、#260325、#271112、#210911A、#211027、#270618A、#271029A・B、#280208B、#270618A、#271218A・B、#280119、#210121A、#200626、#250625、#260314、#220507 等も参照。

9　外貌・身体的特徴等

　外貌・身体的特徴等は本人と社会的接触をする人には必然的にそれを知られてしまうが、それだからといって直ちにプライバシー侵害が否定される訳ではない（佃 89 頁以下参照）。

　#280304 は、アトピー顔という掲示板への記載が、対象者がアトピー性皮膚炎であることを摘示するとしてプライバシー侵害とした。

　#280419 は、#271008 を変更し、対象者が入れ墨を入れていたという身体的特徴に関する事実の摘示は、対象者のプライバシーを侵害する行為にも当たるとした。

　整形手術については比較的多くのプライバシー侵害肯定例がある（#270324A、#271208A、#280118、#260717B 等）。

　なお、#280517 は、性風俗店に勤務する対象者の性的、肉体的特徴に関する事実、又は、同人の性的、肉体的特徴と受け取られるおそれのある情報について、これをインターネット上の掲示板に書き込むことはプライバシー侵害とした。

10　職業

　職業については、一定の社会活動ではあることから常に私事性があるとはいえないが、文脈によっては、私事性が肯定される場合もある。

　#210414A では、ゴミ収集をする対象者の様子をテレビ放映した行為について、各家庭等において本件放送の映像等を視聴していた一般の視聴者においても、対象者が廃棄物収集業に従事していることを容易に認識することができたと認められ、対象者の承諾なしに原告の容貌等を生放送したことは、対象者の肖像権を侵害するとともに、そのプライバシーをも侵害したとした。

　これに対し、#230729（#240131A で是認）は、行為者の著した書籍の中で、入れ墨の彫り師である対象者が行為者に入れ墨を彫った等と記載したことにつき、対象者は彫物師であり、業として入れ墨を行う者であるから、対象者にとって入れ墨を施術したことが、プライバシー権の対象となる私生活上の事実に該当するとはいえないとした。

また、#270901は、対象者が競輪場に勤めている旨の記載は簡潔かつ抽象的で、これらの記載が、直ちに、一般人の感受性を基準にして当該私人の立場に立った場合に公開を欲しないであろう情報であるとまでいうことはできないとした。

　要するに、職業に関する事実は、具体的事情の下において、私事性・秘匿性が認められることもあれば認められないこともあるということと理解される（その他、#201209、#240316等も参照）。

11　その他私生活

(1)　趣味・趣向

　#221013は、雑誌記事につき、対象者が合コンやキャバクラ遊びが大好きという事実は一応プライバシーに関する事柄であるもののおよそ公表されることが憚られるような特異的なものとはいえず、これらの事項を公表されることに伴う原告の不利益は必ずしも大きいとはいえないとした上で、総合考慮の上で、プライバシー侵害を否定した。

(2)　収入等

　収入に関する事項がプライバシーとして保護されることに異論はないとされる（佃77頁）。

　#221001Aでは、インターネット上のニュース記事において、マスメディア社員が高給取りであると批判する文脈で、特定の社員の給与明細がアップロードされたことがプライバシー侵害とされた。

　#201015は、掲示板の書き込みにおいて、対象者の年収が「3億円〜4億円」、「5億円程度」と幅があるもののプライバシーを侵害するとした。

　#221124は、個人口座における資金移動情報はそれに関連会社からの入金情報が含まれていたとしても、私生活上の事実であることに変わりはないとしてプライバシー侵害とした。

(3)　トラブル

　トラブルに関する事実はプライバシーとして保護されることが多い。

　#241221は、法的紛争を抱えていることは、一般に他人に知られたくない事項としてこれを開示することがプライバシー侵害とした。

　#231014は、対象者が建築に関して何度か失敗しており、行為者が勤めてい

た会社から建築の依頼を断られて途方に暮れていたこと、自宅の建築に関して紛争が生じて裁判に発展していること等をブログで公開することをプライバシー侵害とした。[118]

(4) 婚活

#241130 は、対象者がお見合いパーティー等に参加しているとの事実は、一般的にみれば同人に強い結婚願望があることを想像させる事実であるといえるから、一般人の感受性を基準としても、原告がお見合いパーティー等に参加しているとの事実は、その公開を欲しないであろうと認められるとした。

(5) 私信・メール

私信については、一般にはその無断公開がプライバシー侵害に該当するといわれる(佃65頁)。

#271106A は、「若い女性ファンに『エッチがしたい！』とラインをするX」、「X、LINE で女性ファンに H がしたいと発言」などと記載され、その下に、「えっちがしたい」という内容の LINE 上でのメッセージが表示された画像が掲載されている投稿につき、特定の第三者に送信した LINE のメッセージは私生活上の事実らしく受け取られる事項である上、もともと公開を予定しているものではなく、その性質上一般人の感受性を基準にすれば公開を欲しないものと認められることからプライバシー侵害を肯定した。

#250717A は、個人間でやり取りされたメールの内容は、通常、広く一般に公開されることを希望しない情報であり、現に、対象者は、当該メール内においてその旨明確に述べているとして、これをウェブサイト上で公開することはプライバシー侵害とした。

このように肯定例も少なくない（#211028 等も参照）ものの、否定例もある。

#280602 は、誹謗中傷が繰り返された後、対象者がブログ等におけるお互いの誹謗中傷を止めるために行為者に対して送付したメールを、行為者がブログに掲載したところ、その時点で対象者と行為者が既にブログ等で誹謗中傷するような関係であったことを考慮すると、ブログへの掲載も必ずしも予想できないではなく、また、そのメールの内容も考慮すれば、同メールを掲載したこと自体が直ちにプライバシーの侵害に当たるということはできないとした。

結局、ケースバイケースの判断であるが、#280602 においては対象者として

---

118) その他、#250717B、#241203、#230630、#230317、#220325 等参照。

もこの相手にメールを送付すればそれに対し一定の反論がなされること、その際に全文が公開されるかはともかく一定の範囲で公開されるだろうことを予想できたという判断が重要であろう。[119]

(6) その他

#200624 は、対象者の自宅の外見、広さ、価格、購入等資金の捻出方法、対象者所持する自動車の種類、価格等の事実を公表するものであるところ、これらの事実は私生活上の事実であり、かつ、通常他人に知られたくない事実であるとともに、いまだ一般の人には知られていない事実としてプライバシー侵害とした。

---

119) なお、限界事例であろうがやや厳しい否定例に #280524 がある。

第 11 章　インターネット特有の問題

1　はじめに

　ここまでは、プライバシー侵害のうち、インターネット上のプライバシー侵害にも当てはまり得る論点を中心に検討してきたが、この章ではインターネット特有ともいえるような問題をいくつか検討したい。

2　リンク・転載等に関する問題

(1)　はじめに
　インターネット上においては、リンク・転載が容易であり、これがどのような影響を及ぼすかが問題となる。
　この点については、名誉毀損の文脈において名誉毀損本267頁及び勁草ビブリオフィル連載第34回[120]でも詳述していることから、以下では、その内容をふまえて、プライバシー侵害に関する裁判例とともにポイントを説明したい。また、リツイートやいいねについても簡単に述べる。

(2)　リンク
(a)　名誉毀損に関する裁判例
　リンクについては、リンク先の記事をその内容として取り込んだことになるのかが問題となる。
　例えば、行為者が自身のブログから、「対象者が犯罪を犯して逮捕された」と書いているウェブサイトにリンクをした場合、行為者自身もその旨摘示することになるのだろうか。
　この点については、名誉毀損本269頁以下では、名誉毀損に関しリンクの取り込みを認めた事例（#240418、#261107、#260328、#251220）と否定した事例（#220630Bや#230111）を紹介した上で、例えば「このようなことを言っている

---

[120]　http://keisobiblio.com/2017/01/26/matsuo34/

人がいるが、自分は賛成できない」というような趣旨でリンクを貼っただけであれば、それはあくまでも、当該ウェブサイトの存在を摘示しているだけであって、自己の表現として取り込んだとはいえないだろう、その意味では、現在でもなお、表現の趣旨をふまえ、一般読者の基準によって判断した結果、リンク先の内容を取り込んでいないと判断される場合はあり得るだろうと述べた。

また、勁草ビブリオフィル連載第34回では、最近の名誉毀損に関しリンクの取り込みを認めた事例（#280721、#271221、#271225）と否定した事例（#270428・原審 #270310、#270129C、#280126）を紹介した上で、名誉毀損本以降の裁判例においても表現の趣旨をふまえ、具体的な事案においてリンク先記事の内容の取り込みがあったかを判断するという、名誉毀損本の判断枠組と基本的には同様の判断枠組みが採用されていると評して差支えないと結論付けたところである。

(b) プライバシー侵害に関する裁判例

そして、プライバシー侵害においても、同様の判断がされている。

#251113 は、具体的なリンクの方法として、「b社攻撃で姿を現した『ネットジャーナリスト』X：『則天去私』」と記載された記事の箇所に、ハイパーリンクを設定表示することにより、いわば見出しと本文の関係のような一体性を構築しているから、一般の閲覧者の普通の注意と読み方によれば、リンク先の情報を取り込んでいると理解される」等と判示した。

#270903 は、判決へのリンクにつき、本件投稿を見る者が本件リンクをクリックして別訴判決を読むことができ、それを想定したものであって、本件投稿者が意図的に本件投稿に別訴判決を取り込んでいると認めることができるとした。

このように、裁判所は、具体的事案における判断として、リンク先の記事を取り込んでいると判断される場合には取り込みを認めていると言える（他の肯定例に、#280322 #280617、#270204 等参照）。

(3) 引用・転載

引用・転載をする場合もリンクと同様で、単に「転載した」というだけを理由に責任を免れることはできないが、具体的な内容によっては引用した内容を取り込んでいないと判断されることがあり得るだろう。

#220830 は、吃音についての記載について他人の書籍を引用したと主張したが、たとえ行為者が執筆したものでなくても、表現物の内容が対象者の名誉を

毀損し、プライバシーを侵害するものである以上、新たに不法行為が成立することは当然であるとされた。

この事案では、そもそも当該書籍への言及がない等、一般読者基準によれば、自己の投稿としてこのような摘示をしたといって差し支えない態様であり、妥当な結論であろう。

(4) リツイート・いいね

ここで、リツイートやいいね機能については、プライバシーに関する裁判例は見つからなかったが、名誉毀損について裁判例があるので名誉毀損本271～273頁の記載を元に補充して説明する。

#260320 は、(mixi と思われる SNS の)「いいね機能」について、あくまでも、「賛同の意を示すものにとどまり、発言そのものと同視することはできない」として、元の発言が名誉毀損であっても、この発言に対して「いいね！」のタグをクリックしたということをもって、いまだその発言内容について不法行為責任を負うことはないとした。

#261224 は、リツイートも、ツイートをそのまま自身のツイッターに掲載する点で、自身の発言と同様に扱われるものであり、行為者の発言行為とみるべきとした。

さらに、#271125 では、リツイートは、既存の文章を引用形式により発信する主体的な表現行為としての性質を有するといえるから、本件ツイート等の名誉毀損性の有無を判断するに際しては、リツイートに係る部分をも判断対象に含めるのが相当とした。

これらを整合的に説明するという観点からは、対象となる記事に対し賛意を示す「いいね」と、それを転載ないし拡散しようとする「リツイート」を分けて理解することが考えられる。すなわち、

・「いいね！」をしただけでは原則としてそれを積極的に拡散したいという意思までは認められず、元投稿を自らの発信内容とする趣旨とまでは認められないので、単に「いいね！」だけでは元投稿者と同様に投稿に関する責任を負うとはいえない（ただし特段の事情がある場合には異なる判断になりうる）

・（シェアや）リツイートをすれば、原則として元投稿を自らの発信内容とする趣旨が認められることから、原則として元投稿者と同様に投稿に関する責任を負う（ただし特段の事情がある場合には異なる判断になりうる）

という評価が可能であるように思われる。

このような裁判例はいずれも名誉毀損に関するものであるが、プライバシー侵害についても応用可能であると思われる。

3 第三者によるインターネット上の投稿

(1) はじめに
インターネットのインフラ化（6頁）により、様々な人がインターネット上に情報を公開・投稿するようになった。
それがプライバシー侵害の判断にも影響を一定の影響を及ぼしている。

(2) 政府による公開
例えば、非公知性の観点からは、政府がインターネット上で公開することで、非公知性が否定されることがあり得る。#210728（#220113、#220525で是認）では、公安調査庁ウェブサイト等で対象者の実名が社会全体に対して公開されていることから非公知性が否定された。

近年は政府が様々な情報をウェブサイト上に公開しているところ、信用性及びそれにより社会に知らしめる効果は単なる掲示板等への投稿より遥かに高い。このような情報は単に当該公開がプライバシー侵害かというだけの問題ではなく、他人が同様の情報を公開した際の非公知性等にも影響し得ることから、特にそれが実名公開等誰に関する情報であるかが分かる形での公開の場合には慎重な対応をすべきだろう。[121]

(3) 電話帳データ公開サイト[122]
これとは異なるが類似する問題として、電話帳データ公開サイトがある。これは、2007（平成19）年頃の株式会社NTT発行の電話帳（いわゆるタウンページ）の情報を転記したものと思われるところ[123]、掲示板等における住所、氏名、電話番号の投稿のプライバシー侵害同サイトの存在を理由に、氏名、住所、電話番号は、既に電話帳データ公開サイト上でインターネットに公表されている事柄であるといった主張がされた事案がある。

#260730は、当該サイトにおいて検索できることと、本件スレッドに個別に書き込まれることとでは、公表の態様も対象範囲も異なるというべきであるか

---

121) 名誉毀損本211頁以下も参照。
122) 関連裁判例として#290425参照。
123) 同サイト運営者はハローページの情報等様々な情報を公開しているようである。

ら、対象者の以前の住所及び電話番号はなおプライバシー保護の対象になるというべきであるとした。

これは、非公知性についての裁判例の傾向（110頁以下参照）と合致しているだろう。

なお、グーグルアースにつき、#230525 は、対象者の自宅写真の公開について、行為者はグーグルアース等により都心部にある建物の写真は公開されている状況にあると主張するが、グーグルアース等によっても、特定人の自宅が行為者の行った公開態様により公開されているわけではないことは公知の事実であるとした。

(4) 第三者による対象者のブログ・公式サイトへのコメント

関係して対象者のブログに第三者のコメントが投稿され、公開されること等の影響が論じられることがある。

#260613 は、匿名でブログを運営していた対象者の実名を公開した事案であるところ、行為者は、対象者のブログのコメントで対象者の実名が公開されたと主張した。裁判所は、コメントは、対象者が行ったものではなく、対象者によって本件コメントの内容につきプライバシーが放棄されたと解することはできないこと、弁論の全趣旨によれば対象者はコメントを放置したわけではなく、本件コメントの投稿者に抗議などしており、一定期間ブログの閲覧者が閲覧可能な状態であったに過ぎないこと等を理由に、プライバシーの放棄も非公知性の喪失もないとした（反対の判断をしたものに #240727。詳細は 117 頁参照）。

同じブログに記載された情報であれば、裁判例の傾向（110 頁以下）によれば非公知性を否定されやすいが、裁判所は第三者による投稿であること及び対象者が抗議等をしていることを重視したものと思われる。

なお、行政書士の公式サイトの掲示板へのアダルト広告の投稿について、#220726 は、対象者のプライバシーを侵害するものとは考え難いものの、その信用や社会的評価を毀損するものとした。

4　対象者自身による公開

(1) はじめに

インターネットでは対象者自身も様々な内容を公開していることが多い。これはプライバシー侵害の成否にも影響し得る事情である。

「インターネットなど、容易にコピーして拡大再送信できるデジタル媒体に自ら書き込みをした場合、書き込んだ事項につきプライバシーの保護を受けることは基本的に難しい」（佃123頁）とも論じられている、インターネットのインフラ化とそれに応じた多様性に鑑みれば（6頁）、「インターネットだから」というような一律の判断をすべきではなく、あくまでも当該情報の内容が何で、対象者はどのような態様で公開したのか、行為者はどのような態様で公開したのか等を個別具体的に判断すべきである。[124]

例えばパソコン通信についての#091222は、公開チャットの転載について、チャットの場でいったん公開されていたから直ちにプライバシーにあたらないと単純に断じることなく、個別の事実認定の問題として処理している（佃122頁）。

最近のプライバシー侵害の事例でも、#210513Bは、行為者が愛人との旅行写真をインターネット上に公開していたものの、探すのが難しいところに存在したという事案について、上記の写真が掲載されていた対象者管理に係るインターネット上のホームページは、一般の通常人が容易に閲覧することができるような状況に置かれていたものではなく、行為者自身も偶然にこれを発見したに過ぎなかったことが認められるとして非公知性等が否定されないとした。

結局、この問題は、①非公知性・秘匿性が欠けるのではないか、②本人の承諾・放棄があるのではないか等プライバシー侵害の各要件が個別の事案で認められるかの問題に帰着することから、各要件毎に検討する。

(2) 非公知性・秘匿性等

対象者自身による公開を理由に非公知性・秘匿性を否定するものがある。

#260516は、対象者の氏名及び同人がスレッドの主題とされている会社の代表取締役である事実を暗に指し示す投稿について、対象者の氏名や代表取締役である事実は、会社のウェブサイト上に記載されており、これらはいずれも誰でも閲覧できるものであるから、これらを明らかにしたからといって、プライバシーを侵害したことにはならないとした。

#240831Aは、対象者のブログに記載された対象者の氏名、交際相手の年齢及び家族構成を掲示板に投稿した行為について、対象者自らがこれらの私的情報を不特定多数人に既に公開していたものといえるとしてプライバシー侵害を

---

[124] 佃123頁が「基本的に」とするのはそのような可能性を含んでいるのだろう。

否定した[125)]。

　これらは、対象者ないしそのブログについて議論をする掲示板において当該対象者の会社のウェブサイトや対象者のブログの内容が引用されたというものであり、同じ場面における情報の利用で非公知性を否定する従来の裁判例の傾向（110頁以下）と同様のものとして整理することが可能である。そこで、対象者がある場面で開示した情報が異なる場面で利用される場合にはなお公知性・秘匿性を認める余地があるだろう。

(3)　承諾・放棄

　対象者が自ら公開することでプライバシーを放棄したのではないかという問題がある。

　#240831A は、対象者は特段の制限を付さずに、不特定多数人に対して私的情報を公開していることが認められるから、対象者は、対象者のブログ等に記載した内容について、私的情報をどの範囲でどのような形で公表するかについてのコントロールを放棄して公表したものというべきとした。

　この判決を、公開範囲の制限を明示しないでインターネット上に情報を公開した場合にはすべてのコントロールを放棄したとまで言っていると読むべきではないだろう。黙示の限定はあり得るが、この事案では、明示の限定はもちろん黙示の限定もなかったと認定されたと読むべきであろう。

(4)　その他

　なお、違法性判断における比較衡量は様々な事由を総合考慮するのであり、自己が公開した事実もそのような総合考慮の対象たる要素の1つになり得るだろう（#260925 参照）。

5　なりすまし

　対象者本人になりすまして投稿をする行為についてプライバシー侵害を認めたものがある[126)]。

　#270204 は、対象者になりすまして、対象者がこれまでに、勤務先の金員を着服して解雇されたり、薬物依存症により施設に入所したり、その他何らかの不正な行為を重ねてきた人間であるという事実を摘示したことがプライバシー

---

125)　なお、#280325A、#280208A 等も参照。
126)　なお、アイデンティティ権につき52頁参照。

侵害とされた。

　#270709 も、対象者本人になりすまして生年月日、住所、電話番号等を記載したことがプライバシー侵害とされた。

　名誉毀損の文脈では、その投稿の社会的評価が低下する機序に応じて①読者が、本当に対象者がそのような言動をしたと誤解して起こる名誉毀損と、②読者が、(それがなりすましだと分かった上で) 第三者が対象者をそのような人だと指摘していると理解して起こる名誉毀損の二種類を区別することができる (名誉毀損本 135 頁) ものの、プライバシーの場合には社会的評価の低下は要件となっていないことから、社会的評価低下の機序によってこの 2 つを厳密に区別する必要はなく、(非公知性、秘匿性が認められることを前提に) 結果として摘示された事実が私生活上の事柄又は私生活上の事柄らしく受け取られる事柄であって、私事性が認められれば、プライバシー侵害を肯定できるだろう。

　なお、SNS 等においては、第三者が対象者の名前等を利用してなりすましアカウントを開設することは簡単であり、プラットフォームから公式認定を受けたアカウントでもない限りアカウントの名前が対象者と同一ないし類似しているからといって、それだけで本人の投稿とはいえないことには留意が必要である (#270709)。

6　その他

　その他行動ターゲティング広告によるプライバシー侵害については、新版注釈民法 15 巻 543〜545 頁参照。[127]

---

127)　松尾陽 71 頁等も参照。

第12章　忘れられる権利

1　はじめに

　最近のインターネット上のプライバシー侵害の最も重要な問題の一つが「忘れられる権利」である。[128]

　「忘れられる権利」の定義については諸説あるが、例えば、「特にインターネット上の情報の拡散防止の観点から個人が自己に関する情報の削除を求める権利」といった定義が提唱されている。[129]日本の裁判実務上、主に前科・逮捕歴のような自己の犯罪に関する情報が掲載されたサイトや掲示板等が検索エンジンの検索結果として表示される場合、本人が、検索エンジンに対し検索結果を削除するよう請求することができるかという文脈でこの問題が議論されることが多い。[130]

　#290131は、検索エンジン上で表示される約5年前の児童買春での逮捕歴に関するURLについて、「忘れられる権利」という表現を用いずに、プライバシーを根拠とした削除の可否を検討し、比較衡量の基準を立ててこれを適用し、削除を否定している。原々審である#271222が「忘れられる権利」を肯定していたことから、最高裁は「忘れられる権利」を否定したのではないかなどとインターネット上やマスコミで大きな話題を呼んだ。

　「忘れられる権利」では、論者の「総合力」が問われる。例えば、民事人格権法の枠組だけで考えるのではなく、憲法上の「表現の自由」と「プライバシー」の相剋をもふまえて論じなければならない。しかも、プライバシーの中で

---

[128]　忘れられる権利に関する重要文献としては本書の脚注で紹介したものに加え、宮下判例時報2318号13頁注1以下の各文献も参照。

[129]　宮下法セミ。なお、奥田41頁では「『忘れられる権利』とは、一旦世間に公表された個人に関する情報を、世間から忘れてもらうことを個人の権利ないし利益として、世間から忘れてもらう方法として、当該情報の削除を請求するものである」とする。EU法と「忘れられる権利」については奥田20頁以下を参照。

[130]　実際には、検索結果だけではなくサジェスト機能で表示されるキーワードが問題になる等多様な実務上の問題が生じ得る。サジェスト機能と忘れられる権利については、奥田72頁以下参照。なお、そもそも犯罪以外の「忘れられる権利」が問題となり得ることは後編で論じる。

も前科・逮捕歴等の問題は特殊性がある。そして、求められているのは従来型のプライバシー侵害において典型的な「事前差止め」（人格権に基づく妨害予防請求）ではなく「削除」（主に人格権に基づく妨害排除請求）である[131]。さらに、削除が求められているのは、もともとのプライバシー情報を掲載するサイトの記事ではなく、検索エンジンが表示するURL等である。

すると、民事人格権法、憲法、逮捕歴・前科等に関するプライバシー、削除請求、リンク等のプライバシー法に関するすべての重要問題を網羅的に理解しなければこの問題を適切に論じることは不可能といえるだろう。

その意味で、この問題を適切に議論することは極めて困難であるものの、以下、試論として私見を表明したい。まず、「忘れられる権利」がどのようなものとして主張され、それが通常のプライバシーに基づく削除請求とどう異なるかを説明し(2)、その後検討の前提となる犯罪歴・前科とプライバシーに関する裁判所の立場を要約し(3)、プライバシー侵害に基づく差止め及び削除請求権についての裁判所の立場を要約し(4)、最高裁以前の裁判例の動きを要約し(5)、最高裁決定を概観し(6)、最高裁の立場に対する試論的評釈を行いたい(7)。ただし、民事法上「違法」か「適法」かのラインを探るという本書の趣旨に鑑み、上記のうち特に憲法の問題は深入りしない。

2 忘れられる権利概観

(1) はじめに

近時問題とされることが多い「忘れられる権利」であるが、いったい何が問題なのだろうか。

> 人は忘れる。しかし、インターネットは忘れない。
> ひとたびインターネット上に公開された個人情報は反永続的に残されてしまう。事実に反する不正確な情報や、たとえ真実であっても住所や電話番号などの個人情報が公開されてしまえば、私生活の平穏は侵害されてしまう。また、名誉を損ねるような情報がインターネット上で拡散されてしまうことで人格形成にも大きな影響を及ぼしてしまう。そこで、インターネット上の世界で「忘れる」ことを権利として保障する必要性がでた[132]。

---

[131] もちろん、削除によってその後のプライバシー侵害がなくなるという意味で予防請求の側面もあることは否定できないが、単純な予防請求とは異なる。

「忘れられる権利」("Droit à l'oubli"、"Recht auf Vergessen"、"right to be forgotten")という用語が最初に使われたのは、2009年に提出されたフランスの法案といわれる。[133] 2012年に公表されたEUデータ保護規則案に「忘れられる権利」[134]が明記されたことが注目を集めた後、[135] 2014年5月3日に欧州司法裁判所は、スペインの個人が社会保障費の滞納により自宅が競売されたとの10年以上前の情報が検索結果として表示されることが、EUデータ保護指令で保護された個人データ保護の権利を侵害するという判決を下した。[136]

こうした世界的な状況をふまえ、日本でも、2015（平成27）年3月にYahoo! Japanが検索結果からプライバシー関連情報を削除する上でのガイドラインを公表し、[137] また、「忘れられる権利」に基づく検索結果の削除が認められるべきかについて、裁判所においても争われてきた。

(2) プライバシーに基づく削除請求と「忘れられる権利」の相違

ここで、「忘れられる権利」として争われている事例は、少なくとも日本の裁判例上は、検索エンジンの検索結果として表示される前科・逮捕歴等を削除するよう求めるものがほとんどである。[138] すると、これはプライバシーに基づく削除請求と何が違うのか、という問題がある。

後記のとおり、裁判所は、プライバシー侵害に基づく差止め及び削除請求権を認めており、例えば、#140924（石に泳ぐ魚事件）最高裁は、プライバシー侵害を念頭に、人格的価値を侵害された者は、人格権に基づき、加害者に対し、現に行われている侵害行為を排除し、又は将来生ずべき侵害を予防するため、

---

132) 宮下事例47頁。
133) 新保史生「EUの個人情報保護制度」ジュリスト1464号39頁注2、今岡直子「『忘れられる権利』をめぐる動向」調査と情報854号1頁。その後フランスではデジタル共和国法により未成年者の忘れられる権利が明文化された。
134) EUデータ保護規則は、その後の修正を経て2016年4月に制定された。特に17条は「削除権（忘れられる権利）」として、データコントローラーに対しパーソナルデータの削除を求める権利を規定していることに留意が必要である。
135) 宮下221頁、奥田2頁。
136) 「収集又は処理の目的との関係において、また時の経過に照らして、不適切で、無関係もしくはもはや関連性が失われ、また過度であるとみなされる場合」のパーソナルデータの削除を一定範囲で承認（http://eur-lex.europa.eu/legal-content/EN/TXT/HTML/?uri=CELEX:62012CJ0131&from=EN。なお、Lukas Ströbel, Persönlichkeitsschutz von Straftätern im Internet, Nomos, 1.Auflage, 2016, S.120 ff. も参照)。
137) http://publicpolicy.yahoo.co.jp/2015/03/3016.html
138) なお、EUにおいて忘れられる権利はリスト化されない権利として処理されていることにつき、宮下法セミ5頁注2参照。

侵害行為の差止めを求めることができるものと解するのが相当であるとした上で、モデル小説の差止めを命じる原判決を是認した。インターネット上のプライバシー侵害についても、複数の裁判例がプライバシー侵害を理由としてインターネット上の投稿の削除を認めている。すると、検索エンジンが前科・逮捕歴等を表示することを望まないのであれば、本人のなすべきはプライバシー侵害を理由とする削除請求であって、わざわざ「忘れられる権利」といった新しい権利に基づく請求を主張する必要はないのではないかとも思われる。

　この点、「忘れられる権利」という概念がなお有用であるという立場からは、プライバシーと「忘れられる権利」の相違として主に以下の3点の相違が指摘されているように思われる。

　1つ目は、削除の対象である。従来の削除請求（削除権）では、オリジナルの情報（たとえば掲示板への投稿）の削除が請求されていた。しかし、「忘れられる権利」で問題となるのは、検索結果の一部を非表示とすることの要否である[139]。

　2つ目は、請求の相手方である。従来の削除請求（削除権）では、オリジナルの情報（例えばSNSへの投稿や掲示板への投稿）の投稿者（例えばSNSの利用者）やプロバイダ（例えば掲示板運営者）等が請求の対象とされていた。しかし、「忘れられる権利」では検索エンジン運営者が請求の相手方となっている[140]。特に検索エンジンは情報の流通の媒介として情報等に接し、これを摂取する自由のため大きな役割を果たしており[141]、例えばいわゆる「グーグル八分」[142]を受ければ、情報をアップロードしたところで、読者はその存在を知ることができず、事実上誰にも見てもらえなくなる。さらに、特定のアルゴリズムに基づき、機械的かつ自動的に検索結果を表示する検索エンジンの特徴をどのように評価するのかも問題となる[143]。

　3つ目としては、「忘れられる権利」の議論においては、リンク先であるオリジナルの情報が違法か否かにかかわらず検索結果の表示を削除しうる場合があるか否か等が問題となっていることである。例えば、報道機関の犯罪報道・前科に関する報道が検索結果として表示される場合、報道機関の報道そのもの

---

139) 宮下法セミ1頁。
140) 宮下法セミ1頁。
141) 宮下法セミ2頁。
142) 大手検索エンジンが当該サイトを表示対象から外すことを称する俗称。
143) 宮下比較法雑誌、特に55〜56頁。

の削除を求めることができるかは、まさに従来のプライバシー（及び名誉毀損）の問題である。そして、その場合には、報道機関による表現の自由やこの報道記事に関する国民の知る権利が直接問題となるだろう。しかし、「忘れられる権利」の場合には、あくまでも検索エンジンの検索結果の削除の要否の問題であり、また、当時適法でも、その後の時の経過により削除が必要と主張される以上、オリジナルの報道機関の報道の削除基準とは異なる基準で判断される余地がある。例えば EU データ保護規則第17条や欧州司法裁判所によればオリジナルの情報は適法であっても、それが「不適切」とか「過度」である場合には検索結果からの削除が認められる余地があり得る。

(3) 実務で「忘れられる権利」（検索結果削除請求）が主張される背景

　ここで、なぜ実務において検索結果を削除したいのかという背景事情を簡単に説明したい。

　この分野で実績を持つ実務家は、削除請求の相手とコンタクトが取れない場合、つまり、海外サイトや海外在住者等で連絡がつかない／日本の判決等に従ってもらえない場合や、削除対象のサイト、URL が膨大で、すべての個別サイト削除の料金で受任すると着手金が高額になってしまうので記事本体は消えなくても、せめて検索結果だけは消したい場合があると説明する。

　筆者の実務経験上も、元サイト（投稿者／プロバイダ）に対する削除請求が容易かつ現実に可能な場合であれば元サイトに対して削除請求をすることが直截であって適切であるが、事実上ないしは経済的に元サイトに対する削除請求が困難な場合が出現し、対応を迫られるという状況が生じ得る。

　そのような中で、「自分の名前で検索した際、1 ページ目、2 ページ目に、当該 2 ちゃんねる掲示板が上位表示されることのほうが辛い」「検索結果に表示されていなければ、2 ちゃんねる掲示板に中傷記事があっても、それほど辛い

---

144) 宮下法セミ 2 頁。
145) 「たとえ忘れられる権利を認めたとしても、ウェブサイト上には本件の犯行に関連するオリジナルなウェブや掲示板等の投稿まで削除の対象とはならない。また犯行に関する報道機関による当時の報道記事や報道機関のウェブサイト上における検索結果の削除は、対象とならない。報道機関による表現の自由やこの報道記事に関する国民の知る権利が著しく阻害されるわけではない。」（宮下紘『「忘れられる権利」、日本でも真剣に考える時』(http://webronza.asahi.com/national/articles/2016081000003.html?iref=comtop_fbox_u06))
146) 宮下判例時報 2318 号 5 頁参照。
147) 宮下比較法雑誌 43 頁及び 68 頁。
148) 清水神田中澤 14〜15 頁。

わけではない」といった対象者の心情に鑑み、検索エンジンに対する削除請求を選択したいという感覚は、特に対象者の側で代理をする実務家の立場としては極めて妥当な感覚といえるだろう。

　もっとも、検索エンジン側としては、経済的理由で検索エンジン側に削除負担が生じるのはたまったものではないと考えるかもしれない。

　いずれにせよ、外国サイトであっても、インターネットは空間を超え、日本から普通に見ることができてしまうところ、外国サイトである等の理由で削除が事実上（ないしは経済上）困難である場合に、検索エンジンへの検索結果削除請求がいわば「最後の拠り所」となっており、それが認められなければ、プライバシー侵害による被害からの救済が現実的に極めて困難になるということは頭の片隅に入れておくべきように思われる。

3　犯罪歴・前科とプライバシーに関する裁判所の立場

(1)　犯罪歴・前科の特殊な位置付け

　そもそも、犯罪歴や前科はプライバシーの中でも特殊な領域といえるだろう。

　ある人にとって自分が犯罪を犯した、有罪と宣告されたというのは秘匿したい、それを知られたくないという気持ちがあるのは十二分に理解することができる。特に、有罪判決が出た後、服役等を経て社会復帰をしていくに際して、前科・前歴を知られることによって更生が困難になることから、その局面ではプライバシーの保護の必要性は高い。

　もっとも、犯罪やそれに対する刑事処分は、社会の正当な関心事であって、公共性が認められることは否定できない。前科・前歴は公的な犯罪記録の一種でもあり、その意味でも公的情報の性質を有していることもまた否定できない。

---

149)　清水神田中澤15頁。
150)　なお、「仮に、グーグル検索で上の方に表示されるから、みんながそこにたどり着いてしまうという局面であれば、元の表現はともかく、差し当たりリンクを消せという話は、当然ありえます。」という「宍戸常寿東大教授に聞く「表現の自由」裁判所任せでいいのか」（http://mainichi.jp/articles/20141109/mog/00m/040/004000c）における宍戸常寿教授の発言も参照。
151)　なお、後記の「検索エンジンの特質」で述べる、削除のハードルをあげる要素、特に、表現の自由や知る権利における検索エンジンの役割等も主張したいだろう。
152)　なお、経済的理由の場合には「お金を払えばよい」という発想もあるかもしれないが、お金がある人しかプライバシーが保護されないということでよいのか、という問題も検討が必要だろう（清水神田中澤15頁参照）。

犯罪報道を一律にプライバシー侵害とすべきではないだろう。

後記の逆転事件の最高裁判決調査官解説は「前科のプライバシー性と非プライバシー性[153]」を論じているが、これは、犯罪歴・前科のこのような特殊性を指摘するものだろう。[154]

(2) 犯罪歴・前科とプライバシーに関する最高裁の判断

これまで、犯罪歴・前科とプライバシーに関する最高裁の判断としては以下の3事件が重要である。

まず、#560414（前科照会事件）は、区長が弁護士会照会に対して安易に前科を回答したことがプライバシー侵害になるかが問題となった事案において、前科及び犯罪経歴（以下「前科等」という）は人の名誉、信用に直接にかかわる事項であり、前科等のある者もこれをみだりに公開されないという法律上の保護に値する利益を有するのであって、市区町村長が、本来選挙資格の調査のために作成保管する犯罪人名簿に記載されている前科等をみだりに漏洩してはならないことはいうまでもないところであると判示し、結論として賠償を認めた原判決を是認した。[155]

次に、#060208（逆転事件）は、ノンフィクション小説において占領下の沖縄で行われたある刑事事件において有罪とされたことが実名で描写されたことが問題となったところ、最高裁は「ある者が刑事事件につき被疑者とされ、さらには被告人として公訴を提起されて判決を受け、とりわけ有罪判決を受け、服役したという事実は、その者の名誉あるいは信用に直接にかかわる事項であるから、その者は、みだりに右の前科等にかかわる事実を公表されないことにつき、法的保護に値する利益を有するものというべきである」とした上で、それが違法かどうかの判断基準として「その者のその後の生活状況のみならず、事件それ自体の歴史的又は社会的な意義、その当事者の重要性、その者の社会的活動及びその影響力について、その著作物の目的、性格等に照らした実名使用の意義及び必要性をも併せて判断すべきもので、その結果、前科等にかかわる事実を公表されない法的利益が優越するとされる場合には、その公表によっ

---

153) 最高裁判例解説民事篇平成6年度130頁〜131頁。

154) ただし、公共性の高い前科については一切プライバシー侵害の問題にならないというアプローチよりも、公共性の高い場合にはプライバシー侵害に対する抗弁が成立するというアプローチの方が適切なように思われる（佃197〜198頁）。

155) なお、同判決の伊藤正己補足意見は「前科等は、個人のプライバシーのうちでも最も他人に知られたくないものの一つ」とする。

て被った精神的苦痛の賠償を求めることができる」と判示し、結論として賠償を認めた原判決を是認した。

さらに、#150314（長良川事件）は、週刊誌における少年事件報道について、「犯人情報及び履歴情報は、いずれも被上告人の名誉を毀損する情報であり、また、他人にみだりに知られたくない被上告人のプライバシーに属する情報であるというべきである。」として、前科がプライバシー情報であると明示した上で、逆転事件を引いて、「プライバシーの侵害については、その事実を公表されない法的利益とこれを公表する理由とを比較衡量し、前者が後者に優越する場合に不法行為が成立する」と述べ、「本件記事が週刊誌に掲載された当時の被上告人の年齢や社会的地位、当該犯罪行為の内容、これらが公表されることによって被上告人のプライバシーに属する情報が伝達される範囲と被上告人が被る具体的被害の程度、本件記事の目的や意義、公表時の社会的状況、本件記事において当該情報を公表する必要性など、その事実を公表されない法的利益とこれを公表する理由に関する諸事情を個別具体的に審理し、これらを比較衡量して判断することが必要である」と判示し、これらの個別具体的事情について審理を怠った原判決を破棄して差し戻した。

これらの判例からは、前科・前歴に関する情報はプライバシーとして保護されるところ、このような情報を報道する行為がプライバシー侵害として違法とされかどうかについては、比較衡量の基準で判断すべきことが示唆されているといえるだろう。

(3) 服役終了後の時の経過と「更生を妨げられない利益」

ここで、同じ前科前歴であっても、服役等を終え、新たな社会生活を開始した元犯罪者については、その前科が再度公表されることによってその新たな社会生活が動揺し、更生が妨げられるという問題がある。逆転事件の最高裁判決調査官解説が述べるとおり、「犯罪者が更生に向けて真摯な努力を続けているときに、前科の公開が更生に支障を与えることは見やすい道理」である[157]。

前記 #060208 は、「その者が有罪判決を受けた後あるいは服役を終えた後においては、一市民として社会に復帰することが期待されるのであるから、その

---

156) なお、最高裁は少なくとも前科照会事件と逆転事件では「プライバシー」という表現を明示的に使っていないものの、長良川事件における「プライバシー」に関する判示の際に逆転事件に言及しているところからも分かるとおり、最高裁自身も逆転事件等がプライバシーの事件であると考えているようである。

157) 最高裁判例解説民事篇平成 6 年度 132 頁。

者は、前科等にかかわる事実の公表によって、新しく形成している社会生活の平穏を害されその更生を妨げられない利益を有するというべきである」としてこの旨を明らかにした。

　この、「更生を妨げられない利益」は、人格権の一内容と理解されており、インターネット上のプライバシー侵害においても「更生を妨げられない利益」侵害を理由とした損害賠償等が命じられている。[158]

　#210911B は、保険金殺人事件で有罪となり服役を終えた元被告人の情報を実名入りでウェブサイト上に公表する行為について、有罪判決を受けた後あるいは服役を終えた者は、一般市民として社会に復帰することが期待されるのであるから、前科等にかかわる事実の公表によって、新しく形成している社会生活の平穏を害されその更生を妨げられないことにつき法的保護に値する利益を有していたとした上で特に本件記事が掲載された時点では、既に事件発生から20年以上が経過し、刑の執行を終えてから8年以上が経過していることからすれば、いったん著名となったことによって直ちに前科等にかかわる事実が公表されないことについての法的利益が存在しないことになるものでもないとしてこれを違法として損害賠償を命じた。

　#251113 は、特定商取引法違反及び詐欺罪によって有罪になり、出所後会社の代表取締役を務めるようになった者について、その前科を（リンクを通じて）インターネット上で公表する行為について逮捕起訴歴に関する事実を公表することにより、対象者が新しく形成している社会生活の平穏を害し、その更生を妨げる内容であると認められるとした上で、違法性阻却事由もないとして損害賠償を命じた。

　興味深いのは、#260424 であり、平成15年に逮捕された記事がマスコミに掲載され、個人サイトにおいても同時期に転載された後本人は執行猶予判決を受けて社会復帰したが、約10年経過後も個人サイト上に当時の記事が残っていたことからの削除を求めた事案において、東京高裁は更生を妨げられない利益と事件それ自体の歴史的又は社会的な意義、その者の政治的又は社会的地位の重要性、その者の社会的活動及びその影響力、ウェブサイトの目的、性格等に照らした実名使用の意義及び必要性とを総合的に比較考量し、上記更生を妨げられない利益が優先すると判断されるときには、その者はウェブサイトの管

158）　中澤47頁参照。

理運営者に対し、当該ウェブページを削除することを請求することができると判断しており、（上記2事例のような、事件後かなり経過してから行われた投稿のみならず）事件当時の記事についても更生を妨げられない利益を理由に、削除の余地があるとしている。[159]

4 プライバシー侵害に基づく差止め及び削除請求権

(1) はじめに

忘れられる権利が問題となる事件、例えば検索結果の削除を請求する事件では、インターネット上の情報の削除が求められているところ、裁判例上このようなインターネット上の投稿等の削除請求はいかなる場合に認められているのだろうか。

(2) 差止めに関する裁判例

まず、名誉毀損に関するものであるが、最高裁は、#610611（北方ジャーナル事件）において、公務員または公職選挙の候補者に対する評価、批判等に関する表現の事前差止めの可否につき、①表現内容が真実でなく、又はそれが専ら公益を図る目的のものでないことが明白であって、かつ、②被害者が重大にして著しく回復困難な損害を被るおそれがあるときに限り例外的に事前差止めが許される、という2要件を立てた。これはかなり厳しい要件といえるだろう。

プライバシー侵害については、#160331が、①本件記事が公共の利害に関する事項にかかるものとはいえないこと、②本件記事が専ら公益を図る目的でないことが明白なこと、③本件記事によって被害者が重大にして著しく回復困難な損害を被るおそれがあることという原決定（#160319）の要件を一定の留保をしながら是認した。これは、北方ジャーナル事件にかなり近い（ただしプライバシー侵害なので真実性が要件とされていない）基準と評することができ、これに近い基準を定立する裁判例も多い。[160]

もっとも、石に泳ぐ魚事件（#140924）は、一応名誉等も含むものの主にプライバシーが問題となった事案において、侵害行為の差止めが認められるかは、侵害行為の対象となった人物の社会的地位や侵害行為の性質に留意しつつ、予想される侵害行為によって受ける被害者側の不利益と侵害行為を差し止めるこ

---

159) プロ責判例集27頁参照。
160) 内田76～77頁。

とによって受ける侵害者側の不利益とを比較衡量して決すべきであり、侵害行為が明らかに予想され、その侵害行為によって被害者が重大な損失を受けるおそれがあり、かつ、その回復を事後に図るのが不可能ないし著しく困難になると認められるときは侵害行為の差止めを肯認すべきである、という比較衡量の基準を定立した原判決（#130215）を是認した。[161]

最高裁の立場は必ずしも明確ではないが、東京地裁の裁判官が「プライバシー権に基づく差し止め請求権の成立要件はプライバシーが違法に侵害されていることであり、この違法性の有無に関する判断についても、相対立する利益を衡量して受忍限度を超えるものであるか否かにつき総合判断することになる」[163]とする等、裁判所の立場としては、プライバシー侵害の差止めについては、比較衡量的な立場が有力なように思われる。[162]

いずれにせよ、北方ジャーナルの枠組に乗る裁判例はもちろん、石に泳ぐ魚事件においても、「侵害行為が明らかに予想され、その侵害行為によって被害者が重大な損失を受けるおそれがあり、かつ、その回復を事後に図るのが不可能ないし著しく困難になると認められるとき」という形容詞が用いられており、一般にプライバシーに基づく差止請求のハードルが高いことがうかがわれる。

(3) 削除に関する裁判例

(a) はじめに

インターネット上の情報の削除についても裁判例が積み重なっている。ここで留意すべきは、削除については、プロバイダに対するものと、行為者に対するものの2種類があることである。

(b) 行為者に対する削除請求

行為者に対する削除請求の前提要件として、まず、現時点（口頭弁論終結時）

---

161) 「原審の確定した事実関係によれば、公共の利益に係わらない被上告人のプライバシーにわたる事項を表現内容に含む本件小説の公表により公的立場にない被上告人の名誉、プライバシー、名誉感情が侵害されたものであって、本件小説の出版等により被上告人に重大で回復困難な損害を被らせるおそれがあるというべきである。したがって、人格権としての名誉権等に基づく被上告人の各請求を認容した判断に違法はなく、この判断が憲法21条1項に違反するものでないことは、当裁判所の判例（略）の趣旨に照らして明らかである。論旨はいずれも採用することができない。」

162) 佃173頁。

163) 八木一洋＝関述之編著『民事保全の実務 上』（金融財政事情研究会、第3版増補版、2015）349頁。

において現にプライバシーを侵害している必要があり、既に削除済みであれば、削除請求は認められない（#260214、#230525）。また、行為者本人が削除をすることが可能であることも必要である（#210513B 参照）。

　問題は、プライバシーの侵害の存在以上に高度な違法性等が必要かどうかであるが、インターネット上にプライバシーを侵害する投稿等が残っており、プライバシー侵害等が継続している場合については、違法性の高低を特に問わずに削除を命じている裁判例が比較的多くみられる。

　例えば、#270716 は、インターネット上のサイトに学歴や経歴、離婚の事実、父母の経歴等の事柄を公表した事例について、対象者の名誉及びプライバシーという人格的利益を侵害するものであるから記事の削除を命ずべき必要性も認めることができるとして記事削除を命じている。

　#241015 も、対象者の原告の前科および顔写真等をブログ上に掲載した行為について名誉毀損、侮辱、プライバシー・肖像権侵害の不法行為による権利救済としては、現に継続している不法行為による権利侵害を排除するための差止請求権に基づき、行為者に対し、これらブログの記事ないし記載をすべて削除することを命ずることが、最も有効かつ適切であると認められるとして記事削除を命じている。[164]

---

[164] #221001A は、「原告は、人格権としてのプライバシーの権利に基づき、被告会社に対し、現に行われている侵害行為を排除することを求めることができると解すべきであるが、一方で、被告会社の報道の自由は、これを不当に制約しないよう最大限の配慮を要する。前記のとおり、本件記事の本文には原告を特定するに足りる情報はないし、公益を図る目的で掲載されたことが認められる。他方、給与の支給明細書等の画像は、原告を特定するに足りる情報も含まれている上、必ずしも公益を図る目的で掲載されているとはいえない。一私人の給与の支給明細書等の実物自体は、正当な社会的関心の対象ともいえない。これら画像が閲覧可能な状態となっていれば、原告のプライバシーを侵害する状態が継続することになる。したがって、原告の本件記事の削除を求める請求は、給与の支給明細書等の画像の削除の限度で認められるべきである。」としており、一見報道の自由に配慮をした比較衡量基準を取ったようにも見えるが、そもそも損害賠償の認定の部分で、プライバシー侵害が認められたのは画像部分であるから、損害賠償の部分と基準を変えたことはうかがわれない。また、#210513B は、大学教授が浮気をした等とブログ等に記載した行為について、「本件各記事が被告の名誉及びプライバシーを侵害するものであることは明らか」として削除を認めているが、「被告について、『ハレンチ教授』、『間男』、『ハレンチな行いを示す』などの表現を行ったことが認められ、これらの事情に照らせば、本件各記事が被告の名誉及びプライバシーを侵害するものであることは明らかであって、原告が本件各記事において被告の実名及び勤務先を明示しなかったことは、上記判断を左右するものではない。」という書き方の全体像をみると、これは単に「実名等が記載されていないからプライバシー侵害はない」という主張が認められないことを示す表現に過ぎないと思われ、「明らか」なプライバシー侵害がある場合にのみ削除を認めるとまでは読めないと思われる。

このような傾向は名誉毀損でもみられ、#270318（#270910 で是認）は、ウェブサイト上の書き込みによって名誉を毀損された者は、人格権に基づく妨害排除請求として当該書き込みの発信者に対し、削除請求をすることができると解されるとした上で、ウェブサイトを作成・運営している者に対する削除請求を認めている。

（c）　プロバイダ等第三者に対する削除請求

これに対し、プロバイダ等第三者に対する削除請求[165]については、一見高いハードルを課したものがある。

#201017 は、掲示板上のプライバシー侵害につき、削除要請があった場合など、掲示板の管理運営者が、掲示板に人のプライバシー権等の権利を侵害する書き込みがなされたことを知り、又は知り得たときには、当該書き込みを削除する義務を条理上負うものと解すべきという基準を立てた上で、対象者やその親族の住所、氏名、電話番号等が記載され、対象者らのプライバシー権等を侵害する書き込みであるとの判断は容易にできるのにその削除を求められてから約半年も削除をしなかったとして、削除義務違反のプライバシー侵害を認めた。この「判断は容易にできる」という当てはめからは、単にある投稿がプライバシー侵害として削除を求められただけで削除義務が生じるのではなく、それをふまえて当該投稿を確認することで、それが権利侵害であることが明白だったり容易に判断できることではじめてプライバシー権等の権利を侵害する書き込みがなされたことを知り、又は知り得たとして削除義務が生じるということのようにも読める。

これと同様に、第三者の削除義務を認める上でハードルを課したものとして、パソコン通信のシステムオペレーターの削除義務についての伝統的な #130905 が挙げられるだろう（その他、#180830 も参照）。

これらをみるに、一見、行為者への削除請求より第三者の削除請求の方がハードルが高いという判断を導出できるようにも思われる。

ただし、注意すべきは、第三者の場合には、「裁判所に第三者に対する削除命令を求める」場面と、「第三者がかつて削除をしなかった（削除を遅らせた）事を理由に損害賠償を請求して裁判所に訴える」場面の２つがあり得ることである。上記のような第三者の削除義務を認める上でハードルを課しているのは

---

[165]　なお、プロバイダに削除権限がない場合（#210911）や本人が例えば証拠保全のため削除しないでくれと言っている場合（#201031）に削除義務が発生しないのは当然である。

いずれも後者の場面である。そして、後者の場面は、裁判所の命令がない中、プロバイダが独自に削除をすべきかどうかの判断を強いられるという状況であり、その判断が困難な場面も少なくない。

そこで、第三者がかつて削除をしなかった（削除を遅らせた）ことを理由に損害賠償を請求して裁判所に訴える場面について、第三者の削除義務（第三者が当時削除義務を負っていたこと）を認定する上でハードルを上げることはある意味自然であるが、そのような裁判例を理由に、「裁判所に第三者に対する削除命令を求める」場面でハードルを課すべきと論じるのはやや議論が飛躍しているという印象を否めないだろう。

(d) まとめ

以上をふまえると、インターネット上のプライバシー侵害情報の削除を裁判所が（行為者／第三者に）命じる場面については、裁判例上高いハードルを課すというよりは、（比較衡量で判断される）プライバシー侵害の存否（不法行為として損害賠償が認められるか）の基準でプライバシー侵害が認められる場合には、あまりそれ以上の要件を課さずに削除を命じるものが多いように思われる。

(4) 検討

これらの裁判例の概観の結果、差止めに関するやや厳しめの傾向と、削除についてのやや緩めの傾向を見いだすことができるかもしれない。では、このような相違はなぜ生じているのだろうか。

この点、事前差止めについては、完全な侵害予防請求であるが、削除については（予防請求という側面もあるが）既に発生している侵害排除請求の側面もあるという意味で、従来型のプライバシー侵害報道の差止めと、インターネット上のプライバシー侵害と投稿の削除は一定程度相違があるものとして考えるべきであろう。

名誉毀損の投稿を仮処分によって削除する事案を念頭に置いているものの、東京地裁の裁判官が、「ウェブサイト上の表現行為による名誉毀損が問題となる事例においては、当該表現行為が公務員又は公職選挙の候補者に対する評価、

---

166) 訴訟外でプロバイダに削除請求を行うことは少なくない（筆者も実際に削除に成功したことがある）が、削除請求「訴訟」の場合には、行為者本人を被告として損害賠償請求と同時に削除を請求することの方が比較的よく見られ、前者の請求はあまり多くない。

167) 名誉毀損の事案であるが、掲示板の管理者において、当該投稿が名誉毀損に当たるか否かの判断が困難な場合も少なくないとした #201001 も参照。

168) この点で、削除を「差止めと同視」する奥田46頁には必ずしも賛同できない。

批判等に関するものであることは必ずしも多くなく、また、通例、表現が開始された後に差止めの仮処分が申し立てられるので、差止請求権の成立要件は、(略)北方ジャーナル事件（略）よりも緩やかになるものと考えられる。もっとも、純然たる事前規制ではないとしても、表現の自由に対する抑制であることは同様である以上、保全手続という本案に比して手続保障が十分でない手続で将来の表現行為を禁止するという点では事前規制に類するともいえることからすれば、当該表現が公共の利害に関するものと認められる場合に、その差止めの仮処分が認容されるのは、その内容が真実ではないこと、あるいは公益を図る目的によるものでないことについて相当程度の蓋然性があることが疎明され、かつ債権者が重大な損害を被るおそれがあることが疎明された場合に限られると解すべきである」[169]として、北方ジャーナル事件の要求する明白性までは不要であるが、プライバシー侵害を理由とした損害賠償請求の場合よりもやや厳しい基準を提唱していることが参考になる。

　ここには、何ら世の中に情報が公開されないように事前に完全に差し止めてしまう、しかもそれを仮処分という本案に比して手続保障が十分でない手続で行うという場面においては最も厚い保護が必要であるが、表現が開始された後に削除が申し立てられるインターネット上のプライバシー侵害や名誉毀損については、多少要件を緩くしてもよいのではないかという問題意識があるように思われる（実際、上記の削除を比較的容易に認めているものは仮処分ではなく本案の事案であった）[170]。

5　最高裁決定以前の裁判例の動き

　最高裁決定は何の脈略もなく下されたものではなく、いわゆる「忘れられる権利」について既に存在する約20の裁判例の流れをふまえたものである。そこで、最高裁決定以前の裁判例の動きを理解する必要がある。
　最高裁決定以前の検索結果の削除についての日本の裁判例は以下のとおりである。

---

169)　八木一洋＝関述之編著『民事保全の実務　上』（金融財政事情研究会、第3版増補版、2015）350頁。

170)　ただし、石に泳ぐ魚事件は本案の事案でかつ、私小説が市場に出回った後の差止請求である点には留意が必要である。

表4　検索結果の削除についての裁判例

No.	判決／決定	結果	概要
1	#180127	×	モデル事務所の名前で検索すると、「アイドルのあそこ解放区」という検索結果が表示されるという事案において、裁判所は、そもそもこの表現の意味が不明確である等として、権利侵害を否定。
2	#211106B	×	有料職業紹介事業を目的とする株式会社である原告の名称で検索をすると、検索結果として原告を悪徳等と表現する掲示板やブログ記事へのリンク及び説明文が表示される事案において、当該検索エンジンサービスを運営するのはアメリカの本社であるところ、日本法人である被告に削除義務がない等として削除請求等を棄却。
3	#220218	×	医師である原告について「原告　医師」という語句を入力すると検索結果として、原告が性犯罪者だ等と書きこまれた掲示板が表示される等の事案において、検索エンジン自身の意思内容を表示したものではないことや、検索サービスの検索結果自体が違法な表現というわけでも、検索サービスの運営者自身が違法な表現を含むウェブページの管理を行っているわけでもないこと等、から検索エンジンへの削除が認められるのは、検索サービスの運営者がその違法性を認識することができたにもかかわらずこれを放置しているような場合に限られるとして、請求を棄却。
4	#231221	×	掲示板上に原告について「常にニヤニヤしているキモキャラ」等の書込みがされ、原告の名前で検索すると、当該掲示板のログをまとめたサイトが表示されることにつき、「利用者が入力した検索キーワードに関連するウェブページを、独自の算法に基づく順序により、機械的かつ自動的にウェブ検索結果として一覧の形式で表示するロボット型検索エンジンを採用している本件△△検索サービスにおいては、結果として、他人の名誉を毀損したり、侮辱したりする記載のあるウェブページが検索されて表示されてしまう場合があることを防ぐことは事実上不可能であり、また、そうであるからといって、ロボット型検索エンジンの採用を取りやめるなどし、個々のウェブページの内容について一つ一つ確認し、名誉毀損や侮辱に当たる可能性のあるウェブページについては全て

			検索による表示の対象から外す作業をすることを被告Y2社に求めることは、物理的・経済的に不可能を強いるもの」等とした上で、削除が認められるのは違法であることが明らかで、その違法性を容易に認識できたにもかかわらず放置した場合に限られるとして請求を棄却。
5	#251021	×	原告名で検索をすると「原告　逮捕」と表示されることにつき、日本法人に削除義務はない等として請求を棄却。
6	#251216	×	適格機関投資家等特例業務の届出業者である原告が、原告名で検索をすると「問題があると認められた届出業者リスト」が表示されることにつき、これをもって、原告に対する違法な名誉毀損とはいえないこと、および、「検索サービスは、本件プログラムによって、インターネット上から自動的かつ機械的に収集されたウェブサイトの情報を解析して索引情報を作成した上、それらのサイトで公開しているテキスト、タイトル、情報源等の特徴に照らして利用者が入力した検索キーワードに関連するウェブサイトを自動的かつ機械的に抽出した検索結果を一覧の形式で表示するものであって、被控訴人が作為的に前記表示をさせているものではないものであること」等から原告の請求を棄却。
7	#260807	×	原告の氏名で検索すると、原告の逮捕に関連する事実が表示されるところ、リンク部分は、リンク先サイトの存在を示すに過ぎず、被告自身がリンク先サイトに記載されている本件逮捕事実を摘示したものとみることはできないし、スニペット部分も自動的かつ機械的に抜粋して表示するものであることからすれば、被告がスニペット部分の表示によって当該部分に記載されている事実自体の摘示を行っていると認めるのは相当ではない、検索結果の表示は、本件検索サービスにおいて採用されたロボット型全文検索エンジンが、自動的かつ機械的に収集したインターネット上のウェブサイトの情報に基づき表示されたものである等の理由で請求を棄却。
8	#260917	×	原告の氏名で検索すると、原告の逮捕に関連する事実が表示されるとして日本法人を訴えたところ、検索エンジンを運営する主体は米国法人である等として請求を棄却
9	#261009	○	インターネットの検索サイトで自らの名前をキーワードとして検索すると、特定の犯罪に関与したような検索結果が表示されるところ、検索結果の削除を肯定。

10	#270218	×	No.7 の控訴審。「被控訴人（検索エンジン）は、本件検索結果の表示のうちスニペット部分につき、自動的かつ機械的にリンク先サイトの情報を一部抜粋して表示しているにすぎず、被控訴人が表現行為として自らの意思内容を表示したものということはできず、名誉毀損となるものではない旨主張する。しかしながら、その提供すべき検索サービスの内容を決めるのは被控訴人であり、被控訴人は、スニペットの表示方法如何によっては、人の社会的評価を低下させる事実が表示される可能性があることをも予見した上で現行のシステムを採用したものと推認されることからすると、本件検索結果は、被控訴人の意思に基づいて表示されたものというべき」としたところに特徴があるが、逮捕後わずか2年であること等から控訴棄却。
11	#270605B	×	No.8 の控訴審。基本的には No.8 の判断を是認しており、また、日本法人に検索結果監督義務も検索結果表示阻止義務もないとされて控訴棄却。
12	#270625	○	債権者の本名と住所所在地の県名を入力すると、債権者の逮捕歴が表示される事案において、一般論として検索エンジンには「知る権利に資する公益的、公共的役割を果たしていること、また、このような検索エンジンの果たす公共的役割が、検索結果の表示になるべく人為的な操作が介在しないことによって基礎付けられる」としたものの、比較衡量により、仮の削除を命じる。
13	#271207	○	債権者の本名で検索した際に上位3番目に掲載されるリンク先である掲示板に債権者が●●罪で逮捕された等と掲載されていること等につき、名誉毀損及びプライバシー侵害を理由に仮の削除を命じる。
14	#271222	○	No.12 の保全異議申立事件。「ある程度の期間が経過した後は過去の犯罪を社会から『忘れられる権利』を有するというべきである」と判示した上で、原決定を是認。なお、「検索の検索結果として、どのようなウェブページを上位に表示するか、どのような手順でスニペットを作成して表示するかなどの仕組みそのものは、債務者が自らの事業方針に基づいて構成していることは明らか」と判示。
15	#280425	×	No.18 の原審。10年前の前科について、その内容が社会の関心の高いものであること等に鑑み、削除を認めな

16	#280712	×	No.13 及び No.14 の保全抗告審。「忘れられる権利」を否定し、名誉権・プライバシー侵害の主張も否定。
17	#280720	×	公務員の3年前の盗撮について否定。
18	#281021	×	No.15 の抗告審。原審の判断を是認。
(19)	#290131	×	No.16 の許可抗告審。原審の判断を是認。

　これらの裁判例からは、初期の段階においては、検索エンジンは、単に自動的・機械的に表示をするだけであるという点が1つの理由となって検索結果の削除等が否定されてきたところ（No.4（#231221）、No.6（#251216）、No.8（#260807）等）、近年では、そのような単純な理由で否定するものはなくなり、例えばNo.13（#271207）が「検索の検索結果として、どのようなウェブページを上位に表示するか、どのような手順でスニペットを作成して表示するかなどの仕組みそのものは、債務者が自らの事業方針に基づいて構成していることは明らか」と判示するように、検索エンジン自身の独自性が認識されるようになり、削除が認められる例も増えているという傾向がみられる。[171]

　また、No.9（#261009）や No.13（#271207）のように、結論として検索エンジンに対する削除を認めたものも出現していた。

　なお、新たな権利として「忘れられる権利」を承認した（No.14#271222）裁判例は存在するとはいえ、上記の裁判例をみる限り、不適切な情報や、無関係な情報、もはや関連性が失われた情報、過度の情報等、「違法ではない情報」の削除が認められた例はいまだに存在しないようである。そこで、少なくとも日本の裁判例においては、少なくとも従前のプライバシー侵害を根拠とする削除や名誉毀損の削除の議論から大きく乖離した判断はいまだ出てきていない状況と評することができた。

---

171)　このような検索エンジンの位置づけについての異なる2つの立場については、特に EU において、検索エンジンがデータの「管理者（controller）」であるか、「媒介者（intermediary）」であるかが論じられてきたこととパラレルに理解することができるだろう（宮下 231 頁参照）。

6　最高裁決定

(1)　はじめに

2017（平成 29）年 1 月 31 日にこれまで「忘れられる権利」の問題として議論がなされてきた検索結果の削除の事案について初めて最高裁が判断を下し（#290131）、極めて大きな反響を呼んだ。

特に、原々審である #271222 が「忘れられる権利」という言葉を使ったことから、「最高裁は、忘れられる権利を肯定するのか、それとも否定するのか」等、決定が下される前から既に注目を集めていた。

以下、簡単に事案をまとめた上で、原々審から原審までの簡単な流れを紹介し、最後に最高裁決定の内容を紹介したい。

(2)　事案の概要

最高裁決定の判示および原審までの判示を参考にすると、本件の事案は概ね以下のようなものである。

X は、児童買春をしたとの被疑事実に基づき、児童ポルノ法違反を理由に平成 23 年 11 月に逮捕され、同年 12 月に同法違反の罪により罰金刑に処せられた[172]。X が上記容疑で逮捕された事実（以下「本件事実」という）は逮捕当日に報道され、その内容の全部または一部が掲示板等に多数回書き込まれた。

それから約 3 年が経過した平成 27 年時点においてもいまだに本件事実に関する掲示板の投稿が多数存在し、Google 検索を利用して X の名前と県名で検索すると、本件事実等が書き込まれたウェブサイトの URL 並びに当該ウェブサイトの表題および抜粋が 49 個表示された[173]。そこで、X は平成 27 年 1 月 29 日[174]、さいたま地方裁判所に、検索結果削除の仮処分を求めて提訴した。

---

172)　Xは、平成23年7月10日、横浜市所在の公園多目的トイレ内において、B（平成7年〇月〇日生、当時16歳）が18歳に満たない児童であることを知りながら、同児童に対し、現金8000円の対償を供与する約束をして、同児童に自己の陰茎を手淫させるなどし、もって児童買春をした。

173)　なお、検索結果の末尾の方に表示されるに過ぎないものもあった。#270625（原々々審）参照。

174)　奥田 114 頁。

(3) 原々々審から原審までの流れ
　(a) 原々々審
　原々々審である #270625 は、X の申立てを是認し、仮処分命令を発令した。
　まず、更生を妨げられない利益が問題となるとした上で、日常的に利用される検索エンジンで、X の住所の県名と氏名を入力して検索するだけで、3 年余り前の逮捕歴が、インターネット利用者にいつでも簡単に閲覧されてしまう状況にあれば、X にとって、<u>社会生活の平穏を害され更生を妨げられない利益が、著しく侵害され、あるいは容易に侵害されるおそれがある</u>といえるとした。
　もっとも、検索結果削除の可否は、当該更生を妨げられない利益への侵害が受忍限度を超えるものかどうかによって決せられるべきであり、これを決するについては、侵害行為の態様と程度、被侵害利益の性質と内容、侵害行為の公共性の内容と程度、被害の防止または軽減のため加害者が講じた措置の内容と程度についての全体的な総合考察が必要だとした。その上で、本人のその後の生活状況をふまえ、検索結果として逮捕歴が表示されることによって社会生活の平穏を害され更生を妨げられない利益が侵害される程度を検討し、他方で検索エンジンにおいて逮捕歴を検索結果として表示することの意義及び必要性について、事件後の時の経過も考慮し、事件それ自体の歴史的または社会的な意義、その当事者の重要性、その者の社会的活動及びその影響力について、その検索エンジンの目的、性格等に照らした実名表示の意義及び必要性をも併せて判断し、その結果、逮捕歴にかかわる事実を公表されない法的利益が優越し、更生を妨げられない利益について受忍限度を超える権利侵害があると判断される場合に、検索結果の削除請求が認められるべきとした。
　本件では、本人側の事情としては、罰金刑が確定し、罰金を支払って罪を償ってから 3 年余り経過した過去の児童買春の罪での逮捕歴が、インターネット利用者であれば誰でも簡単に閲覧されるおそれがあり、そのため知人にも逮捕歴を知られ、平穏な社会生活が著しく阻害され、更生を妨げられない利益が侵害されるおそれがあって、その不利益は回復困難かつ重大だとした。そして、検索結果を表示する意義及び必要性についてみると、逮捕歴は、一般的には社会一般の関心事である刑事事件にかかわる事実であるものの、本件の事件自体に歴史的または社会的意義があるわけでもなく、X に社会的活動等からみた重要性や影響力等が認められるものでもなく、X が公職等の公的活動を営んでいるものでもない上、罪を償った後 3 年も経過した過去の逮捕歴を表示する

ことの公益性はそれほど大きいとはいえず、検索結果を今後とも表示すべき意義や必要性は特段認められないとした。以上の検討を踏まえ、受忍限度を超えたと判断した。

原々々審は、検索結果削除の可否の問題をいわゆる更生を妨げられない利益の問題であると捉え、特に「忘れられる権利」に言及せずに比較衡量の基準で判断をした結果検索結果削除を認めたといえるだろう。

(b)　原々審

原々審である #271222 では、「忘れられる権利」を肯定して原々々審の仮処分命令を認可した。

同決定は、基本的には説示を一部補足しただけで、原々々審と同様の判断をしているが、更生を妨げられない利益が受忍限度を超えて侵害されたかの判断について、以下のような補足をした。

「罪を犯した者が、有罪判決を受けた後、あるいは服役を終えた後、一市民として社会に復帰し、平穏な生活を送ること自体が、その者が犯罪を繰り返さずに更生することそのものなのである。更生の意義をこのように考えれば、犯罪を繰り返すことなく一定期間を経た者については、その逮捕歴の表示は、事件当初の犯罪報道とは異なり、更生を妨げられない利益を侵害するおそれが大きいといえる。

一度は逮捕歴を報道され社会に知られてしまった犯罪者といえども、人格権として私生活を尊重されるべき権利を有し、更生を妨げられない利益を有するのであるから、犯罪の性質等にもよるが、ある程度の期間が経過した後は過去の犯罪を社会から「忘れられる権利」を有するというべきである。

そして、どのような場合に検索結果から逮捕歴の抹消を求めることができるかについては、公的機関であっても前科に関する情報を一般に提供するような仕組みをとっていないわが国の刑事政策をふまえつつ、インターネットが広く普及した現代社会においては、ひとたびインターネット上に情報が表示されてしまうと、その情報を抹消し、社会から忘れられることによって平穏な生活を送ることが著しく困難になっていることも、考慮して判断する必要がある。

債権者〔筆者注：本人〕は、既に罰金刑に処せられて罪を償ってから3年余り経過した過去の児童買春の罪での逮捕歴がインターネット利用者によって簡単に閲覧されるおそれがあり、原決定理由説示のとおり、そのため知人にも逮捕歴を知られ、平穏な社会生活が著しく阻害され、更生を妨げられない利益が

侵害されるおそれがあって、その不利益は回復困難かつ重大であると認められ、検索エンジンの公益性を考慮しても、更生を妨げられない利益が社会生活において受忍すべき限度を超えて侵害されていると認められるのである。」

ひとたびインターネット上に情報が表示されてしまうと、その情報を抹消し、社会から忘れられることによって平穏な生活を送ることが著しく困難になっているという実態をふまえ、「ある程度の期間が経過した後は過去の犯罪を社会から「忘れられる権利」を有する」という原々審の判断は、話題を呼んだ。[175]

(c) 原審

原審である #280712 は、「忘れられる権利」を否定したと読める以下のような判示をした。

「X〔筆者注：本人〕が主張する『忘れられる権利』は、そもそも我が国において法律上の明文の根拠がなく、その要件及び効果が明らかではない。これを相手方の主張に即して検討すると、Xは、インターネット及びそれにおいて抗告人〔筆者注：検索事業者〕が提供するような利便性の高い検索サービスが普及する以前は、人の社会的評価を低下させる事項あるいは他人に知られると不都合があると評価されるような私的な事項について、一旦それらが世間に広く知られても、時の経過により忘れ去られ、後にその具体的な内容を調べることも困難となることにより、社会生活を安んじて円滑に営むことができたという社会的事実があったことを考慮すると、現代においても、人の名誉又はプライバシーに関する事項が世間に広く知られ、又は他者が容易に調べることができる状態が永続することにより生じる社会生活上の不利益を防止ないし消滅させるため、当該事項を事実上知られないようにする措置（本件に即していえば、本件検索結果を削除し、又は非表示とする措置）を講じることを求めることができると主張しているものである。<u>そうすると、その要件及び効果について、現代的な状況も踏まえた検討が必要になるとしても、その実体は、人格権の一内容としての名誉権ないしプライバシーに基づく差止請求権と異ならないというべきである。</u>」

このように、「忘れられる権利」と言われる内容がプライバシーや名誉権に解消されることから、名誉権ないしプライバシー侵害に基づく差止請求の存否とは別に「忘れられる権利」を判断しないとした。つまり、インターネットの

---

175) 神田知宏「さいたま地裁平成27年12月22日決定における『忘れられる権利』の考察」Law&Technology72号41頁参照。

特徴(「現代的な状況」)をふまえて一定程度要件を変化させる余地があるとしても、請求原因となる権利としては、やはりプライバシーや名誉権であって、新しい権利たる「忘れられる権利」ではないとしたのである。

その上で、プライバシー侵害に関しては、「ある者の前科等にかかわる事実を実名を使用して著作物で公表したことが不法行為を構成するか否かは、その者のその後の生活状況のみならず、事件それ自体の歴史的又は社会的な意義、その当事者の重要性、その者の社会的活動及びその影響力について、その著作物の目的、性格等に照らした実名使用の意義及び必要性をも併せて判断すべき」という逆転事件(#060208)の規範を引いて、「インターネットは、情報及び意見等の流通において、その量の膨大さ及び内容の多様さに加え、随時に双方向的な流通も可能であることから、単に既存の情報流通手段を補完するのみならず、それ自体が重要な社会的基盤の1つとなっていること、また、膨大な情報の中から必要なものにたどり着くためには、抗告人が提供するような全文検索型のロボット型検索エンジンによる検索サービスは必須のものであって、それが表現の自由及び知る権利にとって大きな役割を果たしていることは公知の事実である。このようなインターネットをめぐる現代的な社会状況を考慮すると、本件において、名誉権ないしプライバシーの侵害に基づく差止請求(本件検索結果の削除等請求)の可否を決するに当たっては、削除等を求める事項の性質(公共の利害に関わるものであるか否か等)、公表の目的及びその社会的意義、差止めを求める者の社会的地位や影響力、公表により差止請求者に生じる損害発生の明白性、重大性及び回復困難性等だけでなく、上記のようなインターネットという情報公表ないし伝達手段の性格や重要性、更には検索サービスの重要性等も総合考慮して決するのが相当である」とした。

そのような規範を前提に、「本件犯行は、児童買春行為という、子の健全な育成等の観点から、その防止及び取締りの徹底について社会的関心の高い行為であり、特に女子の児童を養育する親にとって重大な関心事であることは明らかである。このような本件犯行の性質からは、その発生から既に5年程度の期間が経過しているとしても、また、Xが一市民であるとしても、罰金の納付を終えてから5年を経過せず刑の言渡しの効力が失われていないこと(刑法34条の2第1項)も考慮すると、本件犯行は、いまだ公共の利害に関する事項である」とした。そして、「また、本件犯行は、その発生から既に5年が経過しているものの、相手方の名前及び住所地の県名により検索し得るものであり、

そもそも現状非公知の事実としてプライバシーといえるか否かは疑問である。」とした上で、「一私人として平穏な生活を送っているXの周囲の者に本件犯行について知られないようにするために、Xが本件検索結果の削除を請求することが認められる余地があること、本件検索結果の数は49であり、個々の元サイトに対する削除請求には相当の手間がかかること等の事情が認められるとしても、前記のとおり本件犯行はいまだ公共性を失っていないことに加え、本件検索結果を削除することは、そこに表示されたリンク先のウェブページ上の本件犯行に係る記載を個別に削除するのとは異なり、当該ウェブページ全体の閲覧を極めて困難ないし事実上不可能にして多数の者の表現の自由及び知る権利を大きく侵害し得るものであること、本件犯行を知られること自体が回復不可能な損害であるとしても、そのことによりXに直ちに社会生活上又は私生活上の受忍限度を超える重大な支障が生じるとは認められないこと等を考慮すると、表現の自由及び知る権利の保護が優越するというべきであり、相手方のプライバシーに基づく本件検索結果の削除等請求を認めることはできない」と示した。

原審は、名誉権ないしプライバシーに基づく判断を行うとした上で、犯罪の性質や判決後まだ刑の効力が失われていないこと等の情報の内容そのものに関する事情に加え、インターネットという情報公表ないし伝達手段の性格や重要性、さらには検索サービスの重要性等を重視して、原々審の判断を覆したものといえよう。

(4) 本決定の内容

本決定は、前科照会、逆転事件、石に泳ぐ魚事件、長良川事件及び江沢民事件の判決をそれぞれ引いた上で、「個人のプライバシーに属する事実をみだりに公表されない利益は、法的保護の対象となるというべきである」として、この問題についてプライバシー侵害の問題として捉えた。

そして、反対利益として、「検索結果の提供は検索事業者自身による表現行為という側面を有する」こと、そして、「検索事業者による検索結果の提供は、公衆が、インターネット上に情報を発信したり、インターネット上の膨大な量の情報の中から必要なものを入手したりすることを支援するものであり、現代社会においてインターネット上の情報流通の基盤として大きな役割を果たしている」ことを強調した。

このような検索事業者による検索結果の提供行為の性質等をふまえ、検索結

果が違法となるかについて比較衡量の枠組を用い、「当該事実の性質及び内容、当該URL等情報が提供されることによってその者のプライバシーに属する事実が伝達される範囲とその者が被る具体的被害の程度、その者の社会的地位や影響力、上記記事等の目的や意義、上記記事等が掲載された時の社会的状況とその後の変化[176)]、上記記事等において当該事実を記載する必要性など、当該事実を公表されない法的利益と当該URL等情報を検索結果として提供する理由に関する諸事情」を比較衡量すべきとした。要するに、比較衡量の判断要素として、①事実の性質や内容、②伝達範囲と被害の程度、③社会的地位や影響力、④記事の目的や意義、⑤記事掲載時の社会状況とその後の変化、⑥記事においてかかる事実を記載する必要性を挙げている。

そして、ある違法な検索結果の削除を求められるかについては、そのような比較衡量の結果、当該事実を公表されない法的利益が優越することが明らかな場合に削除を求められるとした。

その上で、具体的な事案につき、①児童買春が児童に対する性的搾取及び性的虐待と位置付けられており、社会的に強い非難の対象とされ、罰則をもって禁止されていることに照らし、今なお公共の利害に関する事項であるといえること、②検索結果はXの居住する県の名称およびXの氏名を条件とした場合の検索結果の一部であることなどからすると、本件事実が伝達される範囲はある程度限られたものであるといえること、③Xが妻子と共に生活し、罰金刑に処せられた後は一定期間犯罪を犯すことなく民間企業で稼働していることがうかがわれることなど等の事情を総合判断した結果、「本件事実を公表されない法的利益が優越することが明らかであるとはいえない」とした。

7 試論的評釈

(1) はじめに

最高裁決定について、以下、簡単に評釈を試みたい。

まずは、最も大きな話題を呼んだともいえる「明白性」の要件((2))を検討し、次に、本決定が今後の事案の結論を予想する、いわば今後の相場形成の準拠点となると思われることから、比較衡量による判断の相場観を検討する

---

176) 宮下判例時報5頁は比較衡量の要素に「時の経過」が含まれていないとするようであるが、この「その後の変化」というのは時の経過に関する要素のように思われる。

((3))、その上で、本判決を検討する上で参考になる観点をいくつか提示する((4))。最後に #271222（原々審）のような「忘れられる権利」を立てて論じるべきか、本決定のようにプライバシーで論じるべきかに関する雑駁な検討を行う((5))。

(2) 明白性要件

　本決定で大きな反響を呼んだのは、いわゆる「明白性」要件である。

　すなわち、本決定によれば、単に当該事実を公表されない法的利益と当該 URL 等情報を検索結果として提供する理由に関する諸事情を衡量するとされているが[177]、単純にその比較の結果、プライバシーに天秤が傾けば、それだけで削除がされるのではない。あくまでも、「当該事実を公表されない法的利益が優越することが明らかな場合」である必要がある。その意味では、最初からかなり検索エンジン側に天秤が傾いていて、これを押し戻すだけの高度のプライバシー侵害がないと、「明白」とは判断されず、検索結果は削除されないという意味で、削除を請求する本人にとってハードルが高い基準である。

　この「明白性」という要件は、原々々審から原審までは基本的に出てきていないといってよい[178]。また、前記のとおり、完全な事前差止めならともかく、単純な削除の事案でここまで厳しい判断をすることは、従前の裁判例の流れと少し異なる印象も受けるところである。この「明白性」要件はどこから来たもので、どのような根拠に基づくものと理解すればよいのだろうか。

　ここで、近時、他の検索結果の削除が問題となった裁判例で、既に明白性の基準が提示されていることは注意が必要である。

　#280425 は、検索サイトを管理する債務者は、当該検索結果により表示されたスニペットやリンク先のウェブサイトが、専ら他人に対する誹謗中傷を内容とするなど明らかに名誉権を違法に侵害したり、明らかにプライバシーを違法に侵害するなど、その内容が社会的相当性を逸脱したものであることが当該スニペットやウェブサイトそれ自体から明らかな場合で、かつ、人格権を侵害さ

---

177)　「当該事実の性質及び内容、当該 URL 等情報が提供されることによってその者のプライバシーに属する事実が伝達される範囲とその者が被る具体的被害の程度、その者の社会的地位や影響力、上記記事等の目的や意義、上記記事等が掲載された時の社会的状況とその後の変化、上記記事等において当該事実を記載する必要性など、当該事実を公表されない法的利益と当該 URL 等情報を検索結果として提供する理由に関する諸事情」

178)　なお、原審には「公表により差止請求者に生じる損害発生の明白性、重大性及び回復困難性等」を考慮するとあるが、これとはまた違う話であろう。

れたと主張する者がウェブサイトを運営・管理する者に対して表現行為の削除を求めていては回復し難い重大な損害が生じるなどの特段の事情がある場合に限り削除が認められるとした。

その抗告審の #281021 は、相手方が検索結果の削除義務を負うのは、相手方において、検索結果の表示がある者の名誉権又はプライバシーを違法に侵害していることを容易に判断し得る場合に限るのが相当である。以上検討したところを総合すると、相手方が検索結果の削除義務を負うのは、検索結果として表示されたスニペットやリンク先のウェブサイトの記載が専ら他人に対する誹謗中傷等を内容とするなど、他人の名誉権やプライバシーを明らかに侵害し、社会的相当性を逸脱したものであることが、当該検索結果それ自体から明らかな場合に限られると解するのが相当であるとしている。

#280720 も、検索結果に掲げられる既存のウェブページの内容が、他者の権利を害するものであるか否かや、その侵害が不当といえるか否かは、一般には、その真実性や公益性といった実質的な側面にも係るものである。検索結果は、このようなウェブページの存在及び客観的な内容を紹介するに過ぎないものであるから、人格権に基づいて検索結果の削除を求めることができるのは、当該検索結果が、こうした実質的な側面を考慮しても人格権を不当に侵害するものと評価できることが明らかな場合に限られるべきであるとしており、「明らか」要件を要求している。

要するに、近時の裁判例は、比較衡量の針を検索エンジン側に傾けるべきという方向性を既に示していたのである。

その理由については必ずしも明らかではないが、例えば、前記 #281021 では、検索サービスが「表現の自由や知る権利に資する重要な役割を果たしている」とした上で、「膨大な数のウェブサイトの検索結果について逐一かかる実質的な判断をすることを求めるのは、実際上不可能なことを強いることになりかねない」ところ「当該ウェブサイトの管理者に対して当該記載の削除を求める法的手続をとることもできる」とした。

また、前記 #280720 は、「検索結果は、このようなウェブページの存在及び客観的な内容を紹介するに過ぎない」「本件検索結果は、検索サービスを利用して債権者に関する情報を能動的に求める者に対し、本件事件当時の事件報道を引用・転載したウェブページの存在とその抜粋を明らかにするに過ぎない」とした。

本件決定も、「検索結果の提供は検索事業者自身による表現行為という側面を有する」こと、そして、「検索事業者による検索結果の提供は、公衆が、インターネット上に情報を発信したり、インターネット上の膨大な量の情報の中から必要なものを入手したりすることを支援するものであり、現代社会においてインターネット上の情報流通の基盤として大きな役割を果たしている」ことを強調しており、上記のような、明白性を要求する裁判例が重視する事情のうちの、検索サービスの知る権利や表現の自由の側面で果たす重要な意義に注目している。[179] 本件決定がこれだけから明白性を要求したのか、それとも本決定がこれらの裁判例が明白性を要求したその他の理由も（黙示に）是認したのかは決定本文だけからは不明確であるが、少なくとも、上記のような一連の決定の流れに乗っているとはいえるだろう。

　ただし、これらの裁判例が明白性を要求する理由のうち、検索エンジンの知る権利や表現の自由の側面で果たす役割については一定程度肯首できるものの、[180] それ以外の理由がすべて説得的かは留保したい。例えば、「膨大な数のウェブサイトの検索結果について逐一かかる実質的な判断をすることを求めるのは、実際上不可能なことを強いることになりかねない」という部分は、検索サービス会社が訴訟外で自ら削除をすべきか判断する場合についてのみ当てはまり、裁判所の判断により削除する場合には必ずしも当てはまらない。また、上記で述べた検索結果削除の実務上の必要性に鑑みると、「当該ウェブサイトの管理者に対して当該記載の削除を求める法的手続をとる」ことが事実上不可能であるからこそ、検索結果の削除を求めているのである。[181] その意味では、これらの理由付けすべてが肯首できるものとは即断できないことには十分に留意が必要であろう。[182]

---

[179] 明らかな優越の場合に限定することを表現の自由や事業者の社会的役割の重要性から来ているとするものに曽我部58頁参照。
[180] ただし、報道機関と同様かには疑問が残ることにつき宮下判例時報2318号4頁参照。
[181] なお、松尾陽259〜360頁（成原発言）も参照。
[182] なお、検索結果は単に検索キーワードを打ち込んで能動的に情報を求める者に対し客観的にそのようなウェブサイトの存在を明らかにするものであるということ自体は事実ではあるが、例えば求職者について企業側がネット検索をすること等が一般化しつつある現在、そのようなウェブサイトが存在することを客観的に示すことそのものが与える影響の大きさ等についても配慮が必要ではないか、という思いもあるものの、この点はまだ十分に消化できていない。

(3) 比較衡量による判断の相場観

(a) はじめに

本決定は、前記のとおり、①事実の性質や内容、②伝達範囲と被害の程度、③社会的地位や影響力、④記事の目的や意義、⑤記事掲載時の社会状況とその後の変化、⑥記事においてかかる事実を記載する必要性という6要素を挙げた。これは、基本的には、長良川事件（#150314）等従来の報道機関によるプライバシー侵害についての判断枠組に沿ったものであるものの、前記の「明白性」要件等に鑑み、具体的な比較衡量の判断においては本決定の行った比較衡量が今後の事案の結論を予想する、いわば今後の相場形成の準拠点となると思われることから、この6要素比較衡量による判断の相場観を検討したい。[183]

(b) 行為の性質

まず、最高裁は「児童買春をしたとの被疑事実に基づき逮捕されたという本件事実は、他人にみだりに知られたくないXのプライバシーに属する事実であるものではあるが、児童買春が児童に対する性的搾取及び性的虐待と位置付けられており、社会的に強い非難の対象とされ、罰則をもって禁止されていることに照らし、今なお公共の利害に関する事項であるといえる」とした。

これは、児童買春という行為の性質について、それによって逮捕されたこと自体はXのプライバシーに属する事実であることを前提に、社会的に強い非難の対象とされる犯罪であることから、公共の利害に関する事項であると指摘するものである。

結果的には罰金で終わっているものの、原審が「子の健全な育成等の観点から、その防止及び取締りの徹底について社会的関心の高い行為であり、特に女子の児童を養育する親にとって重大な関心事である」と判示しているように、単に法定刑や処断刑だけで判断をするのではなく、行為の性質をふまえた判断を行うべきということを示唆しているだろう。[184]

(c) 検索結果表示による不利益の程度

次に、最高裁は「検索結果はXの居住する県の名称及びXの氏名を条件とした場合の検索結果の一部であることなどからすると、本件事実が伝達される範囲はある程度限られたものである」としているが、これは、検索結果の表示

---

183) 曽我部58頁、なお、宮下ビッグデータ124頁及び宮下判例時報4頁参照。
184) 逆に、ある行為が犯罪ではない単なる不道徳ないし不当なものに過ぎない場合には、より検索結果からの削除を主張しやすいと思われる。

によって、どの程度の範囲の人に情報が伝わり、社会生活の平穏や更生を妨げられない利益が害されるか等の問題を検討したと理解される。

　例えば、誰かを雇う場合等、ある人と社会的接触をする場合に、その人の名前を検索して結果を参考にすることはまま見られるものの、それを超えて、「名前　県」まで入れて検索する、というのは筆者個人としては「かなり詳細な調査」という印象を受ける。すると、Ｘの周囲の人が「Ｘ」という名前で検索した場合に、本件事実が容易には出てこない以上[185]、社会生活の平穏や更生を妨げられない利益が害される程度は低いということになるだろう[186]。

　逆にいえば、本人の名前を入れると１ページ目に逮捕歴や前科が表示されるという場合であれば、その事実が伝達される範囲は広範であり、より削除を主張しやすいと思われる。

　(d)　時の経過に関する事情

　本決定は「罰金刑に処せられた後は一定期間犯罪を犯すことな」く、（平穏に妻子と）生活しているとしており、罰金刑に処された後、一定期間以上時が経過していることを記事掲載後の社会状況の変化の一種として考慮要素としているようである[187]。

　ここで、一般には、検索結果の削除が認められるかは、公訴時効期間が目安[188]とされており、原審の#280712では、約４年経過時点で「児童買春行為の公訴時効期間が５年であること（刑訴法250条２項５号）からは、本件犯行に関する情報に接する機会を有する公共の利益はいまだ失われていない」と判示していた。

　すると、（原審から約半年以上が過ぎた）本決定が下された時点では、既に５年が経過し、削除が認められやすい期間に入ったともいい得る。

　とはいえ、これは行為の性質及び検索結果表示による不利益の程度との総合判断であり、本件ではわずかに公訴時効期間を経過しただけではまだ足りないと解されたのだろう。

　なお、行為の性質に関しては、公訴時効期間は、法定刑によるところ（刑訴

---

185)　実際には、何千件、何万件というかなり深いところまで掘り出さないと見つからない。
186)　さらに、上記のとおり、一部の検索結果は検索結果の末尾の方に表示されるに過ぎないものもあった。
187)　ただし、時の経過はプライバシー保護の判断の一要素でしかありえないという指摘には留意が必要である（宮下判例時報13頁参照）。
188)　奥田135頁等参照。

第12章　忘れられる権利

法250条2項参照）、法定刑は犯罪の性質が強く関係するといえるだろう。すると、（児童買春が同種の法定刑の事案の中では特に社会的な関心が強い行為類型とは言えるかもしれないものの）行為の性質と公訴時効期間の経過は関係が深いのであり、ある意味では本件の性質の行為に対応したともいい得る公訴時効期間である5年が経過しても削除が認められないという判断がなされた一番の理由は、<u>「X」だけでは当該逮捕歴を示す検索結果が出ず、「X　●県」と入力しないと当該逮捕歴を示す検索結果が出ないという部分にあったようにも思われる。</u>

　(e)　その他の事情

　本件決定は「総合判断」であるとしているところ、「民間企業で稼働」という指摘がある。確かに公務員、特に公職者や選挙立候補予定者の場合には、前科を指摘することの公共性が高いといえるのに対し、民間企業勤めの普通の人にとってはその公共性は低いという比較をすることができる。

　もっとも、本件では上記の判断（特に「X」だけでは検索結果が出ず、「X　●県」と入力しないと出ないという部分等）をふまえ、それだけでは総合判断において決定的な事由にならないとされたと思われる。

(4)　どのような事案なら削除が認められるのか

　上記のとおり、本決定はプライバシー侵害を理由とした検索結果の削除の余地を認めた上でその判断基準を明らかにしたものであるところ、どのような事案なら削除が認められるのだろうか。

　基本的にはこれは今後の下級審裁判例の蓄積を待つしかないものの、筆者の分析によれば、例えば、#271207の事案であれば、検索結果の削除が認められ得るようにも思われる。

　この事案では、公務員等その社会的活動に対する批判ないし評価を受けるべき立場にあったりするような者とは認められない者の罰金前科について検索結果の削除の可否が問題とされている点で、本決定の事案と類似する。[189]

　しかし、決定的に違う2点がある。1点目は対象者の名前を入れるだけで前科に関する検索結果が表示されることである。この点で、県名を入れないと出てこない本決定の事案と大きく異なる。2点目は、逮捕から12年以上が経過しており、札幌地裁は「現時点において、債権者（注：対象者）の実名と共に本件犯罪経歴を公表しておく必要性や社会的意義は相当程度低下しているとい

---

189)　なお、データベース上の判決文からは犯罪の内容が不明である。

うべき」とした。この点で、申立時にはわずか3年（本決定時で5年）しか経過していない本決定と異なる。

これら2点をふまえれば、最高裁の基準でも #271207 の事案は比較衡量の結果当該事実を公表されない法的利益が優越することが明らかな場合といえて、削除が認められるように思われる。

(5) 「忘れられる権利」の検討の上で参考になる観点

以上が実務解説（法はどのようなものか）であるが、最後に理論的検討（法がどうあるべきか）についても3点だけ述べたい。

1点目は、検索エンジンが対象となっているという要素が、削除を認める方向にも、削除を否定する方向にもいずれにも働き得るということである。検索エンジンは単なるアルゴリズムに基づいて、第三者の作成したウェブサイトを機械的に表示しただけではないかという点が問題となってきていた。この議論は裁判所が認めない傾向にあるが、少なくともこのような点は削除を否定する要素であろう。これに対し、オリジナルの情報は削除されず、オリジナルの情報をアップロードすること（例えば新聞社が公式ウェブサイトにニュースをアップロードすること）による表現の自由が直接侵害されるわけではないという点では、検索エンジンという要素が削除を肯定する方向に働く可能性がある。憲法学的にいえば、検索エンジンは単なる媒介者であって、独自の表現の自由を主張できないのではないか、自らの表現の自由が典型的に問題となるオリジナルの情報のプライバシー侵害の場合と異なり、プライバシーが優越することが多いのではないかという問題意識も類似の問題として存在する。さらに、前記のとおり事実上すべての元サイト（例えば掲示板等）に削除を求めることが困難で、救済の実効性のためには検索エンジンからの削除を認めるべきという面もある。[190] 反対に、検索エンジンが知る権利や表現の自由等に与える影響、特に検索エンジンに表示されなければ、事実上発見し、それが読まれることが困難になること[191]や、本来権利を侵害している元凶は元サイトであって、元サイトを

---

[190] 「しかし、インターネット上の情報は、複写が簡単に一瞬で出来るため、同じ内容の情報が多数のウェブページに転載され、掲載されるウェブサイトの管理者が多数に上ることがしばしばであり、ウェブサイトの管理者に対する削除請求は、必ずしも容易でない。これに対し、膨大なインターネット上の情報は、検索エンジンを利用しなければ、その情報に接することは容易ではなく、検索結果に表示されるウェブページが削除されなくても、検索エンジンに検索結果が表示されないようにすることで実効的な権利救済が図られる面もある。」とした #270625（原々々審）参照。

削除すれば検索エンジンからも削除される以上、いわば便法として検索エンジンからの削除を求めるべきではない等として検索エンジンという要素が削除を否定する要素になるという面もあるだろう。

　2点目は、公的データとその利活用に対する価値判断である。例えば米国では人の過去の前科や債務関係を含む公的記録をインターネット上で検索して流通・売買するビジネスが行われている。これに対しては、公的な記録であって狭義のプライバシーではないことから、むしろ新しいビジネスチャンスであってこれを奨励すべきとか、知る権利に資する等という方向の価値判断と公的な記録であってもプライバシーに関係する事項であってこれを否定的に考える方向の価値判断の双方があり得るだろう。検索結果として表示される前科情報の削除に高いハードルを課すことは、公的データとその利活用を肯定する価値判断からは賛同すべきだが、そうでなければ懸念が表明される[192]。この問題は、近時のビッグデータ利活用のための行政機関個人情報保護法改正（非識別加工情報提供制度）[193]等も関係するところであるが、まだ十分に議論されていないようにも思われる。

　3点目は実名報道[194]との関係である。そもそも実名報道がなされなければ、このような問題は存在しないはずである。そして、従来型のプライバシー侵害で

---

191)　「膨大な情報の中から必要なものにたどり着くためには、抗告人が提供するような全文検索型のロボット型検索エンジンによる検索サービスは必須のものであって、それが表現の自由及び知る権利にとって大きな役割を果たしていることは公知の事実である」とした #280712 参照。なお、同決定は、本件犯行とは関係のない事実の摘示ないし意見が多数記載されているものと推認される掲示板へのリンクを消すと、公衆のアクセスを事実上不可能にするものと評価することができ、看過できない多数の者の表現の自由及び知る権利を侵害する結果を生じさせるとするが、検索結果削除の帰結というのは、単に「Xの名前」で検索した場合にアクセスできなくなるというだけで、それ以外の「本件犯行とは関係のない事実の摘示ないし意見」に関するキーワード（例えば「児童買春　●県」）で検索すればなおアクセスできることには留意が必要だろう。

192)　「アメリカでみられるような、人の過去の前科や債務関係を含む公的記録をインターネット上で検索して流通・売買するビジネスを、裁判所が奨励しているとも捉えられかねない。」とする宮下紘『『忘れられる権利』、日本でも真剣に考える時』（http://webronza.asahi.com/national/articles/2016081000003.html?iref=comtop_fbox_u06）参照。

193)　横田参照。

194)　飯島参照。なお、#201028 の「実名報道により控訴人が被る不利益は非常に大きいものであるから、改めて言うまでもなく、被控訴人らとしては、実名報道をするに際しては、控訴人が被る不利益について十分な配慮をする必要がある。したがって、報道の内容としては、もとより、逮捕されたという客観的な事実の伝達にとどめるべきであって、逮捕された者が当然に罪を犯したかのような印象を与えることがないように、節度を持って慎重に対処する必要がある。」という傍論も参照。

あれば、一度実名報道がされても、それが時の経過により事実上「忘れられる」という効果があった。しかし、前記の「人は忘れる。しかし、インターネットは忘れない。」ではないが、インターネット時代においては、仮に当時の記事が消されても[195]、その後転載を繰り返す等して様々な形でその内容が残ってしまう。その意味では、インターネット時代においても従来の実名報道を継続しているからこそ、服役等を終えて新しい生活を再開した後において、本人の名前等で検索した際に検索結果に前科前歴等が表示され、本人の更生を妨げられる事態が発生するという関係を見て取ることができる。インターネット時代の実名報道の是非について再度検討する時期に来ているように思われる。

(6) プライバシーで論じるべきか、「忘れられる権利」を立てるべきか

最後に、プライバシー侵害という最高裁決定の枠組で論じるべきか、それとも、「忘れられる権利」という新たな権利を立てて論じるべきかについて簡単に検討したい。

前記のとおり、忘れられる権利として論者が主張する内容は通常のプライバシー侵害による削除権と一定の相違がみられる。その意味で、当該相違点を浮き上がらせる意味で、「忘れられる権利」という新たな権利を立てることに一定の意味はあるだろう。

しかし、そのような立場にはいくつかの懸念点がある。

1点目は、本当にプライバシー権を理由とした削除権と異なる意味での忘れられる権利を認めるべきかである。#271222（原々審）も、従来型のプライバシー・更生を妨げられない利益を根拠とした削除請求が認められなかった事案について忘れられる権利という権利を導入することで削除を認めたという趣旨ではない。更生を妨げられない利益を理由に削除を認めた原決定（最高裁決定を基準とすると「原々々審」）を是認するにあたって、忘れられる権利に言及しただけ、と読むこともできるだろう。このように、実務上忘れられる権利を用いてプライバシーを根拠とした削除権の場合と異なる結論を導いたといえる例はいまだに存在しない点は強調に値する。そして、上記の忘れられる権利の論者の見解によれば、「不適切」とか「過度」といった、必ずしも違法とは言い切れない情報の削除を認められる可能性があるが、例えば、「不適切」であるが「違法」ではない検索結果の削除が認められるようになれば、何ら違法では

---

195) なお、前記のとおり、元記事が残ってその削除が問題となることがある。

ない記事が、検索エンジン上で表示されなくなり、実質的には誰にも見てもらえなくなるという状況が生じ得ることになる。しかも、そのような削除手続は検索エンジンと本人の間で行われるため、記事を作成した者の十分な関与ないし手続保障がないまま、実質的には「削除」同様の効果が生じるおそれも否定できない。そこで、仮にそれを「忘れられる権利」と呼ぶとしても、検索結果の削除を認める前提として、元サイトの記事が違法であることを要件として求めるべきではないかについて十分な検討が必要である。

2点目は、多様な忘れられる権利の存在可能性である。すなわち、①前科が問題となる事案でも、プライバシー的な問題だけではなく、例えば、「時間が経過したことで公共性がなくなった」として、名誉毀損を問題とすることができる可能性があるし（#271207参照）、②前科以外にも、例えば引退したセクシー女優の「忘れられる権利」（#180724）や、過去にいわゆるブルセラに従事して下着を売っていた芸能人の「忘れられる権利」（#150620）等が問題となり得る（これらはこれまで同意・承諾の趣旨として論じられてきた。140頁以下）。このように、「忘れられる権利」といわれるものの中には、本来多種多様なものが含まれていてもおかしくないのである。そこで、「忘れられる権利とは何か」とか、「この検索結果は忘れられる権利に基づき削除されるべきか」といった問題の立て方は、「忘れられる権利」が本来含んでいるはずの多様な内容を十分に酌まない議論を招きかねないという意味で、議論を雑にするおそれがあるだろう。要するに、「忘れられる権利」の概念がいわゆるマジックワードとなり、議論が雑になるといったリスクないしデメリットもあるということである。

そして、問題となっている権利を「忘れられる権利」という新たな権利として構成するのではなく、検索エンジンの特殊性をふまえてプライバシーに基づく削除請求が認められる範囲や要件を調整しようという方向性の議論であっても、忘れられる権利の論者の問題意識を反映させることは可能であろう。実際、新しい権利として忘れられる権利を立てることを否定した最高裁決定の考え方が多くの法律家の考え方とも合致すると評されている。[196]

忘れられる権利という概念及びその提唱は、検索エンジンの特殊性をふまえた精緻な議論を行うべきだという点を意識すべきことを強調するという意味では十分に傾聴に値すべき議論であり、一定の有用性があるものの、そのような

---

196) 曽我部57頁。

留意を十分に行う限り、忘れられる権利概念を採用せず、従来のプライバシーの議論の精緻化ないし拡張としてこの問題を検討することも否定すべきものではないように思われる。

(本書三校時に平成28重要判例解説14頁以下、宍戸常寿「検索結果の削除をめぐる裁判例と今後の課題」情報法制研究1号45頁以下及び髙原知明「判批（最高裁時の判例）」ジュリスト1507号119頁以下に接した。)

第 13 章　プライバシーと民事裁判

1　はじめに

　プライバシーと民事裁判については様々な問題がある。このうち、インターネット上のプライバシー侵害と関係が深いもののみを重点的に扱いたい。

2　裁判手続の公開

（1）　公開原則
　裁判は公開が原則（憲法 82 条 1 項[197]）であるところ、民事訴訟であれば、口頭弁論期日は公開の法廷で行われ、また、原則として訴訟記録は誰でも閲覧が可能である（民訴法 91 条 1 項[198]）。
　ここで、実際に裁判所までわざわざ記録を閲覧しに行く人がどの程度いるかは問題となるが、実際には、当事者が予想した範囲を超えて情報が拡散されることがある。
　例えば、#241203 は、行為者が訴訟において書証として提出されていた和解書を閲覧し、手書きで書き写してこれを第三者に交付したという事案であるが、和解書の内容は、対象者が第三者（女性）に対して性的不快感を与える言動に及んだこと及びその身体に触れたことを認めて原告が上記第三者に対し謝罪の上で 50 万円を支払うことなど著しく不名誉な事柄が記載されているものであった。
　結果的には、同事案で行為者の交付行為が不法行為として損害賠償が認められているが、事後的な損害賠償では取り返しがつかない事例もあるだろう。そもそもこのような予想外の拡散を防ぐには、どうすればよいだろうか。

（2）　閲覧等制限[199]
　訴訟記録については、民事訴訟法 92 条が閲覧等制限制度、すなわち、訴訟

---

[197]　「裁判の対審及び判決は、公開法廷でこれを行ふ。」
[198]　「何人も、裁判所書記官に対し、訴訟記録の閲覧を請求することができる。」

記録(判決を含む)の閲覧・謄写ができる者を当事者に限る制度を定めている。[200]

訴訟記録中に当事者の私生活についての重大な秘密が記載され、又は記録されており、かつ、第三者が秘密記載部分の閲覧等を行うことにより、その当事者が社会生活を営むのに著しい支障を生ずるおそれがあることにつき疎明があった場合、裁判所は、当該当事者の申立てにより、決定で、当該訴訟記録中当該秘密が記載され、又は記録された部分の閲覧若しくは謄写、その正本、謄本若しくは抄本の交付又はその複製の請求をすることができる者を当事者に限ることができる(民訴法92条1項1号[201])。

当事者は、訴訟記録中の秘密記載部分を特定し、その部分の閲覧等の制限を書面で申し立てる(民訴規則34条1項[202])。

当事者の申立てによって、閲覧等制限の決定が出ると、当事者であれば訴訟記録を閲覧・謄写をすることができるものの、第三者はこれを閲覧等することができなくなる。[203]

この手続を行うための要件としては、プライバシー侵害の文脈においては「当事者の私生活についての重大な秘密が記載され、又は記録されており、かつ、第三者が秘密記載部分の閲覧等を行うことにより、その当事者が社会生活を営むのに著しい支障を生ずるおそれがあること」の要件を満たす必要がある。

いわゆるプライバシーに関する事実が記載ないし記録されていることが当然に閲覧制限の理由になるわけではなく、秘密の公開によって社会生活が破壊さ

---

199) 岡口基一『民事訴訟マニュアル上』(ぎょうせい、第2版、2015年)60〜62頁参照。
200) なお、例外的な場合に限られるが、例えば不正競争防止法13条等が当事者尋問の公開停止を定める等、一定範囲で傍聴を制限する制度もある(その他特許法105条の7、実用新案法30条等も参照)。
201) なお、同条2項は営業秘密についての規定があるが、本書との関係の深さに鑑み省略する。
202) なお、全体について閲覧等制限を申し立てることで、閲覧等制限についての裁判の確定まで暫定的に閲覧等を制限できる(民訴法92条1項)が、このような訴訟戦略が適切か等については本書の性質上詳述しない。
203) 本案と異なる別個の手続であり、印紙を貼る必要がある。また、東京地裁であれば係属部ではなく民事訟廷事務室事件係に持って行く必要がある。ある証拠や準備書面の一部だけが閲覧制限の対象である場合にはその部分を黒塗りした書面を当事者において作成しなければならない。さらに、当事者のプライバシーの事項に関する閲覧等制限は、自己側が提出する書類の場合だけではなく、相手側当事者の提出する書類の場合や判決書等に対しても申し立てることが可能であるので、自己が提出する書類について提出と同時に閲覧制限を申し立てるだけではなく、相手側の書類等も副本送達直後に閲覧制限を申し立てるべきである。なお、このような実務上の注意点については、圓道至剛『企業法務のための民事訴訟法実務解説』(レクシスネクシス、初版、2016年)171〜174頁も参考になる。

れる程度に重大な侵害でなければならない。前科・犯罪歴、HIV、性的被害等が例示されている。

#110830 は、セクハラ被害を理由とする訴訟につき被害を受けた女性の住所氏名等につき閲覧を禁止した。

やや特殊な事案だが、#221130 は、第三者のプライバシーに関する記述が含まれる訴訟記録につき、この者が基本事件の訴訟追行権を有しないことは明らかとして、閲覧制限を認めなかった。「当事者」のプライバシー（民訴法92条1項1号）に関するものではないと判断されたのだろう。

3　裁判文書・陳述とプライバシー

（1）　はじめに

このように、できる限り閲覧制限によってプライバシー情報の閲覧を可及的に防ぐということが、プライバシーが関係する訴訟における「行為規範」としては考えられるが、例えば、閲覧制限の申立てを怠った結果、第三者に記録が閲覧され、その内容が拡散したといった場合について、もはやプライバシーは保護されなくなるのだろうか。

（2）　非公知性等の問題

公開の法廷で陳述されたことから、その情報の非公知性が否定されることはあり得る。

#240828 は、対象者自身が訴訟において有罪判決を受け、刑務所に収容されていることを既に公開していたところ、それと同様の内容の記載がある準備書面を当該訴訟の相手方である行為者が提出しても、プライバシーが侵害されたとはいえないとした。

#270324B は、雑誌に関するものであるところ、離婚訴訟の内容と訴訟外の和解交渉の内容の双方を記事にしたところ、和解交渉の内容はプライバシーを

204）　伊藤眞『民事訴訟法』（有斐閣、第5版、2016年）266頁注67。
205）　竹下守夫・青山善充・伊藤眞編『研究会新民事訴訟法』（有斐閣、初版、ジュリスト増刊、1999年）100頁、秋山幹男他編『コンメンタール民事訴訟法II』（日本評論社、第2版、2006年）230頁。
206）　なお、裁判文書とプライバシーについて、文書提出命令とプライバシーの問題があるが、詳述しない。山本和彦他編『文書提出命令の理論と実務』（民事法研究会、第2版、2016年）286頁等参照。
207）　なお、非公知性を否定した #060829 に対しては佃120頁等批判がある。

侵害するが、離婚訴訟の内容は、公開の法廷で開かれた尋問期日において現れた事実を内容とするものであり、上記のプライバシーとして保護されるべき事実には該当せず、これを公表したことについて、プライバシー侵害の不法行為が成立するとはいうことができないとした[208]。

しかし、前記（112頁）のとおり、非公知性については、一定程度緩和がされている。

法廷は公開され、訴訟記録は何人も閲覧できるといっても、現実にはほとんどの人は法廷に行かないし、訴訟記録も閲覧しないので、法廷で発言したり裁判所に書類を提出したからといって、対社会的に周知されることはあまりない（佃123頁）。そこで、裁判例上も訴訟で開示されたというだけで非公知性をすべて否定するわけではない。

例えば、#241203は、実際に訴訟を傍聴し、あるいは、記録を閲覧する者は少数にとどまることからすれば、訴訟において提出された証拠を誰でも閲覧することができるからといって、そのことから直ちに当該証拠に記載された事実についてプライバシー権の保護が及ばなくなると解するのは相当ではないとした。

同様の裁判例としては、#131005や#120126等が存在する（佃118頁～122頁）。

なお、非公知性が認められるとしてもそれ以外の要件で結論としてプライバシー侵害が否定されるものもある。

#270317は、判決で敗訴したことはプライバシーとして保護され得るが、対象者自身が訴訟について告知し注意を喚起しており、訴訟の帰趨に関する事実がプライバシーとして保護されることについて、相当程度放棄したものと解するのが相当であること、第三者が既に掲示板で公開していること、開示されたのが訴訟記録中の主張、証拠、判決理由等の細部にわたる事項ではなく、判決の結論部分に過ぎないこと等から違法性が阻却された。

(3) 閲覧等制限を申し立てなかったことの評価

ここで、上記のとおり閲覧等制限を申し立てることができるところ、後で当該訴訟記録が流出した場合において、閲覧等制限を申し立てなかったことは、どのように評価されるのだろうか[209]。

---

208) なお、こちらは非公知性とは明示していないがそのような趣旨と理解できる。

この点、#260925 は、別件訴訟で手紙等が公開されたことをプライバシー侵害として訴える本件訴訟において、本件手紙等が行為者によって別件訴訟において書証として提出され、これらが公開の法廷に開示されたことにより、その内容が別件訴訟の関係者以外の者に広く知られる危険に晒され、精神的苦痛を被った旨の主張をしながら、本件訴訟においては、本件手紙等の写しを訴状に添付するとともに、証拠として提出することによって、自らその内容を「公開の法廷に開示」する一方で、本件の訴訟記録について閲覧等制限の申立てをしていないのであり、そのような行為者の行動は自己の上記主張と整合しないとしてプライバシー侵害を否定した。

しかし、その控訴審（#270618B）は、訴訟記録の閲覧等制限の制度は、訴訟当事者の閲覧等を制限することができないこと、また、民事訴訟事件において、訴訟当事者及びその代理人ではない第三者が訴訟記録を閲覧謄写する例は少ないことに照らすと、控訴人が閲覧等制限の申立てをしなかったことをもって、前記の秘密性を否定することはできないとしてプライバシー侵害を肯定した。

このように、閲覧等制限をしなかったことから一律にプライバシー侵害が否定されるものではないにせよ、少なくとも、閲覧等制限申立てをしないことがプライバシー侵害の肯否の判断の要素となることは否定できない。

#240203 は、文書提出命令という特殊な文脈だが、対象者が提出を求められている文書に記載されているのと同様の事実関係について詳細に記載した陳述書等を書証として提出していることに加え、対象者が訴訟記録の閲覧制限の申出等をしていないことからすれば、本件においては、上記文書の開示によって、対象者のプライバシー等が侵害されることによる弊害が発生するおそれがあるとは認め難いとした。

要するに、閲覧等制限申立てをしなかったからといって一律にプライバシーとしての保護が否定される訳ではないものの、プライバシー侵害の成否の判断の一要素として考慮される以上、自ら又は相手方の提出した訴訟資料については、閲覧等制限申立てを検討していくべきだろう。

---

209) なお、前記のとおり閲覧制限の要件とプライバシー侵害の要件は異なるため、申し立てたものの、閲覧制限の要件を満たさないとして却下されないしは取下げを促されることもある。この場合の対応は実務上難しいものがあるが、本書の性質上詳述しない。

4　裁判文書のアップロード

(1)　はじめに

近時多く争われるのは裁判文書のアップロードである。

裁判文書のアップロードでは大きく2種類の事案がある。1つは、裁判文書に記載されている内容そのもの（例えばAがBに勝訴したこと等）がプライバシー情報であって、これをアップロードしたことがプライバシー侵害だとして争われる事案、もう1つは、判決の当事者欄に記載されている当事者の住所等を黒塗りせずにそのまま公開したことがプライバシー侵害だとして争われる事案である。

(2)　裁判文書とプライバシー

上記のとおり、裁判の公開に鑑み、裁判文書については、一定程度プライバシーの保護の程度が低下することは間違いないが、プライバシー侵害の余地が完全になくなるわけではない。

#280223Bは、労働事件であるが、ウェブサイトに訴訟資料を公開したことについて、会社や個人について伏せ字処理が施されており、関係者の名誉やプライバシー等に相応に配慮したものとなっていること等をふまえ、それが就業規則違反の非違行為にはならないとした。

通常のプライバシー侵害事例においても、同様に個別具体的な判断がされるだろう。

1点興味深いのは、裁判文書になることで同じ文言のニュアンスが変わり得るということである。

#271218Aは、プライバシーというより平穏生活権（52頁でいうところの2番目の意味）が問題となった事案であるが、対象者（原告）が、行為者（被告）にブログ上に脅迫文言を書かれて、平穏な生活を送る権利を侵害されたという趣旨で、訴状に脅迫文言を引用した。行為者はこれをアップロードし、対象者はこの訴状のアップロードもまた対象者の平穏な生活を侵害したと主張した。裁判所は、ブログにおける表記の一部としてのコメントの掲載と、対象者がそれを違法と主張していることが分かる訴状中の引用部分としてのコメントの掲載とは同等に論じることはできず、行為者による訴状の画像の掲載が対象者の平穏な生活を送る権利を侵害する不法行為になるとはいえないとした。

この判示をそのままプライバシーの事例に使えるかはともかく、裁判所は、一方当事者の主張というニュアンスが生じる（名誉毀損本264〜265頁も参照）裁判文書の性格をふまえてプライバシー侵害の有無の判断をしていることが示唆される。

（3） 住所等を墨塗りしない場合

裁判文書のアップロードに関し近時裁判例が蓄積しているのは、判決の当事者欄を黒塗りせず、そのままアップロードしたことを理由に、特に住所等の公開を理由にプライバシー侵害を主張がされる事案である。

これらについては多くの場合、住所について公知性が全くなくなったとはいえないことを前提に[210]、黒塗りが容易であるところ、公開の必要性があるのは判決の内容のみであり、住所等まで公開する必要性はないとしてプライバシー侵害を認めている[211]。

なお、#270928は、アップロードされた判決から対象者の住所・氏名及び職業が公開されたが、「氏名」及び「職業」については対象者自身が掲示板で公開しているとしてプライバシー侵害を否定したが、住所のみプライバシー侵害を認めた[212]。

5 民事証拠法

民事証拠法については、デジタル証拠一般につき名誉毀損本190頁以下及び高橋郁夫他編『デジタル証拠の法律実務Q&A』（日本加除出版、初版、2015年）を参照されたい[213]。

プライバシーと民事証拠法の関係では、主に証拠能力、特にプライバシーを侵害して取得した証拠が違法収集証拠ではないかが問題となる。

民事訴訟における証拠能力に関する明文規定はない。もっとも、違法収集証

---

210) 例えば、判決は公開の法廷で言い渡され、その意味では公知であるとしても、上記言渡しの際に、当事者の住所が読み上げられるわけではないことに照らすと、当事者の住所について公知であるとまでは認めることできないのであって、被告の主張に理由はないとした#270903参照。
211) #270903 #230829 #260214 等。
212) なお、いわゆる判例雑誌における氏名等の公表についは、#230126や#010208等否定例が多い。
213) デジタルデータについての切り貼りの可能性の問題も存在し、名誉毀損の文脈において、デジタル録音データの切り貼りの可能性（#210327B参照）やメールの改ざん（#210126参照）が指摘された事例がある（メール改ざんの否定例として#270319も参照）。

拠については、当該証拠の収集方法の違法性の程度や証拠の価値、及び証拠の性質などの要素を考慮し証拠能力が否定され得る。[214]

ここで、メールと違法収集証拠については、以下の2つの事例が参考になる。

まず、#210722 は、入浴しているときや携帯電話を持たずに外出したときなどを見計らって、補助参加人の携帯電話に残っていた上記メールを数通ずつ二女のパソコンのメールアドレスに送信したという経緯でのメールの取得は違法収集証拠とはいえないとしている。

これに対し #211216 は、離婚を求めて調停を申し立て、2度目の調停事件が係属中であったというタイミングにおいて携帯電話のチップのデータをパソコンに移し、メール等を取得したことについて、「チップのデータをパソコンに移す際、本件メールのデータだけではなくチップに保存されていたデータを全部コピーし、その結果、原告のパソコンには本件メール以外のＡと第三者とのメール文に関するデータも現に保存されている（原告の供述）。このようなデータのコピーは、法的保護に値するＡと被告及び第三者のプライバシーをも侵害する行為というべきである。」等として、違法収集証拠として証拠を排除した。

いずれも携帯電話のメールについてのものだが結論が分かれているところ、携帯電話の中身がプライバシーとして保護されることは上記 #280328A でも認められているところであり、問題はその程度の評価であろう。携帯電話のデータをゴッソリ取る（#211216）のはいきすぎだが、数通ずつ送信する（#210722）程度であれば証拠排除まで至らない等の考慮があったのかもしれない。[215]

なお、秘密録音・録画については様々な裁判例がありすべてを紹介しないが、[216] #280519 が、学内委員会の審議内容を秘密録音したものにつき、これを違法収集証拠として排除していることが注目される。

---

214) 伊藤眞『民事訴訟法』（有斐閣、第5版、2016年）351頁。
215) なお、中里和伸・野口英一郎『不貞慰謝料請求の実務　主張立証編』（LABO、初版、2017年）69頁は「筆者にも良く分からない」とする。
216) #260711B、#270601、#270914C、#270930、#210319 等参照。

第 14 章　救済

1　はじめに

　インターネット上のプライバシー侵害と救済については、損害賠償、差止め・削除、謝罪等が問題となる。
　このうち、差止め・削除については第 12 章（179 頁）で既に詳述したので、以下では損害賠償と謝罪等について述べる。

2　損害賠償

(1)　インターネット上のプライバシー侵害の損害賠償認容例[217]

　筆者の調査によると平成 20 年代のプライバシー侵害に関する損害賠償の認容例は、平成 28 年 3 件、27 年 8 件、26 年 7 件（控訴審と一審の双方が平成 26 年中に下された事案を 1 件とカウントしている）、25 年 3 件、24 年 4 件、23 年 3 件、22 年 3 件、21 年 5 件、20 年 1 件の計 37 件であり、平均すると年間約 4 件と比較的少ない。それらを要約したのが、下記の表である。

表 5　プライバシー侵害に関する損害賠償の認容例

No	判決／決定	結果	概要
平成 28 年			
1	#280803	170 万円（プライバシー、肖像権）	新聞記者が従軍慰安婦に関する記事を捏造したとして批判がされていた時に、その娘がインターネット上で写真を晒され「a 社従軍慰安婦捏造のAの娘、●●●Xが、○○に選ばれた。詐欺師の祖母、反日韓国人の母親、反日捏造工作員の父親に育てられた超反日サラブレッド。将来必ず日本に仇なす存在になるだろう。」等と摘示され

---

217) なお、従来型を中心とした平成 10 年代までのプライバシー侵害に関する損害賠償の認容額については升田 357 頁以下が参考になる。

第 2 編　理論編

			た事案で慰謝料200万円が相当とした。ただし、請求が170万円だったので請求の趣旨と同一の170万円のみを認めた。
2	#280317	22万円（脅迫、名誉感情、プライバシーを総合してのもの）	匿名で活動するプロ野球ファンの個人情報を公開する行為等につき、これらが相当期間にわたって繰り返し投稿されている反面、対象者も行為者に対し、侮蔑的なメールを送ったこともあること等から、その他本件に現れた一切の事情を総合し、慰謝料20万円と弁護士費用2万円を認めた。
3	#280208B	88万円（名誉、プライバシー）	原告の住所、電話番号等の個人情報を記載した部分等をプライバシー侵害とした事案で名誉毀損を含め慰謝料は合計80万円とし、弁護士費用は8万円を認めた。
平成27年			
4	#271218A	15万円	訴状をアップロードしたことによるプライバシー侵害と、その他の名誉毀損行為が問題となった事案において、一度インターネット上に公表されたプライバシーはそれが削除されても不安が残ることなど本件に現れた一切の事情を考慮し、慰謝料合計50万円のうち、名誉及び生活の平穏の侵害に対するもの40万円、プライバシー侵害に対するもの10万円とした。また、弁護士費用のうち10万円（名誉及び生活の平穏の侵害に関して5万円、プライバシー侵害の不法行為に関して5万円）は相当因果関係があるとした。
5	#271208B	60万円（名誉、プライバシー）	原告が風俗店で性的サービスを行っていたとする事実摘示につき、本件投稿の内容が虚偽であり、名誉権侵害に加えプライバシー侵害でもあること、本件投稿は複数回にわたること、公開媒体がインターネットであり匿名での情報発信であること、原告は一般私人であること、原告の子を含む関係者が閲覧した影響は大きい上、行為者は本件投稿を否認するだけではなく、特定の第三者にその責任を転嫁しようとしたことがうかがえることなど、本件に現れた一切の

225

第 14 章　救済

			事情を総合考慮すると、原告の精神的苦痛を慰謝するための慰謝料は 50 万円が相当とした。また、掲示板の管理者に対する発信者情報開示請求の弁護士費用として 21 万円、発信者情報消去禁止仮処分及び同開示請求訴訟の弁護士費用 21 万円の合計 42 万円支払ったことが認められるところ計 10 万円の限度で因果関係があるとされた。
6	#270928	12 万円	判決を掲示板にアップロードし、半年間対象者の「住所」が掲載された事案について、対象者が受けた心理的不安等は、軽視することができず、再三削除を依頼したが、その必要もないのに原告の「住所」を掲載し続けたのであるからプライバシーに対する配慮を著しく欠いていたといわざるを得ないものの、対象者の「住所」は、（丁目、番までとはいえ）商業登記簿に記録されており、知ろうと思えば誰でも知ることのできる代替手段がある。行為者は、判決をそのまま掲載したものであり、対象者の「住所」だけを取り沙汰して掲載したわけではないから、不当な目的があったとまでは認められない。対象者の申し立てた本件仮処分事件における和解に基づき原告の「住所」部分を削除したため、現在はこれを閲覧することができない状態にある。また、本件全証拠によっても、対象者の「住所」の掲載により対象者の「住所」が知れ渡ったことが原因で、対象者及びその家族らの身に具体的な危険が生じたということもうかがわれない。以上のほか本件に現れた一切の事情を考慮すれば、対象者の「住所」を掲載した被告の不法行為により原告が受けた精神的苦痛に対する慰謝料としては 10 万円が相当であり、相当因果関係のある弁護士費用は 2 万円とした。
7	#270904A	150 万円（名誉、プライバシー）	著名な脚本家、映画監督である対象者について、訪問介護の依頼を受けた会社から派遣された訪問介護員である行為者がブログにおいてその認知症の様子等を掲載したこ

226

8	#270722	10万円	対象者が弁護士とした電話の会話がブログ上で公開された事案において、行為者は、広くソーシャルネットワーキングサービスで活動しているとはいえ一個人にすぎず、行為者がブログ自体に多数のアクセスがあったと認めるに足りる的確な証拠もないのであって、公開によって、どれほどの人が録音を認識するに至ったかは明らかではなく、また、仮に対象者が著しい精神的苦痛を受けたのであれば、被害の拡大を避けるべく早急に差止め等の措置をとって然るべきところ、発見時から約半年の間被害回復の措置をとっていないのであって、その精神的苦痛の程度は、必ずしも著しいものとはいえないとい等として、通院、投薬に係る費用及び就労ができなくなったことによる逸失利益等の損害を否定し、慰謝料10万円のみを認めた。
9	#270716	80万円（名誉、プライバシー）	対象者の氏名や住所、職業、子らの氏名によって対象者を特定した上で、別紙記載のとおりその学歴や経歴、離婚の事実、父母の経歴等の事柄を公表する等したことが、対象者の名誉を毀損し、及びプライバシーを侵害する不法行為であるとした上で、記事の内容や、その公表の方法のほか、本件に現れた一切の事情を総合して考慮し計80万円の慰謝料を認めた。
10	#270518	20万円ないし10万円（名誉感情、プライバシー）	対立するグループ同士が相互に誹謗中傷しあう事案において、結論として慰謝料20万円ないし10万円を認めている。
11	#270324A	50万300円（名誉感情、プライバシー）	顔を整形していると受け取られるおそれのある事実を投稿されてプライバシーを侵害されるとともに、侮辱的な言葉で名誉感情を侵害された事案につき、掲示板の信用性が必ずしも高いものではないこと、不法行

---

218) なお、会社に対し130万円も認めているが秘密保持義務違反等不法行為とは別の要素が含まれている。

				為を構成する各記載は、いずれも単発的なもので、具体性に欠けていることなど本件に顕れた一切の事情を考慮すると、原告の上記精神的苦痛を慰謝するためには15万円をもって相当とした。また、記事を削除し、また、投稿者を特定するため、弁護士に調査を依頼し、仮処分、訴訟に係る費用を支払ったところ、その費用のうち本件記事に係る部分は、削除に関する費用については3万7800円、投稿者の特定に関する費用については26万2500円であったことが認められるとして、これを本件投稿行為と相当因果関係のある損害ということができるとした。さらに、本件訴訟の弁護士費用としては5万円につき相当因果関係があるとし、計50万300円の損害賠償を認めた。
	平成26年			
12	#261224	20万円ないし10万円（名誉感情、プライバシー）		対立するグループ同士が相互に誹謗中傷しあう事案において、結論として慰謝料20万円ないし10万円を認めている。
13	#261031	151万5492円（名誉、プライバシー）		交際歴（交際者の属性、離婚歴、離婚原因）や実家との関係性、大麻使用等の投稿が名誉毀損とプライバシー侵害とした上で、モデルとしての仕事を休業せざるを得なくなったという逸失利益については、各投稿の結果、どの仕事がキャンセルとなり、いくらの収入が失われたのかなどの具体的立証がない等としてこれを否定した、また、各投稿による精神的ショックのため、抑うつ状態と診断され、通院及び投薬を余儀なくされたという点については、通院費用及び医薬品代の合計1万220円を認めた。慰謝料としては、100万円が相当とした。調査、仮処分申立て及び訴え提起等の費用36万7500円も因果関係があるとした。これらの合計の1割の13万7772円が、相当因果関係のある弁護士費用であるとした。

第2編　理論編

14	#260717A (#260122 の控訴審)	50万円（名誉、プライバシー）	背任や横領等の犯罪行為に及び、薬物の所持や使用の前科がある旨の電子メールを送付した行為につき、慰謝料40万円、弁護費用10万円を認めた。
15	#260717B	111万8700円（名誉感情、プライバシー）	顔を整形していると受け取られるおそれのある事実を5回にわたって公開されてプライバシーを侵害されるとともに、侮辱的な言葉で名誉感情を侵害された事案につき多大な精神的苦痛を被ったものと認められる反面掲示板の信用性が必ずしも高いものではないこと、文脈のない単発的なものであり、具体性に欠けることなど本件に顕れた一切の事情を考慮すると、原告の上記精神的苦痛を慰謝するためには50万円をもって相当とした。弁護士に調査を依頼し、仮処分、訴訟に係る費用として51万8700円を支払ったところ、投稿行為と相当因果関係のある損害ということができるとした。更に弁護士費用は10万円とした。
16	#260613	132万円（プライバシーのみ）	ブログで乳ガン闘病記を連載する対象者について掲示板において当該対象者の本名等を投稿した事案について、ブログの中心的な閲覧者層ではなかったと解される教員関係者又は東京都における教員採用試験の志望者などに、対象者が本件疾病に罹患していることや、その治療経緯及び結果などについて広く知られることになり、さらに、対象者が勘違いしているとか、痛いなどと批判する趣旨のスレッドで対象者の実名を投稿すれば、好奇の目に晒されることも容易に想定されること等から、行為者による本件投稿は、軽率かつ悪質なものであったといわざるを得ない。さらに、プライバシー情報は、一度インターネット上に流出すると、それを全て削除することは、事実上不可能に近いといわざるを得ないことを併せ考慮すれば、行為者の行為による結果は重大なものといわざるを得ないとした上で訴訟に至るまでの経緯など、本件に現れた

229

			事情で被告による投稿と因果関係を有する諸般の事情を総合考慮すると、原告に生じた精神的苦痛を慰謝するに足りる金額は120万円を相当と認めるとした。調査費用については否定した。弁護士費用について上記慰謝料額の10パーセント相当額である12万円を認めた。
17	#260320	25万円（名誉感情、プライバシー）	①原告が夫以外の男性と性的関係を持ったこと、②原告が酒癖が悪く、酔うと情緒不安定になる性向があること、③原告が男性を居候させて、その居室に避妊具を所持したことの各事実を摘示する部分は、被告らが反論を行うべき必要を超えて、原告のプライバシーを暴露し、原告の人格を攻撃するものであるから、原告の名誉を毀損し、あるいは原告のプライバシーを侵害するとともに、原告のことを罪悪による因縁という意義を有する「業」の語を冠して「業女」と呼び、原告の名誉感情を害した行為について、被告1と関係するブログ記事について10万円、被告1及び2の共同不法行為となる動画共有サイトにおける発言により10万円、被告3の不法行為となる動画共有サイトにおける発言につき5万円の慰謝料が発生するとした。
18	#260117	44万円（プライバシー、名誉）	①Xのみによるプライバシー侵害と名誉毀損（会社も責任を負う）、②XとYによる名誉毀損（会社も責任を負う）、③Xのみによるプライバシー侵害（会社は責任を負わない）があったところ、Xにつき44万円（慰謝料40万円＋弁護士費用4万円）、Yにつき11万円（慰謝料10万円＋弁護士費用1万円）、会社につき33万円（慰謝料30万円＋弁護士費用3万円）の賠償を認めた。
平成25年			
19	#251113	61万2110円（名誉、プライバシー）	対象者の逮捕起訴歴に関する事実を公表することにより、更生を妨げるとともに、一般の閲覧者に対し、あたかも対象者が組織

第 2 編　理論編

			的に企業への恐喝を繰り返す犯罪者であると理解させ、原告の社会的評価を低下させる内容であるところ、投稿内容が後に削除されていること等、その他本件口頭弁論にあらわれた諸般の事情を斟酌し、その苦痛を慰謝するためには50万円をもってするのが相当であるとした。本件情報の発信と相当因果関係にある弁護士費用相当の損害額は10万円を相当とし、調査実費計1万2110円は相当因果関係があると認めた。
20	#251016	30万円（名誉、プライバシー）	対象者が嘘ばかりを発言する虚言癖のある人物である旨の事実を摘示するとともに、「最悪」「うさんくさい」等と評し、さらに対象者の自宅電話番号や携帯電話の電話番号及びメールアドレスを具体的に示す等した掲示板の投稿につき、掲示板への書き込みが広範囲に拡散して、容易に削除することができないものである一方、本件書き込みの記載されたスレッドには、卑猥な文言や荒唐無稽な内容が書き連ねられており、また、本件書き込みの内容それ自体、根拠の乏しいものであるから、本件書き込みにより、対象者の医師としての品位や適格性について疑いを生じさせる危険性の程度が高いとはいえないこと（したがって、本件書き込みが、開業医としての対象者の営業活動に具体的な影響を及ぼしたものとも認められない）、プライバシーの点についても、本件書き込みの時点で、対象者の携帯電話メールアドレスは既に使用されていないものであり、また、その後の原告の対応もあって、いたずら電話等の具体的な被害までは生じなかったこと等の事情も認められるとして慰謝料30万円を認めた。
21	#250719	275万（名誉、プライバシー）	医学生で賃借人あった対象者の性癖等を大屋であった行為者が動画共有サイト上で公開した事案について、削除要請を行ったものの、この要請に基づく削除が行われても、繰り返し同様の動画等をアップすることを繰り返し、アカウント停止に追い込まれる

231

			とこれに対抗して、対象者の顔写真等を掲載した対象者に関するコミュニティを12個も作成するなど、嫌がらせとしか思えないような行為を執拗に繰り返したこと、訴訟が提起され、その中で和解に向けた協議が進行していた間にもさらに侮べつ的、挑発的な表現とともに投稿したこと、このような行為者による執拗な投稿が行われた結果、対象者の氏名を入力して検索をすると、行為者の投稿に係る上記動画等が上位に表示されるような事態になっていることが認められるとして、名誉毀損及びプライバシー侵害によって原告に生じた被害は深刻かつ重大といわざるを得ず、特に、対象者の顔写真、氏名、住所等の個人情報を執拗に掲載し続けた点は極めて悪質であるとして、慰謝料額は250万円弁護士費用の額は25万円とした。
平成24年			
22	#241226B	8万8000円（名誉、プライバシー）	会社内で暴力事件を起こし、これによって解雇となったと読めるもので、同メールを14名に送付した行為ことにつき慰謝料8万円、弁護士費用8000円を認めた。
23	#241015	55万円（名誉、侮辱、肖像権、プライバシー）	対象者が恐喝している、前科及び顔写真、対象者の行動、読者の意見、行為者の推測などが名誉毀損にかかる事実摘示と合わせてブログに掲載されることにより、名誉毀損にかかる事実摘示による原告の社会的評価の低下がさらに増幅されて名誉が毀損されるとともに、侮辱され、プライバシー及び肖像権が侵害されたとして、ブログの削除命令のほかに、慰謝料50万円、弁護士費用5万円の損害賠償を命じた。
24	#240904	2万5千円（推計）	メールによるプライバシー侵害と電話による脅迫につき、それぞれ2万円の慰謝料と計1万円の弁護士費用を認めた。
25	#240717A	110万円（名誉、プライバシー）	医師である対象者の子どもらの名前を具体的に示し、これと対象者のクリニックの名称との関連性について説明する掲示板の投

第2編　理論編

			稿につき、信用毀損による損害を否定し、名誉毀損・プライバシー侵害について、慰謝料は100万円弁護士費用は10万円を認めた。
平成23年			
26	#231014	20万円	有名なテレビプロデューサーが建築トラブルを抱えていたことや写真等を公開したことにつき、テレビ業界での信用を喪失した等と主張したが因果関係が否定された。1年以上にわたってインターネット上に公表されていたこと、プライバシーを違法に侵害する部分を公表する必要性があったとの事情はないこと、抗議を受けて即日削除していることなど本件における一切の事情を考慮すると慰謝料は20万円とした。
27	#230829	6万円（2名の原告それぞれにつき6万円づつ）	住所を含む判決のブログへのアップロードにつき、誰でも容易にアクセスできるインターネット上のブログへの掲載によりなされていること、他方で、住所を公開することを意図しているものではないこと、約3か月間行われており比較的短期間といえること、訴状送達によって自主的に本件掲載を削除したこと、その他本件に現れた一切の事情を考慮すると、原告らが被った損害を回復するための慰謝料としては、それぞれにつき5万円とするのが相当であるとした。相当因果関係のある弁護士費用はそれぞれにつき1万円とした。
28	#230525	50万円（名誉、プライバシー）	2年以上の長期間にわたって、不特定多数の者が閲覧できる本件サイト上に原告が裏金「疑惑」のフィクサーであること等を掲載していること等や、記事が削除される可能性があることを察知すると、d社が提供するサーバ上に、「〇〇『e』速報版」と称するウェブサイトを開設して、同各記事を掲載していること、既にこれらの事実を報道する先行記事が存在することなどから、慰謝料は50万円とした。

平成22年			
29	#221001A	55万円	給与明細の公開について、インターネットに掲載された際の情報の伝播性の高さ、ほぼ常時閲覧が可能となるというアクセスの容易さを考えると、対象者は、本件記事の掲載によって、少なからぬ精神的苦痛を受け続けてきたと認められる。その他本件に顕れた諸事情を考慮すると、慰謝料額としては50万円が相当で弁護士費用としては5万円が相当とした。
30	#221001B	45万円（名誉、プライバシー）	訴状等の公開事案において、トップページからの閲覧には煩雑な操作が必要で、会員登録が必要な情報もある等として、慰謝料計40万円、弁護士費用計5万円を相当とした。
31	#220830	330万（名誉、プライバシー）	先天的進行性吃音症について、公開の動機・目的、情報の内容、インターネットによる公開という方法と公表の範囲、それによる社会的影響の大きさ、さらには本件情報の公表による対象者の社会的評価の低下その他の不利益の程度など諸般の事情を総合し慰謝料300万円弁護士費用30万円を認めた。
平成21年			
32	#211106A	3万円	電子メールで1名に対象者がうつ病だと伝えたことにつき、秘匿性の高い情報であるといえること、プライバシーの侵害態様としては特定の知人1人に電子メールを送信したというものにとどまること、対象者は、これまでも鬱病ないし精神病を罹患していることを共通の知人に話していたこと、その他本件において現れた諸般の事情を考慮すると、慰謝料額としては3万円が相当とした。
33	#211027	2万円（名誉、プライバシー）	対象者の氏名、住所等を明らかにした上で、対象者が殺人予告をした者であることを摘示したものであるが、インターネット上の電子掲示板における投稿の応酬の結果とし

			てされたものであること、対象者が本件投稿の前後に行為者の名誉を毀損し、誹謗中傷する内容の投稿をしており、その中には、その迫真性はともかくとして、殺人の予告とみることもできる表現が含まれていたこと等の諸事情を考慮して、2つの投稿それぞれの慰謝料を1万円とした。
34	#210513B	50万円（名誉、プライバシー）	対象者の実名肩書きを明らかにし、対象者が愛人と旅行して、その様子を撮影した写真をインターネット上のホームページにおいて全世界に公開した旨の事実を摘示するとともに、対象者のことを指して「ハレンチ教授」と表現したことにつき①本件表現は、対象者の実名及び肩書を明らかにした上でなされたものであるから、対象者がそれにより被った社会的評価の下落及びプライバシー侵害の程度は、決して小さいものではなかったこと、②他方、本件表現は、行為者のインターネット上の擬似的な友人のみが閲覧することが可能であったものであり、不特定の者が閲覧することのできるものではなかったことなど、本件訴訟の審理に顕れた諸般の事情を総合考慮し、50万円をもって相当な慰謝料とした。
35	#210513A	15万円	男女関係に関する私生活上の事実が公開されたことにより精神的苦痛を被ったことは認めることができるが、このような行動に対象者自身の過失があったこと、並びに本件に顕れた一切の事情を総合的に考慮すると、慰謝料額は、15万円とするのが相当であるとした。
36	#210121A	1人12万円	掲示板での氏名、住所等の情報の公開につき、慰謝料は原告それぞれにつき10万円、弁護士費用もそれぞれ2万円とした。
平成20年			
37	#201017	1人20万円（プロバイダ）	対象者らやその親族の氏名、住所、電話番号等が掲示板に書き込まれたのに半年にわたり削除されなかった事案について、脅迫と言い得る書き込みがされ、対象者らは個

| | | | | 人情報が公になったことによって危害が加えられるのではないかといった身の危険を感じて恐怖感を覚えたこと、本来、第一次的な責任は、本件書込を行った者が負うものであるともいえるとして、このような本件書込についての諸般の事情を考慮すると慰謝料は原告1人20万円を認めるのが相当であるとした。 |

(2) 慰謝料

 (a) はじめに

 人格権侵害であるプライバシー侵害においては、具体的な損害を立証しなくとも、通常は慰謝料が損害として認められる[219]。

 前記（1）のとおり、慰謝料の額は数万円から百数十万円まで（プライバシー侵害のみの場合）と様々であるが、インターネット上の名誉毀損とインターネット上のプライバシー侵害を比較すると、損害額が低いことが挙げられる。すなわち、プライバシー侵害だけであれば、慰謝料が50万円でも比較的高い部類である[220]。また、名誉毀損がメインの事案で、それに付随してプライバシーについても提訴される例が多い。

 以下、慰謝料算定の要素をまとめたい。

 (b) 慰謝料決定の要素

 ① 総合衡量

 慰謝料は様々な要素を総合衡量して決定される。

 #220830は、名誉毀損が主な事案であるが、情報を公開した動機・目的、情報の内容、インターネットによる公開という方法と公表の範囲、それによる社会的影響の大きさ、さらには情報の公表による対象者の社会的評価の低下その他の不利益の程度など諸般の事情を総合するとした。

 ② 情報の性質

 情報の性質、特にセンシティブ性が考慮される。

 #211106Aは、精神病であるという内容が秘匿性の高い情報であるといえることを考慮した。

---

219) 慰謝料算定の一般論として新版注釈民法15巻884頁以下参照。
220) ただし、プライバシー侵害のみの事案のうち、慰謝料が比較的高いものとして#270904Aの150万円及び#260613の120万円がある。

#210121A は、公開された情報は、氏名、住所等の情報が中心であることを考慮した。

逆に具体性に欠けることは慰謝料を減額する方向で考慮される。

#270324A、#260717B は具体性に欠けることを考慮した。

③　侵害態様

侵害態様としては、公開事例では、公開された場所、公開期間、回数や範囲が問題となる。

公開された場所であるが、#270324A、#260717B は掲示板の信用性が必ずしも高いものではないこと、不法行為を構成する各記載は、いずれも単発的なもの等を考慮した。

#260613 は、対象者を痛いなどと批判する趣旨のスレッドで対象者の実名を投稿すれば、好奇の目に晒されることも容易に想定されること等を考慮した。

#251016 は、掲示板への書き込みが広範囲に拡散して、容易に削除することができないものである一方、本件書き込みの記載されたスレッドには、卑猥な文言や荒唐無稽な内容が書き連ねられてるので対象者の品位や適格性について疑いを生じさせる危険性の程度が高いとはいえないことを考慮した。

次に、公開期間であるが、多くの場合、プライバシー侵害を認める判決前の段階の前のどこかで削除がされるが、開示期間の長さや削除をしたこと等は考慮される。

#230829 は、本件掲載行為は平成22年10月から平成23年1月まで約3か月間行われており比較的短期間といえること、行為者は訴状送達によって自主的に本件掲載を削除したことを考慮した。

#231014 は、1年以上にわたってインターネット上に公表されていたことや対象者から抗議を受けて即日削除していることを考慮した。

さらに、公開範囲では、どのような人にどの程度アクセスされたのか等が問題となる。

#260613 は、ブログで乳ガン闘病記を連載する対象者について掲示板において当該対象者の本名等を投稿した事案について、ブログの中心的な閲覧者層ではなかったと解される教員関係者又は東京都における教員採用試験の志望者などに、対象者が本件疾病に罹患していることや、その治療経緯及び結果などについて広く知られることになったとした。

#210513B は、インターネット上の擬似的な友人のみが閲覧することが可能

であったものであり、不特定の者が閲覧することのできるものではなかったことを考慮した。

#270722 は、行為者が広くソーシャルネットワーキングサービスで活動しているとはいえ一個人に過ぎずブログに多数のアクセスがあったと認めるに足りる的確な証拠もないことを考慮した。

#221001A は、ウェブサイトのトップページから記事を閲覧するためには極めて煩雑な操作が必要となる（しかも一部は会員登録が必要）等の事情を考慮した。

なお、メールの場合等、特定人への開示の場合には、誰にどのように開示したかが問題となる。[221]

侵害態様のうち、特に悪質として慰謝料増額事由となるのは、削除を防ごうと画策する行為である。

#230525 は、本件サイト上の記事が削除される可能性があることを察知すると、d 社が提供するサーバー上に、「速報版」と称するウェブサイトを開設して、記事を掲載していることを考慮した。

#250719 は、対象者が削除要請を行ったものの、この要請に基づく削除が行われても、繰り返し同様の動画等をアップロードすることを繰り返し、アカウント停止に追い込まれるとこれに対抗して、対象者の顔写真等を掲載した対象者に関するコミュニティを 12 個も作成するなど、嫌がらせとしか思えないような行為を執拗に繰り返したこと、訴訟が提起され、その中で和解に向けた協議が進行していた間にもさらに侮蔑的、挑発的な表現とともに投稿したといった執拗な行為態様を考慮して、名誉毀損とあわせて 250 万円の慰謝料を認めている。

④　対象者自身の行為

対象者自身の行為が慰謝料算定の際の考慮要素とされている。

#270722 は、対象者が長期にわたって権利侵害を停止させる為の行動を取っていないことから、被害の程度が小さいとしている。

#211106A は、対象者が精神病であるという内容とのメールした事案につき、本人がこれまでも鬱病ないし精神病を罹患していることを共通の知人に話して

---

221)　#211106A は、プライバシーの侵害態様としては特定の知人 1 人に電子メールを送信したというものにとどまることを考慮した。#260717A（#260122 の控訴審）もメール送信回数を考慮した。#241226A も参照。

いたことを考慮した。

#210513Bは、行為者の行為につき対象者自身の過失があったことを考慮した。

なお、お互いに誹謗中傷を行う事案については、そのことを考慮して慰謝料額がかなり減額され得る。

極めて特殊な事案であるが、#211027は、対象者が殺人予告社である等と摘示することで、プライバシー侵害に加えて社会的評価が行われたものであるが、インターネット上の電子掲示板における投稿の応酬の結果としてされたものであること、対象者が本件投稿の前後に行為者の名誉を毀損し、誹謗中傷する内容の投稿をしており、その中には、その迫真性はともかくとして、殺人の予告とみることもできる表現が含まれていたこと等の諸事情を考慮して、2つの投稿それぞれの慰謝料を1万円ずつとしている。

⑤ その他

その他、第三者による先行する同種記事の存在を考慮するものとして、#230525がある。

(3) 慰謝料以外の損害（実損・調査費用・弁護士費用等）

(a) 営業損害等の実損

慰謝料以外の損害、例えば営業損害等の実損も、当該損害がプライバシー侵害行為と因果関係のあることを立証することができれば認められる。

#261031は、各投稿による精神的ショックのため、抑うつ状態と診断され、通院及び投薬を余儀なくされたという点については、通院費用及び医薬品代の合計1万220円を認めた。

しかし、実際には、対象者が因果関係ある損害について立証をすることができないことが多い。

#261031は、モデルとしての仕事を休業せざるを得なくなったという逸失利益については、各投稿の結果、どの仕事がキャンセルとなり、いくらの収入が失われたのかなどの、具体的立証がない等としてこれを否定した。

#270728は、行為者が対象者の自宅住所を教えたという事実があったとしても、そのことと、Bらによる器物損壊行為及びそれにより対象者らに生じた損害との間に、相当因果関係があるということはできないとした。

#240717Aは、病院の信用毀損による患者数の減少など業務上の損害を主張するが、これを認めるに足りる証拠はないとした。

#231014 は、プライバシー侵害によってテレビ業界での信用を喪失し、番組制作が激減し、放送会社を解散せざるを得ない状況に陥ったなどと主張するが、これらが投稿によって生じたことを認めるに足りる証拠はないとした。

(なお、#270722 も参照)

(b) 調査費用・弁護士費用等

慰謝料以外で比較的頻繁に認められるのが調査費用、弁護士費用等である。

まず、プライバシー侵害を受けた対象者が弁護士に依頼して損害賠償等を請求した場合に認められるプライバシー侵害の不法行為と相当因果関係のある弁護士費用は原則として損害賠償認容額の 10% である（このような実務に対し佃 157〜158 頁は批判的である）。

しかし、このような相場を超える金額の弁護士費用を相当因果関係のある損害として認めるものがある。

#271218A は、プライバシー侵害については 10 万円の慰謝料しか発生しないところ、5 万円の弁護士費用を認めた。

また、#240904 は、プライバシーについて 2 万円の慰謝料、脅迫について 2 万円の慰謝料を認め、弁護士費用を計 1 万円とした。

調査費用については、①全額を相当因果関係のある損害として認めるもの、②その一部だけを相当因果関係のある損害として認めるもの、そして③認めないものがある。

全部を相当因果関係のある損害として認めるものとしては、以下のようなものがある。

#270324A は、削除費用 3 万 7800 円、投稿者の特定に関する費用 26 万 2500 円を相当因果関係ある損害とした。

#261031 も、仮処分費用が各 10 万 5000 円であり、発信者情報開示訴訟事件の費用が 15 万 7500 円の合計 36 万 7500 円であるとした。

#260717B も、削除及び投稿者を特定するため、仮処分、訴訟に係る費用 51 万 8700 円を相当因果関係のある損害とした。

これに対し、一部認めるものとして #251113 は、調査実費計 1 万 2110 円は全額認めたが、発信者情報開示請求仮処分のための弁護士報酬着手金 20 万円のうち諸般の事情を斟酌し 10 万円をもって相当と認めた。

さらに、#260613 は、本件のようなインターネット上でのプライバシー侵害事案においては、情報保全の仮処分や発信者情報開示請求訴訟等の事前調査が

必要となることが多いものと解されるが、上記事前調査が必ずしも弁護士に依頼しなければ実現困難な手続であるとまではいい難く、上記事前調査について生じた弁護士費用が上記プライバシー侵害に基づく不法行為と相当因果関係を有する損害であるとまではいえないとした。

確かに、調査費用については一定程度ケースバイケースの判断が必要である。例えば、明らかに違法なプライバシー侵害で、プロバイダの提供するウェブフォームに適切に記載すれば間違いなく削除されるといった事案もないわけではない。しかし、実際には、そのような事案は必ずしも多くなく、仮に違法性が明確でも、そのような削除請求によって炎上を激化すること等もある等、弁護士に依頼せずに対応することは全く推奨できない。その意味では、金額が過大な部分があれば、それが相当因果関係の外とされることはあっても、相当な調査・削除費用はやはり相当因果関係内とすべきであり、一切認めないという判断が妥当な場合は少ないと思われる。

(4) 過失相殺

過失相殺（民法722条）については、そもそも対象者自身の行為が慰謝料算定の際の考慮要素とされている（236頁以下）ことから、このようにして算定した慰謝料についてさらに過失相殺をすることが適切な事案はあまり多くない。

匿名ブロガーの実名を暴いた事案について、行為者が、対象者がブログ上に個人情報を掲載していたことや、ブログの閲覧者を制限していなかったことなどを指摘し、インターネット上に情報を投稿する者として、自己の公開する情報で自らが損害を受けることのないように注意する義務を怠ったことが過失相殺事由に該当すると主張した事案がある（#260613）。裁判所は、確かに、インターネットが世界中の何人からもアクセスされうるという特質を有していることに鑑みれば、インターネット上に情報発信をする際には、被告が主張するような点に留意をしておくことが望ましいといえる。しかし、そのような一般的な留意事項を超えて、インターネット上に情報発信をする者が、被告が指摘するような注意義務を一般に負うものとは解されないとして、過失相殺を否定した。

過失相殺は個別具体的事実関係により判断されるものの、表現の自由の観点から、匿名で発信する自由は存在するはずであり、そのような発信をする際に[222]

---

222) 大島匿名言論参照。

は、道徳的観点、ないしは自衛策としてどの程度の情報を発信するか、閲覧を制限するか否かをよく考えるべきとはいえても、それが直ちに過失相殺となるというのは過失相殺の公平の原則にそぐわないだろう。その意味で、上記裁判例の判断は正当である。

なお、過失相殺の否定例として、#230829 は、対象者が掲載を覚知した後本訴の係属まで削除要請等の対処をしなかったところ、行為者が訴状の送達を受けて直ちに本件掲載を削除したという事情に照らせば、削除を要請すれば行為者がそれに応じた可能性は十分にあったと考えられるものの、従前から多数の訴訟で争っている当事者の関係からすると、削除を要請しても功を奏しないであろうと考えるのもやむを得ないものであり、削除要請などの対処をしなかったことをもって本件損害の発生に寄与した過失が存するとまでは評価できないとした。

3　謝罪等

プライバシー侵害をされた対象者としては、行為者に謝って欲しいと考えることも少なくない。

名誉毀損の場合、裁判所は、損害賠償の支払を命じることに加え、謝罪広告等の「名誉を回復するのに適当な処分」を命ずることができる（民法 723 条）。これに対し、プライバシー侵害についてはこのような明文規定は存在しない。

裁判例では肯定例もあるが（#020522）[223]、大多数の裁判例はプライバシー侵害による謝罪広告に否定である（最近の否定例に #221001A）[224]。

ただし、プライバシー侵害においては、問題となっているのは人格権である。そして、一度人格権が侵害されても、その後行為者からの自発的謝罪があれば、当該被害は一定程度慰謝されたとして損害賠償（慰謝料）の計算において考慮される。#220630A は口頭あるいは書面による謝罪が繰り返されていること、#250809 は謝罪文が送付され、その精神的苦痛は一定程度慰謝されたことを考慮しており、少なくとも実務対応としては、プライバシー侵害が明らかであれ

---

223)　侵害の態様や損害の性質・内容に照らし、特定的な救済が適切、かつ、合理的であると認められる場合には、名誉侵害と同様に、金銭賠償に代えまたはこれと共に特定的な救済を認めるのが相当であるとした上で、民法 723 条を類推適用して被告らに謝罪広告を命じた。

224)　学説上、「判決の結論の広告」を認めるものは佃 169 頁等参照。

ば（投稿の削除等に加え）謝罪を前向きに検討すべきであろう。

第 15 章　インターネット上の個人情報保護

1　個人情報保護法違反とプライバシー侵害の関係

(1)　はじめに——峻別説

　プライバシーとして保護される情報には、氏名、住所等の典型的な個人情報が含まれる（佃 74 頁以下参照）。

　例えば、#150912（江沢民事件）は学籍番号・住所・氏名・電話番号をプライバシーとして保護し、大学がみだりにこれを警察に渡すことを違法とした。#200306（住基ネット事件）も氏名住所等の個人情報をみだりに他者に開示されないという利益が国家との関係で認められるとしている。[225]

　このように、個人情報がプライバシーとしても保護されるとすると、プライバシーと個人情報の関係は何かが問題となる。

　個人情報保護法違反と不法行為の関係については、一般に「峻別説」といわれる見解がとられている。[226] すなわち、個人情報保護法に違反する個人情報（プライバシー情報）の取扱いがあっても、「直ちに」不法行為が成立するわけではないと解されている。[227]

　住基ネット事件調査官解説は、「法的保護に値する人格的利益は何かという観点からは、個人情報それ自体ではなく「氏名、住所等の個人情報をみだりに他者に開示されないという利益」ということになると考えられる。」としてい[228]

---

[225]　なお、『みだりに』というのは、当該情報の開示が一般人の感受性を基準にして私生活上の平穏を害するような態様で行われることが必要であり、当該情報の内容、開示の態様を総合考慮して違法性の有無を判断するという従前の枠組みを逸脱したものではない」（平成 20 年最高裁判例解説民事編 161 頁注 12）参照。

[226]　二関、板倉。なお、園部 43 頁も参照。

[227]　これに対し、加藤は、個人情報を開示すべき場合として法令上例外が認められている場合に、不法行為責任を負うとすれば、個人情報取扱事業者は個人情報を開示しない方向に行動し、法令上の例外の趣旨が没却される等の理由で峻別論に疑問を呈しており、傾聴に値する。理論的な研究としては、板倉 8 頁以下の議論が参考になる。板倉 9 頁では「個人情報保護違反があり、個人情報の管理状況を中心として、著しい違反又は社会相当性を欠くような違反と評価されるような場合は、損害賠償請求を認める余地があると考えることができよう」とされている。

[228]　平成 20 年最高裁判例解説民事編 160 頁注 11。

るところ、個人情報それ自体ではなく、それを「みだりに他者に開示されないという利益」がプライバシーとして保護されていると解するのであれば、この見解は峻別説と親和的といえるだろう。

このような峻別説と異なり、#250124 は、個人情報取扱事業者が第三者提供規制（個人情報保護法 23 条）に違反して個人データを第三者に提供したことをもって直裁に不法行為（これが「プライバシー侵害」の不法行為であると明示はされていないがその趣旨と理解される）を認めている。[229]

もっとも、このような個人情報保護違反から直裁に（プライバシー侵害の）不法行為を認める例は少数であり、やはり多数派の裁判例は峻別説に立っている。

(2) 個人情報保護法違反がプライバシー侵害にならない場合

峻別説の帰結は、ある行為が個人情報保護法に違反しても、必ずしもプライバシー侵害として不法行為等になるとは限らないということである。

#271028B は、複合機の入れ替えに際し、本人は、個人情報取扱事業者がリース会社に対して複合機の情報を提供することは同意していたものの、同意のない電話機の情報まで提供したことを認定した上で、当該行為は特定された利用目的の達成に必要な範囲を超えて個人情報を取り扱ったという行為であり、情報提供が形式的に個人情報保護法 16 条 1 項に抵触するとしても、それ自体が不法行為としての違法性を備えるとまでいうことはできないとした。[230]

(3) 個人情報保護法違反にならないがプライバシー侵害になる場合

峻別説のもう 1 つの帰結は、ある行為が個人情報保護法に違反しなくても、プライバシー侵害として不法行為等になることもあり得るということである。

#271106B は、携帯電話の電話番号の公開について、行為者が個人情報保護法 2 条 1 項の「個人情報」に該当しないと主張したが、同法は、2 条 1 項所定の個人情報に当たらない私生活上の事実がみだりに公表されない利益が法的利益として保護を受けることを否定する趣旨のものではないから、被告の主張は採用することができないとしてプライバシー侵害を認めた。

---

229) なお、#240126 の原審である大阪簡裁判決（板倉 3 頁参照）は、直裁に個人情報保護法を理由に不法行為の成立を認めているものの、控訴審である #240126 はプライバシーのみを理由に判断している。

230) #270624B は、ガイドラインに違反することが直ちに被用者である原告に対する労働契約上の債務不履行又は不法行為を構成するものではないとしたが、#271204B は結論として不法行為を認めている。

携帯電話の電話番号はそれだけで常に個人情報とはいえないものの、プライバシーとして保護される[231]。

(4) 両方の結論が同一となる場合

とはいえ、峻別説は、プライバシーと個人情報が「全く違う別物」としているわけではない。プライバシー侵害の有無・個人情報保護法違反の有無の結論が同一になる場合は当然多く存在する。

#201212 は、弁護士への個人情報保護提供についてプライバシー侵害も個人情報保護法 23 条等への違反もないとした[232]。

#260808 は、本件情報を本人の同意を得ないまま法に違反して取り扱った場合には、特段の事情のない限り、プライバシー侵害の不法行為が成立するとした上で、プライバシー侵害を認めている（なお、控訴審の #270129A も参照）。

個人情報保護法違反が直裁にプライバシー侵害になるとはいえないものの、ある行為が個人情報保護法に合致しているかはプライバシー侵害になるかどうかの参考になるといえる。そこで、やはりインターネット上のプライバシー侵害を論じる上で個人情報保護法を検討する必要があるといえる。

(5) その他

なお、個人情報保護法の施行に伴う法意識の変化に言及する裁判例がある。つまり、個人情報保護法の制定前はプライバシーの利益保護についての一般の意識も高いとはいえなかったが、その後プライバシーについての意識が向上したというものである[233]。

2 個人情報保護法に関する裁判例

(1) はじめに

個人情報保護法は 2005（平成 17）年 4 月施行された。施行後、10 年以上が経過して、同法の解釈に関する裁判例が積み重なっている。個人情報保護法について裁判例上争われている形態は様々であるが、特に、①ある行為が個人情

---

[231] なお「他の情報と容易に照合することができ、それにより特定の個人を識別することができることとなるものを含む。」（個人情報保護法 2 条 1 項 1 号）可能性はある。ガイドライン等 Q&A の Q1-22 参照。

[232] なお、後記の #221020、#230316、#200422 も参照。

[233] #221221、#230721 等参照。その他個人情報保護違反と不法行為につき、#230526、#190627、#250228 も参照。

報保護法違反であってプライバシー侵害となるとして不法行為に基づく損害賠償請求がなされた場合に、相手方が個人情報保護法に違反していないと主張する場合と、②本人が個人情報取扱事業者に対し開示請求等を行ったものの任意に開示されないので、裁判上の請求をする場合の2つの場合がよくみられる。

そのすべてを網羅はできないものの、例えば、インターネットサービスにおける詐欺・不正等があった（と本人が考えた）場合のインターネットサービス業者に対する情報開示請求に関する判断等、インターネット上のプライバシーと関係が深いものを中心に一部をまとめたい。なお、改正法との関係で既に議論の実益が失われた、「開示請求権の有無」（旧法25条、改正法28条）等については、ほぼ省略している。[234]

(2) 定義等

(a) はじめに

個人情報保護法の定義等に関して争われているものとしては、まず、ある情報が「個人情報」「個人データ」「保有個人データ」に該当するかである。その意義は第1編第6章で解説しているが、開示請求の対象となるのは保有個人データであるから、個人情報ですらないものは開示の対象にはならないことになる。また、第三者提供規制（個人情報保護法23条）の対象は「個人データ」であることから、いわゆる第三者提供の文脈においても、定義が問題となることがある。

(b) 個人情報該当性

#280328Bでは、対象者がDという偽名で行為者にメールを送付したところ、行為者がこれを転送したことが個人情報保護法違反（23条違反）ではないか問題とされた。裁判所は「個人情報」とは、生存する個人に関する情報であって、当該情報に含まれる氏名、生年月日その他の記述等により特定対象者の個人を識別することができるものをいうところ、一般人において、「D」が控訴人であると識別することができるとは認められないから、本件メールの記載内容が「個人情報」に当たるとはいえないとした。

実際には、個人情報には特定の個人を識別できる情報にとどまらず、「他の

---

234) なお、一般には、改正前には開示請求権が裁判例上否定されていたので請求権を明確化したという論調（第二東京弁護士会93頁参照）の議論がなされることがある。確かに#190627が明確に否定説を取っており、その後も一定数否定説があるが（#260910、#270520等）、後記の#270223B、#260908等開示を認めた裁判例も存在することに留意が必要である。

情報と容易に照合することができ、それにより特定の個人を識別することができることとなるものを含む」ので、これを主張・立証できれば異なる結論になり得たかもしれないが、対象者はこれを主張・立証しなかったようである。[235]

後記（253頁）の#270223Bも、IPアドレスは個人情報ではないとしているが、同様の指摘が当てはまる。[236]

なお、氏名等の個人識別情報だけではなく個人識別情報を含んでいれば、その情報全体が個人情報になる。[237]

（c）　個人データ該当性

#221020は、労働者である対象者が、労組Aを通じて東京都労働委員会に対し不当労働行為救済申立てをしたが、その際に提出した申立書について、使用者である行為者が労組Bに提供したことが個人情報保護法違反と主張された事案である。裁判所は、行為者が個人情報取扱事業者であることや本件申立書等が個人データに該当するとの主張及び立証はないとして、個人情報保護法違反を否定した（プライバシー侵害も否定）。

この当時は、旧法のいわゆる5000人基準（5000人を超える個人データを取扱っていなければ個人情報取扱事業者とされない）が適用されていたが、現行法では行為者は個人情報取扱事業者とみなされるだろう。

そして、申立書には、対象者の氏名が記載されているので、明らかに「個人情報」である。もっとも、第三者提供規制（個人情報保護法23条）の対象は「個人データ」であり、いわゆる散在情報（データベース化されていない情報）は個人データではないところ、本件では、データベース化されていない、単なる対象者についての個人情報が記載された書類である申立書には第三者提供規制はかからないと判断された。

インターネット上の個人情報の関係では、#260908が興味深い。この事案は、オークションサイトの履歴情報の開示を求めたところ、履歴情報は異なるサーバーに不統一の形式で保存されており、これを抽出するためのプログラムはないため、情報を抽出するためには、新たにプログラムを作成して抽出作業をする必要があり、それには約2か月の期間を要することが認められるとして、個人情報データベース等には該当しないので、そこに含まれる個人情報は個人デ

---

[235] なお、行為者の会社内の事情なので、そのような主張立証ができなかったのかもしれない。
[236] #251112も参照。
[237] #220810参照。この観点からは#210831には疑問が残る。

ータではないと判断した。[238]

(d) 保有個人データ該当性

なお、保有個人データに該当するためには、「個人情報取扱事業者が、開示、内容の訂正、追加又は削除、利用の停止、消去及び第三者への提供の停止を行うことのできる権限を有する個人データであって、その存否が明らかになることにより公益その他の利益が害されるものとして政令で定めるもの又は一年以内の政令で定める期間以内に消去することとなるもの以外のもの」である必要があるところ、行政機関に関するものだが#240719（試験実施の委託関係に関するもの）がここでいう「権限」の有無の判断にも参考になるだろう。

(e) 検索・閲覧と個人情報の取得等

また、適正な取得（個人情報保護法17条1項）との関係で、対象者の個人情報を「取得」したかどうか問題となることがある。

#201219は、行為者が、仮処分の相手方である対象者の名前でインターネットを検索し、その結果を仮処分において提出したというものである。対象者はこれを個人情報保護法17条等の違反としたが、裁判所は、行為者が個人情報取扱事業者に該当しないだけではなく、インターネットで、対象者の名前を検索しただけのことであって、これがプライバシーの侵害であるとか、個人情報保護法に違反するということも到底できないとした。

個人情報保護委員会は、「単にこれを閲覧するにすぎず、転記等を行わない場合」（ガイドライン通則編3-2-1）に、これは個人情報の取得ではないとしているところ、[239]本件では、単に検索結果を閲覧しただけではなくそれをメモして、仮処分で提出している。そうすると、少なくとも単なる閲覧のみの事案ではないように思われる。そこで、[240]5000人基準により個人情報取扱事業者に該当しないことのみを理由とするのが説得的だったように思われる。

(3) 利用目的に関する問題

いわゆる目的外利用については、まず、ある会社のA事業のために提供さ

---

238) #250523参照。
239) なお、ガイドライン等Q&AQ3-4は「個人情報を含む情報がインターネット等により公にされている場合、それらの情報を①（注：当該情報を単に画面上で閲覧する場合）のように単に閲覧するにすぎない場合には「個人情報を取得」したとは解されません。」とする。
240) ただし、ガイドライン等Q&AQ3-4では「当該情報を転記の上、検索可能な状態にしている場合」「当該情報が含まれるファイルをダウンロードしてデータベース化する場合」といった明らかに取得に該当する場合のみを「取得に該当する」としており、その中間的場合（転記したが検索可能としていない場合等）については態度を明確にしていない。

れた個人情報がB事業のために用いられたことが目的外利用ではないかと争われることがある。この種の事案においては、プライバシーポリシーの内容をよく読めば、目的の範囲内だと結論付けるものが多い。[241]

　もっとも、特殊な事例で目的外と認定された場合がある。

　前記#271028Bでは、リース会社である行為者が、対象者から複合機の入れ替えを依頼された事案において、行為者が複合機製造販売業者に対象者の複合機と電話機についての情報を伝えたことが、法16条1項違反ではないかが問題となった。裁判所は、行為者の保有していた対象者の複合機・電話機の情報は第三者への提供を目的としていないが、同意があれば目的外利用ができるとした上で、複合機については口頭の同意があるが、電話機については同意が存在しないとして目的外利用の可能性があったと認めた。もっとも、形式的に個人情報保護法16条1項に抵触するとしても、それ自体が不法行為としての違法性を備えるとまでいうことはできないとして損害賠償請求を棄却した。

　さらに、#270129A[242]は、病院である行為者に勤務する対象者が、労働者としてではなく患者として行為者に赴き、検査を受けた際に得た対象者がHIV陽性であるという情報（治療を目的として取得した情報）を労働管理のために利用したという事案で、行為者は、対象者が勤務する際の感染拡大防止のために一定の措置を講じる必要があり、個人情報保護法16条2項2号「人の生命、身体又は財産の保護のために必要がある場合であって、本人の同意を得ることが困難であるとき」であるから適法と主張した。裁判所は、同意を得ない目的外利用が許容される要件として、本人の同意を得ることが困難であることを必要としているとして、同意を得ようともせずにこれを無断で目的外利用したことを違法とした。[243]

　改正前の条文についてのものだが、#210722Bでは、利用目的の一方的変更が、旧法15条2項の「変更前の利用目的と相当の関連性を有すると合理的に認められる範囲」の利用目的変更かが問題となった。元々の利用目的が「当社が、本規約に基づく与信業務（途上与信を含む）及び債権管理業務等のため、個人情報を収集し利用すること。」であったのが、「クレジットカード会社である被告がその正当な事業活動について、営業の案内をする」と拡大されたとこ

---

241) #251002、#251127 等。
242) 原審 #260808、#280329B で上告棄却・上告受理申立て不受理。
243) なお、#250228 も参照。

ろ、元の利用規約でも、対象者は行為者が「クレジットカード会社である被告がその正当な事業活動について、営業の案内をする」ことに同意すると規定されていたことから、その後の会員規約において、会員が、個人情報の利用について、被告の正当な事業活動やクレジットカード関連事業について、営業の案内をする等に同意する旨規定されたとしても、このような会員規約の変更は、変更前の利用目的と相当の関連性を有すると合理的に認められる範囲内のものというべきであるとされた。

改正法15条2項は「相当の」を削除し、より広く変更を認めるところ、本件のように、同意を既に得ていた範囲で利用目的を拡大することは適法であろう。[244]

(4) 安全管理に関する問題

安全管理については、例えば、個人情報保護法20条の安全管理義務について#220427が、個人情報取扱業者は、その個人データの漏洩、滅失又はき損の防止その他の個人データの安全管理のために適切な措置を講じる義務があるから、個人情報が流失した場合には、事業者は、流失した個人情報の内容及び性質、流失の態様、流失の範囲、二次被害の危険性の程度等を考慮して流失した情報の主体（被害者）に対し、速やかに流失事故の発生及び二次被害の可能性等を通知するなどして、二次被害の発生を防止する措置をとる義務を負うとしていることが注目される。

また、労働紛争の傍論であるが、#211023は、個人情報保護法21条は、個人情報取扱事業者に対し、従業者に対する監督を義務づけているが、これは離職後に個人情報を流出させることをも防止する措置をとる義務を課している趣旨と解されるとしている。

なお、第三者提供を適法に行ったことを前提に、提供先にある個人データについて提供元が安全管理義務を負わないとした#211225Aも参照。

(5) 第三者提供に関する問題

(a) はじめに

第三者提供については、そもそも第三者提供に該当するのか、および例外事由に該当するかが問題となる。

---

244) なお、利用目的については#210414Bも参照。

(b) 第三者提供該当性

弁護士に個人データを提供する場合が第三者提供（法23条）になるかにつき、裁判所の立場は分かれている。

#271002は、弁護士が個人情報取扱事業者の代理人として個人情報等を使用する場合には、個人情報保護法23条にいう「第三者に提供」には該当しないものと解されるとしたが、#201212は、弁護士への送付について依頼者が、弁護士に対し、訴訟事件その他一般の法律事務を依頼することは弁護士法上認められており、その依頼事件について、相手方の個人情報を提供することは、法令（弁護士法）に基づく行為であり、しかも、防御上必要な行為であって正当な行為であるから、上記個人情報提供をもって、個人情報保護法23条に違反する行為とはいえないとしている。

要するに、前者は第三者提供ではないとする[245]のに対し、後者は第三者提供に一応該当するが、それが正当行為として適法とされるということである。

ここで、ガイドライン等Q&Aにおいては、記録義務の文脈であるものの「訴訟追行のために、訴訟代理人の弁護士・裁判所に、訴訟の相手方に係る個人データを含む証拠等を提出する場合は、「財産の保護のために必要がある」といえ、かつ、一般的に当該相手方の同意を取得することが困難であることから、法第23条第1項第2号に該当し得るものであり、その場合には記録義務は適用されないものと考えられます。」（ガイドライン等Q&A10-3）とされていることが注目に値する。個人情報委員会としては、第三者提供には該当するが、本人の同意が不要な例外事由に該当すると考えているようであることから、今後実務はこの方向で動いていくものと思われるものの、裁判所がこの解釈を支持するかは更に裁判例の蓄積を待たなければならないだろう。

(c) 例外事由

同意なき第三者提供が認められる例外事由（個人情報保護法23条1項各号）については、同項1号にいう「法令に基づく場合」には、他の法令により情報を第三者に提供することが義務づけられている場合のみならず、第三者提供を受ける具体的根拠が示されてはいるが、データを提供すること自体は義務づけられていない場合も含まれると解されるとした#220304が注目される。

例外に該当するとされたものに文書送付嘱託[246]、弁護士会照会[247]等がある。

---

245) 例えば宇賀156頁も参照。
246) #240831B、#220304等。

(6) 開示等請求に関する問題

　開示等請求については、前記（64頁）のとおり開示請求権の有無等が争われていたものの、既に改正法28条以下が請求権を明示したので、この点はもはや解釈論としての意義を失った。

　開示請求については、インターネット上の個人情報保護との関係で興味深いものは#270223Bである。

　この事案では、インターネット上で決済サービスを提供する外国の大手業者に対し、第三者が自己のクレジットカードを登録してアカウントを作成し、当該決済サービスを通じて自己のクレジットカードが不正使用されたので、そのアカウントの情報の開示を請求した。裁判所は、このうちIPアドレスは個人情報ではないとした（248頁参照）が、それ以外は保有個人データであるとして、開示を命じた。[249]

---

247)　#230622、#220810等参照。
248)　具体的には以下のものである。
　1　●●●マイレージ●●カード（番号〈省略〉）を利用して以下の年月日及び金額により購入された商品の内容，購入先（商品発注先）及び届け先（商品受取先）
　(1)　2008年（平成20年）3月12日　200円
　(2)　2008年（平成20年）3月24日　33万9600円
　2　（略）
　3　上記1及び2のカードを決済手段として作成された被告におけるアカウントに係る以下の情報
　(1)　作成日
　(2)　事業情報
　氏名、メールアドレス、住所、電話番号（自宅）、電話番号（ビジネス）、パスワード、セキュリティに関する質問、事業情報、マーチャントアカウントID
　(3)　財務情報
　銀行口座、デビットカード及びクレジットカード、●●●●残高、事前承認支払、その他の財務設定（マーチャント手数料、月別アカウント明細）
　(4)　設定
　アカウントタイプ、チェックアウト設定、モバイルチェックアウト設定、通知、問い合わせ用ID、●●●●でログイン、使用言語、タイムゾーン
　(5)　発信されたIPアドレス
249)　決済サービス業者は本件アカウントを開設し同アカウントにおける取引を行った者が原告以外の第三者であることを前提とすると、当該第三者への権利侵害のおそれがあり開示しないことができる場合に当たると主張したが、裁判所は本件アカウントを開設し同アカウントにおいて取引を行った者が、Bを含む原告以外の第三者であるか否かは本件記録から必ずしも明らかでないが、原告名義の金融機関の口座を引き落とし口座とする本件クレジットカードが決済手段となっている本件アカウントについて、原告が同アカウントの基本情報等の開示を求めることを拒む理由は見出し難く、これが第三者により開設され取引に使用されているとしても、上記開示が同第三者の権利を侵害することになるものとは認められないというべきであるとした。

また、#260908 は、大手ポータルサイトにおいてオークション等を行った者がそのアカウントが削除されたことから、保有個人データの開示を請求した。このうち、ID登録情報は、登録日時、お客様情報（性別、生年月日、業種、職種、タイムゾーン）、メールアドレス（●●●●●メールアドレス、登録メールアドレス）、氏名・住所情報（氏名、自宅郵便番号、住所、電話番号、勤務先学校等）、Tポイント利用登録情報などからなる情報であると認められ、これらの情報によって特定の個人を識別することが可能といえるとした上で、IDのみであれば、電子計算機を用いて検索することができるように体系的に構成された個人情報データベースがあるものと認められるとして開示を命じた。

　さらに、#250906 は、保育士試験の実技試験の採点表の開示につき、個人情報保護法28条1項2号に規定する「業務の適正な実施に著しい支障を及ぼすおそれがある」ものであることを認めた。行政機関個人情報保護法においては、類似の裁判例が蓄積しているが[250]、個人情報保護法に関する判断はまだ少なく[251]、実務上重要と思われる。

　裁判例上は開示内容に軽微な不備があったとしても、個人情報取扱事業に開

---

250) 採点項目、採点基準や採点結果等が記載されており、これを受験者本人に開示すると、開示された採点項目、採点基準やこれらに対応する採点結果についての質問や苦情が大幅に増加することが予想され、試験委員にふさわしい人物を試験委員として確保することが困難な事態が生じた場合には、保育士試験の実施が困難となったり、本来試験委員としてふさわしいと判断することができない人物を試験委員として選任し、実技試験において試すことが想定されている受験者の能力を正しく評価することができないという事態が生じ、保育士試験の適正な実施を確保することができなくなって、被告の業務に著しい支障が生ずることとなること、実技試験の採点表に記載された情報は、前記のとおり、単に点数や採点項目のみならず、具体例も含めた採点基準等が採点項目と一体として記載されている部分もあり、その一部を部分的に開示することは困難であると認められること等を理由とした。

251) 例えば司法試験について「司法試験第二次試験論文式試験の科目別得点を開示した場合は、司法試験予備校による分析等において、当該試験で高得点を得たとされる答案の再現が一層容易になることから、各受験者が、司法試験の受験準備の過程において、ますます、高得点を得たとされる答案の書きぶり、論述の運びなどの外形を模倣することに力を注ぐこととなり、その結果として、答案のパターン化、画一化に一層の拍車がかかり、論文式試験を通して、各受験者の有する学識のみならず、その理解力、推理力、論理的思考、説得力、文章作成能力等を総合的に評価して採点するという論文式試験の選抜機能が一層低下し、司法試験事務の適正な遂行に支障を及ぼす弊害が増大するであろうことは明らかというべき」として論文式試験の科目別得点開示は否定したが、「論文式試験合格者の総合順位を開示した場合においては、そもそも総合順位の高順位者であったとしても、その者が当然に各科目における高得点を取得したとの前提が成り立ち得ないことを考えれば、論文式試験受験者の科目別得点が開示されない以上、総合順位の高順位者が再現した答案であることから、直ちにそれが各科目における高得点答案であったということにはならない」として総合順位の開示を認めた #170714 等参照。

示義務の不履行はないとしているが、同時に軽微な請求書記載の不備を理由に開示義務を免れられないとしている。

なお、改正法31条(旧法28条)は、本人から、当該本人が識別される保有個人データに係る措置の求めに対して、その措置をとらない旨を通知する場合またはその措置と異なる措置をとる旨を通知する場合の理由の説明について規定するものであるが、その文言が「努めなければならない」とされているところ、#280127 はその文言が「努めなければならない」とされていることからも明らかなとおり、同条は、努力義務を定めた訓示規定にとどまるものであって、個人情報取扱事業者に対し、本人に対する明示義務ないし説明義務を課すものではないとして、理由明示請求を棄却した。

(7) その他の問題

#200422 は、認定個人情報保護団体の苦情処理(改正法52条)につき、本人が自己の見解に固執して譲らず、他方個人情報取扱事業者がそれと異なる見解を最終回答としたために、両者の見解の対立が解消されなかったという事案について、法42条(改正法52条)に基づき、又は、信義則上、更にその見解の対立の解消のために苦情処理業務を継続する義務があるとはいえないとした。

その他、#270917 は、名誉毀損の成否の文脈における傍論ではあるが、防犯カメラの顔特徴データを万引き防止等の目的で共有するサービスについて「個人情報を第三者に無断で提供することを禁じた個人情報保護法に抵触するおそれがあるほか、提供された顔特徴データが犯歴や購入履歴などと結びついて個人が特定されれば、プライバシー侵害につながりかねないとの意見ないし論評を述べるものである。顧客の顔情報が無断で共有されているとの本件摘示事実を前提とすれば、店側が恣意的に誤って登録したとしても、当該顧客にはこれに反論し異議を唱える機会もないから、当該登録を取り消すこともできず、行ったことのない店舗で不利益な扱いを受けるおそれがあることももっともなことである。個人情報を第三者に無断で提供することを禁じた個人情報保護法に抵触するおそれがあるほか、提供された顔特徴データが犯歴や購入履歴などと結びついて個人が特定されれば、プライバシー侵害につながりかねないとの指摘も十分にあり得るところ」としており、顔認識システムと個人情報保護法・

---

252) #230728 は誤記があった回答書につき後で訂正をしたことを理由に開示義務を怠っていないとした。
253) #230127 も参照。

プライバシーの関係について示唆的である。

3　個人情報の不正取得・流出・漏洩

(1) はじめに

　個人情報の不正取得、流出、漏洩等については多数の裁判例がある。どのような場合に請求が認められ、また、損害賠償としてどのようなものが認められるのだろうか。ここでは、行政による漏洩（有名なのは宇治市漏洩事件）[254]については原則として論じず、民間の事案のみを検討する。

(2) 請求が棄却された事案

　漏洩事案においては、比較的本人等の原告が勝訴する判決が多いものの、本人が敗訴する判決も存在する。

　まず、そもそも漏洩の可能性にとどまり、現実に漏えいがあったとは認定できないとされる場合がある（#251210）。また、漏洩された内容によっては、受忍限度内とされることがある。

　#211225Aは、メールマガジン配信時にBCCではなくCCで送付にしたためメールアドレス等が流出した事案で、メールマガジンの受信者が、対象者のメールアドレスと氏名を読んで、これらを同姓同名の他の者ではない、対象者その人のものと認識するということ、すなわち、これが対象者その人の個人情報であると認識するということは、いささか考え難いとした上で、本件配信行為は、不快であったとしても、社会生活上受忍すべき範囲内にあるというべきとした。

　さらに、相当因果関係のある損害が認められないという場合もある。

　#211029は、サイトの会員情報が漏洩したことから、サイト運営者がサイト構築者に対してサイト閉鎖による損害相当額の賠償を請求したが、漏洩の範囲は会員が登録時に申告したハンドルネーム（ニックネーム）、性別、生年月日、居住地域及び携帯電話のメールアドレスにとどまったという事案で、その後サイトは閉鎖されたが、情報漏洩前後におけるサイトの新規登録数、退会数及び

---

[254] 宇治市が管理する住民基本台帳のデータを使い、乳幼児検診システムの開発を行うことを民間業者に委託したところ、再々委託先のアルバイト従業員が21万件ものデータをコピーしたうえ、名簿業者に販売し、同業者がさらに転売をしたことにつき、プライバシーの侵害に当たるとして市に慰謝料1万円、弁護士費用5000円の支払を命じた事案（#130223、#131225、#140924参照）。

会員数の推移やサイトの収益状況等に照らすと情報漏洩による信用毀損の結果、会員の退会が続出してサイトの閉鎖を余儀なくされたものと認めることはできないとして閉鎖による損害と漏洩事故に相当因果関係はないとした。[255]

(3) 本人等から情報管理者への請求

(a) はじめに

情報漏洩等が発生し、本人等から情報管理者に対して賠償が請求された場合、情報管理者はどの程度の額の損害賠償責任を負うのか。松尾クラウド269頁以下で裁判例をまとめたが、その後の裁判例も含め、再度包括的に検討したい。

(b) 低額賠償事例（数千円〜数万円程度）

賠償額が比較的低額な事案も少なくない。

#190621（Yahoo!BB事件）[256]は、インターネット接続等のサービスを提供する事業者の情報漏洩について一人あたり5000円（＋弁護士費用1000円）の賠償を認めた。

#160323（江沢民事件）は、講演会に参加した学生および一般人の氏名、住所、電話番号（学生は氏名と学籍番号）を無断で警察に提供した事案について慰謝料5000円を認めた。

#140116（#130411の控訴審）は、同様の事案で慰謝料1万円を認めた。

#190828（TBC事件）（#190208の控訴審）は、エステサロンに登録した情報が漏洩した事案について1人あたり3万円（＋弁護士費用5000円）の賠償を認めた。

#280426は、国家公務員である対象者が政治塾に参加したところ、政治塾の名簿が週刊誌編集部に漏洩し、この内容が報道された事件で、氏名、年齢、郵便番号、住所及び職業については、必ずしも秘匿性が高い情報とまでいうことはできないものの、対象者が政治塾に参加しているという事実が一定の思想ないし信条を示すものであること、国家公務員であるにもかかわらず政治活動をしているかのような誤った情報が拡散したこと、本件情報の一部が本件週刊誌によって広く知られるに至ったこと等をふまえ5万円の慰謝料を認めた。

これらのうち、#190828は、本件において流出した情報がエステティックサービスに係るものであるところから、個々人の美的感性のあり方や、そうしたものに関する悩み若しくは希望といった個人的、主観的な価値に結びつく、あ

---

255) #270327B参照。その他、#260307も参照。
256) #191214、#180519

るいは結びつくように見られる種類の情報である点で、流出データ回収の完全性に対する不安ないしは精神的苦痛に対する慰謝料請求や、大学在籍に係る個人識別情報の開示に関する慰謝料請求につき判定されるべき場合よりは、通常、より高い保護を与えられてしかるべき種類の情報であると認められると述べている。要するに、エステサービスというものは身体に対するコンプレックス等の価値観と深く結びついており、保護すべき価値は高いということは裁判所も理解しているわけである。しかし、それでも損害賠償は3万円とされたことに留意が必要である。

また、公務員である対象者の政治的思想・信条の一種を示す、参加している政治塾の名簿が漏洩し、週刊誌で報道されたという事案でも、#280426が認めたのは5万円に過ぎなかった。

(c) 中間の事例（数十万円程度）

もっとも、純粋な流出とはやや異なるが、保管されている個人情報が適正に扱われなかったといった事案において、数十万円の損害賠償を認めた判断もされている。[257]

#140426は、社員名簿をある社員が政治目的のために政治団体に無断提供し、名簿に掲載されている他の社員が勧誘等を受けたことにつき、20万円の賠償を認めた。

#151003は、消費者信用業者が個人情報を既に抹消した旨約束した後も少なくとも1年数か月間にわたり本人の個人情報を社内に保有し続けたのみならず関連信用情報機関にも提供し続けたことで本人を不安にさせたとして、自己情報コントロール権としてのプライバシー侵害として10万円（＋弁護士費用1万円）を認めた。

#100121は、女性の氏名、電話番号、住所を本人の不掲載の求めにもかかわらず電話帳に掲載したことにつき、10万円の賠償を認めた。

#110623は、パソコン通信の電子掲示板に氏名、住所、診療所の住所および電話番号が掲載されたことにつき、慰謝料20万円の賠償を認めた。

#170225は、行政書士が、使用目的を偽ったり、対象者の委任状を偽造したりするなど違法な手段を用いて、対象者らの戸籍謄本等を取得したとして15万円または10万円の損害賠償を認めた。

---

257) なお、そのほかに純粋な流出と異なる事例として#151002も参照。

#180511 は、防衛庁の職員が、防衛庁に対する行政文書開示請求者の個人情報を記載したリストを作成し庁内に配布したことが、自己が欲しない他者にみだりにこれを開示されたくないとの法的保護に値する原告の期待を侵害するもので、請求者のプライバシーの侵害に当たるとして 10 万円の賠償と弁護士費用 2 万円を認めた。

　#250328 は、対象者が行為者の運営する病院で乳がんの治療を受けたところ、行為者が乳がん治療の際の臨床写真を含む個人情報を院外に流失させたことにつき 30 万円の慰謝料を認めた。

　#260414 は、学生が学校に対してセクハラ相談をした事実は当該学生にとって関係者以外の者に知られたくない個人的な情報であり、当該情報をみだりに漏洩されない利益はプライバシーの一環として保護されるべき法的利益に当たり、守秘義務に違反してこれを漏洩したことにつき慰謝料 10 万円、弁護士費用 1 万円を認めた。

　これらの事案は、いわゆる意に反する大量流出というよりも、特定の個人の情報の不正取得（#170225）、不正提供（#140426）等の事案で、基本的には故意の事案といえる。この点は、過失（安全管理の不行き届き）による流出の事案と総括し得る、低額賠償事例とは異なっている。[258]

(d)　高額賠償事例（数百万円）

　件数は少ないものの、数百万円の賠償が認められている事案もある。

　まず、#270414（#260115、#280531）公安テロ情報流出被害国家賠償請求事件である。要するに、警察が一部のイスラム教徒についてこれをテロ予備軍としてデータベースを作っていたところ、そのデータベースの内容が漏洩したというものである。[259] この事案においては、イスラム教徒である個人の信仰内容や前科等のセンシティブ情報[260]が多く含まれていたことに加え、データベースの趣旨そのものから、データを読む者が、これらの個人について、テロリスト若しくはその支援者であるという印象をもつような性質の情報であること、そしてインターネット上に流出して拡散し、それを止めることが困難となっていること等をふまえ、500 万円の慰謝料と弁護士費用 50 万円の賠償を認めた。[261]

---

258)　なお、#250328 は過失事例であるが、センシティブな度合が高い乳がん治療の際の臨床写真であったことが考慮されていると思われる。

259)　警察（警視庁の可能性が高いとされる）関係者が、USB 等で持ち出しをして漏洩した可能性が指摘されている。

260)　要配慮個人情報については、個人情報保護法 2 条 3 項参照。

第15章　インターネット上の個人情報保護

　また、前記の #260808（246頁）は、HIV 感染者であるという非常にセンシティブな情報について利用目的違反があったという事案につき、慰謝料200万円（及び休業損害）を認めている。[262]

(e)　裁判例の総括と実務への示唆

　このように、損害賠償額は、当該漏洩事故の具体的な性質に応じたものとなっており、バラエティに富んでいるといえる。

　このような中で、実務的に損害賠償額を予想するための基準としては、個人情報の種類、態様、内容、回収の困難性、二次被害の有無といったものが提案[263]されている。[264]

　情報漏洩事故が生じた場合、まずは当該事件の情報の内容（特にどれくらいセンシティブか）や漏洩の態様（アクセス、拡散が容易な態様か等）、そして回収困難性や二次被害の有無等について、上記のような過去の裁判例と比較し、具体的に問題となっている事案が比較的どの事例に似ているのかというのを検討するのがよいだろう。その上で、そのような類似事例との差異がどこにあるかをふまえ、より賠償が高額になりそうなのか、低額になりそうなのか（その程度はどの程度か）を検討するというのが実務的であろう。

　また、いわゆる過失による漏洩の事案なのか、それとも故意による不正使

---

261)　一部200万円慰謝料と弁護士費用20万円の原告も存在する。
262)　控訴審の #270129A で減額されている（#280329B で維持）。
263)　TMI 個人情報459頁は、
　「1.　個人情報の種類
　①氏名、住所、生年月日、性別か、
　②直接本人へのコンタクトが可能な電話番号や e-mail アドレスか
　③病歴や私生活上の事実か（改正法における「要配慮個人情報」の性質を有する情報か）
　2.　漏えいの態様
　①漏えい先の数
　②漏えい時における媒体
　③漏えい情報の回収可能性
　④漏えい情報に関する二次被害の発生の有無・可能性
　⑤特定の個人の攻撃を目的とするものか、それとも多数の被害者に関する情報が同様の態様で漏えいしたものか」
　を挙げる。なお、TMI 法律相談503頁も参照。
264)　なお、NPO 日本ネットワークセキュリティ協会セキュリティ被害調査ワーキンググループ「2013年情報セキュリティインシデントに関する調査報告書―個人情報漏えい編［第1.2版］」（2015年2月23日）（http://www.jnsa.org/result/incident/data/2013incident_survey_ver1.2.pdf）は、漏洩個人情報の価値、社会的責任度、事後対応の評価をベースに想定損害賠償額を算定するとされている。

用・不正取得の事案なのかも考慮に値するだろう。

なお、実務では謝罪等の趣旨で金券を配布することが多いが、前記#190621は、謝罪のために送付された500円の金券（郵便振替支払通知書）について、実質的に現金と同視できるとして実質的に一部弁済があったとしている。

(4) 情報管理者等から漏洩事故を引き起こした者への請求

(a) はじめに

例えば、A社がB社に委託したところ、B社が個人も情報を漏洩したり、A社の従業員Bが漏洩した場合、AからBへの請求問題となる。これが、情報管理者等から漏洩事故を引き起こした者への請求の問題である。以下では、ある漏えい事故がBの債務不履行により生じたことを前提に、Aはいかなる損害を賠償することを請求できるかについて述べる。

(b) 費目毎の「相当因果関係のある損害」

まず、費目毎にどの範囲の損害が相当因果関係あるかをみていこう。

① サービス切り替え費用にかかる損害

まず、情報漏洩により他社のサービスに切り替えざるを得なくなり、そのために、当該他社のサービスの導入等の費用がかかったとしても、その費用は必ずしも損害としては認められない（#260123参照）。

切り換えに伴う損害のうち相当因果関係が認められる一定範囲のみが損害賠償の対象となる。

② 顧客への賠償にかかる損害

次に、顧客に対する賠償金等である。例えば、Aが顧客に渡した金券代や訴訟によって賠償が命じられた金額等は、損害との相当因果関係があるということができ、賠償額として算定できるだろう。上記#260123では、顧客1人当たり1000円のクオカード代およびその梱包、郵送等にかかる費用が、相当因果関係ある損害とされた。また、顧客対応のためのコールセンター費用も相当因果関係ある損害とされた。

ただし、#200515は、Aが、顧客全員に対し少なくとも5000円の賠償が必要と主張したが、裁判所は、Aが現実に個々の顧客に対して損害賠償を行ったことを認めるに足りる証拠はないとしてこれを否定している。

なお、下請関係がある場合（例えば、甲が乙に委託し、乙が丙に再委託した場合において、丙が漏洩事故を起こした場合）と元請け（乙）が顧客ではなく発注者に（甲）支払った上で、下請（丙）に請求することがあるが、そのような請

求が認められた事案がある（#210604）。

③　調査費用にかかる損害

情報漏洩事故の場合、本当に流出したのか、どの範囲で流出したのか、流出原因は何か等について専門的な調査が必要である調査が必要なことが少なくない。上記#260123では流出の調査のための費用も相当因果関係ある損害とされた。#250319も調査費用（ただし第三者（クレジットカードのアクワイアラー）から請求されたもの）を相当因果関係のある損害とした。#211225Bもデータ解析費を損害とした（#191228も同様）。もちろん、その調査の範囲等によって調査費用は大きく異なるが、その範囲が合理的なものである限り、相当因果関係ある損害とみなしてよいであろう。

④　営業損害

難しいのは営業損害、つまり、個人情報漏洩による売上の低下や逸失利益等の損害である[265]。もちろん、今日においては個人情報漏洩等に対して顧客はセンシティブであり、これによって企業のレピュテーションが下がり、その結果売上も下がるということはあり得る。しかし、売上等は景気等の外部的要素にも影響されるものであって、具体的にどの範囲の売上低下等が漏洩事故により発生したかの判断は非常に難しいところがある。

#191228は、漏洩事故によって契約を失ったとして、6017万4688円の賠償を認めている。

#200515は、営業自粛による損害も相当因果関係があるとして、直近の営業利益の伸び率を元に、本来得られたはずの営業利益と実際の営業利益の差を損害と認めた[266]。このような推計ができるのか、また、営業利益ではなく限界利益を基準とすべきではないか様々な問題がある（これは、欠席判決のため、この点が理論的に十分に詰められていなかったことによるということと理解される）。

これに関連して、民訴法248条[267]は、損害が発生しているものの算定が困難な場合に裁判官の裁量で損害額を決定できるとする。最高裁も、「損害が発生し

---

265)　なお、横張清威・伊勢田篤史『ストーリーでわかる営業損害算定の実務』（日本加除出版、初版、2016年）も参照。

266)　直近2年間の営業利益の伸び率の平均は122％（（115％＋129％）÷2＝122％）であるから、本件不法行為2が存せず、上記自主休業（営業自粛）の必要がなかったのであれば、原告は、平成16年度には31億7394万0762円（26億0159万0789円×122％＝31億7394万0762円）程度の営業利益を上げることができたものと推認できる。」として、控えめに見ても25億2520万5285円（31億7394万0762円－6億4873万5477円＝25億2520万5285円）程度の損害が生じているものと認めるのが相当である。

たというべきであるから、その損害額が認定されなければならず、仮に損害額の立証が極めて困難であったとしても、民訴法248条により、口頭弁論の全趣旨及び証拠調べの結果に基づいて、相当な損害額が認定されなければならない」（#180124）とか、「損害が発生したことは明らかである。……損害額の立証が極めて困難であったとしても、民訴法248条により、口頭弁論の全趣旨及び証拠調べの結果に基づいて、相当な損害額が認定されなければならない」（#200610）としており、損害が発生したと認められるならば、裁判官は相当な損害額を認定しなければならないことを明らかにしている。

　上記#260123は、売上減少が生じそれによる損害が認められるものの金額の立証はないことから、民訴法248条を適用して400万円の限度で賠償を認めた。このように、具体的な主張立証の結果、損害が発生していると認められたのであれば、同条による解決が図られるだろう。

　⑤　その他の損害

　それ以外の費目としては、人件費が問題となる。上記#191228は人件費を損害と認めなかったが、上記#211225Bでは流出がなければ不要だった残業代も損害とした。固定費用である正社員の通常勤務時間内の人件費は「差額説」（当該債務不履行がない場合の利益状態との差額を損害とみる）に鑑みれば損害と認め難いが、残業代は損害となり得るだろう。

　セキュリティ認証等の認証の再取得にかかる費用も損害として認められうる。上記#250319は、当該流出事故により、セキュリティ認証（PCI-DSS認定）の再取得が必要となったとしてその費用も損害として認めている。

　また、興味深いものとしては、自然人でいうところの慰謝料に相当する無形損害がある。ウェブサイト制作会社が、デザインを委託したデザイン事務所（被告）が個人情報を流出させた事案に関する上記#211225Bにおいて、ウェブサイト制作会社は無形損害を主張したものの、情報漏洩事故の原因の一端が同社にもあることなど諸般の事情を勘案すると損害賠償を認めるべきとするほどの無形的損害があるとは直ちには認め難いとした。

　なお、通常、債務不履行の場合に弁護士費用は請求できないが、契約等で弁護士費用も請求できるとしていれば別である（上記#250319参照）。

---

267)「損害が生じたことが認められる場合において、損害の性質上その額を立証することが極めて困難であるときは、裁判所は、口頭弁論の全趣旨および証拠調べの結果に基づき、相当な損害額を認定することができる。」

(c) 過失相殺

さらに、相当因果関係ある損害すべてを求償できるのではなく、過失相殺（民法418条）という形でその落ち度が斟酌されることもある。システムの脆弱性に気付いたにもかかわらず、必要かつ実行可能な対応をとらなかった場合等には過失相殺が認められるべきとされている。[268]

実際に、上記#260123では過失相殺が認められている。すなわち、システム開発業者から「セキュリティ上、クレジットカード情報をシステム上に保存しない方がよいのではないか」等と提案されながら何も対策を講じていないことを理由に、3割の過失相殺をした。また、上記#211225Bも、委託者の社員が、社内規程に反してFTPサーバを社外に設けて情報を受託者に渡したことが一因となっているとして3割の過失相殺を認めた。

#210604も、個人情報の管理を専ら受託者に任せ、委託者は注意を与えたのみだったとして、4割の過失相殺がされた。

なお、#240131Bは、情報漏洩に関わった従業員への請求の際に、当該従業員が会社の情報管理の落ち度を主張したところ、故意の不法行為であることに照らして過失相殺が否定された。故意の不法行為であれば必ず過失相殺が否定される訳ではないが過失相殺の主張が排斥される可能性が増える点には留意が必要である。[269]

---

268) TMI法律相談448頁。
269) 民法722条の文脈だが、我妻・有泉前掲書1424参照。

第 3 編

実務編

1 基本的な対応方法

(1) はじめに

　プライバシー侵害事件が発生した場合、対象者と行為者はどのような対応をすべきだろうか。プライバシー侵害事件対応の実務を解説する実務編の導入として、まず、対象者と行為者それぞれにとっての基本的な対応方法を概観したい。

(2) 対象者にとっての基本的な対応方法

　インターネット上のプライバシー侵害において、行為者が匿名であることは少なくない。また、行為者と対象者以外にプロバイダ、例えば掲示板・ブログ・SNSサービスの提供者等（コンテンツプロバイダ）やインターネット接続サービスの提供者等（経由プロバイダ）が存在する。そこで、プロ責法、ガイドライン及びそれを背景としたプロバイダ自身の苦情処理メカニズム等に基づき、プロバイダに対して削除や行為者の情報（発信者情報）の開示等を請求することができ、任意に応じないプロバイダに対しては裁判上の請求（仮処分・本訴）を行うことになる（46頁以下参照）。

　行為者を特定することができれば、特定された行為者に対して損害賠償等を請求することができる。この場合、最初から裁判上の請求をすることもできるが、まず訴訟外の交渉を行うことも実務上みられる。訴訟外の交渉をする際には、内容証明郵便といわれる送付した内容が記録に残る方法で通告書を送付することが考えられる。その上で、当事者外で裁判外で合意に達すれば、合意書・示談書・和解契約書等を締結して解決となる。これに対し、裁判上で請求する場合には判決・決定を求めて争うことになるが、裁判上の請求の場合でも当事者が合意をすれば和解による解決が可能である。

　なお、刑事手続による対応も一応考えられる。ただし、プライバシー保護に関する刑法規定は存在するものの、実際には事実上告訴を受理してもらえないことも多く、少なくとも行為者が誰であるかをつきとめないと捜査をしないといった態度を取られることも実務上よく見られる。刑事手続を発動させることは実務上容易ではないので専門家の助力を受けた上で、証拠等で集められるものはすべて対象者側で集めておく等の工夫が必要である。その後、捜査を経て検察官が被疑者を起訴するかどうかを決め、起訴する場合でも、正式な公判請

求をするのか、それとも略式命令にとどめるのかを判断する。正式な公判請求がされると、被告人は裁判所において公開の裁判を受けることになり、双方が立証（書証・証人尋問等）をし、裁判所が最終的に有罪・無罪及び量刑の判断をすることになる。

　対象者は、このような手続選択の際、特に以下の3点に留意すべきである。

　1点目は、費用とその回収可能性である。すなわち、民事訴訟において、裁判所の手数料（いわゆる印紙代）は、基本的には敗訴者が負担するものの、弁護士費用等は自らの負担というのが原則である。そこで、例えば、30万円の弁護士費用を使って裁判を行い、50万円の損害賠償を獲得した場合[1]、対象者の手元には差し引き20万円しか残らないという事態が生じ得る。裁判所は弁護士費用の一部（認容額の10％程度）を「損害」の一部として認めることが多いが、実際に必要となる弁護士費用には到底足りないことが通例である（240頁）。また、対象者の特定等に必要な調査費用についても、一部の裁判例はこれを損害として認めるが、その全部が損害としては認められない場合が多々ある（240頁）。さらに、実際に匿名の行為者を特定してみると、無職・学生等、資力がない者であることも多い。その場合には、費用と手間をかけて訴訟をし、賠償を命じる勝訴判決を獲得しても、実際にその賠償金が支払われる見込みがないという場合もあり得る。このような、費用と回収可能性についても十分に留意すべきである。ただし、実務的には、単なる削除をしただけではまた同様の投稿をされて「いたちごっこ」になることを避けるため、行為者を特定し、場合によっては損害賠償等まで請求することで再発防止を狙いたいという場合もあることから、常に全額費用が回収できる見込みがある場合でなければ法的手続をとるべきではないというわけではないことにも留意する必要があるだろう。

　2点目は、炎上可能性（清水24頁）である。例えば、行為者の行為が多少行き過ぎであるとしてもプライバシー侵害とまでは即断し難く、反面対象者自身に落ち度がある等という場合において、行為者を特定して法的措置を講じる（その予告をする場合も含む）と、行為者が、自分が対象者に恫喝された等と訴える等して「炎上」したり「祭り」になることがある。このリスクは一般論としては対象者の社会的地位が高く、有名で、また問題となる行為への社会的非

---

[1] 慰謝料額につき224頁以下参照。

難の度合いが強い場合にはより高まる。もちろん、抽象的に「炎上」の可能性があるというだけで行使すべき権利の行使を躊躇すべきではないが、各事案における炎上可能性の高低に留意しながら対応方法を慎重に検討すべきである。[2]

最後に、裁判手続が原則として公開されるということも、プライバシー保護の関係で留意が必要である。訴訟上プライバシー保護のための措置は存在するが、一定程度の情報は流れてしまう。その意味で、訴訟による公開の悪影響の可能性を十分にふまえる必要がある。

(3) 行為者にとっての基本的な対応方法

行為者は、日頃からプライバシー侵害とならないように留意して行動すべきである。

プライバシーは真実を摘示しても成立し得る。例えば本当にAが不倫していても「Aが不倫している」とSNS上に投稿すれば、それは原則としてプライバシー侵害になってしまう（もちろん、一定の場合にはプライバシーに関する事実の摘示が正当化される場合もある（93頁以下等））。

そこで、ある事項がプライバシーに当たる事項であれば、そもそもそのような事項を特段の必要性がない限り発信しない、もしどうしても発信したければ当該事項を発信できる例外的事由があるか専門家に確認するといった対応が望ましいだろう。

あまり考えずに全世界に向けて発信ができるようになったSNS時代においては、「過失によるプライバシー侵害」に留意が必要となってくる。例えば、匿名で発信している人についてそれが誰か分かったとして、「●●さん」とリプライを送る行為等は、行為者はもしかすると悪意なく行っているのかもしれないが、対象者にとっては大きな被害が生じ得る重大なプライバシー侵害になりかねないのである。[3]

では、プライバシー侵害と主張された場合には、どう対処すべきだろうか。対象者がある行為をプライバシー侵害であると考えて問題視すると、プロバイ

---

[2] 近時、自社製品に添加物を加えていないことをうたう企業について「イカサマくさい」等とした掲示板における投稿について東京地裁に発信者開示を請求したところ、名誉毀損等の主張が認められず、敗訴したとの報道がされている。発信者開示請求をしてしまったがために、インターネット上はもちろん、マスコミでも広く報道されるに至っており、プライバシーの問題ではないが、炎上可能性の問題を考えさせる事例といえるだろう。

[3] なお、芸能人等が会社等に来訪したことを家族に伝えたらその家族がSNSにその旨を投稿してプライバシー侵害となるという類型もあり、このようなリスクにも留意が必要である。

ダ、対象者本人、対象者の代理人、場合によっては裁判所から連絡が入る。例えば、プロバイダからの「開示してよいか／削除してよいか」という趣旨の連絡が入った場合に、これを無視すると、開示・削除等がされてしまうといった重大な効果が生じ得るのであることに留意が必要である（45頁以下）。もし、本当にプライバシー侵害等をしてしまっていたのであれば、真摯に謝罪や削除等を行うことが肝要である。そもそも、対象者としても、好んで訴訟等の法的手段に訴えたいわけではなく、誠実に対応するのであればそこまで厳しい対応をするつもりはない場合も多い。また、理論的にも、事後的であっても謝罪や削除等をすることで支払うべき賠償額を抑えることができる（242頁）。その意味で、権利侵害の可能性が高いのであれば、開き直らずに謝罪や削除等の対応をすべきである。

これに対し、プライバシー侵害をしたつもりがないという場合、きちんと法的な反論ができなければ、最終的には裁判等の手段で開示・削除・損害賠償請求等が認められてしまいかねない。その意味では、行為者としてプライバシー侵害をしたつもりがないのに、対象者がプライバシー侵害と考えているという場合は、行為者として専門家の助力を得て、社会的評価を低下していない、真実性・相当性の抗弁が成立する等々の反論を行う必要性が特に高いといえるだろう。

(4) プライバシー侵害成否の可能性の重要性

行為者の場合でも対象者の場合でも、重要なのは、ある行為についてプライバシー侵害が成立するか否かである。行為者ができること及び対象者がすべきことは、問題となる行為についてプライバシー侵害が成立しているかどうかで大きく異なる。確かに、ある行為がプライバシー侵害であるかどうかは、最終的には裁判所が決めることである。しかし、これまでの裁判例の傾向を元にすれば、そのリスクの高低を概ね判断することができる。本書第2編は、まさにそのようなリスクの高低の判断の参考になるプライバシー法の解釈論を判例裁判例を元に、類型別にまとめたものである。

そして、このような裁判例の知識を具体的に活かすためには、以下のような基本的な検討手順によって事案を分析すべきであろう。インターネット上で対象者に関する情報を公開したという事案を想定すれば、

① どのような内容の事実を摘示したのか

② 摘示されたその事実から対象者を同定できる人はどの程度いるか

③　私事性、秘匿性、公知性はあるか（特にその事実から対象者と認識できる人ないしはその「場面」（116頁）を前提に）
④　比較衡量の結果違法性は認められるか

を検討するというのが基本的な手順といえるだろう。

2　本編の構成

　第3編においては、筆者において実務でありそうなインターネット上のプライバシー侵害に関する10個の法律相談事例を創作し、本書理論編の内容を当該事例に関連する範囲で章を跨いで要約するとともに、その事例に対し、行為者又は対象者が相談をした場合にどのように回答すべきかという形で上記の基本的な手順に即して、具体的な当てはめや実務上の注意点を示すこととした（本節で述べたことは原則としては繰り返さないが、特にその事例の解決にとって重要性が高ければ再度個別の事例に則して述べている）。当事者はアルファベットで表すこととし、原則として行為者はA、対象者はBとし、行為者が複数である場合やハンドルネームはA1、A2、A3やA'やB'とする。それ以外は甲、乙、丙等を用いる。

　なお、事例はできるだけ実務に役立つよう「ありそう」なものとしているものの、すべて完全な創作であり、登場人物や事例の内容は実在の人物や事件と一切無関係であることをあらためて強調しておきたい。

　また、興味のある事例から読めるように、第3編の10の事例の解説は、第2編とリンクさせるとともに、それぞれの事例間では説明を独立に行っている。もちろん、「神は細部に宿る」のであって、類似事案でも、実際の事案の具体的な状況によっては、本書とは別の結論になる可能性もある。その意味では、本書は必ずしも読者の直面する事案に対するそのものズバリの回答を与えるものではない。また、各事例に関する「アドバイス」[4]はあくまでも、筆者なりに考えた1つの参考案であり、異なる弁護士が同じ事例を検討すれば、異なるアドバイスをするかもしれない。そのような限界の中、1つのケースの中で相互に独立した複数の事例を設けることで、事案が変わった場合に法的判断及び実務的対応がどう変わるかが分かるようにした。加えて、行為者に対するアドバ

---

[4]　なお、これはあくまでも、具体的にプライバシー法に関する裁判例の考え方を理解していただくための一助としてのものであり、弁護士としての法的助言ではないことを付言する。

イスと対象者に対するアドバイスの双方を記載することで、立場毎にどのような実務対応をすべきかが分かるようにした。さらに、関連する本書理論編の章や頁を引用することで、さらに詳しくその論点について知りたい場合には、本書理論編に立ち戻ることができるようにしている。このような工夫により、前記のような書籍という媒体の限界の中で、できるだけお役に立てるようにした。なお、本書が基本的には実体法を問題としていることから、第3編においても、例えば発信者情報開示等の手続の詳細には入らない。これらの手続については45頁を参照されたい。

表　各ケースと第2編各章の対応関係

	ケース1	ケース2	ケース3	ケース4	ケース5	ケース6	ケース7	ケース8	ケース9	ケース10
第2編第1章	○	○								
第2編第2章	○	○	○	○	○	○	○	○	○	
第2編第3章	○	○	○	○	○	○	○	○	○	
第2編第4章	○	○	○	○	○	○	○	○	○	
第2編第5章	○	○	○	○	○	○	○	○	○	
第2編第6章	○		○		○					
第2編第7章	○	○	○	○	○	○	○	○		
第2編第8章	○	○				○				
第2編第9章						○				
第2編第10章	○	○	○	○	○	○	○	○	○	
第2編第11章									○	
第2編第12章										○
第2編第13章								○		
第2編第14章										
第2編第15章						○				

CASE 1　同僚が風邪で休んだことを投稿した事案

【事例】
　甲社は従業員50人程度の中小企業である。甲社では20代及び30代前半の女性は多数働いているが、40代の女性はB一人だけで、甲社内で「お局」と呼ばれていた。ある日Bは風邪で仕事を休んだ。
（事例1）
　甲の従業員のAはインターネットの甲社について語る掲示板で「お局は今日風邪引いて休み。今日は気が楽。」と投稿した。
（事例2）
　Aは、業務連絡に使っている甲の従業員3名で構成されるライングループに「お局が風邪引いて休みなので、乙社の件の決裁は明日になる。乙の担当者さんに謝っておいて。」と投稿した。

1　問題の所在

　本件では、摘示内容の特定（第1章）、対象者（第8章）、私事性・秘匿性・非公知性（第2章～第5章）、風邪という類型（第10章）、違法性（第7章）等が問題となる。

2　実務上の判断のポイント

（1）　摘示内容の特定（第1章）

　まず、Aの投稿はいったいどのような趣旨であるか、特に「お局」という表現が問題となる。
　プライバシーにおいても多くの裁判例は一般読者基準、すなわち摘示内容の解釈にあたっては社会通念に従った「注意と読み方」で判断すべきと考えている。
　そして、①当該投稿に関する一般の閲覧者の常識的な判断（社会通念に従っ

た注意と読み方)において、②閲覧者の少なくとも一部(例えば特定の情報を知っている人)に対してプライバシーに関する事実を公開したといえるかで判断される。

本件においては、①社会通念に従って「お局」を読めば、「俗に、職場で、勤続年数が長く、特に同性の同僚に対して力をもっている女性のこと」(デジタル大辞泉参照)といった意味であると理解されるところ、Bは甲社内で「お局」と呼ばれていたのだから、②閲覧者の少なくとも一部、特に甲社の社員等であれば、それがBを指すことが分かるといえる。

(2) 対象者(第8章)

そして、対象者の同定については、閲覧者全員がこれを対象者だと同定できる必要はなく、閲覧者のうちの一定の者が同定できるのであればよいと考えている。

そこで、上記の程度にBと同定が可能であれば、十分に対象者の同定はできていると言える。

(3) 私事性・秘匿性・非公知性(第2章~第4章)、類型(第10章)

それでは、私事性・秘匿性・非公知性といった、プライバシー侵害の要件は満たされているといえるだろうか。

公開事例を念頭に置いた一般的なプライバシー侵害の要件として、①私事性、つまり私生活上の事柄又は私生活上の事柄らしく受け取られる事柄であって、②秘匿性、つまり一般人の感受性を基準として、他人に知られたくないと考えられる事柄であって、③非公知性、つまりいまだ他人に知られていない事柄であることが必要とされる。

①私事性については、一部の公務等の公的事実が除外されるということであるが、すべての公務・職務に関する事実が除外されるわけではなく、仕事や職業に関する事実でも、私事性が肯定されることもある。また、「私生活上の事柄らしく受け取られる事柄」も含まれることから、全くの虚偽の内容であっても私事性は肯定される。

②秘匿性については、一般人の感受性を基準として対象者本人の立場に立った場合に公開を欲しない、他人に知られたくないということであるが、類型別ではなく個別具体的な摘示事実の内容が問題となる。ある程度センシティブな内容であれば抽象的でも秘匿性を満たすが、社会生活においてよくみられる、ありふれていて、ささいな事柄であれば、秘匿性を満たさないことが多い。

③非公知性については、公開情報の一部についてはプライバシー侵害が認められないということであるものの、すべての公開情報についてプライバシー侵害が認められない訳ではない。すなわち、一定範囲で知られている情報であっても、その範囲を超えてさらに情報を不特定多数に発信する等の行為はプライバシー侵害となり得るのである。

本件においては、仕事を休んだという職務に関する事実が記載されているが、この程度の職務との関係であれば、①私事性そのものが否定される可能性は低いのではないかと思われる（これに対し、「国会議員が本会議を欠席した」等であれば、私事性が否定される可能性が高い）。

②秘匿性については、「風邪」という内容が問題となる。一般に健康に関する情報はプライバシー情報の中でもセンシティブ性が高い（なお個人情報保護法2条3項も参照）といわれるが、風邪等の誰もがかかり得るありふれた疾病の場合には、秘匿性自体が否定されないとしても、センシティブ性は高いとはいい難いと思われる（164頁参照）。

③今回最も問題となるのが非公知性である。すなわち、Bが風邪で休んだという事実は、中小企業である甲社の社員等であれば、それを知っている人が多くてもおかしくない。すると、その範囲の人の間では非公知性が欠ける情報である可能性がある。そして、上記のとおり事例1では、この「お局」をBのことだと理解できるのは、甲の社員等であるところ、そのような対象者を同定できる範囲の人の間で既に公知の事実であれば、そのような事実を投稿するというAの行為についてプライバシー侵害が成立しない可能性が相当程度あるように思われる。

#280304は、そもそも一定の範囲の読者にしか特定できない形で対象者の配偶者の有無（配偶者がいないこと）を投稿したところ、特定が可能な読者にとって、対象者の配偶者の有無は非公知の事実とは限らないとして、プライバシー侵害を否定した。要するに、対象者の婚姻歴を知らない／知らせたくない範囲の読者は、当該投稿の内容が対象者のことだと分からないのでプライバシー侵害が発生せず、また、当該投稿の内容が対象者のことだと分かるのは対象者の婚姻歴を知っている／知られてもやむを得ない範囲の読者なので、プライバシー侵害が発生しないということと理解される。

そこで、事例1については、この非公知性を理由にプライバシー侵害が否定される可能性が相当程度ある。

CASE 1　同僚が風邪で休んだことを投稿した事案

(4)　違法性（第7章）

　事例2の特徴は、事例1と異なり目的が正当な可能性があることである。すなわち、事例1は特段このような投稿を行うことの正当な目的はうかがえないものの、事例2では、取引先に謝ることを依頼するという業務上の連絡のために、なぜ決裁が遅れるのかについて理由を説明する中で、Bが風邪で休んだという事実を伝えているに過ぎない。このような場合には、違法性阻却が問題となる。

　プライバシー侵害については個別的比較衡量、つまり、プライバシーの保護に関する対象者の利益と、プライバシー侵害が問題となる行為をすることについての行為者の利益を個別的に比較するという手法で違法性の有無を判断することが多い。

　この場合、プライバシーの内容は「風邪で休んだ」という事実であるところ、風邪はありふれた病気であり、プライバシーとして保護に値するとしても、その事実の保護の度合いは高いとはいえない。反面、行為者がそのような業務連絡を行ったのは、Bが風邪で休んだことで業務が遅滞し、取引先に謝ることが必要であったからであり、これらを総合すれば、Bのプライバシーの利益よりも、Aの行為をすることへの利益の方が優越すると言える可能性が高いのではないか。[5][6]

3　行為者（A）に対するアドバイス

　まず、本件では、事実関係として、Bが休んだことが前提となっているが、実際の事案では、甲社がどのようなところか、そもそもBが休んだことが事実か、それがどの範囲で知られているか、Aがどのような投稿をしたのか等、前提となる事実関係を確認することから始まるだろう。

　その上で、上記のとおり、Aは、事例1では非公知性の要件で責任が否定される可能性が相当程度あり、事例2では、事例1以上に責任を否定される可能性が高い。その意味では、Aは基本的にはBに対して責任を負わない可能

---

[5]　このように違法性が阻却される可能性が高いのは「風邪」という、疾病関係のうちでもセンシティブ性が低い情報だからである。例えば「ガンだから休んだ」という場合であれば、「病欠」程度と伝えるべきで、そのようなセンシティブな情報は、例え少人数であっても伝えるべきではないと判断される可能性が高いと思われる。
[6]　正当業務行為だから違法性が阻却されるという議論も可能であろう。

性が高いと思われるので、それを前提に対応を検討することになる。

　ただし、例えば、事例1は職務上知った事実を不特定多数の人に開示する行為であり、それが直ちに甲社の内規違反等となるかはともかく、少なくとも不適切な行為である。そのような「愚痴」を、一定の知り合い等に限定して伝えるならまだしも、インターネット上で全世界に公開することはできる限り避けるべきであろう。

4　対象者（B）に対するアドバイス

　まず、Aの場合と同様に、前提となる事実関係を確認することから始まるだろう。

　その上で、特に事例1は、Bとしては自分が休んだことを全世界に公開され、「（Bがいないので）今日は気が楽。」と書き込まれたことに対して怒りを覚えるのは当然であろう。

　もっとも、法的には、Bがプライバシー侵害を理由としてAに対し何らかの法的主張を行うのはそこまで容易ではないといわざるを得ない。それは、「お局」といってBだと分かる甲社関係者にとっては、Bが風邪で休んだことは知られているないしは知られてもやむを得ないといえるからである。

　なお、今後AによるBにさらにエスカレートし、例えばBの（甲社社員の間でさえ）知られていない事項に関する投稿を公開する場合等には、法的措置も可能となる場合があるだろう。

　事例2は業務上必要な行為であるので、これに対し法的にクレームをつけるのは困難であろう。

CASE 2　講師を揶揄・批判する投稿をした事案

【事例】
　司法書士予備校甲における人気女性講師であるBは、多くの学生から「天使」と呼ばれていた。Bの熱烈なファンの学生が数人Bを取り巻いてBの授業後も遅くまで残っていて、多くの学生から「取り巻き」と呼ばれていた。取り巻きの1人である乙は頭髪が薄く、Bの取り巻きに対して嫌悪感を抱いている一部の学生から「ハゲ」と呼ばれていた。
（事例1）
　学生AはSNS上で（公開と設定の上）「堕天使は取り巻きのハゲからロレックスの時計もらってやがった。」と投稿した。
（事例2）
　Aは司法書士予備校に関する口コミサイトで「甲予備校の「堕天使」っていう人気女性講師は、司法書士試験に受かってないらしい。だから授業は間違いばかりで、取り巻きにちやほやされているだけ。」と投稿した。

1　問題の所在

　本件では、摘示内容の特定（第1章）、対象者（第8章）、私事性・秘匿性・非公知性（第2章～第5章）、職業上の情報等という類型（第10章）、違法性（第7章）等が問題となる。

2　実務上の判断のポイント

(1)　摘示内容の特定（第1章）

　まず最初に、Aの投稿はいったいどのような趣旨であるか、特に「堕天使」「取り巻き」「ハゲ」という表現が問題となる。
　プライバシーにおいても多くの裁判例は一般読者基準、すなわち摘示内容の解釈にあたっては社会通念に従った「注意と読み方」で判断すべきと考えてい

る。

　そして、①当該投稿に関する一般の閲覧者の常識的な判断（社会通念に従った注意と読み方）において、②閲覧者の少なくとも一部（例えば特定の情報を知っている人）に対してプライバシーに関する事実を公開したと言えるかで判断される。

　本件においては、①社会通念に従って読めば、「堕天使」は、「天使」についての揶揄的な表現と思われる（揶揄的表現一般につき、#271218Bも参照）。「取り巻き」はその天使と呼ばれる者を取り巻いている人、「ハゲ」は髪の毛が薄い人といった意味と理解されるところ、Bは甲予備校では「天使」と呼ばれ、乙らは「取り巻き」と呼ばれ、乙は「ハゲ」と呼ばれている（なお、実際に頭髪が薄いことから、甲予備校のBの生徒であれば「取り巻きのハゲ」で乙のことだと分かると思われる）ので、②閲覧者の少なくとも一部、特に甲予備校のBの生徒であれば、事例1はBが乙からロレックスの時計を貰ったという意味と理解することができると思われる。

　なお、事例2ではBの受講生はこれがBのことと分かる一方、それ以外の者も甲に「堕天使」と呼ばれる人気女性講師がいて、同人は司法書士試験不合格者で授業は間違いばかりである等の趣旨は理解できると思われる。

(2)　対象者（第8章）

　そして、対象者の同定については、閲覧者全員がこれを対象者だと同定できる必要はなく、閲覧者のうちの一定の者が同定できるのであればよいと考えている。

　そこで、上記の程度にBと同定が可能であれば、十分に対象者の同定はできているといえる。

(3)　私事性・秘匿性・非公知性（第2章〜第5章）、類型（第10章）

　それでは、私事性・秘匿性・非公知性といった、プライバシー侵害の要件は満たされているといえるだろうか。

　公開事例を念頭に置いた一般的なプライバシー侵害の要件として、①私事性、つまり私生活上の事柄又は私生活上の事柄らしく受け取られる事柄であって、②秘匿性、つまり一般人の感受性を基準として、他人に知られたくないと考えられる事柄であって、③非公知性、つまりいまだ他人に知られていない事柄であることが必要とされる。

　①私事性については、一部の公務等の公的事実が除外されるということであ

るが、すべての公務・職務に関する事実が除外されるわけではなく、仕事や職業に関する事実でも、私事性が肯定されることもある。また、「私生活上の事柄らしく受け取られる事柄」も含まれることから、全くの虚偽の内容であっても私事性は肯定される。

②秘匿性については、一般人の感受性を基準として対象者本人の立場に立った場合に公開を欲しない、他人に知られたくないということであるが、類型別ではなく個別具体的な摘示事実の内容が問題となる。ある程度センシティブな内容であれば抽象的でも秘匿性を満たすが、社会生活においてよくみられる、ありふれていて、ささいな事柄であれば、秘匿性を満たさないことが多い。

③非公知性については、公開情報の一部についてはプライバシー侵害が認められないということであるものの、すべての公開情報についてプライバシー侵害が認められないわけではない。すなわち、一定範囲で知られている情報であっても、その範囲を超えてさらに情報を不特定多数に発信する等の行為はプライバシー侵害となり得るのである。

本件のうち、事例1の時計をプレゼントされたという事実は状況は不明であるが、私人間のやり取りに関するものとして、①私事性そのものが肯定される可能性は高いであろう。また、事例2の司法書士試験不合格の事実も私事性は認められる可能性が高いだろう。授業の内容が間違っているという事実は、業務に関するもので、やや私事性が低いが、職業上の事実も私事性が肯定され得ることからは、一応私事性は低いものの一概には否定できず、私事性の低さは違法性の判断等に関係するという整理となる可能性も相当程度あるように思われる。

②秘匿性については、事例2では肯定される可能性が高いだろう（特に司法書士試験不合格を隠している場合）。問題は、事例1であり、#280325Aは、類似の事案において、贈与は様々な場面で行われるものであることからすれば、ある私人が誰からどのような物を贈与されたかという情報は、そのような情報であることから直ちに、一般人の感受性を基準にして当該私人の立場に立った場合に、他者に開示されることを欲しないであろうとまでは認め難いとした上で、『ハゲ』と呼ばれる人物と対象者との関係や、贈与された時計がどのようなものであったか、また、どのような状況で、どのような理由から本件贈与を受けたのかといった具体的な事情については、何ら明らかでない等として秘匿性を否定した。#280325Aでは、贈与者と対象者の関係が不明（ただし講師と受講生

であるという程度の抽象的関係はあるとされている）であるが、事例1では乙とBの関係は「人気講師とその取り巻き」というもので、若干その関係について情報が具体的という余地があり、その意味では事例1の方が秘匿性が肯定されやすいものの、それでも事例1で秘匿性が否定される可能性は相当程度あるように思われる。

③非公知性については、事実関係にもよるところであり、基本的には「天使」がB等と分かる人の範囲でどこまでこれらの摘示対象事実が知られているかにより判断されるだろう。

(4) 違法性（第7章）

これらの投稿、特に事例1は、単なるBに対する嫌がらせの可能性もあるが、特に事例2については、目的が正当な可能性がある。すなわち、事例2では、口コミサイトにおいて、他の司法書士試験受験生が誤った受験指導を受けないように、甲予備校の講師には問題があると指摘したというものである可能性がある。

プライバシー侵害については個別的比較衡量、つまり、プライバシーの保護に関する対象者の利益と、プライバシー侵害が問題となる行為をすることについての行為者の利益を個別的に比較するという手法で違法性の有無を判断することが多い。

事例1においては、このような表現をする目的が必ずしも明らかではなく、「堕天使」と呼んでいるあたりからは、Bへの揶揄ないし嘲笑を意図しているとも思われ、このような表現をすることに対する利益の程度が不明である。もっとも、前記のとおり、秘匿性が曖昧な事実であり、仮に秘匿性が認められたとしても、それを秘匿する利益の程度が大きいとはいえない。その意味で、違法性の判断は困難であるが、違法性が否定される余地を完全には否定できないと思われる。

これに対し事例2は、資格試験予備校の講師が当該試験に合格しているかや、授業で正確な内容が講義されているかは当該講師の授業を受講を検討する学生にとって極めて重要な情報である。そこで、（そのような者にとって事例2の摘示内容がBのこととまでは分からなくとも、甲予備校の講師であることが分かれば、予備校の選択において一定程度有益であるところ）、それが事実であれば、このような内容を投稿することへの利益は大きいといえる。確かに、事例2の事実についてこれを秘匿したいというBの利益も大きいものの、それが事実であれ

ば、司法書士予備校の講師である以上、そのような事実を秘匿する利益よりも、公開する利益の方が大きいとして違法性が阻却される可能性は相当程度あるものと思われる。これに対し虚偽であれば何らそのような虚偽の情報を流布することに利益はないと思われ、違法性は阻却されないだろう。[7]

3 行為者（A）に対するアドバイス

　まず、本件では、事実関係が重要であり、特にBが本当に司法書士試験不合格なのか、授業内容は間違いばかりなのかといった点について、それを裏付けるどのような根拠があるのかも含めて詳細に聴き取る必要があると思われる。
　その上で、上記のとおり、事例1はプライバシー侵害となるかが非常に微妙であること、事例2では、裏付け資料があり、事実と言える可能性が高ければ責任が否定される可能性が高いことを前提に対応を決定すべきであろう。
　事例1においては、責任が肯定される可能性もあるところであって、Bがこのような投稿をそのままにしておくことに特に利益がないのであれば、自発的に削除する等の任意の対応をすることも考えられる。
　これに対し、事例2については、それが事実でない、ないしはそれを裏付ける根拠がなければ、単なる違法な誹謗中傷であって、即時削除した上で、謝罪等の対応をすべきである。これに対し、それが事実であれば、上記のとおり、責任を負わない可能性が相当程度あることを前提に対応をすべきであろう。

4 対象者（B）に対するアドバイス

　まず、Aの場合と同様に、前提となる事実関係を確認することから始まるだろう。
　事例1については、責任が肯定される可能性も、責任が否定される可能性もある微妙な事案であるから、法的措置を講じても、必ずしも思うような結果にならない可能性があることを念頭に、例えば任意の削除といったあたりを獲得目標として交渉等を行うことが考えられる。ただし、炎上の可能性には十分に

---

[7] なお、事例2では名誉毀損も問題となるところ、プライバシー侵害の違法性が否定される状況下においては、真実性・公益性・公共性が認められ、名誉毀損の違法性も否定されると思われる（名誉毀損本○頁）。

事例2は、事実関係によってAの責任の有無が変わってくることから、事実関係を元に対応を判断することになる。それが事実である場合、責任を追及できないばかりか、下手に法的措置等を講じることで炎上し、この問題が大きな問題となる可能性もある。[8]

　これに対し、事実無根の内容であれば、事例2はAの法的責任を追及することができる可能性があり、発信者開示請求、削除請求、謝罪や損害賠償請求等、法的措置を講じることも含めて対応を検討すべきである。

---

8) なお、プライバシー侵害とは直接関係ないものの、司法書士試験に合格していないからといって予備校で教えてはいけないということではないが、仮に司法書士試験に合格していないのに「合格した」と虚偽を言って教えているのであれば、それは問題があるので、その点は直すべきであろう。また、授業の内容の正確性も心がけるべきであろう。

CASE 3　メッセージを転送・公開した事案

【事例】
　会社員のAは同じ部の同僚のBから恋心を抱かれ、告白された。AはBに対して恋愛感情を持っていなかったのできっぱりと断った。ところが、その後もBはAに対して頻繁に「愛してる」「会いたい」等というLINEメッセージを毎日のように送るようになった。
（事例1）
　Aは困惑して、上司の甲部長にLINEでメッセージを転送して「Bさんにストーカーをされています」等と述べるメッセージを送った。
（事例2）
　AはBからのメッセージのスクリーンショットを撮って、SNS上で（公開と設定の上）「ストーカーのBからこんなラインが毎日来ている。キモい。」と投稿した。

1　問題の所在

　本件では、私事性・秘匿性・非公知性（第2章～第5章）、私信・メール等という類型（第10章）、公開以外の形態（第6章）、違法性（第7章）等が問題となる。

2　実務上の判断のポイント

(1)　私事性・秘匿性・非公知性（第2章～第5章）、類型（第10章）
　私事性・秘匿性・非公知性といった、プライバシー侵害の要件は満たされているといえるだろうか。
　公開事例を念頭に置いた一般的なプライバシー侵害の要件として、①私事性、つまり私生活上の事柄又は私生活上の事柄らしく受け取られる事柄であって、②秘匿性、つまり一般人の感受性を基準として、他人に知られたくないと考え

られる事柄であって、③非公知性、つまりいまだ他人に知られていない事柄であることが必要とされる。

　①私事性については、一部の公務等の公的事実が除外されるということであるが、すべての公務・職務に関する事実が除外されるわけではなく、仕事や職業に関する事実でも、私事性が肯定されることもある。また、「私生活上の事柄らしく受け取られる事柄」も含まれることから、全くの虚偽の内容であっても私事性は肯定される。

　②秘匿性については、一般人の感受性を基準として対象者本人の立場に立った場合に公開を欲しない、他人に知られたくないということであるが、類型別ではなく個別具体的な摘示事実の内容が問題となる。ある程度センシティブな内容であれば抽象的でも秘匿性を満たすが、社会生活においてよく見られる、ありふれていて、ささいな事柄であれば、秘匿性を満たさないことが多い。

　③非公知性については、公開情報の一部についてはプライバシー侵害が認められないということであるものの、すべての公開情報についてプライバシー侵害が認められないわけではない。すなわち、一定範囲で知られている情報であっても、その範囲を超えてさらに情報を不特定多数に発信する等の行為はプライバシー侵害となり得るのである。

　①私事性については、恋愛感情に基づくメッセージであり、原則として私事性が認められるだろう。また、②このような内容は秘匿性もあり、いまだに知られていないものとして③非公知性もあるだろう（メッセージに関するプライバシー侵害肯定例として、#271106A、#250717A 等参照）。

　なお、#280524 は、複数の女性に対して元旦に LINE で新年を祝うメッセージが送信されたとの事実を摘示し、受信した女性の一人として、そのことを「キモい」などと評価し、女性の側も相手は自分だけではないことを理解すべきであるという意見を述べるとともに、既読スルーしたらさらに「なんで無視するの？」とのメッセージが送信されてきたのでブロックしたとの事実を摘示するものであると解されるにとどまり、対象者のプライバシーを侵害するような内容が含まれると認めることはできないとしているが、この判示は裁判例の大勢とやや異なっていると思われ、仮にこの裁判例のように考えるとしても、単に「新年を祝うメッセージ」と「なんで無視するの？」というメッセージを送っただけの #280524 と異なり、ストーカーに近い行為をしていると評価することも可能である本件ではやはり私事性・秘匿性・非公知性が認められる可

能性が高いと思われる。
(2) 公開以外の形態（第6章）
　事例1は公開とはいえないが、特定人への開示については、裁判例上もプライバシー侵害となり得るとされており、最高裁判決もこれをプライバシー侵害と認める趣旨の判示をしている。
　#150912（江沢民事件）は、行為者である大学が警備のために講演会出席者である対象者の学籍番号、氏名、住所及び電話番号を警察に提供したという事案において、当該情報がプライバシーに係る情報として法的保護の対象となるとした上で、行為者は、対象者の意思に基づかずにみだりにこれを他者に開示することは許されず、無断での提供は任意に提供したプライバシーに係る情報の適切な管理についての合理的な期待を裏切るものとした。
　そこで、公開ではなく、特定人への開示だからといって、プライバシー侵害を否定する理由にはならないだろう。
　ただし、社会生活上相当と思われる範囲の関係者への開示は、結論として不法行為性が否定されることが多い。
　この点については、どのような理由で開示されるかとも関係するので、次の違法性の議論が参考になるだろう。
(3) 違法性（第7章）
　事例1も事例2も、このような行為をするAにも一定の目的があったと思われる。
　プライバシー侵害については個別的比較衡量、つまり、プライバシーの保護に関する対象者の利益と、プライバシー侵害が問題となる行為をすることについての行為者の利益を個別的に比較するという手法で違法性の有無を判断することが多い。
　事例1においては、AがBの情報を甲に伝えたのは、同僚のBからのストーカー的行為についてAとBの所属する部の部長である甲に相談するためである。このような目的で甲1人に情報を伝えるという利益は尊重すべきであり、本当にBがストーカー的行為をしていたのであれば、Bによるそのような行為があった事実を秘匿する利益より上回るといえよう。そこで、事例1においてプライバシー侵害が否定される可能性が高いといえる。
　これに対し事例2は確かにBの行為を不快と思ったことは理解できるが、これだけでBの行為を「晒す」ことが正当化されるかは疑問である。

#271106A は、芸能人である対象者がファンに性行為をしようと誘う LINE メッセージを送信したことをインターネット上に晒した事案において、社会一般の正当な関心事とはいえず、これらを公表する理由が公表されない法的利益に優越するとはいえないとした。

　このような点に鑑みれば、どの程度犯罪性が明白な事案か（ストーカー規制法1条3項参照）にもよるものの、事例2ではプライバシー侵害が違法と判断される可能性が相当程度あるといえる。

3　行為者（A）に対するアドバイス

　まず、本件でも、事実関係が重要であり、例えば、BからのLINEメッセージの内容等を元にどの程度Bの犯罪性が明白な事案か等をふまえて検討が必要である。

　このような事実関係に基づく判断ではあるものの、概ね事例1はプライバシー侵害にならない可能性が高いこと、事例2では、プライバシー侵害が違法と判断される可能性が相当程度あることを前提に対応を決定すべきであろう。

　そこで事例1では、このような通報は正当であり、謝罪等の必要はないというのが基本的な対応方針となるだろう。なお、Aとしては、専門家に依頼して、Bとの交渉を一任することが考えられる。もし、「プライバシー侵害に対する示談交渉」等の名目でBがAに対しさらにつきまといや連絡を続ける場合には、例えばストーカー規制法違反（33頁）を理由とした刑事を含む対応等を検討することも考えられるだろう。

　事例2においては、責任が肯定される可能性もあるところであって、自発的に削除をすることが望ましいだろう。なお、それでもBが収まらない場合の対応については、Bによるストーカー行為の抑止の観点等様々な観点を含め総合的に対策を検討すべきであろう。

4　対象者（B）に対するアドバイス

　まず、Aの場合と同様に、前提となる事実関係を確認することから始まるだろう。そもそもBがストーカー行為をしていたということであれば、Aの行為がプライバシー侵害であるかないかにかかわらず、このような行為は絶対

CASE 3 メッセージを転送・公開した事案

にやめるべきである。

　そのような前提の下で、事例1については（ストーカー行為をしたのであれば）プライバシー侵害は認められない可能性が高く、何もできないということになってしまうだろう。

　これに対し、事例2は、確かにインターネットに公開することにはやり過ぎなところがあるが、（本当にBがストーカー行為をしたのであれば）Bの方がAよりも悪質な行為をしているといえ、その意味では、この部分のみを取り上げて対応することは「筋が悪い」と思われる（訴訟等でのアクションを起こすことでさらに炎上に至るリスクについても留意が必要である）。むしろ、ストーカー行為についてBが謝罪をして今後そのようなことをしないと約束するのと同時にAは投稿を削除するといったあたりの合意を目指して交渉すべきであるように思われる。

CASE 4　コンプライアンス違反通報事案

【事例】
　Bは大手上場企業甲の子会社乙の社長である。
（事例1）
　Aは、甲の公式サイトのwebフォームを通じて乙に「Bが浮気している」というメールを送付した。
（事例2）
　Aが愛人と食事をしたり旅行をしてこれを会社の経費につけているというコンプライアンス上の問題があるというメールを、Aが甲のコンプライアンス通報窓口に送付した。

1　問題の所在

　本件では、私事性・秘匿性・非公知性（第2章～第5章）、浮気等という類型（第10章）、公開以外の形態（第6章）、違法性（第7章）等が問題となる。

2　実務上の判断のポイント

(1)　私事性・秘匿性・非公知性（第2章～第5章）、類型（第10章）
　私事性・秘匿性・非公知性といった、プライバシー侵害の要件は満たされているといえるだろうか。
　公開事例を念頭に置いた一般的なプライバシー侵害の要件として、①私事性、つまり私生活上の事柄又は私生活上の事柄らしく受け取られる事柄であって、②秘匿性、つまり一般人の感受性を基準として、他人に知られたくないと考えられる事柄であって、③非公知性、つまりいまだ他人に知られていない事柄であることが必要とされる。
　①私事性については、一部の公務等の公的事実が除外されるということであるが、すべての公務・職務に関する事実が除外されるわけではなく、仕事や職

業に関する事実でも、私事性が肯定されることもある。また、「私生活上の事柄らしく受け取られる事柄」も含まれることから、全くの虚偽の内容であっても私事性は肯定される。

②秘匿性については、一般人の感受性を基準として対象者本人の立場に立った場合に公開を欲しない、他人に知られたくないということであるが、類型別ではなく個別具体的な摘示事実の内容が問題となる。ある程度センシティブな内容であれば抽象的でも秘匿性を満たすが、社会生活においてよくみられる、ありふれていて、ささいな事柄であれば、秘匿性を満たさないことが多い。

③非公知性については、公開情報の一部についてはプライバシー侵害が認められないということであるものの、すべての公開情報についてプライバシー侵害が認められない訳ではない。すなわち、一定範囲で知られている情報であっても、その範囲を超えてさらに情報を不特定多数に発信する等の行為はプライバシー侵害となり得るのである。

本件においては、浮気が問題となっており、類型的に①私事性、②秘匿性③非公知性のいずれも肯定されるであろう（なお事例2は社長による会社の経費の利用も関係し、①私事性は一応問題となるものの、愛人との旅行等という部分が含まれており、全体としては私事性はなお否定されないだろう）。

(2) 公開以外の形態（第6章）

事例1や2は、企業等の組織へのメール等の連絡を内容とする。この場合、甲や乙の担当者等、B以外の者の目にも触れるものの、公開とは言えない。このような特定人への開示については、裁判例上もプライバシー侵害となり得るとされており、最高裁判決もこれをプライバシー侵害と認める趣旨の判示をしている。

#150912（江沢民事件）は、行為者である大学が警備のために講演会出席者である対象者の学籍番号、氏名、住所及び電話番号を警察に提供したという事案において、当該情報がプライバシーに係る情報として法的保護の対象となるとした上で、行為者は、対象者の意思に基づかずにみだりにこれを他者に開示することは許されず、無断での提供は任意に提供したプライバシーに係る情報の適切な管理についての合理的な期待を裏切るものとした。

そこで、公開ではないからといって、プライバシー侵害を否定する理由にはならないだろう。

ただし、社会生活上相当と思われる範囲の関係者への開示は、結論として不

法行為性が否定されることが多い。

　この点については、どのような理由で開示されるかとも関係するので、次の違法性の議論が参考になるだろう。

(3)　違法性（第7章）

　事例1も事例2も、このような行為をするAにも一定の目的があったと思われる（なお、以下はメールの内容がいずれも事実である場合を前提とする）。

　プライバシー侵害については個別的比較衡量、つまり、プライバシーの保護に関する対象者の利益と、プライバシー侵害が問題となる行為をすることについての行為者の利益を個別的に比較するという手法で違法性の有無を判断することが多い。

　事例1については、代表者が浮気ないし不貞をしたという事実であるが、これに対してBが持つプライバシー保護の利益は小さいとはいえない。反面、これは私的な事項であり、これをB自身が代表者を務める会社に伝えたことで今後の被害者発生を防止できるのか、意図と情報発信の方法とが整合しているか疑問がある。

　#240904は、会社代表者が年齢や離婚歴を詐称しており、20代女性をインターネット上のサイトで漁っていることを会社にメールで伝えたことにつき本件メール送信の意図が今後の被害者発生を防止するというようなものであるというのなら、会社に送信することが適切であるかは疑義があり、意図と情報発信の方法とが整合しているともいい難い等として、結論として、違法性を認めている。

　このようなことからは、事例1では、プライバシー侵害の違法性が阻却されない可能性が相当程度あると思われる。

　これに対し、事例2では、子会社の社長による経費の不正使用が親会社のコンプライアンス窓口に通報されており、その使途として愛人との旅行等が摘示されている。すると、不倫という事実が秘匿されることにつき、Bが一定のプライバシーの利益を有しているとしても、経費の適正使用という観点から親会社による監督が入ることは甘受すべきであり、また、通報先もそのようなコンプライアンス窓口に限定され、過度に広範にこのような情報を開示していないことにも鑑みれば、摘示事実が真実であれば、違法性が阻却される可能性が高いと思われる。

3　行為者（A）に対するアドバイス

　まず、本件でも、事実関係が重要であり、どのような根拠で浮気ないし愛人との旅行等のための経費不正使用があると考えたのか、その根拠を含めて詳細に聞き取り、資料を確認する必要があるだろう。
　事実関係を証明するだけの十分な証拠があれば、事例1は違法性が阻却されない可能性も相当程度あること、事例2では、違法性が阻却される可能性が高いことを前提に対応すべきである。
　事例1であれば、謝罪等も念頭に置きながら、できる限り交渉による解決を目指すことになるだろう。
　事例2においては、違法性が阻却される可能性が高いことから、基本的には責任を負わないことを前提に対応すべきであろう。

4　対象者（B）に対するアドバイス

　まず、Aの場合と同様に、前提となる事実関係を確認することから始まるだろう。事実無根であれば、プライバシー侵害の可能性が高い。
　そして、Bが浮気や経費不正使用をしていたという場合、例えば事例1の場合には、違法性が阻却されない可能性も相当程度あるものの、例えば訴訟をする場合には、（閲覧制限等をするとしても）そのような事実が一定程度公開されることにも留意して、例えば交渉での解決を目指す等、Aに対する対応の中でさらにプライバシーが侵害されないように留意すべきである。

CASE 5　インターネット上における風景画像の提供事案

【事例】
　A社は公道から当該地域の風景を撮影した画像をインターネットで見ることができるサービスを提供し、そのために公道に撮影車を走らせている。
　Bはイスラム教徒で、室内の壁にはコーランの一節を飾り文字で織り込んだ織物等を飾り、本棚にはコーラン等の宗教書が並べられている。ある日の昼間、カーテンが半分程開いていたところ、そのタイミングでA社の撮影車が通過した。
（事例1）
　A社のカメラは画像が粗く、本棚があることや壁に何かが掛けれていることが分かるが、本がどのようなものかや、壁に掛けられた物がどのようなものか等は全く判別できなかった。
（事例2）
　A社のカメラは極めて高精度で、A社のサイト上において、Bの家の前の道路からの画像として、カーテンの隙間から、コーラン等とタイトルが読み取れる宗教書が並んでいる本棚があること、及びコーランの一節の文字が識別できる織物が飾られていることが分かる画像がアップロードされていた。

1　問題の所在

　本件では、私事性・秘匿性・非公知性（第2章〜第5章）、浮気等という類型（第10章）、公開以外の形態（第6章）、違法性（第7章）等が問題となる。

2 実務上の判断のポイント

(1) 私事性・秘匿性・非公知性（第2章～第5章）、類型（第10章）

　私事性・秘匿性・非公知性といった、プライバシー侵害の要件は満たされているといえるだろうか。

　公開事例を念頭に置いた一般的なプライバシー侵害の要件として、①私事性、つまり私生活上の事柄又は私生活上の事柄らしく受け取られる事柄であって、②秘匿性、つまり一般人の感受性を基準として、他人に知られたくないと考えられる事柄であって、③非公知性、つまりいまだ他人に知られていない事柄であることが必要とされる。

　①私事性については、一部の公務等の公的事実が除外されるということであるが、すべての公務・職務に関する事実が除外されるわけではなく、仕事や職業に関する事実でも、私事性が肯定されることもある。また、「私生活上の事柄らしく受け取られる事柄」も含まれることから、全くの虚偽の内容であっても私事性は肯定される。

　②秘匿性については、一般人の感受性を基準として対象者本人の立場に立った場合に公開を欲しない、他人に知られたくないということであるが、類型別ではなく個別具体的な摘示事実の内容が問題となる。ある程度センシティブな内容であれば抽象的でも秘匿性を満たすが、社会生活においてよく見られる、ありふれていて、ささいな事柄であれば、秘匿性を満たさないことが多い。

　③非公知性については、公開情報の一部についてはプライバシー侵害が認められないということであるものの、すべての公開情報についてプライバシー侵害が認められないわけではない。すなわち、一定範囲で知られている情報であっても、その範囲を超えてさらに情報を不特定多数に発信する等の行為はプライバシー侵害となり得るのである。

　本件においては、宗教的思想、信条が問題となっており、類型的に①私事性、②秘匿性、③非公知性のいずれも肯定されるであろう（ただし、事例1のような画像でもこれらが認められるか別途問題となるので、違法性のところで検討したい）。

(2) 公開以外の形態（第6章）

　事例では、公開も問題となっているがそれ以前にも撮影が行われている。

撮影については、#240713（ストリートビュー事件）において、その違法性の判断がなされていた。そこで、次の違法性のところにおいて、ストリートビュー事件の判断を元に検討したい。

(3) 違法性（第7章）

一般にプライバシー侵害については個別的比較衡量、つまり、プライバシーの保護に関する対象者の利益と、プライバシー侵害が問題となる行為をすることについての行為者の利益を個別的に比較するという手法で違法性の有無を判断することが多い。

ここで、いわゆるストリートビュー事件においては、公道から当該地域の風景を撮影した画像をインターネットで見ることができるサービスにおいて、洗濯物を干していたベランダの映像が撮影・公開されたことについてこれがプライバシー等を侵害しないかが問題となった。

撮影については、肖像権侵害についての#171110を参考に、写真や画像の撮影行為に対する制約にも制限があり、当該撮影行為が違法となるか否かの判断においては、被撮影者の私生活上の平穏の利益の侵害が、社会生活上受忍の限度を超えるものといえるかどうかが判断基準となるとした上で、本件画像は、本件居室やベランダの様子を特段に撮影対象としたものではなく、公道から周囲全体を撮影した際に画像に写り込んだものであるところ、本件居室のベランダは公道から奥にあり、画像全体に占めるベランダの画像の割合は小さく、そこに掛けられている物については判然としないのであるから、一般人を基準とした場合には、この画像を撮影されたことにより私生活の平穏が侵害されたとは認められないといわざるを得ないとした。そして、一般に公道において写真・画像を撮影する際には、周囲の様々な物が写ってしまうため、私的事項が写真・画像に写り込むことも十分あり得るところであるが、そのことも一定程度は社会的に容認されていると解され、本件の場合は、ベランダに掛けられている物が具体的に何であるのか判然としないのであるから、たとえこれが下着であったとしても、上記の事情に照らせば、本件に関しては被撮影者の受忍限度の範囲内であるといわなければならないとした。

ここでは、公道において写真・画像を撮影する際には、周囲の様々な物が写ってしまうため、私的事項が写真・画像に写り込むことも十分あり得るところであるが、そのことも一定程度は社会的に容認されていることを前提に、ベランダに何かが掛けられているとしてもそれが洗濯物だと分からないこと等を理

由に、違法性はないとしたのである。

また、撮影された本件画像の公表行為の違法性については、#150314等を参照してその物を公表されない法的利益とこれを公表する理由とを比較衡量して判断すべきとした上、本件画像においてはベランダに掛けられた物が何であるのか判然としないのであり、本件画像に不当に注意を向けさせるような方法で公表されたものではなく、公表された本件画像からは、対象者のプライバシーとしての権利又は法的に保護すべき利益の侵害があったとは認められないとした。

事例1においては、まさに上記のストリートビュー事件と同様であり、例え実際には宗教的な書籍や装飾であっても、画像が粗く、本棚があってもどのような本が置いてあるのか分からない、何が壁にかかっているのか分からないということであれば（本人の心理的には嫌悪感がある行為であっても）、私的事項が公道から撮影された写真・画像に写り込むことも十分あり得るところで、そのことも一定程度は社会的に容認されていることを前提にすれば、撮影行為の違法性は認められず、また、単に公道から当該地域の風景を撮影した画像をインターネットで見ることができるサービス上でB宅前の公道からの画像として公開されただけで、本件画像に不当に注意を向けさせるような方法で公表されたものではなければ、違法なプライバシー侵害とはいえない可能性が高いだろう。

これに対し、事例2においては、ストリートビュー事件と異なり、コーラン等の宗教書であることが分かり、また、コーランの一節であることが読み取れる織物が分かる画像が撮影されている。すると、映り込みが社会的に容認されている程度を超えるといえ、違法性が阻却されない可能性は高い。また、その公表行為についても、低精度画像ではなく、高精度画像を公表すべき理由（例えば社会関心を呼んでいる事項についての報道等）がない場合には、公表の利益よりもプライバシー保護の利益が上回るとされる可能性は高いだろう。

3 行為者（A）に対するアドバイス

まず、本件でも、事実関係が重要であり、どのような画像か、どのような位置から撮影されたものか、当該サービスのユーザーはどのようにすると、その画像にたどり着けるか等の部分をまずは確認すべきだろう（なお、例えば「ま

とめサイト」等で紹介されている等、Aのサービスそのもの以外であっても容易にこの画像にたどり着けるようになっていないか等も確認すべきであろう）。

　このような事実関係の確認を前提に、事例1であれば、違法性が認められない可能性が高いことを前提に、Aのサービスポリシー、例えば、プライバシーに配慮して、公道上から見える画像を低解像度で撮影し、提供するに過ぎず、また、人の顔やナンバープレートをマスキングする等していること等を説明し、理解を求めるべきであろう。ただし、違法性がないとしても任意のマスキング等の対応をすることについて、それがサービス全体に及ぼす影響等も考えながら、検討する余地はあるように思われる。

　事例2では、違法性が認められる可能性が高い以上、即時削除した上で、謝罪等を前向きに検討すべきである。

4　対象者（B）に対するアドバイス

　まず、Aの場合と同様に、前提となる事実関係を確認することから始まるだろう。

　事例1では、違法性が認められない可能性が高いことを前提に、事実上の任意のマスキング等をしてもらえないか、訴訟外で交渉を試みることも考えられる。

　これに対し事例2であれば、削除や謝罪等を求め、これに応じない場合には訴訟等の法的措置も検討すべきである（ただし、その場合には、閲覧制限等のプライバシー保護措置を十分に講じるべきである）。

CASE 6　店長による防犯カメラ画像アップロード命令事案

【事例】
　コンビニエンスストアの店長 A1 は万引きをする犯人 B の顔がはっきり映っている防犯カメラの画像を甲の公式 SNS アカウント上（公開の設定になっている）で晒すこととし、A2 に命じてこれをアップロードさせた。

1　問題の所在

本件では、対象者とその同定（第8章）、私事性・秘匿性・非公知性（第2章～第5章）、犯罪行為という類型（第10章）、違法性（第7章）、行為者に関する問題（第9章）、個人情報保護法（第15章）等が問題となる。

なお、他に肖像権も問題となるが、本書の趣旨に鑑み、検討を省略する。

2　実務上の判断のポイント

(1)　対象者（第8章）

この事案では、「B」と明記されているのではなく、あくまでも B の顔が映っているに過ぎない。

対象者の同定については、閲覧者全員がこれを対象者だと同定できる必要はなく、閲覧者のうちの一定の者が同定できるのであればよいと考えている。

そこで、B の顔がはっきり写っていて、それを公開アカウント上にアップロードしたのであれば、これが対象者と同定できる人も一定数いるといえ、同定は可能といえるだろう。

(2)　私事性・秘匿性・非公知性（第2章～第5章）、類型（第10章）

次に、このような情報が、私事性・秘匿性・非公知性といった、プライバシー侵害の要件は満たされているといえるだろうか。

公開事例を念頭に置いた一般的なプライバシー侵害の要件として、①私事性、つまり私生活上の事柄又は私生活上の事柄らしく受け取られる事柄であって、

②秘匿性、つまり一般人の感受性を基準として、他人に知られたくないと考えられる事柄であって、③非公知性、つまりいまだ他人に知られていない事柄であることが必要とされる。

①私事性については、一部の公務等の公的事実が除外されるということであるが、すべての公務・職務に関する事実が除外される訳ではなく、仕事や職業に関する事実でも、私事性が肯定されることもある。また、「私生活上の事柄らしく受け取られる事柄」も含まれることから、全くの虚偽の内容であっても私事性は肯定される。

②秘匿性については、一般人の感受性を基準として対象者本人の立場に立った場合に公開を欲しない、他人に知られたくないということであるが、類型別ではなく個別具体的な摘示事実の内容が問題となる。ある程度センシティブな内容であれば抽象的でも秘匿性を満たすが、社会生活においてよくみられる、ありふれていて、ささいな事柄であれば、秘匿性を満たさないことが多い。

③非公知性については、公開情報の一部についてはプライバシー侵害が認められないということであるものの、すべての公開情報についてプライバシー侵害が認められない訳ではない。すなわち、一定範囲で知られている情報であっても、その範囲を超えてさらに情報を不特定多数に発信する等の行為はプライバシー侵害となり得るのである。

本件においては、単なる顔写真だけではなく、それが万引きという犯罪を行う状況についてのものであり、類型的に①私事性、②秘匿性③非公知性のいずれも肯定されるであろう。

(3) 違法性

プライバシー侵害については個別的比較衡量、つまり、プライバシーの保護に関する対象者の利益と、プライバシー侵害が問題となる行為をすることについての行為者の利益を個別的に比較するという手法で違法性の有無を判断することが多い。

ここで、そもそもBが万引きをしていないのであれば、Aらの行為には何ら理由がないもので、違法性が認められる。問題はBが万引きをしていた場合である。

#220927は、万引きの様子を撮影した防犯カメラの映像についてマスコミに提供する行為と、当該防犯カメラシステムを販売する業者がウェブサイト上でマスコミで放映された映像を公開する行為の2つの行為が問題となった。

前者については、提供行為は報道番組において、昨今の小売店における万引きの増加という社会問題に警鐘を鳴らす番組を作るために、万引きの映像を提供することを依頼され、これを承諾したからであるところ、コンビニエンスストアにおいては、万引き等の犯罪が数多く発生しており、これによりコンビニエンスストアの経営に重大な支障を来す場合も生じているほどであって、万引きの増加に警鐘を鳴らす番組のために、報道機関に対し、万引きの映像を提供することは、こうした犯罪の抑止につながり得るものであり、その意味で公益を図る目的があるということができるし、本件監視カメラの設置目的等に間接的ながらも沿う等として違法性を阻却した。

これに対し、後者については、自社製品の販売促進を目的として、DVDの放映及び配布をしたものと認められ、専ら公益を図る目的があったとは認められないし、他にプライバシー権の侵害が社会生活上受忍限度内であるとすべき事情も認められないから違法であると認めた。

本件では、Aらが公開をした目的は、万引きに警鐘を鳴らすためであることから、少なくとも製品販売促進の場合よりも、違法性が阻却される可能性が高い。しかし、その方法として、画像をインターネット上で公開するという方法をとることが相当かは疑問が残るところであり、違法性が阻却されない可能性も相当程度残るといえよう。

(4) 行為者

なお、A1についてはまさに自らが命じて画像をアップロードさせたといえるが、A2は単にその命令に応じただけである。

上司に命じられて他人のプライバシーを侵害するメール送信行為を行った部下につき、会社の従業員は上司の指示や命令に従わざるを得ないものであるから上司の行為の一部とみるべきとして免責した裁判例がある（#260717A）。この裁判例の法理が今後どこまで広がるかはまだ分からないが、A2はこれに依拠して免責を主張することになるだろう[9]。

3　行為者（A）に対するアドバイス

まず、例えばアップロードされた画像の元となった防犯カメラの元画像を見る等を通じて事実関係を詳細に確認すべきである。

もし、Bが万引きしていなければ明らかなプライバシー侵害であり、直ちに

画像を削除して謝罪等の対応をすべきである。

これに対し、Bが万引きをしている場合には、この行為の違法性が阻却される能性もあるが、微妙なところであり、個人情報違反との関係もふまえて検討すべきであろう。

なお、A2については、仮に違法性があったとしても、自分はA1に命じられただけであり、A1の責任を追及すべきと主張する余地がある。

4 対象者（B）に対するアドバイス

まず、Bに対しては事実関係を確認し、Bが万引きをしたのか、それともBは何もしていないのに万引きを疑われたのかを例えばその後の刑事事件の経緯等をふまえて確認することが必要である。

次に、Bが万引きをしていないのであれば、Aら（少なくともA1）の行為が違法であることは明らかであり、これに対しては削除請求、損害賠償請求そして任意に応じない場合は訴訟等の法的措置を検討すべきである。

これに対し、Bが万引きをしている場合には、万引きについて謝罪し、弁償等をすべきであろう。それを前提に、なおAらによる行為の違法性が認めら

---

9) この事案については、個人情報取扱事業者であるコンビニにおける公開であるから、個人情報保護法違反も問題となる。

まず、防犯カメラ映像が個人情報になるかが問題となる。一般的に、本人を判別可能な写真の画像は個人情報には該当する（なお、万引きは犯罪という要配慮個人情報にもあたり得るが、防犯カメラの映像等で、単に犯罪行為が疑われる映像が映ったのみでは、犯罪の経歴にも刑事事件に関する手続が行われたことにも当たらないため、要配慮個人情報に該当しない。ガイドライン等Q&A1-28）。

仮に個人情報であっても、これが個人データかは別の問題である。個人データでなければ、個人情報保護法上の第三者提供規制（個人情報保護法23条）等が適用されない（ガイドライン等Q&A1-38）。例えば顔認証データとして識別可能なように加工する等してカメラ画像や顔認証データを体系的に構成して個人情報データベース等を構築した場合、個々のカメラ画像や顔認証データを含む情報は個人データに該当する（ガイドライン等Q&A1-11、1-12）。今回は、単なる撮影データと解され、個人データではないと思われる。

個人情報であれば、利用目的を定め（個人情報保護法16条）、利用目的を通知又は公表することは必要である（個人情報保護法18条第1項）。防犯カメラにより、防犯目的のみのために撮影する場合、「取得の状況からみて利用目的が明らか」（個人情報保護法18条4項4号）であることから、利用目的の通知・公表は不要と解されるが、防犯カメラが作動中であることを店舗の入口に掲示する等、本人に対して自身の個人情報が取得されていることを認識させるための措置を講ずることが望ましいと考えられる（ガイドライン等Q&A1-11）。

この場合、第三者に提供することが利用目的とされていなければ、利用目的違反となり得る。

れる可能性は一定程度あることから、削除等を請求する余地もある。ただし、このような行為により、さらに炎上をするリスク等もあることから、慎重に対応すべきであり、万引きについて示談をし、その際に画像を削除してもらうことあたりを獲得目標として交渉すべきではなかろうか。

CASE 7　LGBTパレード事案

【事例】
　会社員のBはゲイであるが、会社ではそのことを隠していた。しかしBはLGBTの地位向上に貢献したいと考え、LGBTの人が町を行進するLGBTパレードに参加した。前半に参加したところ、沿道に会社の人を見かけた気がしたので、後半は不参加とした。
（事例1）
　LGBTパレード運営者が参加するグループチャットでA1は「Bは今後運営に入りたいと調子のいいことを言っていたが、LGBTパレードの前半だけしか参加しておらず、やる気がないので、運営に入れないこととしよう。」と書き込んだ。
（事例2）
　LGBTパレードを見て偶然Bを見かけたBの同僚のA2が社内SNSに「Bはゲイだ。」と書き込んだ。

1　問題の所在

　本件では、私事性・秘匿性・非公知性（第2章〜第5章）、性的指向という類型（第10章）、違法性（第7章）等が問題となる。

2　実務上の判断のポイント

(1)　私事性・秘匿性・非公知性（第2章〜第5章）、類型（第10章）
　私事性・秘匿性・非公知性といった、プライバシー侵害の要件は満たされているといえるだろうか。
　公開事例を念頭に置いた一般的なプライバシー侵害の要件として、①私事性、つまり私生活上の事柄又は私生活上の事柄らしく受け取られる事柄であって、②秘匿性、つまり一般人の感受性を基準として、他人に知られたくないと考え

られる事柄であって、③非公知性、つまりいまだ他人に知られていない事柄であることが必要とされる。

　①私事性については、一部の公務等の公的事実が除外されるということであるが、すべての公務・職務に関する事実が除外されるわけではなく、仕事や職業に関する事実でも、私事性が肯定されることもある。また、「私生活上の事柄らしく受け取られる事柄」も含まれることから、全くの虚偽の内容であっても私事性は肯定される。

　②秘匿性については、一般人の感受性を基準として対象者本人の立場に立った場合に公開を欲しない、他人に知られたくないということであるが、類型別ではなく個別具体的な摘示事実の内容が問題となる。ある程度センシティブな内容であれば抽象的でも秘匿性を満たすが、社会生活においてよくみられる、ありふれていて、ささいな事柄であれば、秘匿性を満たさないことが多い。

　③非公知性については、公開情報の一部についてはプライバシー侵害が認められないということであるものの、すべての公開情報についてプライバシー侵害が認められないわけではない。すなわち、一定範囲で知られている情報であっても、その範囲を超えてさらに情報を不特定多数に発信する等の行為はプライバシー侵害となり得るのである。

　本件においては性傾向やLGBTパレードへの参加が問題となっており、類型的に①私事性、②秘匿性、③非公知性のいずれも肯定されるであろう。

　なお、パレードへの参加の事実自体はその場にいた者は知ることはできるが、非公知性における判断においては、プライバシー情報が一定範囲ないし特定の場面（例えば離婚した対象者の周囲）で非公知性を失っている（＝その範囲の公開はプライバシー侵害にならない）としても、当該範囲を超え、ないしは場面を異にする場合には、非公知性が認められることがあり得る（場面毎の判断について116頁以下参照）。そこで、一般論としては秘匿性が否定されるものではないだろう（ただし、後記のとおりパレード関係者との間での保護の利益は低下する）。

(2)　違法性（第7章）

　これらの事例においては、このような投稿がされた背景をふまえ、違法性は阻却されるのか。

　プライバシー侵害については個別的比較衡量、つまり、プライバシーの保護に関する対象者の利益と、プライバシー侵害が問題となる行為をすることについての行為者の利益を個別的に比較するという手法で違法性の有無を判断する

ことが多い。

　事例1では、LGBTパレードの運営者同士でBを運営者グループに入れるかを協議するために、Bのパレード参加時の態度という運営者グループに入れるべきかの判断で参考になる事項について伝えたものである。その意味では、このような投稿をすることへの利益は正当なものである。また、LGBTパレード関係者の間であれば、パレード参加の有無について知られている、ないしは知られてもやむを得ないという関係がある。そこで、このような場面においては、プライバシーの保護への利益は劣る（特に投稿されたのがあくまでもLGBTパレードの前半に参加したという内容に過ぎないことも重要である）。そこで、この双方を衡量した場合、違法性が阻却される可能性が相当程度あるだろう（ただし、グループチャット参加者の人数が多く、運営に入れるかどうかの判断の際にグループチャットの全員に伝える必要までは低い場合等、違法性が阻却されない可能性も否定できない）。

　事例2では、Bがゲイであると全社的に伝えることの目的に特段の正当性はなく、逆に、その保護に対する利益は高度である（いわゆる違法な「アウティング」の典型例と理解される）。この点をふまえると違法性が阻却されない可能性が高いと思われる。

3　行為者（A）に対するアドバイス

　まず、本件でも、事実関係の検討を先に行うべきと思われる。

　その上で、事例1については、事実関係にもよるが、違法性が阻却される可能性が相当程度存在することを前提に対応すべきである。ただ、Bが自らのLGBTパレードの参加についてグループチャットに投稿したことを不愉快に思っていることをふまえ、任意の削除等の対応も考えられる。

　事例2については、違法なプライバシー侵害とされる可能性が高いことをふまえ、削除や謝罪等の対応を行うべきである。

4　対象者（B）に対するアドバイス

　まず、Aの場合と同様に、前提となる事実関係を確認することから始まるだろう。

CASE 7　LGBT パレード事案

　その上で、事例 1 については、事実関係にもよるが、違法性が阻却される可能性が相当程度あることを前提に対応すべきである。特に、このような違法性が微妙な事案で訴訟等の対応をすると、その結果として（閲覧制限等を行ったとしても）そのような事実関係が公開される可能性があることのデメリットも十分に考慮すべきである。

　これに対し事例 2 については、A2 への削除・謝罪等の請求だけではなく、会社内であることから、会社においてこれ以上情報が広がらないようにすること、及びこれによる不利益がないように会社に求めて行くことが重要になると思われる。このような対応は専門的知識が必要であり、専門家の助力を適宜求める等して対応していくべきであろう。

CASE 8　裁判文書アップロード事案

【事例】
　AとBはインターネット上で誹謗中傷合戦を繰り広げた後、お互いに相手が自分の名誉を毀損したこと等を理由に裁判で争った。
（事例1）
　Aは裁判を報告し、Bの対応を批判するウェブサイトを構築し、Bの陳述書をアップロードした。そこには、「Aの誹謗中傷のせいで自分（B）は鬱になった」と書かれていた。
（事例2）
　Aは判決をアップロードしたが、当事者欄にBの住所が書かれていた。

1　問題の所在

　本件では、私事性・秘匿性・非公知性（第2章～第5章）、住所や病気という類型（第10章）、違法性（第7章）等が問題となる。

2　実務上の判断のポイント

(1)　私事性・秘匿性・非公知性（第2章～第5章）、類型（第10章）
　私事性・秘匿性・非公知性といった、プライバシー侵害の要件は満たされているといえるだろうか。
　公開事例を念頭に置いた一般的なプライバシー侵害の要件として、①私事性、つまり私生活上の事柄又は私生活上の事柄らしく受け取られる事柄であって、②秘匿性、つまり一般人の感受性を基準として、他人に知られたくないと考えられる事柄であって、③非公知性、つまりいまだ他人に知られていない事柄であることが必要とされる。
　①私事性については、一部の公務等の公的事実が除外されるということであるが、すべての公務・職務に関する事実が除外される訳ではなく、仕事や職業

に関する事実でも、私事性が肯定されることもある。また、「私生活上の事柄らしく受け取られる事柄」も含まれることから、全くの虚偽の内容であっても私事性は肯定される。

②秘匿性については、一般人の感受性を基準として対象者本人の立場に立った場合に公開を欲しない、他人に知られたくないということであるが、類型別ではなく個別具体的な摘示事実の内容が問題となる。ある程度センシティブな内容であれば抽象的でも秘匿性を満たすが、社会生活においてよくみられる、ありふれていて、ささいな事柄であれば、秘匿性を満たさないことが多い。

③非公知性については、公開情報の一部についてはプライバシー侵害が認められないということであるものの、すべての公開情報についてプライバシー侵害が認められないわけではない。すなわち、一定範囲で知られている情報であっても、その範囲を超えてさらに情報を不特定多数に発信する等の行為はプライバシー侵害となり得るのである。

病気や住所は一般にはプライバシーとして保護の対象となり得るが（うつ病につき #211106A 参照）、本件では裁判手続において既に公開されており、閲覧等も可能である。そうすると、③非公知性が欠けるのではないか。

しかし、実際にはほとんどの人は裁判を傍聴したり訴訟記録を閲覧するわけではない。裁判例上も訴訟で開示されたというだけで非公知性をすべて否定されない（219 頁参照）。

そこで、③非公知性はなお肯定されるだろう。

(2) 違法性（第7章）

これらの事例においては、このような投稿がされた背景をふまえ、違法性は阻却されるのか。

プライバシー侵害については個別的比較衡量、つまり、プライバシーの保護に関する対象者の利益と、プライバシー侵害が問題となる行為をすることについての行為者の利益を個別的に比較するという手法で違法性の有無を判断することが多い。

ここで、裁判の公開に鑑み、裁判文書については、一定程度プライバシー保護の要請が下がることは間違いない。ただし上記のとおりプライバシー侵害の余地が完全になくなるわけではない。

#280223B は、労働事件だが、ウェブサイトに訴訟資料を公開したことについて、個人名等について伏せ字処理が施されており、関係者の名誉やプライバ

シー等に相応に配慮したものとなっていること等をふまえ、それが就業規則違反の非違行為にはならないとした。

　事例1においては、病気の事実はBが自ら陳述書に記載してこれを裁判所に提出したものであり、必ずしもプライバシーの保護の要請が極めて強いとまではいえないそうである。反面、Bに対する正当な批判を行うためにこれを引用するということはあり得る。そこで、この陳述書の「鬱になった」という部分とAによる批判の関係によっては、プライバシー侵害の違法性が阻却され得る。

　事例2については、住所を黒塗りにせずに公開すべき利益が通常認められないことから、プライバシー侵害の違法性は阻却されないだろう。

3　行為者（A）に対するアドバイス

　まず、本件でも、事実関係の判断を先に行うべきと思われる。

　その上で、事例1については、事実関係、特にこのような陳述書の当該部分を公開して引用する必要性がどこまであるか（この部分は黒塗りしても論旨に影響はないのではないか等）にもよるところであろう。それをふまえた違法性が阻却される可能性の高低をふまえ、対応することになるだろう。なお、相当程度以上違法性が阻却される場合であっても例えば当該部分をマスキングする等任意の対応をすることも考えられる。

　事例2については、違法なプライバシー侵害とされる可能性が高いことをふまえ、削除、謝罪等の対応を行うべきである。

4　対象者（B）に対するアドバイス

　まず、Aの場合と同様に、前提となる事実関係を確認することから始まるだろう。

　その上で、事例1については、事実関係にもよるところが大きく、場合によっては違法性が阻却される可能性もあることをふまえて対応すべきである。

　これに対し事例2については、Aへの削除・謝罪等を請求し、必要に応じて法的措置等も検討するべきである。ただし、この点の対応を誤るとさらに「炎上」等が強まり、さらにプライバシー侵害が拡大することもあることには

CASE 8 　裁判文書アップロード事案

留意が必要である。

CASE 9　実名公表事案

【事例】
　アイドルグループ甲の熱烈なファンであるBは、甲のコンサート・ライブ等で独特な動きを伴う踊りや掛け声をし、その踊りの様子等を動画投稿サイトに投稿する等インターネット上で有名になっていた。そのような活動をする際BはB'という名前を使っており、Bという本名を明らかにしていなかった。このようなBの活動について、甲のファンの中には快く思っていなかった者もいた。A1は偶然B'の本名がBだということを知った。
（事例1）
　A1は、ツイッター上で「B'の本名はBである」と投稿した。
（事例2）
　A2は、A1の投稿をリツイートした。

1　問題の所在[10]

　本件では、私事性・秘匿性・非公知性（第2章～第5章）、実名という類型（第10章）、インターネット特有の問題（第11章）等が問題となる。

2　実務上の判断のポイント

(1)　私事性・秘匿性・非公知性（第2章～第4章）、類型（第10章）
　それでは、私事性・秘匿性・非公知性といった、プライバシー侵害の要件は満たされているといえるだろうか。
　公開事例を念頭に置いた一般的なプライバシー侵害の要件として、①私事性、つまり私生活上の事柄又は私生活上の事柄らしく受け取られる事柄であって、

---

10)　なお、本事例とはあまり関係があるとはいえないが、Bのような行為に関する裁判例として#290427参照。

②秘匿性、つまり一般人の感受性を基準として、他人に知られたくないと考えられる事柄であって、③非公知性、つまりいまだ他人に知られていない事柄であることが必要とされる。

　①私事性については、一部の公務等の公的事実が除外されるということであるが、すべての公務・職務に関する事実が除外されるわけではなく、仕事や職業に関する事実でも、私事性が肯定されることもある。また、「私生活上の事柄らしく受け取られる事柄」も含まれることから、全くの虚偽の内容であっても私事性は肯定される。

　②秘匿性については、一般人の感受性を基準として対象者本人の立場に立った場合に公開を欲しない、他人に知られたくないということであるが、類型別ではなく個別具体的な摘示事実の内容が問題となる。ある程度センシティブな内容であれば抽象的でも秘匿性を満たすが、社会生活においてよくみられる、ありふれていて、ささいな事柄であれば、秘匿性を満たさないことが多い。

　③非公知性については、公開情報の一部についてはプライバシー侵害が認められないということであるものの、すべての公開情報についてプライバシー侵害が認められないわけではない。すなわち、一定範囲で知られている情報であっても、その範囲を超えてさらに情報を不特定多数に発信する等の行為はプライバシー侵害となり得るのである。

　本件においては、その実名は①私事性がある。

　問題は②秘匿性と③非公知性であり、一定範囲でBの実名は既に知られており、また、知られることがやむを得ないところがあるだろう。

　もっとも、#280317は、匿名で活動するプロ野球ファンの個人情報を公開する行為について一般的に趣味としての活動をするに際してハンドル名等を使用する場合に、氏名その他の情報を不特定多数の閲覧者には知られたくないと考えることは自然である上、行為者には対象者の個人情報を公表することにつき何ら正当な理由はないのであるから、本件各記事の投稿により対象者の実際の氏名等の情報とともに原告に関する個人情報と受け取られるおそれのある情報をインターネット上に開示した行為者の行為は、対象者のプライバシーを侵害するものと認められるとした。

　すなわち、Bという実名を使って活動する場面（例えば近所付き合い等）においては、その実名は保護されなくとも、B'という名前を使って活動する場面、例えば本件におけるアイドルファンとしての活動の場面においては、その

本名がBであるという情報はなおプライバシーとして保護されるのである。[11]

(2) インターネット特有の問題（第11章）

　A2は自らそのような投稿をしたのではなく、リツイートをしたにとどまる。そこで、A2はA1と同様の責任を負うのかが問題となる。

　ここで、裁判例を整合的に説明するという観点からは、

・「いいね！」をしただけでは原則としてそれを積極的に拡散したいという意思までは認められず、元投稿を自らの発信内容とする趣旨とまでは認められないので、単に「いいね！」だけでは元投稿者と同様に投稿に関する責任を負うとはいえない（ただし特段の事情がある場合には異なる判断になりうる）。

・（シェアや）リツイートをすれば、原則として元投稿を自らの発信内容とする趣旨が認められることから、原則として元投稿者と同様に投稿に関する責任を負う（ただし特段の事情がある場合には異なる判断になりうる）。

という評価が可能である（173頁）。

　すると、A2はリツイートをしたことから、A1と同様に責任を負う可能性が相当程度あると解される。

3　行為者（A）に対するアドバイス

　本件でも、事実関係の確認を先に行うべきと思われる。

　その上で、本件ではA1は責任を負う可能性が高いこと、A2もA1と同様に責任を負う可能性が相当程度あることを前提に投稿の削除や謝罪等の対応をするべきことになるだろう。

4　対象者（B）に対するアドバイス

　Aの場合と同様に、前提となる事実関係を確認することから始まるだろう。

　その上で、事例1については、事実関係にもよるが、違法性が阻却される可能性が相当程度あることを前提に対応すべきである。特に、このような違法性が微妙な事案で訴訟等の対応をすると、その結果として（閲覧制限等を行ったとしても）そのような事実関係が公開される可能性があることのデメリットも

---

[11] なお、#270122、#260613、#240727も参照。

十分に考慮すべきである。

　事例2は、事例1との相違点としてリツイートの場合について責任が否定される可能性も一定程度あることを念頭に置いて対応すべきである。

CASE 10　忘れられる権利事案

【事例】
　会社員であるBは10年前に痴漢を理由に迷惑防止条例違反で逮捕・勾留され20万円の罰金を支払った。現在、主要な検索サイトであるAで「B」と入れて検索すると、上位1位から3位までにそれぞれ電子掲示板及びその掲示板のコピーサイトが表示される。当該電子掲示板及びコピーサイトでは、Bの実名及び10年前の痴漢による逮捕の事実が表示されている。BはAに対し、これらの検索結果を削除して欲しい。

1　問題の所在

　本件では、Bが逮捕された事実を摘示する掲示板等の投稿そのものの削除が問題となっているのではなく、「B」と検索した場合に表示される検索結果の削除が問題となっている。
　この問題は、これまで忘れられる権利として論じられることが多く、最高裁(#290131)は、削除請求についての判断基準を示した。

2　最高裁決定

　最高裁決定は、「個人のプライバシーに属する事実をみだりに公表されない利益は、法的保護の対象となるというべきである」とした上で、「検索結果の提供は検索事業者自身による表現行為という側面を有する」こと、そして、「検索事業者による検索結果の提供は、公衆が、インターネット上に情報を発信したり、インターネット上の膨大な量の情報の中から必要なものを入手したりすることを支援するものであり、現代社会においてインターネット上の情報流通の基盤として大きな役割を果たしている」ことに鑑み、検索結果が違法となるかは「当該事実の性質及び内容、当該URL等情報が提供されることによってその者のプライバシーに属する事実が伝達される範囲とその者が被る具体

的被害の程度、その者の社会的地位や影響力、上記記事等の目的や意義、上記記事等が掲載された時の社会的状況とその後の変化、上記記事等において当該事実を記載する必要性など、当該事実を公表されない法的利益と当該 URL 等情報を検索結果として提供する理由に関する諸事情」を比較衡量すべきとした。しかし、このような比較衡量においては、少しでもプライバシーが優越すれば削除が認められるものではなく「当該事実を公表されない法的利益が優越することが明らかな場合」に初めて削除されるとした。

　最高裁決定の事案では、5年前の児童買春に関する逮捕歴等が問題となっていたところ、①児童買春が児童に対する性的搾取及び性的虐待と位置付けられており、社会的に強い非難の対象とされ、罰則をもって禁止されていることに照らし、今なお公共の利害に関する事項であるといえること、②検索結果はXの居住する県の名称及びXの氏名を条件とした場合の検索結果の一部であることなどからすると、本件事実が伝達される範囲はある程度限られたものであるといえること、③Xが妻子とともに生活し、罰金刑に処せられた後は一定期間犯罪を犯すことなく民間企業で稼働していることがうかがわれることなど等の事情を総合判断した結果、「本件事実を公表されない法的利益が優越することが明らかであるとはいえない」として、削除を否定した。

3　本件へのあてはめ

　本件では、(痴漢行為そのものは許されることではないものの)①児童買春よりも比較的軽い犯罪である条例違反で、しかも10年も前のものについて、②Bの名前を入れるだけで上位1~3位に逮捕等が表示され、逮捕事実が伝達される範囲が広く、③Bが一般の会社員であることをふまえ総合判断すれば、現時点においてBの実名と共に逮捕歴を公表しておく必要性や社会的意義は相当程度低下しているというべきであるから、本件事実を公表されない法的利益が優越することが明らかといえる可能性は高いように思われる。

　なお、本事例は、#271207に類似する事案であるところ、この下級審裁判例は最高裁決定の前に下されたものではあるものの、結論として削除を認めている。

4　行為者（A）に対するアドバイス

そもそも、多くの大手検索業者は最高裁決定の枠組に沿った削除対応等の方針を決定していると思われ、その方針に基づき対応することになるだろう。

当該対応を決める上では、事実関係の確認を先に行うべきと思われる。

そして、本件のような当該事実関係に基づき、最高裁決定によれば削除が認められる可能性が高い場合においては自発的に検索結果から削除することが考えられる（ただし、様々な考慮要素に基づき、仮に最高裁決定の判旨を踏まえ、削除が認められる可能性が高い場合でも、裁判所の判決や決定を経てから削除するという対応をすることも考えられる）。

5　対象者（B）に対するアドバイス

まず、Aの場合と同様に、前提となる事実関係を確認することから始まるだろう。

その上で、最高裁決定によれば削除が認められる可能性が高い場合であれば、まずは任意に削除を求め、それが認められない場合には仮処分等の法的措置を講じる事になると思われる。

おわりに

　本書は、プライバシーに関する裁判例を分析し、理論的背景を浮かび上がらせることを企図しているが、かなりの割り切り（名誉毀損本461頁参照）を行っており、様々な異論・反論があるかもしれない。著者としては、そのような反論・批判をふまえてさらに議論を深めることこそが、インターネット上のプライバシー法の発展に役立つと考えていることから、読者の皆様からの異論を歓迎したい。そこで、修正・加筆すべきと考えることがあれば、編集部まで連絡いただき、本書の改訂の際に積極的に修正・加筆し、よりよい本へと昇華・進化させていきたい。この点につき、読者の皆様からのご協力をお願いできれば幸いである。

　名誉毀損本は大変大きな反響を呼び、これをきっかけとして従来以上に行為者側及び対象者側の双方の観点から、多くの関係する実務経験をさせていただくことができた。その中には、国際的な名誉毀損・プライバシー侵害事案や、権利侵害性が微妙な事案等の難しい事案や（上場企業を含む）企業研修やセミナーといった様々な内容があり、また個人をクライアントとする事案のみならず、上場企業を中心とする企業をクライアントとする事案も多数担当させていただいた。訴訟外の交渉から訴訟上の代理まで、担当させていただく機会もあった。本書は裁判例に加え、このような実務経験をふまえているが、それはすべてクライアントの皆様のおかげであり、心より感謝している。

　本書も、名誉毀損本と同様に、「先人の肩」に乗せていただいた。実務的な面は「はしがき」で言及した各書籍、理論的なものとしては、佃克彦『プライバシー肖像権の法律実務』を、特に類型別にプライバシー侵害の裁判例を検討する際に参考にさせていただいた。その他本書で引用した多くの書籍・論文を参考にした。

　そして、本書が完成したのは様々な方のご協力のおかげであり、心より感謝している。

　まずは、大学でこれまで指導いただき、今現在指導をいただいている先生方、梁根林教授（北京大学）、江溯副教授（北京大学）、長谷部恭男教授（東京大学、現早稲田大学）、大沼保昭教授（東京大学、現名誉教授）、そしてHarvard Law School Berkman Center for Internet and Societyの教授陣に心より感謝の

おわりに

意を表したい。

　また、本書の執筆過程で様々な方にご示唆をいただいた。大島義則弁護士及び加藤伸樹弁護士（このお二人とは、一緒に『金融機関における個人情報の保護』を編集・執筆し、弘文堂スクエアにて「若手弁護士が解説する　個人情報・プライバシー法律実務の最新動向」という個人情報・プライバシーの実務についての連載（http://www.kbd-personalinfo.com）をご一緒している）、成原慧客員研究員（東京大学大学院情報学環）、工藤郁子様（マカイラ株式会社）、横田明美准教授（千葉大学法政経学部）には、名誉毀損本に引き続き豊富なご示唆を、宮下紘教授（中央大学）には忘れられる権利について重要なご示唆を頂き、伊藤建弁護士には憲法的プライバシーの側面について貴重なご示唆をいただいた。皆様に心より感謝申し上げたい（ただし、本書の誤りはすべて筆者の責任である）。

　加えて、名誉毀損本出版後の約1年半という短い期間に近刊を含めば4冊の書籍でお世話になった勁草書房及び同社の宮本詳三編集長、編集部山田政弘氏には心より感謝したい。また、けいそうビブリオフィル（http://keisobiblio.com）担当の鈴木クニエ氏にもお世話になった（その記事の一部は本書の基礎となっている）。

　そして、桃尾・松尾・難波法律事務所の先生方、事務局の皆様、そしてクライアントの皆様には様々な実務経験、特に情報法に関する実務経験の機会をくださり、さらに長期にわたる留学を温かくサポートしてくださったことを、心から感謝したい。

　最後に、著者をいつも温かく支えてくれる妻の恵美と娘の早智と美沙、父剛次及び母佳恵子、義父の寺島茂と義母陽子にもここに感謝の意を表したい。

判例索引

#290427	大阪高判平成29年4月27日判例集未登載	311
#290425	京都地判平成29年4月25日判例集未登載	118, 174
#290321	東京高判平成29年3月21日判例集未登載（#280329）	31
#290315	最大判平成29年3月15日刑集登載予定（#280302）（GPS捜査事件）	iii, 1, 11, 22, 72
#290131	最決平成29年1月31日判例集未登載（#280712）（忘れられる権利事件）	iii, 1, 6, 19, 80, 93, 179, 197, 198, 315
#281130	大阪地判平成28年11月30日ウェストロー2016WLJPCA11309014	42
#281116	大阪高判平成28年11月16日D1-Law28244477（#271005）	52, 133
#281027	大阪高判平成28年10月27日D1-Law28244411（#280330A）	134, 149
#281021	札幌高決平成28年10月21日ウェストロー2016WLJPCA10216001（#280425）	197, 206
#280930	新潟地判平成28年9月30日ウェストロー2016WLJPCA09306008	153
#280803	東京地判平成28年8月3日ウェストロー2016WLJPCA08036002	224
#280727	東京地判平成28年7月27日ウェストロー2016WLJPCA07276001、D1-Law28243276	33
#280721	東京地判平成28年7月21日D1-Law29019497	172
#280720	名古屋地判平成28年7月20日ウェストロー2016WLJPCA07206013	197, 206
#280712	東京高決平成28年7月12日判タ1429号112頁（#290131、#271222、#270625）（忘れられる権利事件）	197, 201, 209, 212
#280707	秋田地判平成28年7月7日判例秘書L07150558	34
#280617	東京地判平成28年6月17日D1-Law29018949	24, 82, 89, 165, 172
#280614	最決平成28年6月14日ウェストロー2015WLJPCA04246011	52
#280613	東京地判平成28年6月13日D1-Law29018869	97, 119
#280607A	東京地判平成28年6月7日D1-Law29018786	100, 101, 149, 150
#280607B	東京地判平成28年6月7日D1-Law29018798	163

判例索引

#280602	東京地判平成 28 年 6 月 2 日 D1-Law29018906	169
#280531	最決平成 28 年 5 月 31 日 D1-Law28250172（#270414、#260115）（公安テロ情報流出被害国家賠償請求事件）	259
#280524	東京地判平成 28 年 5 月 24 日 D1-Law29018428	170, 285
#280520	東京地判平成 28 年 5 月 20 日 D1-Law29018562	82, 137
#280519	東京高判平成 28 年 5 月 19 日ウェストロー 2016WLJPCA05196004	223
#280517	東京地判平成 28 年 5 月 17 日 D1-Law29018412	82, 102, 106, 146, 167
#280428	東京高判平成 28 年 4 月 28 日ウェストロー 2016WLJPCA04286006（#271105）	74
#280426	東京地判平成 28 年 4 月 26 日ウェストロー 2016WLJPCA04268025、D1-Law29017384、判例秘書 L07131023	164, 257, 258
#280425	札幌地決平成 28 年 4 月 25 日ウェストロー 2016WLJPCA04256006（#281021）	196, 205
#280419	東京高判平成 28 年 4 月 19 日 D1-Law28241453（#271008）	88, 167
#280330A	大阪地判平成 28 年 3 月 30 日ウェストロー 2016WLJPCA03306007、D1-Law28244407、判例秘書 L07150604（#281027）	134, 149
#280330B	東京地判平成 28 年 3 月 30 日 D1-Law29018202	151
#280329A	東京地立川支判平成 28 年 3 月 29 日ウェストロー 2016WLJPCA03296014、判例秘書 L07130649（#290321）	31
#280329B	最決平成 28 年 3 月 29 日 D1-Law28241277（#270129A、#260808）	250, 260
#280328A	東京地判平成 28 年 3 月 28 日ウェストロー 2016WLJPCA03288003、D1-Law29017653、判例秘書 L07130750	127, 223
#280328B	東京地判平成 28 年 3 月 28 日 D1-Law29017887	144, 247
#280325A	東京地判平成 28 年 3 月 25 日 D1-Law29017829	12, 14, 107, 112, 177
#280325B	大阪高判平成 28 年 3 月 25 日ウェストロー 2016WLJPCA03259006、D1-Law28241253、判例秘書 L07120156（#270330）	143
#280324	東京地判平成 28 年 3 月 24 日 D1-Law29018087	162
#280322	東京地判平成 28 年 3 月 22 日 D1-Law29017746	146, 172
#280317	東京地判平成 28 年 3 月 17 日 D1-Law29017881	146, 166, 225, 312
#280304	東京地判平成 28 年 3 月 4 日 D1-Law29018178	41, 87, 101, 112, 117, 161, 162, 167, 275
#280302	大阪高判平成 28 年 3 月 2 日判タ 1429 号 148 頁（#290315、#270710。	

	なお #270605A）（GPS 捜査事件）……………………………………72	
#280223A	東京地判平成 28 年 2 月 23 日ウエストロー 2016WLJPCA02238012、D1-Law29016678、判例秘書 L07130440 …………………………144	
#280223B	東京地判平成 28 年 2 月 23 日ウエストロー 2016WLJPCA02238020 ……………………………………………………………………221, 508	
#280218	最決平成 28 年 2 月 18 日自保ジャーナル 1971 号 115 頁（#270924、#270313B）………………………………………………………………142	
#280208A	大阪地判平成 28 年 2 月 8 日判時 2313 号 73 頁 …………………………52	
#280208B	東京地判平成 28 年 2 月 8 日ウエストロー 2016WLJPCA02088006、D1-Law29016733、判例秘書 L07130372……………156, 166, 177, 225	
#280202	仙台高判平成 28 年 2 月 2 日判時 2293 号 18 頁 ……………………………24	
#280127	東京地判平成 28 年 1 月 27 日 D1-Law29016471 ………………………255	
#280126	東京地判平成 28 年 1 月 26 日 D1-Law29016355 ………………………172	
#280119	東京地判平成 28 年 1 月 19 日判例秘書 L07130116……………………85, 166	
#280118	東京地判平成 28 年 1 月 18 日 D1-Law29016269、判例秘書 L07130175 ……………………………………………………………………………167	
#280114	東京地判平成 28 年 1 月 14 日ウエストロー 2016WLJPCA01146016、D1-Law29016296、判例秘書 L07130183 ……………………………143	
#271225	東京地判平成 27 年 12 月 25 日 D1-Law29015628 ……………………172	
#271222	さいたま地決平成 27 年 12 月 22 日判時 2282 号 78 頁（#280712、#290131、#270625）（忘れられる権利事件）……………………………………………179, 196, 197, 198, 200, 205, 213	
#271221	東京地判平成 27 年 12 月 21 日 D1-Law29015571 ……………………172	
#271218A	東京地判平成 27 年 12 月 18 日ウエストロー 2015WLJPCA12188014、D1-Law29015674 …………………………………53, 166, 221, 225, 240	
#271218B	東京地判平成 27 年 12 月 18 日ウエストロー 2015WLJPCA12188013、D1-Law29015735 ……………………………………86, 153, 166, 279	
#271216A	東京地判平成 27 年 12 月 16 日ウエストロー 2015WLJPCA12168016、D1-Law29015888 ………………………………………………101, 162	
#271216B	大阪高判平成 27 年 12 月 16 日判時 2299 号 54 頁（#270121）………143	
#271208A	東京地判平成 27 年 12 月 8 日 D1-Law29015597 …………108, 145, 167	
#271208B	東京地判平成 27 年 12 月 8 日ウエストロー 2015WLJPCA12088006、D1-Law29015717 ………………………………………132, 154, 163, 225	

#		
#271207	札幌地判平成 27 年 12 月 7 日ウェストロー 2015WLJPCA12076001、D1-Law28240043	196, 197, 210, 211, 214, 316
#271204A	東京地判平成 27 年 12 月 4 日 D1-Law29015716	87, 148, 163
#271204B	大阪高判平成 27 年 12 月 4 日判例秘書 L07020693（#270624B の控訴審）	143, 245
#271126	東京地判平成 27 年 11 月 26 日ウェストロー 2015WLJPCA11268018、D1-Law29015157	125
#271125	東京地判平成 27 年 11 月 25 日 D1-Law29015193	173
#271118	東京地判平成 27 年 11 月 18 日ウェストロー 2015WLJPCA11188006、D1-Law29015529	33
#271113	東京地判平成 27 年 11 月 13 日ウェストロー 2015WLJPCA11138014、D1-Law29015545	107, 148
#271112	東京地判平成 27 年 11 月 12 日 D1-Law29015243	166
#271110	東京地判平成 27 年 11 月 10 日ウェストロー 2015WLJPCA11108007、D1-Law29015093、判例秘書 L07031156	40
#271106A	東京地判平成 27 年 11 月 6 日ウェストロー 2015WLJPCA11068020、D1-Law29015469	136, 169, 285, 287
#271106B	東京地判平成 27 年 11 月 6 日 D1-Law29015486	245
#271105A	東京地判平成 27 年 11 月 5 日判タ 1425 号 318 頁（#280428）	74
#271105B	東京高判平成 27 年 11 月 5 日 D1-Law28234437（#270601）	86, 148, 155
#271030A	東京地判平成 27 年 10 月 30 日ウェストロー 2015WLJP-CA1030801829014276	92, 107, 131, 162
#271030B	東京地判平成 27 年 10 月 30 日ウェストロー 2015WLJP-CA1030800529014173	143
#271029A	東京地判平成 27 年 10 月 29 日 D1-Law29014511、判例秘書 L07030899	166
#271029B	東京地判平成 27 年 10 月 29 日ウェストロー 2015WLJP-CA1029802329014512	166
#271028A	津地四日市支判平成 27 年 10 月 28 日判時 2287 号 87 頁	152
#271028B	東京地判平成 27 年 10 月 28 日ウェストロー 2015WLJPCA10288014、D1-Law29014066	245, 250
#271023	東京地判 27 年 10 月 23 日ウェストロー 2015WLJPCA10238006、D1-Law29014237	138

判例索引		
#271008	東京地判平成 27 年 10 月 8 日ウェストロー 2015WLJPCA10088013、D1-Law29014395（#280419）	87, 167
#271005	大阪地判平成 27 年 10 月 5 日裁判所ウェブサイト（#281116）	113, 114
#271002	東京地判平成 27 年 10 月 2 日ウェストロー 2015WLJPCA10028009、D1-Law29014322	252
#270930	東京地判平成 27 年 9 月 30 日ウェストロー 2015WLJPCA09306002、D1-Law29013846	223
#270928	東京地判平成 27 年 9 月 28 日ウェストロー 2015WLJPCA09288018、D1-Law29013907、判例秘書 L07031078	108, 119, 222, 226
#270924	福岡高判平成 27 年 9 月 24 日自保ジャーナル 1971 号 119 頁（#280218、#270313B）	142
#270917	東京地判平成 27 年 9 月 17 日ウェストロー 2015WLJPCA09178014、D1-Law28233584、判例秘書 L07031072	255
#270914A	東京地判平成 27 年 9 月 14 日ウェストロー 2015WLJPCA09148016	110, 156
#270914B	東京地判平成 27 年 9 月 14 日ウェストロー 2015WLJPCA09148015	110, 156
#270914C	名古屋地判平成 27 年 9 月 14 日ウェストロー 2015WLJPCA09146002	223
#270910	東京高判平成 27 年 9 月 10 日ウェストロー 2015WLJPCA09106002（#270318）	82, 147, 191
#270909	東京地判平成 27 年 9 月 9 日労経速 2266 号 3 頁	75
#270904A	東京地判平成 27 年 9 月 4 日ウェストロー 2015WLJPCA09048003、D1-Law29013628、判例秘書 L07031054	53, 92, 106, 113, 153, 158, 164, 226, 236
#270904B	東京地判平成 27 年 9 月 4 日ウェストロー 2015WLJPCA09048010	123, 139
#270903	東京地判平成 27 年 9 月 3 日ウェストロー 2015WLJPCA09038007、D1-Law29013598	137, 172, 222
#270901	東京地判平成 27 年 9 月 1 日ウェストロー 2015WLJPCA09018002、D1-Law29013556	168
#270825	東京地判平成 27 年 8 月 25 日ウェストロー 2015WLJPCA08258020	164

判例索引

#270730A	東京地判平成 27 年 7 月 30 日ウェストロー 2015WLJPCA07308023	…52
#270730B	東京地判平成 27 年 7 月 30 日ウェストロー 2015WLJPCA07308017 ……………………………………………………………………146, 148	
#270730C	東京地判平成 27 年 7 月 30 日ウェストロー 2015WLJPCA07308016 ……………………………………………………………………127, 163	
#270728	東京地判平成 27 年 7 月 28 日ウェストロー 2015WLJPCA07288005 ……………………………………………………………………48, 239	
#270727	東京地判平成 27 年 7 月 27 日ウェストロー 2015WLJPCA07278007 ……………………………………………………………………82, 146, 150	
#270722	東京地判平成 27 年 7 月 22 日ウェストロー 2015WLJPCA07228006 ………………………………………40, 52, 126, 150, 227, 238, 240	
#270721	東京地判平成 27 年 7 月 21 日ウェストロー 2015WLJPCA07218008 ……………………………………………………………………136, 146	
#270716	東京地判平成 27 年 7 月 16 日ウェストロー 2015WLJPCA07168016、判例秘書 L07030751 ………………………………………136, 190, 227	
#270715	札幌地判平成 27 年 7 月 15 日 D1-Law28233132、判例秘書 L07050397 ………………………………………………………………………………33	
#270709	東京地判平成 27 年 7 月 9 日ウェストロー 2015WLJPCA07098013 ……………………………………………………………………165, 178	
#270703	東京地判平成 27 年 7 月 3 日ウェストロー 2015WLJPCA07038008 …74	
#270630	東京地判平成 27 年 6 月 30 日ウェストロー 2015WLJPCA06308019…108	
#270625	さいたま地決平成 27 年 6 月 25 日判時 2282 号 83 頁（#271222、#280712、#290131）（忘れられる権利事件）…………196, 198, 199, 211	
#270624A	東京地判平成 27 年 6 月 24 日判時 2275 号 87 頁 …………………105, 113	
#270624B	大阪地判平成 27 年 6 月 24 日判例秘書 L07051235（#271204B）……245	
#270623	札幌高判平成 27 年 6 月 23 日ウェストロー 2015WLJPCA06236001（#260904、#280531）………………………………………………………40	
#270618A	東京地判平成 27 年 6 月 18 日ウェストロー 2015WLJPCA06188003 ……………………………………………………134, 148, 149, 162, 166	
#270618B	広島高判平成 27 年 6 月 18 日判時 2272 号 58 頁（#260925）………220	
#270612	横浜地判平成 27 年 6 月 12 日裁判所ウェブサイト………………………33	
#270605A	東京地判平成 27 年 6 月 5 日ウェストロー 2015WLJPCA06058006 ……………………………………………………………………146, 163	

#270605B	大阪高判平成 27 年 6 月 5 日判例秘書 L07020221（#260917）	196
#270601	東京地判平成 27 年 6 月 1 日ウェストロー 2015WLJPCA06018001、D1-Law28234436（#271105）	223
#270525	福島地郡山支判平成 27 年 5 月 25 日判例秘書 L07050289	33
#270520	東京高判平成 27 年 5 月 20 日 D1-Law28231990	247
#270518	東京地判平成 27 年 5 月 18 日ウェストロー 2015WLJPCA05188005、判例秘書 L07030545	5, 51, 52, 81, 111, 130, 142, 155, 162, 227
#270428	東京高決平成 27 年 4 月 28 日 D1-Law28234615（#270310）	172
#270423	名古屋地判平成 27 年 4 月 23 日判例秘書 L07050263	35
#270422	東京地判平成 27 年 4 月 22 日ウェストロー 2015WLJPCA04228008	159
#270415	福岡高判平成 27 年 4 月 15 日高等裁判所刑事裁判速報集（平 27）号 276 頁	32
#270414	東京高判平成 27 年 4 月 14 日 D1-Law28231753（#260115、#280531）（公安テロ情報流出被害国家賠償請求事件）	259
#270406	東京高決平成 27 年 4 月 6 日ウェストロー 2015WLJPCA04066003	152
#270330	東京地判平成 27 年 3 月 30 日ウェストロー 2015WLJPCA03308010、D1-Law28231543、判例秘書 L07030211	43, 143
#270327A	東京地判平成 27 年 3 月 27 日ウェストロー 2015WLJPCA03278027	143
#270327B	東京地判平成 27 年 3 月 27 日労経速 2246 号 3 頁	257
#270324A	東京地判平成 27 年 3 月 24 日ウェストロー 2015WLJPCA03248015	92, 130, 167, 227, 237, 240
#270324B	東京地判平成 27 年 3 月 24 日ウェストロー 2015WLJPCA03248018	162, 218
#270319	東京地判平成 27 年 3 月 19 日ウェストロー 2015WLJPCA03198020	222
#270318	東京地判平成 27 年 3 月 18 日ウェストロー 2015WLJPCA03186004、判例秘書 L07031001（#270910）	82, 147, 148, 191
#270317	東京地判平成 27 年 3 月 17 日ウェストロー 2015WLJPCA03178001、判例秘書 L07030214	141, 161, 219
#270313A	神戸地尼崎支判平成 27 年 3 月 13 日判例秘書 L07050101	74
#270313B	福岡地久留米支判平成 27 年 3 月 13 日自保ジャーナル 1971 号 125 頁（#270924、#280218）	142
#270310	東京地決平成 27 年 3 月 10 日 D1-Law28234612（#270428）	172
#270223A	大阪地判平成 27 年 2 月 23 日ウェストロー 2015WLJPCA02239003、	

	D1-Law28231004、判例秘書 L07050080 ……………………24, 40
#270223B	東京地判平成 27 年 2 月 23 日ウェストロー 2015WLJPCA02238001 ………………………………………………………………247, 248
#270220	東京地判平成 27 年 2 月 20 日ウェストロー 2015WLJPCA02208007、判例秘書 L07030354 ………………………………………………162
#270218	大阪高判平成 27 年 2 月 18 日 D1-Law28230863、判例秘書 L07020062（#260807）………………………………………………………………196
#270217	仙台高判平成 27 年 2 月 17 日 D1-Law28231048、判例秘書 L07020061 ………………………………………………………………155
#270204	東京地判平成 27 年 2 月 4 日ウェストロー 2015WLJPCA02048013 …………………………………………………154, 156, 157, 172, 177
#270129A	福岡高判平成 27 年 1 月 29 日判時 2251 号 57 頁（#280329、#260808）……………………………………………………246, 250, 260
#270129B	東京地判平成 27 年 1 月 29 日ウェストロー 2015WLJPCA01298018…158
#270129C	東京地判平成 27 年 1 月 29 日ウェストロー 2015WLJPCA01298028…172
#270122	大津地彦根支判平成 27 年 1 月 22 日ウェストロー 2015WLJP-CA01226002 ……………………………………………112, 166, 313
#270121	大阪地判平成 27 年 1 月 21 日判時 2299 号 71 頁（#271216B）………143
#270120	名古屋地判平成 27 年 1 月 20 日 D1-Law28230549、判例秘書 L07050013 ………………………………………………………………31
#270114	京都地判平成 27 年 1 月 14 日ウェストロー 2015WLJPCA01146001、D1-Law28230362、判例秘書 L07050010 ……………………………51
#261224	東京地判平成 26 年 12 月 24 日ウェストロー 2014WLJPCA12248028 ………………………………………………………5, 111, 173, 228
#261212	東京高判平成 26 年 12 月 12 日高刑集 67 巻 2 号 1 頁（#260312）……36
#261128	東京地判平成 26 年 11 月 28 日ウェストロー 2014WLJPCA11288015 ………………………………………………………………………87
#261111	東京地判平成 26 年 11 月 11 日ウェストロー 2014WLJPCA11118019 …………………………………………………………88, 100, 162
#261107	東京地判平成 26 年 11 月 7 日ウェストロー 2014WLJPCA11078011…171
#261031	東京地判平成 26 年 10 月 31 日ウェストロー 2014WLJPCA10318024 …………………………………………………51, 161, 228, 239, 240
#261020	東京地判平成 26 年 10 月 20 日ウェストロー 2014WLJPCA10208015

	……………………………………………………………………………74	
#261009	東京地決平成26年10月9日プロバイダ責任制限法判例集21頁	
	……………………………………………………………………195, 197	
#260929	東京地判平成26年9月29日ウェストロー2014WLJPCA09298024…124	
#260925	山口地判平成26年9月25日判時2272号63頁（#270618B）	
	………………………………………………………………157, 177, 220	
#260919	静岡地判平成26年9月19日D1-Law28223947、判例秘書L06950470	
	……………………………………………………………………………35	
#260917	京都地判平成26年9月17日ウェストロー2014WLJPCA09176003	
	（#270605C）…………………………………………………………195	
#260912	東京地判平成26年9月12日ウェストロー2014WLJPCA09128006 …42	
#260910	東京地判平成26年9月10日ウェストロー2014WLJPCA09108014、	
	D1-Law28231987、判例秘書L06930784 …………………………247	
#260908	東京地判平成26年9月8日ウェストロー2014WLJPCA09088002、	
	判例秘書L06930574 ………………………………………247, 248, 254	
#260904	札幌地判平成26年9月4日裁判所ウェブサイト（#270623、#280531）	
	…………………………………………………………………40, 151	
#260808	福岡地久留米支判平成26年8月8日判時2239号88頁（#270129A、	
	#280329）……………………………………………………246, 250, 260	
#260807	京都地判平成26年8月7日判時2264号79頁（#270218） ……195, 197	
#260730	東京地判平成26年7月10日ウェストロー2014WLJPCA07308014	
	……………………………………………………………………165, 174	
#260717A	東京高判平成26年7月17日ウェストロー2014WLJPCA07176001、	
	判例秘書L06920330（#260122）…………………38, 159, 229, 238, 300	
#260717B	東京地判平成26年7月17日ウェストロー2014WLJPCA07178001	
	…………………………………………88, 92, 101, 114, 167, 229, 237, 240	
#260711A	東京地判平成26年7月11日ウェストロー2014WLJPCA07118001	
	……………………………………………………………………122, 124	
#260711B	東京地判平成26年7月11日ウェストロー2014WLJPCA07118006	
	……………………………………………………………………………223	
#260613	東京地判平成26年6月13日ウェストロー2014WLJPCA06138014、	
	判例秘書L06930447	
	………………………92, 113, 118, 161, 163, 166, 175, 229, 236, 237, 240, 241, 313	

#		
#260530	名古屋地判平成 26 年 5 月 30 日判例秘書 L06950232	35
#260516	東京地判平成 26 年 5 月 16 日ウェストロー 2014WLJPCA05168015	119, 176
#260424	東京高判平成 26 年 4 月 24 日プロバイダ責任制限法判例集 25 頁	187
#260414	東京地判平成 26 年 4 月 14 日ウェストロー 2014WLJPCA04148003	259
#260328	東京地判平成 26 年 3 月 28 日ウェストロー 2014WLJPCA03288023	171
#260325	東京地判平成 26 年 3 月 25 日ウェストロー 2014WLJPCA03258030	166
#260320	東京地判平成 26 年 3 月 20 日ウェストロー 2014WLJPCA03208009	41, 148, 156, 162, 173, 230
#260314	東京地判平成 26 年 3 月 14 日ウェストロー 2014WLJPCA03148022	149, 166
#260312	東京地判平成 26 年 3 月 12 日判例秘書 L06930105（#261212）	36
#260307	東京地判平成 26 年 3 月 7 日労経速 2207 号 17 頁	257
#260228	東京地判平成 26 年 2 月 28 日ウェストロー 2014WLJPCA02288030	142
#260214	東京地判平成 26 年 2 月 14 日ウェストロー 2014WLJPCA02148012	27, 190, 222
#260131	東京地判平成 26 年 1 月 31 日ウェストロー 2014WLJPCA01318012、D1-Law28240761	82, 149, 162
#260123	東京地判平成 26 年 1 月 23 日判時 2221 号 71 頁	261, 262, 263, 264
#260122	東京地判平成 26 年 1 月 22 日ウェストロー 2014WLJPCA01228002、判例秘書 L06930176（#260717A）	119, 137, 139, 229, 238
#260121	東京地判平成 26 年 1 月 21 日ウェストロー 2014WLJPCA01218014	124
#260117	東京地判平成 26 年 1 月 17 日ウェストロー 2014WLJPCA01178004	144, 157, 230
#260115	東京地判平成 26 年 1 月 15 日判タ 1420 号 268 頁（#280531、#270414）（公安テロ情報流出被害国家賠償請求事件）	24, 259
#251225	東京高判平成 25 年 12 月 25 日 D1-Law28220294、判例秘書 L06820751	127
#251220	東京地判平成 25 年 12 月 20 日ウェストロー 2013WLJPCA12208022	171
#251216	東京地判平成 25 年 12 月 16 日ウェストロー 2013WLJPCA12168020	195, 197
#251210	東京地判平成 25 年 12 月 10 日ウェストロー 2013WLJPCA12108004	

判例索引

	·····················256	
#251129A	東京地判平成 25 年 11 月 29 日判例秘書 L06830909 ············48	
#251129B	東京地判平成 25 年 11 月 29 日ウェストロー 2013WLJPCA11298025 ·····················136	
#251127	青森地八戸支判平成 25 年 11 月 27 日金商 1434 号 24 頁·········250	
#251113	東京地判平成 25 年 11 月 13 日ウェストロー 2013WLJPCA11138011 ············172, 187, 230, 240	
#251112	東京地判平成 25 年 11 月 12 日ウェストロー 2013WLJPCA11128022 ·····················248	
#251021	東京地判平成 25 年 10 月 21 日 D1-Law28213839 ············195	
#251016	東京地判平成 25 年 10 月 16 日ウェストロー 2013WLJPCA10168002 ···············165, 231, 237	
#251002	仙台地判平成 25 年 10 月 2 日金商 1430 号 34 頁 ············250	
#250930	知財高判平成 25 年 9 月 30 日裁判所ウェブサイト ············156	
#250906	東京地判平成 25 年 9 月 6 日ウェストロー 2013WLJPCA09068015、判例秘書 L06830752 ·····················254	
#250813	東京地判平成 25 年 8 月 13 日ウェストロー 2013WLJPCA08138002 ·····················92, 163	
#250809	名古屋地判平成 25 年 8 月 9 日判例秘書 L06850621 ············242	
#250719	東京地判平成 25 年 7 月 19 日ウェストロー 2013WLJPCA07198030 ············14, 40, 132, 163, 231, 238	
#250717A	東京地判平成 25 年 7 月 17 日ウェストロー 2013WLJPCA07178037 ············24, 40, 169, 285	
#250717B	東京地判平成 25 年 7 月 17 日ウェストロー 2013WLJPCA07178014 ············99, 123, 124, 169	
#250625	東京地判平成 25 年 6 月 25 日ウェストロー 2013WLJPCA062580112 ············86, 144, 148, 165, 166	
#250530	広島高判平成 25 年 5 月 30 日判時 2202 号 28 頁············54	
#250523	東京地判平成 25 年 5 月 23 日ウェストロー 2013WLJPCA05238010···249	
#250426	東京地判平成 25 年 4 月 26 日判タ 1416 号 276 頁············119, 134	
#250412	東京地判平成 25 年 4 月 12 日判例秘書 L06830325 ············86, 88, 140, 147	
#250410	松山地判平成 25 年 4 月 10 日判例秘書 L06850241 ············156	
#250328	東京地判平成 25 年 3 月 28 日判例秘書 L06830285 ············52, 259	

#250326	東京地判平成 25 年 3 月 26 日ウェストロー 2013WLJPCA03268021	···109
#250319	東京地判平成 25 年 3 月 19 日ウェストロー 2013WLJPCA03198005	
		·················262, 263
#250308	東京地判平成 25 年 3 月 8 日裁判所ウェブサイト	················139
#250228	東京地判平成 25 年 2 月 28 日ウェストロー 2013WLJPCA02288013	
		·················246, 250
#250124	東京地判平成 25 年 1 月 24 日ウェストロー 2013WLJPCA01248008	···245
#250121	東京地判平成 25 年 1 月 21 日判例秘書 L06830169	······108, 115, 133, 162
#241226A	名古屋地判平成 24 年 12 月 26 日 D1-Law28210109	···············31, 238
#241226B	東京地判平成 24 年 12 月 26 日ウェストロー 2012WLJPCA12268023	
		·················143, 232
#241221	東京地判平成 24 年 12 月 21 日ウェストロー 2012WLJPCA12218014	
		················168
#241220A	東京地判平成 24 年 12 月 20 日ウェストロー 2012WLJPCA12208005	
		·············74
#241220B	東京高判平成 24 年 12 月 20 日 D1-Law28243940（#240806）······85, 147	
#241217A	東京地判平成 24 年 12 月 17 日ウェストロー 2012WLJPCA12178020	
		·············98
#241217B	東京地判平成 24 年 12 月 17 日ウェストロー 2012WLJPCA12178011	
		················117
#241213	東京地判平成 24 年 12 月 13 日ウェストロー 2012WLJPCA12138019	
		·················137, 161
#241206	東京地判平成 24 年 12 月 6 日ウェストロー 2012WLJPCA12068005	···148
#241203	東京地判平成 24 年 12 月 3 日ウェストロー 2012WLJPCA12038003	
		·············169, 216, 219
#241130	東京地判平成 24 年 11 月 30 日 D1-Law28243949 ········92, 109, 119, 169	
#241127	東京地判平成 24 年 11 月 27 日ウェストロー 2012WLJPCA11278038	
		················127
#241122	東京地判平成 24 年 11 月 22 日ウェストロー 2012WLJPCA11228016	
		················112
#241108	東京地判平成 24 年 11 月 8 日ウェストロー 2012WLJPCA11088005、	
	判例秘書 L06730727 ·····················150	
#241026	東京地判平成 24 年 10 月 26 日判例秘書 L06730910 ·················118	

#241015	東京地判平成 24 年 10 月 15 日ウェストロー 2012WLJPCA10158007	
	……………………………………………………………………102, 190, 232	
#240914	水戸地判平成 24 年 9 月 14 日判地自 380 号 39 頁………………143	
#240904	東京地判平成 24 年 9 月 4 日ウェストロー 2012WLJPCA09048004	
	………………………………………105, 124, 133, 138, 232, 240, 291	
#240831A	東京地判平成 24 年 8 月 31 日ウェストロー 2012WLJPCA08318008	
	………………………………………………………………156, 176, 177	
#240831B	東京地判平成 24 年 8 月 31 日ウェストロー 2012WLJPCA08318002	
	……………………………………………………………………………252	
#240828	東京地判平成 24 年 8 月 28 日ウェストロー 2012WLJPCA08288001	
	………………………………………………………………………112, 218	
#240823	名古屋高判平成 24 年 8 月 23 日判例秘書 L06720431 ……………36	
#240810	東京地判平成 24 年 8 月 10 日ウェストロー 2012WLJPCA08108027…123	
#240806	東京地判平成 24 年 8 月 6 日 D1-Law28243939（#241220B）	
	………………………………………………………………82, 147, 163	
#240727	東京地判平成 24 年 7 月 27 日判例秘書 L06730414	
	………………………………………117, 145, 161, 163, 166, 175, 313	
#240719	東京地判平成 24 年 7 月 19 日ウェストロー 2012WLJPCA07198002…249	
#240717A	大阪地判平成 24 年 7 月 17 日裁判所ウェブサイト	
	………………………………………113, 114, 158, 161, 232, 239	
#240717B	鳥取地判平成 24 年 7 月 17 日判タ 1390 号 195 頁 ………………123	
#240713	福岡高判平成 24 年 7 月 13 日判時 2234 号 44 頁（#230316）	
	………………………………………………………24, 125, 130, 295	
#240704	名古屋地判平成 24 年 7 月 4 日裁判所ウェブサイト ………………32	
#240628	最決平成 24 年 6 月 28 日刑集 66 巻 7 号 686 頁 …………………55	
#240621	東京地判平成 24 年 6 月 21 日ウェストロー 2012WLJPCA06218004…54	
#240531	東京地判平成 24 年 5 月 31 日労判 1056 号 19 頁 …………………143	
#240514	東京地判平成 24 年 5 月 14 日判例秘書 L06730322 ………………148	
#240427	名古屋高判平成 24 年 4 月 27 日判時 2178 号 23 頁（#221110）………127	
#240418	東京高判平成 24 年 4 月 18 日判例秘書 L06720189 ………………171	
#240327	金沢地判平成 24 年 3 月 27 日判時 2152 号 62 頁………………82, 156	
#240316	名古屋高判平成 24 年 3 月 16 日判例秘書 L06720142 ……………168	
#240315	東京地判平成 24 年 3 月 15 日ウェストロー 2012WLJPCA03158005…93

#240213	最判平成 24 年 2 月 13 日刑集 66 巻 4 号 405 頁	32
#240203	仙台地決平成 24 年 2 月 3 日ウェストロー 2012WLJPCA02039002	220
#240202	最判平成 24 年 2 月 2 日民集 66 巻 2 号 89 頁（ピンク・レディー事件）	51
#240131A	知財高判平成 24 年 1 月 31 日裁判所ウェブサイト（#230729）	167
#240131B	東京地判平成 24 年 1 月 31 日ウェストロー 2012WLJPCA01318005	264
#240126	大阪地判平成 24 年 1 月 26 日情報ネットワークローレビュー 11 号 3 頁	245
#240117	大分地判平成 24 年 1 月 17 日判例秘書 L06750422	158
#240111	東京地判平成 24 年 1 月 11 日ウェストロー 2012WLJPCA01118003	122, 124
#231227	東京地判平成 23 年 1 月 27 日労判 1044 号 5 頁	157
#231221	東京地判平成 23 年 12 月 21 日ウェストロー 2011WLJPCA12218030	194, 197
#231108	福岡地小倉支判平成 23 年 11 月 8 日判例秘書 L06650629	143
#231017	東京地判平成 23 年 10 月 17 日ウェストロー 2011WLJPCA10178004	102
#231014	東京地判平成 23 年 10 月 14 日ウェストロー 2011WLJPCA10148001	53, 92, 106, 132, 144, 168, 233, 237, 240
#230930	名古屋地判平成 23 年 9 月 30 日判例秘書 L06650971	134
#230829	東京地判平成 23 年 8 月 29 日ウェストロー 2011WLJPCA08298005、D1-Law28212513、判例秘書 L06630438	14, 118, 132, 222, 233, 237, 242
#230729	東京地判平成 23 年 7 月 29 日判例秘書 L06630776（#240131A）	106, 148, 167
#230728	東京地判平成 23 年 7 月 28 日ウェストロー 2011WLJPCA07288007	255
#230721	東京地判平成 23 年 7 月 21 日判タ 1400 号 260 頁	246
#230720	東京地判平成 23 年 7 月 20 日ウェストロー 2011WLJPCA07208007	142
#230630	東京地判平成 23 年 6 月 30 日ウェストロー 2011WLJPCA06308009	23, 51, 99, 100, 102, 104, 169
#230622	東京高決平成 23 年 6 月 22 日ウェストロー 2011WLJPCA06226001	253
#230526	東京地判平成 23 年 5 月 26 日ウェストロー 2011WLJPCA05268022	246
#230525	東京地判平成 23 年 5 月 25 日ウェストロー 2011WLJPCA05258014	23, 92, 166, 175, 190, 233, 238, 239

#230524	東京地判平成 23 年 5 月 24 日ウェストロー 2011WLJPCA05248011、判例秘書 L06630255	138
#230425	東京地判平成 23 年 4 月 25 日判例秘書 L06630202	152
#230414	東京地判平成 23 年 4 月 14 日ウェストロー 2011WLJPCA04148027	96
#230328	東京地判平成 23 年 3 月 28 日ウェストロー 2011WLJPCA03288026	23, 122
#230317	名古屋高判平成 23 年 3 月 17 日ウェストロー 2011WLJPCA03176002	169
#230316	福岡地判平成 23 年 3 月 16 日裁判所ウェブサイト（#240713）（ストリートビュー事件）	126, 246
#230131	東京地判平成 23 年 1 月 31 日ウェストロー 2011WLJPCA01318010	89, 134, 162
#230127	東京地判平成 23 年 1 月 27 日判タ 1367 号 212 頁	255
#230126	さいたま地判平成 23 年 1 月 26 日判タ 1346 号 185 頁	222
#230111	東京地判平成 23 年 1 月 11 日ウェストロー 2011WLJPCA01118005	89, 171
#221221	大阪高判平成 22 年 12 月 21 日判時 2104 号 48 頁	246
#221217	東京地判平成 22 年 12 月 17 日ウェストロー 2010WLJPCA12178012、判例秘書 L06530728	143
#221130	横浜地判平成 22 年 11 月 30 日ウェストロー 2010WLJPCA11306007	218
#221129	東京地判平成 22 年 11 月 29 日ウェストロー 2010WLJPCA11298009	152
#221124	東京地判平成 22 年 11 月 24 日判例秘書 L06530702	168
#221110	岐阜地判平成 22 年 11 月 10 日判時 2100 号 119 頁（#240427）	127
#221028	東京地判平成 22 年 10 月 28 日労判 1017 号 14 頁	25, 127
#221020	東京地判平成 22 年 10 月 20 日ウェストロー 2010WLJPCA10208006	246, 248
#221018	東京地判平成 22 年 10 月 18 日ウェストロー 2010WLJPCA10188005	74
#221013	東京地判平成 22 年 10 月 13 日ウェストロー 2010WLJPCA10138012	135, 168
#221001A	東京地判平成 22 年 10 月 1 日ウェストロー 2010WLJPCA10018008	

判例索引

	·················24, 38, 146, 158, 168, 190, 234, 238, 242	
#221001B	東京地判平成22年10月1日ウェストロー 2010WLJPCA10018004	
	·················132, 141, 164, 234	
#220927	東京地判平成22年9月27日判タ1343号153頁················152, 157, 299	
#220916	東京高判平成22年9月16日ウェストロー 2010WLJPCA09168008···143	
#220910	東京地判平成22年9月10日ウェストロー 2010WLJPCA09108010···163	
#220902	東京地判平成22年9月2日ウェストロー 2010WLJPCA09028017 ···74	
#220830	東京地判平成22年8月30日ウェストロー 2010WLJPCA08308004	
	·················115, 119, 151, 164, 172, 234, 236	
#220810	東京地判平成22年8月10日ウェストロー 2010WLJPCA08108005、	
	判例秘書L06530474 ·················248, 253	
#220726	奈良地判平成22年7月26日判例秘書L06550394·················38, 175	
#220630A	東京地判平成22年6月30日ウェストロー 2010WLJPCA06308006	
	·················161, 242	
#220630B	東京地判平成22年6月30日ウェストロー 2010WLJPCA06308009···171	
#220525	最決平成22年5月25日判例秘書L06510267（#220113、#210728）···174	
#220507	東京地判平成22年5月7日ウェストロー 2010WLJPCA05078003、	
	判例秘書L06530344 ·················146, 166	
#220428	東京地判平成22年4月28日ウェストロー 2010WLJPCA04288009	
	·················98, 140, 161, 162	
#220427	東京地判平成22年4月27日ウェストロー 2010WLJPCA04278013···251	
#220426	東京地判平成22年4月26日ウェストロー 2010WLJPCA04268011 ···89	
#220408	最判平成22年4月8日民集64巻3号676頁·················45	
#220329	東京地判平成22年3月29日判時2099号49頁·················125	
#220325	岐阜地大垣支判平成22年3月25日ウェストロー 2010WLJP-CA03256001、判例秘書L06550198·················169	
#220319	名古屋高判平成22年3月19日判時2081号20頁·················86, 135	
#220311	東京地判平成22年3月11日ウェストロー 2010WLJPCA03118003···142	
#220304	さいたま地川越支判平成22年3月4日判時2083号112頁·················252	
#220302	東京地判平成22年3月2日ウェストロー 2010WLJPCA03028008 ···74	
#220226	東京地判平成22年2月26日ウェストロー 2010WLJPCA02268014···159	
#220218	東京地判平成22年2月18日ウェストロー 2010WLJPCA02188010···194	
#220115	東京地判平成22年1月15日判時2073号137頁·················142	

判例索引

#220113	東京高判平成 22 年 1 月 13 日判例秘書 L06521036（#210728、#220525）	174
#211225A	東京地判平成 21 年 12 月 25 日ウェストロー 2009WLJPCA12258005	251, 256
#211225B	東京地判平成 21 年 12 月 25 日ウェストロー 2009WLJPCA12258015、判例秘書 L06430684	262, 263, 264
#211224	東京地判平成 21 年 12 月 24 日労経速 2068 号 3 頁	98, 119
#211216	東京地判平成 21 年 12 月 16 日ウェストロー 2009WLJPCA1216806	223
#211211A	鹿児島地判平成 21 年 12 月 11 日判例秘書 L06451033	36
#211211B	鹿児島地判平成 21 年 12 月 11 日判例秘書 L06451032	36
#211204	大阪地判平成 21 年 12 月 4 日判タ 1345 号 196 頁	53
#211126	仙台地判平成 21 年 11 月 26 日判タ 1339 号 113 頁	150
#211112	東京地判平成 21 年 11 月 12 日判例秘書 L0643049	35
#211106A	東京地判平成 21 年 11 月 6 日ウェストロー 2009WLJPCA11068006	41, 164, 234, 236, 238, 308
#211106B	東京地判平成 21 年 11 月 6 日ウェストロー 2009WLJPCA11068002	194
#211029	東京地判平成 21 年 10 月 29 日ウェストロー 2009WLJPCA10298005	256
#211028	京都地判平成 21 年 10 月 28 日判例秘書 L06450684	130, 169
#211027	東京地判平成 21 年 10 月 27 日ウェストロー 2009WLJPCA10278014	166, 234, 239
#211023	大阪地判平成 21 年 10 月 23 日労判 1000 号 50 頁	251
#210930	東京地判平成 21 年 9 月 30 日ウェストロー 2009WLJPCA09308013	41
#210929	東京地判平成 21 年 9 月 29 日判タ 1339 号 156 頁	97, 142
#210928	最判平成 21 年 9 月 28 日刑集 63 巻 7 号 868 頁	73
#210925	京都地判平成 21 年 9 月 25 日判時 2066 号 81 頁	74
#210911A	東京地判平成 21 年 9 月 11 日ウェストロー 2009WLJPCA09118005	166, 199
#210911B	東京地判平成 21 年 9 月 11 日ウェストロー 2009WLJPCA09118006	187
#210910	東京地判平成 21 年 9 月 10 日ウェストロー 2009WLJPCA09108011	53
#210831	東京地判平成 21 年 8 月 31 日労判 995 号 80 頁	143, 248
#210728	東京地判平成 21 年 7 月 28 日ウェストロー 2009WLJPCA07288018、判例秘書 L06430808（#220113、#220525）	7, 38, 174

#210722A 東京地判平成 21 年 7 月 22 日ウェストロー 2009WLJPCA07228005…223
#210722B 東京地判平成 21 年 7 月 22 日ウェストロー 2009WLJPCA07228008…250
#210709 東京地判平成 21 年 7 月 9 日ウェストロー 2009WLJPCA0709801 ……97
#210615 東京地判平成 21 年 6 月 15 日ウェストロー 2009WLJPCA06158004…112
#210608 山口地岩国支判平成 21 年 6 月 8 日労判 991 号 85 頁 …………………124
#210604 山口地判平成 21 年 6 月 4 日自保ジャーナル 1821 号 145 頁 ……262, 264
#210526 東京地判平成 21 年 5 月 26 日ウェストロー 2009WLJPCA05268027、判例秘書 L06430299 ……………………………………………………111
#210521 大阪地判平成 21 年 5 月 21 日裁判所ウェブサイト…………………………36
#210513A 東京地判平成 21 年 5 月 13 日ウェストロー 2009WLJPCA05138002
　　　　……………………………………………………………82, 140, 148, 235
#210513B 東京地判平成 21 年 5 月 13 日ウェストロー 2009WLJPCA05138004
　　　　………………………………………………………162, 176, 190, 235, 237, 239
#210511 東京地判平成 21 年 5 月 11 日判時 2055 号 85 頁………………………73
#210414A 東京地判平成 21 年 4 月 14 日判タ 1305 号 183 頁 …………………97, 167
#210414B 東京地判平成 21 年 4 月 14 日ウェストロー 2009WLJPCA04148006…251
#210406 東京地判平成 21 年 4 月 6 日ウェストロー 2009WLJPCA04068003 …144
#210327A 大阪地判平成 21 年 3 月 27 日ウェストロー 2009WLJPCA03279005、判例秘書 L06450271 ……………………………………………………125
#210327B 東京高判平成 21 年 3 月 27 日判タ 1308 号 283 頁…………………………222
#210319 東京地判平成 21 年 3 月 19 日ウェストロー 2009WLJPCA03198012…223
#210312 東京高判平成 21 年 3 月 12 日民集 64 巻 3 号 718 頁……………………144
#210129 東京地判平成 21 年 1 月 29 日ウェストロー 2009WLJPCA01298042、判例秘書 L06430058 ……………………………………………………153
#210128 東京地判平成 21 年 1 月 28 日判タ 1303 号 221 頁………………………108
#210126 東京地判平成 21 年 1 月 26 日ウェストロー 2009WLJPCA01268001、判例秘書 L06430043 ……………………………………………………222
#210121A 東京地判平成 21 年 1 月 21 日判タ 1296 号 235 頁
　　　　………………………………………………………114, 149, 150, 166, 235, 239
#210121B 広島高判平成 21 年 1 月 21 日判例秘書 L06420010 ………………………151
#210114 東京地判平成 21 年 1 月 14 日ウェストロー 2009WLJPCA01148013、判例秘書 L06430011……………………………………………………31
#210113A 東京地判平成 21 年 1 月 13 日ウェストロー 2009WLJPCA01138002、

	判例秘書 L06430050 ··· 37	
#210113B	東京地判平成 21 年 1 月 13 日ウェストロー 2009WLJPCA01138001 ··· 99	
#201219	東京地判平成 20 年 12 月 19 日ウェストロー 2008WLJPCA12198015	
	·· 249	
#201216	東京地判平成 20 年 12 月 16 日ウェストロー 2008WLJPCA12168004	
	·· 136	
#201212	東京地判平成 20 年 12 月 12 日生命保険判例集 20 巻 692 頁 ······ 246, 252	
#201209	東京地判平成 20 年 12 月 9 日ウェストロー 2008WLJPCA12098003	
	·· 135, 168	
#201208	京都地判平成 20 年 12 月 8 日判時 2032 号 104 ······················ 52, 102	
#201031	東京地判平成 20 年 10 月 31 日ウェストロー 2008WLJPCA10318026	
	·· 191	
#201028	福岡高那覇支判平成 20 年 10 月 28 日判時 2035 号 48 頁············ 160, 212	
#201017	東京地判平成 20 年 10 月 17 日ウェストロー 2008WLJPCA10178011	
	·· 48, 156, 165, 191, 235	
#201015	東京地判平成 20 年 10 月 15 日ウェストロー 2008WLJPCA10158007	
	··· 23, 103, 104, 168	
#201001	東京地判平成 20 年 10 月 1 日判タ 1288 号 134 頁··························· 192	
#200924	東京地判平成 20 年 9 月 24 日ウェストロー 2008WLJPCA09248003 ··· 74	
#200626	大阪地判平成 20 年 6 月 26 日判タ 1289 号 294 頁······················ 114, 166	
#200624	東京地判平成 20 年 6 月 24 日判例秘書 L06331515····················· 23, 170	
#200617	東京地判平成 20 年 6 月 17 日ウェストロー 2008WLJPCA06178006、	
	判例秘書 L06331569 ··· 134	
#200610	最判平成 20 年 6 月 10 日判タ 1316 号 142 頁································· 263	
#200515	長崎地佐世保支判平成 20 年 5 月 15 日判例秘書 L06350309 ······ 261, 262	
#200422	東京地判平成 20 年 4 月 22 日ウェストロー 2008WLJPCA04228014、	
	判例秘書 L06331198 ·· 246, 255	
#200415	最判平成 20 年 4 月 15 日刑集 62 巻 5 号 1398 頁······························ 73	
#200306	最判平成 20 年 3 月 6 日民集 62 巻 3 号 665 頁（#181130）（住基ネット	
	事件）·· 20, 21, 25, 244	
#200220	東京地判平成 20 年 2 月 20 日ウェストロー 2008WLJPCA02209006 ··· 53	
#200130A	さいたま地判平成 20 年 1 月 30 日ウェストロー 2008WLJPCA01309015、	
	判例秘書 L06350021 ··· 54	

判例索引

#200130B	東京地判平成 20 年 1 月 30 日判例秘書 L06330436 ……… 99, 105, 126, 148	
#200123	東京地判平成 20 年 1 月 23 日ウェストロー 2008WLJPCA01238005、判例秘書 L06330261 …………………………………………………………135	
#200122	東京地判平成 20 年 1 月 22 日ウェストロー 2008WLJPCA01228011… 142	
#191228	東京地判平成 19 年 12 月 28 日ウェストロー 2007WLJPCA12288001 …………………………………………………………………………262, 263	
#191214	最決平成 19 年 12 月 14 日ウェストロー 2007WLJPCA12146004・2007WLJPCA12146005（#190621、#180519）（Yahoo!BB 事件）…………………………………………………………………………257	
#190828	東京高判平成 19 年 8 月 28 日判タ 1264 号 299 頁（#190208）………257	
#190627	東京地判平成 19 年 6 月 27 日判時 1978 号 27 頁 ……………… 246, 247	
#190621	大阪高判平成 19 年 6 月 21 日ウェストロー 2007WLJPCA06216008（#191214、#180519）（Yahoo!BB 事件） ……………………257, 261	
#190208	東京地判平成 19 年 2 月 8 日判タ 1262 号 270 頁（#190828）（TBC 事件）………………………………………………………………257	
#181130	大阪高判平成 18 年 11 月 30 日判時 1962 号 11 頁（#200306）………21	
#180830	東京地判平成 18 年 8 月 30 日ウェストロー 2006WLJPCA08300014… 191	
#180724	東京地判平成 18 年 7 月 24 日ウェストロー 2006WLJPCA07240004 ……………………………………………………………………………141, 214	
#180519	大阪地判平成 18 年 5 月 19 日判タ 1230 号 227 頁（#191214、#190621）（Yahoo!BB 事件）…………………………………………………………257	
#180511	新潟地判平成 18 年 5 月 11 日判時 1955 号 88 頁 ……………………259	
#180127	東京地決平成 18 年 1 月 27 日判例秘書 L06130994 …………………194	
#180124	最判平成 18 年 1 月 24 日判タ 1205 号 153 頁………………………263	
#180120	最判平成 18 年 1 月 20 日民集 60 巻 1 号 137 頁………………19, 52	
#171110	最判平成 17 年 11 月 10 日民集 59 巻 9 号 2428 頁……………129, 295	
#171025	大阪高判平成 17 年 10 月 25 日裁判所ウェブサイト…………………151	
#170714	東京高判平成 17 年 7 月 14 日ウェストロー 2005WLJPCA07149007… 254	
#170225	東京地判平成 17 年 2 月 25 日判タ 1195 号 183 頁……………258, 259	
#160331	東京高決平成 16 年 3 月 31 日判タ 1157 号 138 頁（#160319）………188	
#160323	東京高判平成 16 年 3 月 23 日判時 1855 号 104 頁（#150912）（江沢民事件）………………………………………………………………257	
#160319	東京地決平成 16 年 3 月 19 日判タ 1157 号 145 頁（#160331）………188

#151003	京都地判平成 15 年 10 月 3 日ウェストロー 2003WLJPCA10039001…258
#151002	松山地判平成 15 年 10 月 2 日判時 1858 号 134 頁……………………258
#150912	最判平成 15 年 9 月 12 日民集 57 巻 8 号 973 頁（江沢民事件）
	…………………………………………………………20, 121, 244, 286, 290
#150620	東京地判平成 15 年 6 月 20 日ウェストロー 2003WLJPCA06200005
	………………………………………………………………………141, 214
#150314	最判平成 15 年 3 月 14 日民集 57 巻 3 号 229 頁（#120629）（長良川事
	件）………………………………54, 91, 94, 131, 132, 145, 186, 268, 296
#150108	岡山地判平成 15 年 1 月 8 日裁判所ウェブサイト …………………33
#140924	最判平成 14 年 9 月 24 日集民 207 号 243 頁（#110622、#130215）
	（石に泳ぐ魚事件）………………………83, 112, 119, 181, 188, 256
#140426	東京地判平成 14 年 4 月 26 日ウェストロー 2002WLJPCA04260019
	………………………………………………………………………258, 259
#140116	東京高判平成 14 年 1 月 16 日判タ 1083 号 295 頁（#130411）
	…………………………………………………………………………257
#131225	大阪高判平成 13 年 12 月 25 日判地自 265 号 11 頁（#130223）
	（宇治市漏えい事件）…………………………………………………256
#131005	東京地判平成 13 年 10 月 5 日判時 1790 号 131 頁………………219
#130905	東京高判平成 13 年 9 月 5 日判タ 1088 号 94 頁…………………191
#130718	東京高判平成 13 年 7 月 18 日判時 1751 号 75 頁…………………133
#130411	東京高判平成 13 年 4 月 11 日判タ 1067 号 150 頁………………257
#130223	京都地判平成 13 年 2 月 23 日判地自 265 号 17 頁（#131225）
	（宇治市漏えい事件）…………………………………………………256
#130215	東京高判平成 13 年 2 月 15 日判タ 1061 号 289 頁（#140924、#110622）
	（石に泳ぐ魚事件）………………………………83, 104, 112, 189
#120629	名古屋高判平成 12 年 6 月 29 日判タ 1060 号 197 頁（#150314）（長良川
	事件）……………………………………………………………………54
#120229	大阪高判平成 12 年 2 月 29 日判時 1710 号 121 頁（#110619）…………53
#120126	名古屋地判平成 12 年 1 月 26 日判タ 1047 号 224 頁……………105, 219
#110830	大阪地決平成 11 年 8 月 30 日判時 1714 号 110 頁………………218
#110623	神戸地判平成 11 年 6 月 23 日判時 1700 号 99 頁 …4, 14, 37, 118, 120, 258
#110622	東京地判平成 11 年 6 月 22 日判タ 1014 号 280 頁（#140924、#130215）
	（石に泳ぐ魚事件）……………………………………………………144

#110619	大阪地判平成 11 年 6 月 9 日判時 1679 号 54 頁（#120229）	54
#100121	東京地判平成 10 年 1 月 21 日判タ 1008 号 187 頁	258
#091222	東京地判平成 9 年 12 月 22 日判タ 1011 号 186 頁	4, 37, 176
#071215	最判平成 7 年 12 月 15 日刑集 49 巻 10 号 842 頁（押なつ拒否事件）	19
#070905	最判平成 7 年 9 月 5 日判タ 891 号 77 頁（関西電力事件）	22
#060905	東京地判平成 6 年 9 月 5 日判タ 891 号 168 頁	105
#060829	東京地判平成 6 年 8 月 29 日判タ 891 号 164 頁	218
#060208	最判平成 6 年 2 月 8 日民集 48 巻 2 号 149 頁（逆転事件）	19, 115, 131, 185, 186, 202
#031105	気仙沼簡判平成 3 年 11 月 5 日判タ 773 号 271 頁	33
#030426	最判平成 3 年 4 月 26 日民集 45 巻 4 号 653 頁	17
#020522	東京地判平成 2 年 5 月 22 日判タ 745 号 192 頁	242
#011227	大阪地判平成元年 12 月 27 日判時 1341 号 53 頁	152
#010208	長野地飯田支判平成 1 年 2 月 8 日判タ 704 号 240 頁	222
#631220	最判昭和 63 年 12 月 20 日判タ 687 号 74 頁（囚われの聴衆事件）	17
#630216	最判昭和 63 年 2 月 16 日民集 42 巻 2 号 27 頁	19, 52
#610611	最大判昭和 61 年 6 月 11 日民集 40 巻 4 号 872 頁（北方ジャーナル事件）	188, 189
#560414	最判 56 年 4 月 14 日民集 35 巻 3 号 620 頁（前科照会事件）	19, 185
#441224	最大判昭和 44 年 12 月 24 日刑集 23 巻 12 号 1625 頁（京都府学連デモ事件）	19, 22
#421101	最大判昭和 42 年 11 月 1 日民集 21 巻 9 号 2249 頁	152
#390928	東京地判昭和 39 年 9 月 28 日判タ 165 号 184 頁（宴のあと事件）	16, 90, 93, 96, 103, 110, 139
#390530	大阪高判昭和 39 年 5 月 30 日判タ 165 号 106 頁	16
#390128	最判昭和 39 年 1 月 28 日民集 18 巻 1 号 136 頁	151
#360609	最判昭和 36 年 6 月 9 日民集 15 巻 6 号 1546 頁	158
#320716	最判昭和 32 年 7 月 16 日民集 11 巻 7 号 1254 頁	158

事項索引

英数字

2 ちゃんねる　40
Facebook　4, 42
Google　37
google＋　42
GPS　1, 22, 72
GPS 捜査　72
GPS 捜査事件　22
LINE　4, 42
mixi　42
SNS　4, 34, 42
Twitter　4, 42
User Generated Contents（UGC）
　39
wiki　40
Winny　41
Yahoo!　37
YouTube　40

ア 行

アイデンティティ権　52
アーキテクチャ　3
あだ名　14
アンカー　41, 87
安全管理　251
安全管理措置　63
いいね　5, 42, 173
居酒屋談義　4
石に泳ぐ魚事件　83, 112, 119, 188

慰謝料　236
異常性　101
委託先　64, 65
一般社団法人テレコムサービス協会
　44
一般私人　134
一般読者基準　81
井戸端会議　4
違法収集証拠　222
違法性　93, 129
インフラ　37
インフラ化　4, 6, 43
引用　5, 172
ウェブサイト　37
ウォーレン　2, 16
宴のあと事件　2, 16, 23, 90, 96, 103, 110
うわさ話　4
営業損害　239, 262
営業秘密　30, 31
閲覧　249
閲覧等制限　216
炎上　1, 268
オーウェル　3
横領罪　31
オプトアウト　65

カ 行

海外サイト　183

343

事項索引

外国第三者提供　66
開示　64
開示請求　47
開示等請求　253
開示の相手方　123
開示の有無　122
会社役員　159
会社役員等の社会活動に関する事実　97
外貌　167
過失相殺　241, 264
過失によるプライバシー侵害　269
家族構成　161
家庭関係のトラブル　162
家庭に関する問題　161
カテゴリ　88
カフカ　3
仮名　13
監視カメラ　73
逆転事件　131, 185
行政機関個人情報保護法　35
行政機関のウェブサイト　38
共同不法行為　155
共同利用　65
業務上横領罪　31
業務上ないし職務上の事実　97
業務に関する事実　98
虚偽性の抗弁　140
グーグルアース　175
具体性　100
口コミ　39
墨塗り　222
敬愛追慕の情　152

刑事告訴　48
刑事訴訟法　36
掲示板　4, 40
芸能人　134, 140
芸名　145
経由プロバイダ　13, 45, 267
結婚願望　109
検索　249
検索エンジン　37, 179
源氏名　145
限定公開　5
憲法13条　2
故意・過失　27
行為者　154
行為者の特定　154
公開アカウント　4
公開以外の形態　121
公開範囲　42
公開を予定している事項　108
公人　140
公正な論評の法理　140
更生を妨げられない利益　186
構造審査　3, 21
江沢民事件　20, 121, 244, 257
公的存在（public figure）の抗弁　140
公的な事実　96
公的な犯罪記録　184
行動ターゲティング広告　178
幸福追求権　2
抗弁　93
公務に関する事実　96
国際私法　69

344

告訴　267
個人情報　58, 247
個人情報データベース等提供罪　28
個人情報保護法　56, 244
個人データ　58, 248
戸籍法　36
国家公務員法　35
子ども　153
コピー＆ペースト　43
婚姻　161
婚活　169
コンテンツプロバイダ　13, 45, 267

サ　行

サービス　37
裁判管轄　69
裁判手続の公開　216
裁判文書　307
裁判文書のアップロード　221
削除　270
削除請求　46, 188
サジェスト機能　37
差止め　188
撮影　125
晒し　1, 5, 50, 155
3要件の相互関係　92
時間の経過　114
事業承継　65
時系列　88
自己イメージのコントロール権　17
自己情報コントロール権　2, 17, 23
私事公開　2
私事性　13, 27, 91, 96

死者のプライバシー　152
私信　169
システムオペレーター　191
私生活上の事柄らしく受け取られるお
　それのある事柄　99
私生活秘匿権　2, 16
私生活への侵入　125
事前差止め　192
実際に不快、不安の念を覚えたこと
　91
実損　239
ジットレイン　18
疾病　163
実名公表　166, 311
自動的・機械的　197
私物の開披　126
氏名　165
氏名権　19, 52
社会生活上ありふれた事柄　106
社会の正当な関心事　135
謝罪　224, 242, 270
住基ネット事件　20, 25, 244
宗教　164
従業員　158
従業員の免責　38, 159
従業者　29, 64
住居侵入罪　32
住所　165
従属的行為者　159
収入　168
住民台帳法　36
従来型プライバシー侵害　ii, 113
趣向　168

345

事項索引

取得　249
受忍限度　4, 73, 93, 129, 138
守秘義務　53
趣味　168
準拠法　69
峻別説　244
障害　164
証拠能力　222
肖像権　51
承諾　140
少年法　53
情報の管理　127
職業　167
侵害排除請求　192
侵害予防請求　192
人格権　2, 19
真実性の抗弁　139
信書開封罪　32
身体的特徴　167
信用性　41
推測　102
推定的承諾　4
スカイプ　111
スクリーンショット　5
ストーカー規制法（ストーカー行為等の規制等に関する法律）　33
ストーカー行為　34
ストリートビュー事件　24, 125, 130, 295
スレッド　88, 155
請求原因　93
政治　164
成年被後見人等　153

性生活　162
成長発達権　53
性的業務　162
性的嗜好　163
性的指向　163
正当業務行為　38, 142
政府による公開　174
窃視罪　32
窃盗罪　31
前科　165, 184
前科照会事件　185
前科をみだりに公開されない利益　19
センシティブ　84
センシティブ情報　62
総合衡量　137
送信防止措置　46
相当性の抗弁　140
相隣関係　54
組織関係　150
組織関係者　157
訴訟行為　143
その他の違法性阻却事由　139
損害賠償　224
損害賠償請求等　48
存在しない抗弁　139

タ　行

対抗言論　142
第三者提供　65, 252
第三者に関する情報　148
第三者に対する削除請求　191
第三者のコメント　175

対象者　144
対象者自身による公開　175
代表者　157
逮捕歴　179
ダニエル・ソローヴ　18
食べログ　39
男女交際　162
探偵業法　75
地方公務員法　35
チャット　41
チャットログ　111
抽象的な場合　107
調査費用　239, 262
著名人　140
著名人の抗弁　133
著名人の法理　133
通信の秘密　36
通則法　69
次々と公開されることで被害が広がっていると評することができる場合　113
つきまとい等　33
提供　30
摘示内容の特定　81
適正な取得　61
デジタル証拠　222
撤回　141
手続法　44
転載　4, 5, 42, 171, 172
電話帳　12
電話帳データ公開サイト　174
電話番号　165
同意　140

同意・承諾・放棄の趣旨　140
動画共有・配信サイト　40
盗撮　125
当事者の私生活についての重大な秘密　217
同定　83, 144
盗用　30
時の経過　141
特定電気通信　45
特定電気通信役務提供者　45
特定電気通信設備　45
特定人への開示　121
匿名　13
匿名加工情報　67
匿名性　4, 5, 6
トラブル　168
トレーサビリティー　65

ナ　行
長良川事件　94, 131, 132, 186
なりすまし　177
ニコニコ動画　40
ネット炎上　113
のぞき　74

ハ　行
媒体の性質　101
朴里花　83
ハッシュタグ　155
パソコン通信　4
パブリシティ権　51
場面毎の判断　116
判決文等をアップロード　38

347

犯罪　165
犯罪歴　184
ハンドルネーム　166
反論　142
比較衡量　14, 27, 93, 129
引きこもり願望　103
非公知性　13, 27, 91, 110, 218
秘匿性　13, 27, 91, 103
独りにしておいてもらう権利　2, 16, 23
秘密主義　103
秘密保持義務　35, 53,
秘密漏洩罪　35
秘密漏示罪　32
病気　163
表現の自由　138
病歴　163
ファイル交換ソフト　41
風俗　162
復縁工作　75
複数人の行為者　154
複数の文章の関係　87
侮辱　50
不正アクセス　35
不正アクセス禁止法　35
不正競争防止法　30
不正取得　256
部分社会　136
不法侵入　74
プライバシー　18
プライバシー学説の展開　2
プライバシーと安全の間の衡量　73
プラスの事実　105

ブランダイス　2, 16
不倫　12, 50
ブログ　39
プロ責法　6, 13, 44, 45, 154
プロ責法関係のガイドライン　44
プロッサー　16
プロッサーの4類型　2, 16, 25
プロバイダ　13, 45, 267
プロバイダの責任　48
文書送付嘱託　252
文書提出命令　218
紛争解決　143
文脈　81
平穏生活権　52
弁護士会照会　252
弁護士費用　239
放棄　140
幇助　156
法人　150
防犯カメラ　73, 298
他のスレッド　88
保護に対する期待の程度　134
北方ジャーナル事件　188
保有個人データ　58, 249

マ 行

マイナスの事実　105
マイナンバー法　36
マジックワード　214
まとめサイト　42
三島由紀夫　16
みだりに指紋の押捺を強制されない自由　19

みだりにその容貌・姿態を撮影されな
　い自由　19
民事証拠法　222
無形損害　263
名簿屋　66
名誉感情侵害　50
名誉毀損　50
メッセージ　284
メディア　37
メール　41, 169
モデル小説　102

ヤ　行

揶揄　86
やわらか銀行　86
有名人　140
要配慮個人情報　62

ラ　行

利益衡量　131

離婚　161
リツイート　5, 42, 173
リベンジポルノ防止法　33, 40
流出　256
両罰規定　30
利用目的　60, 249
リンク　4, 5, 42, 171
レビュー　39
漏洩　256
労働組合　143
ログ　41
録音　125
ログ保存請求　47
論評　102

ワ　行

別れさせ屋　75
忘れられる権利　1, 37, 43, 179, 315

著者略歴
平成 18 年　東京大学法学部卒業
平成 19 年　司法研修所修了。桃尾・松尾・難波法律事務所入所
平成 25 年　ハーバードロースクール卒業（LL.M.）
現在東京の桃尾・松尾・難波法律事務所において企業法務、情報法等の案件に取り組むと同時に、情報法等の研究活動に従事。
弁護士（第一東京弁護士会、60 期）、ニューヨーク州弁護士、情報セキュリティスペシャリスト

【主な著書・訳書】
『最新判例にみるインターネット上の名誉毀損の理論と実務』（勁草書房、平成 28 年）
『金融機関における個人情報保護の実務』（共編著、経済法令、平成 28 年）
『クラウド情報管理の法律実務』（弘文堂、平成 28 年）
『裁判例から考えるシステム開発紛争の法律実務』（共著、商事法務、平成 29 年）
『プライバシーなんて、いらない？（Nothing to Hide）』（ダニエル・J・ソローヴ著、共訳、勁草書房、平成 29 年）
『士業のための改正個人情報保護法の法律相談』（学陽書房、平成 29 年）
『ロボット法（Laws of Robots）』（ウゴ・パガロ著、共訳、勁草書房、平成 29 年）（近刊）

最新判例にみるインターネット上のプライバシー・個人情報保護の理論と実務

2017 年 7 月 20 日　第 1 版第 1 刷発行

著　者　松　尾　剛　行
発行者　井　村　寿　人

発行所　株式会社　勁　草　書　房
112-0005　東京都文京区水道 2-1-1　振替 00150-2-175253
（編集）電話 03-3815-5277／FAX 03-3814-6968
（営業）電話 03-3814-6861／FAX 03-3814-6854
理想社・中永製本所

©MATSUO Takayuki　2017

ISBN978-4-326-40338-7　　Printed in Japan

JCOPY〈(社)出版者著作権管理機構　委託出版物〉
本書の無断複写は著作権法上での例外を除き禁じられています。複写される場合は、そのつど事前に、(社)出版者著作権管理機構（電話 03-3513-6969、FAX 03-3513-6979、e-mail: info@jcopy.or.jp）の許諾を得てください。

＊落丁本・乱丁本はお取替いたします。
http://www.keisoshobo.co.jp

松尾剛行 著
最新判例にみるインターネット上の名誉毀損の理論と実務
A5 判／4,400 円
ISBN978-4-326-40314-1

ダニエル・J・ソロブ 著／松尾剛行ほか 訳
プライバシーなんていらない!?
情報社会における自由と安全
A5 判／2,800 円
ISBN978-4-326-45110-4

大島義則ほか 編著
消費者行政法
安全・取引・表示・個人情報保護分野における執行の実務
A5 判／4,000 円
ISBN978-4-326-40321-9

成原 慧 著
表現の自由とアーキテクチャ
情報社会における自由と規制の再構成
A5 判／5,200 円
ISBN978-4-326-40320-2

田中辰雄＝山口真一 著
ネット炎上の研究
誰があおり、どう対処するのか
A5 判／2,200 円
ISBN978-4-326-50422-0

松原正明＝道垣内弘人 編
家事事件の理論と実務
（全 3 巻）
A5 判／2,800〜3,200 円
ISBN978-4-326-40310-3
40311-0
40312-7

喜多村勝德 著
契約の法務
A5 判／3,300 円
ISBN978-4-326-40308-0

勁草書房刊

表示価格は、2017 年 7 月現在。消費税は含まれておりません。